David Bodanis

MENTES
Apaixonadas

Tradução de
CAROLINA DE MELO ARAÚJO

1ª edição

Editora Record
RIO DE JANEIRO • SÃO PAULO
2012

CIP-BRASIL. CATALOGAÇÃO NA FONTE
SINDICATO NACIONAL DOS EDITORES DE LIVROS, RJ

B65m Bodanis, David
Mentes apaixonadas / David Bodanis; tradução de Carolina de Melo Araújo. – Rio de Janeiro: Record, 2012.

Tradução de: Passionate minds
Inclui bibliografia e índice
ISBN 978-85-01-07659-5

1. Voltaire, 1694-1778 – Relações com mulheres. 2. Du Châtelet, Gabrielle Emilie Le Tonnelier de Breteuil, marquise, 1706-1749. 3. Escritores franceses – Séc. XVIII – Biografia. 4 .Cientistas – França – Biografia. 5. Amantes (Mulheres) – França – Biografia. I. Título.

11-8041
CDD: 928.41
CDU: 929:821.133.1

Título original em inglês:
PASSIONATE MINDS

Copyright © 2006 by David Bodanis

Todos os direitos reservados. Proibida a reprodução, armazenamento ou transmissão de partes deste livro através de quaisquer meios, sem prévia autorização por escrito Proibida a venda desta edição em Portugal e resto da Europa.

Texto revisado segundo o novo Acordo Ortográfico da Língua Portuguesa.

Direitos exclusivos de publicação em língua portuguesa para o Brasil
adquiridos pela
EDITORA RECORD LTDA.
Rua Argentina, 171 – 20921-380 – Rio de Janeiro, RJ – Tel.: 2585-2000
que se reserva a propriedade literária desta tradução.

Impresso no Brasil.

ISBN 978-85-01-07659-5

Seja um leitor preferencial Record.
Cadastre-se e receba informações sobre nossos lançamentos e nossas promoções.

Atendimento direto ao leitor:
mdireto@record.com.br ou (21) 2585-2002.

EDITORA AFILIADA

Para Sophie,
uma vida para imaginar

Sumário

Prefácio	11
Nota do autor	21
Prólogo	25

I. ANTES

1. *Émilie* / Paris e Versalhes, 1706-1725	29
2. *François* / Paris e Bastilha, 1717-1725	41
3. *Uma jovem mulher* / Burgundia e Paris, 1727-1731	57
4. *Exílio e retorno* / Londres, 1726, para Paris, 1733	67

II. ENCONTRO

5. *Encontro... e precaução* / Paris, 1733-1734	81
6. *Caçada* / Montjeu, Philippsburg e Paris, 1734	93
7. *Decisão* / Castelo de Cirey e Paris, 1734-1735	105

III. JUNTOS

8. *O Castelo de Cirey* / CIREY, DE 1735 EM DIANTE — 119
9. *Newton em Cirey* / CASTELO DE CIREY, 1735-1736 — 129
10. *Fuga holandesa* / CIREY E PAÍSES BAIXOS, 1736-1737 — 145
11. *Michelle* / PARIS, FINAL DO SÉCULO XVII E 1737 — 155

IV. ÉMILIE EM CIREY

12. *O fogo de Voltaire* / CIREY, MARÇO A AGOSTO DE 1737 — 165
13. *O fogo de Émilie* / CIREY, AGOSTO DE 1737 A MAIO DE 1738 — 173
14. *Novos começos* / CIREY, 1738 — 183

V. VIAGENS

15. *O mundo de Leibniz* / BRUXELAS, 1739 — 195
16. *Nova casa, novo rei* / PARIS, 1739 — 207
17. *Frederico* / FLANDRES E PRÚSSIA, 1740-1741 — 215

VI. SEPARADOS

18. *A ferida em meu coração* / PARIS E VERSALHES, MEADOS DA DÉCADA DE 1740 — 225
19. *Recuperação... e fuga* / PARIS, VERSALHES E FONTAINEBLEAU, 1745-1747 — 235
20. *Para Sceaux* / CORTE, FINAL DA DÉCADA DE 1670; PARIS E CASTELO DE SCEAUX, NOVEMBRO DE 1747 — 245
21. *Zadig* / CASTELO DE SCEAUX, NOVEMBRO E DEZEMBRO DE 1747 — 251

VII. LUNÉVILLE

22. *A corte de Estanislau e Catherine* / LUNÉVILLE, 1748   265
23. *Saint-Lambert* / LUNÉVILLE, 1748   273
24. *Colapso* / LUNÉVILLE, 1748   281

VIII. FINAL

25. *Gravidez* / CIREY E PARIS, VÉSPERA DE NATAL DE 1748 A
ABRIL DE 1749   295
26. *Um portal para as estrelas* / LINCOLNSHIRE, SÉCULO XVII
E FRANÇA, 1749   305

O que veio depois   315
Notas   327
Guia de leitura   373
Agradecimentos   387
Índice   391

Prefácio

Ao final da década de 1990, eu fazia pesquisas para um livro sobre Einstein, quando me deparei com uma nota de rodapé sobre uma obscura mulher francesa do início do século XVIII, Émilie du Châtelet. A nota dizia que ela havia desempenhado um pequeno papel no desenvolvimento do moderno conceito de energia e acrescentava que tinha conquistado certa notoriedade em seu tempo.

Fiquei intrigado e, alguns dias depois, acabei na biblioteca de ciências da University College de Londres; não nos arquivos modernos e bem iluminados dos andares superiores, mas no fundo dos recantos sombrios do térreo, onde os periódicos empilhados têm poeira o bastante para revelar que não são tocados há anos. O que descobri ali — e depois em outros arquivos, ao rastrear as suas cartas, assim como os relatos contemporâneos sobre a sua vida — me surpreendeu. A nota de rodapé havia menosprezado inteiramente a sua importância. Aquela mulher cumpria uma função crucial no desenvolvimento da ciência — além de ter tido uma vida emocionante.

Ela e o grande escritor Voltaire foram amantes por quase uma década, embora certamente tenham custado a se estabelecer, tendo seu relacionamento adiado devido a frenéticas fugas pela França, duelos de espada em frente a fortalezas alemãs sitiadas, um louco caso de amor (dela) com o filho de um galante pirata e uma mortal queima de livros (dele) pelo executor público aos pés da grande escadaria do Palácio da Justiça em Paris. Houve também especulação com a loteria nacional francesa, que garantiu um prêmio de muitos milhões de francos, e investimentos, com esses lucros, no mercado futuro de grãos da África do Norte.

Então, quando ela e Voltaire finalmente puderam se dedicar um ao outro, as coisas começaram a ficar mais interessantes. Eles decidiram criar um instituto de pesquisa em um castelo isolado reconstruído por eles, que, em muitos aspectos, estava um século ou mais à frente do seu tempo. Era como um laboratório do futuro. Visitantes dos principais centros intelectuais da Itália, da Basileia e de Paris vinham com o intuito de zombar, mas depois ficavam por lá, cada vez mais admirados com o que viam. Há relatos sobre Émilie e Voltaire ao café da manhã, lendo as cartas que recebiam — de Bernoulli e Frederico, o Grande; antes disso, houve correspondência com Bolingbroke e Jonathan Swift — e, a partir de algumas provocações rápidas sobre o que ouviam, voltavam para as suas respectivas alas da mansão e competiam no desenvolvimento daquelas ideias.

Quando lhes faltava dinheiro, Émilie às vezes recorria às mesas de aposta em Versalhes — como ela era muito mais rápida do que todos em matemática, a vitória era quase sempre certa. Voltaire escreveu com orgulho que "as senhoras da corte que jogavam cartas com ela em companhia da rainha nem de perto percebiam que estavam sentadas ao lado de um comentador de Newton".

Voltaire não era um grande cientista, mas Émilie era uma hábil teórica. Certa vez, ao trabalhar secretamente à noite no castelo durante um intenso mês de verão, pedindo que os criados não estragassem a surpresa que faria a Voltaire, chegou a ideias sobre a natureza da luz que preparariam o cenário para a futura descoberta da fotografia, bem como da radiação infravermelha. Seu trabalho posterior foi ainda mais fundamental, pois desempenhou um papel-chave na transposição do pensamento de Newton para a era moderna. A pesquisa feita por ela no que foi depois chamado de conservação da energia foi crucial nesse ponto, e o "quadrado" na famosa equação de Einstein, $E=mc^2$, se originou, de fato, diretamente do seu trabalho.

Nas noites de dias comuns, quando ela e Voltaire interrompiam suas pesquisas individuais, havia velas por toda parte, e Émilie acelerava na conversa, com os olhos brilhando, mais rápida do que qualquer pessoa que Voltaire conhecia. Ele adorava a sua juventude e inteligência (Émilie tinha 26 anos quando se conheceram), e ela o provocava por isso: mas era profundamente agradecida por ter finalmente encontrado alguém com quem pudesse desenvolver sua inteligência. Havia sido criada em um mundo em que as mulheres não eram seriamente educadas para nada, e se tornara insegura demais para se dedicar a essas questões por si só (mesmo que ninguém que tenha visto sua segurança quando adulta adivinhasse o quanto hesitara no passado).

Um transformou o outro. Antes de conhecer Émilie, Voltaire era uma pessoa espirituosa e respeitada, mas muito pouco de suas primeiras obras seria hoje considerado importante. No entanto, ele amou Émilie além das medidas:

> *... por que me encontraste somente tão tarde?*
> *O que aconteceu com a minha vida de antes?*
> *Buscava pelo amor, mas encontrava apenas miragens.*

Ela o guiava pelas grandes obras de Newton, o que se configurou como a grande guinada na carreira de Voltaire, ao que ele passou a investigar seriamente com ela como as claras leis racionais, que Newton descobrira para o cosmos, poderiam também ser aplicadas para aperfeiçoar as instituições humanas na Terra.

Fiquei entusiasmado com esses primeiros vislumbres que conseguia. Mas, depois de cotejar minhas notas para escrever algumas páginas sobre esse casal em meu livro $E=mc^2$, fui levado a outros projetos. Apenas em 2003 fiquei livre para voltar em tempo integral à sua história. Valeu a pena esperar, porque então percebi que havia ali algo além de uma história de amor. Eu lecionava história das mentalidades em Oxford e sabia que muitas pessoas tinham contribuído para a gigantesca mudança de atitudes do século XVIII, conhecida como Iluminismo.

Mas eu não tinha percebido o quanto o caso de amor entre Châtelet e Voltaire estava no coração do Iluminismo. O principal homem da razão do século XVIII havia sido superado por uma mulher intelectualmente superior a ele, e isso os levou a contribuir para a formação desse poderoso movimento que mudou o mundo.

Essa era a história maior. Fazê-la ganhar vida significava olhar o começo do século XVIII por dentro, o qual, mesmo na França, o país mais avançado da Europa, nos pareceria bastante estranho se fôssemos enviados para lá agora. As mulheres podiam ser chicoteadas e espancadas por seus maridos sem nenhum recurso à lei; os homossexuais podiam ser queimados em praça pública ou, então, como no caso de um abade homossexual apavorado que foi salvo pela intervenção de Voltaire no último minuto, era possível preparar ganchos de ferro para puxar os seus corpos até que se arrebentassem, antes de serem enviados às salutares fogueiras públicas.

A crença na superioridade dos ricos sobre os pobres começava a ficar abalada. Na França, se o rei decidisse conferir a alguém um título de nobreza, no mais das vezes, não seria preciso pagar os impostos básicos — nenhum deles. Enquanto um aristocrata não perdesse esse título, também seus filhos poderiam em geral — e de modo legal — ser isentos do pagamento de tributos. Ou ainda os filhos de seus filhos, ou ainda os filhos dos filhos dos seus filhos. Havia milhares de famílias ricas na França que praticamente não pagaram impostos ao longo de séculos. Só os pobres pagavam. Trabalhar em troca de pagamento era algo menosprezado e, com efeito, o modo mais comum de um nobre perder essa isenção de impostos era ser visto na vil atividade do trabalho remunerado.

Também era algo normal que o governo pudesse averiguar as crenças dos indivíduos. A censura era onipresente e, se alguém acreditasse em algo supostamente errado, então o governo poderia puni-lo com o rigor que lhe parecesse conveniente. Não havia espaço para crenças religiosas particulares.

Voltaire e Châtelet não foram os primeiros a reagir contra isso. Fissuras já começavam a se abrir naquela visão antiga: dos indícios encontrados pelos exploradores europeus sobre as maneiras como diferentes civilizações escolhiam viver; da exaustão depois das guerras religiosas continentais; da desconcertante corrupção da vida na Corte; das novas ideias da revolução científica. Mas Châtelet e Voltaire foram mais longe do que eles; em parte devido à sua brilhante inteligência, mas também porque suas vidas irreverentes menosprezavam as visões padronizadas. Como alguém poderia ser da opinião de que as mulheres não devessem ter direitos ou que fossem mantidas à parte da educação, quando as ações fortes e independentes de Châtelet minavam esse preconceito todos os dias?

A maioria dos pensadores que começaram a ver as falhas do antigo regime não estava a princípio organizada. Eles eram isolados demais para estabelecer uma autoridade. Foi nessa ocasião que a torrente de cartas e textos que afluíam do castelo de Émilie e Voltaire se fez tão importante. Eles deram ânimo a jovens até então desconhecidos, como Helvétius, D'Alembert e Diderot, cujas obras e volumes editados divulgaram as ideias do Iluminismo de maneira ainda mais ampla.

Estava muito claro que eu teria que escrever um livro inteiro: uma biografia não apenas de Châtelet, mas de Voltaire, cobrir seus elementos comuns, e também as ligações mais amplas. Embora tenha me concentrado na França, devido à sua posição no centro do mundo civilizado, percebi que não poderia deixar de, pelo menos, mencionar como essas ideias penetraram profundamente nas raízes da Revolução e da Constituição norte-americanas. Isso é particularmente pungente hoje, porque essas ideias iluministas estão no centro do que é odiado por grupos como a Al-Qaeda: a crença de que as diversas religiões devem ser igualmente respeitadas; que as mulheres podem ser tratadas com justiça; que a Igreja e o Estado podem ser separados; que as antigas crenças não são o único caminho para a verdade.

A pesquisa foi um deleite. Châtelet fora uma escritora de cartas inveterada, chegava a enviar quatro ou cinco mensagens por dia. Também Voltaire escrevia constantemente, de modo que o que encontrei sobre os eventos importantes era quase sempre tão denso quanto as séries de *e-mails* que temos hoje. Milhares dessas cartas sobreviveram, assim como a meia dúzia de livros ou manuscritos inéditos escritos pela própria Châtelet, inclusive belas reflexões autobiográficas particulares. Também há cartas de hóspedes, vizinhos, agentes de compras e cientistas, além de um vasto emaranhado de relatórios policiais, completados por uma pequena camada de memórias de criados.

O nível de detalhes era tão grande que, quando descrevo Voltaire rindo ao ser interrogado por um determinado detetive particular, em maio de 1717, o seu sorriso não é uma conjectura casual, mas aparece em um relatório que o detetive escreveu logo em seguida. Se Châtelet olha pela janela, isso é algo mencionado nas cartas ou inevitável em função da planta do quarto em que ela está. Pela gentileza dos atuais proprietários do castelo em que ela e Voltaire viveram, pude rastrear seus comportamentos diários e passei um bom tempo batendo nas paredes, examinando as dobradiças das portas, os alicerces da escada, as camadas de pintura nas paredes, a fim de compreender como era o espaço em que viviam naquela época.

Sempre que a história parecia se retardar, meus personagens me ajudavam. Como Voltaire e Émilie quase sempre se inquietavam depois de alguns meses no castelo — ou o governo voltava a expedir mandados de prisão —, a década que passaram juntos não foi apenas marcada pela leitura e pelo diálogo. Houve fugas pelas fronteiras e trapaças nos jogos de cartas em Versalhes; multidões em Paris e uma paixão avassaladora pelo homem que inspirou o impiedoso e sensual aristocrata Valmont de *As ligações perigosas* ("e se você ainda estiver interessado", escreveu-lhe Châtelet em um momento delicado, "oh, *felix culpa*"). Há também uma carruagem que capota à noite sobre a neve espessa e até uma expedição pelos desertos gelados do nordeste da Lapônia, tentando encontrar, nas frias latitudes do Ártico, a verdade sobre os projetos de Deus para o universo.

Havia tanto material que a bisbilhotice quase ficou vívida demais. Encontrei os depoimentos de Châtelet sobre sua compulsão por comida quando ficava deprimida, e depois seu esforço para parar rapidamente antes que um dos amigos pudesse dizer que ela havia engordado; há também Voltaire a se queixar da exaustão sexual da sua "pequena máquina" e, a seguir, relatar com satisfação que ela estava de volta à forma.

Uma das partes mais difíceis do meu trabalho foi quando cheguei ao momento em que o paraíso começou a ruir. Era como ver amigos de que gostamos se destruírem em um divórcio. Voltaire e Émilie sempre tiveram brigas repentinas, mas elas eram geralmente apaziguadas por uma tarde no quarto, seguida, caso se encontrassem no castelo e o tempo estivesse bom, de um piquenique nos arredores, para o qual levavam vinho, comida e — para o espanto dos novos visitantes — um baú extra com livros, papel para escrever, penas e tinta. Mas, com o tempo, essas iniciativas foram ficando cada vez mais raras.

O amor de Voltaire se extinguiu primeiro. Émilie sabia que ela ainda poderia ter uma vida satisfatória e, em certo ponto, escreveu sobre o quanto era ridículo pensar que uma mulher inteligente realmente precisava de um homem para ser feliz. No entanto, ela realmente necessitava daquele entusiasmo, e o texto a seguir mostra a catástrofe que resultou daí e que levou à sua morte repentina aos 40 e poucos anos.

Voltaire ficou devastado ("Perdi a melhor parte de mim mesmo") e, se há uma amargura, um tom de mágoa em suas sátiras posteriores, isso se deve em grande parte a essa tremenda injustiça ao final. Isso é particularmente forte em sua história satírico-filosófica *Cândido*, escrita, uma década depois, a partir de temas sobre os quais os dois passaram incontáveis horas discutindo.

Por que essa história não é tão conhecida? Quase imediatamente após a morte de Émilie, intrigas de línguas afiadas começaram a depreciar o que ela havia feito. Como a sua principal obra era técnica demais, as mulheres que controlavam os salões de Paris não tiveram como compreender sua importância. Então, quando suas ideias de fato entraram no principal circuito científico, a hipótese de que uma mulher tivesse elaborado aquilo foi considerada tão absurda, que os cientistas homens que as usaram passaram a se esquecer de quem as tinha criado. Voltaire fez o que pôde, mas, mesmo antes da sua morte, a memória dela já se perdia. Ao final do século XVIII, Immanuel Kant escrevia que imaginar Madame du Châtelet como uma grande pensadora era tão absurdo quanto imaginar uma mulher com barba; na era vitoriana do século XIX, só restavam as mais breves referências ao seu nome.

Este é um bom momento para trazê-la de volta. Escreveu-se nos últimos tempos sobre várias mulheres do século XVIII, mas, em geral, apenas porque tiveram romances com homens notáveis ou se casaram com membros de famílias ricas ou importantes. As conquistas de Châtelet são de um nível inteiramente diferente.

Os estilos históricos recentes contribuem para isso. Por um longo tempo, os principais pensadores do Iluminismo foram tratados como um grupo coeso, que lutava nobremente pelo aperfeiçoamento de toda a humanidade, seja como sábios de inspiração divina ou representantes de uma nova classe que inevitavelmente ascendia. Boa parte disso foi uma fantasia dos historiadores franceses, que projetavam no passado apenas um lado das duras — e ainda persistentes — batalhas do século XIX, deixadas pela Revolução Francesa.

Pensadores conservadores reagiram contra isso, e suas visões atingiram o auge quando os regimes comunistas e fascistas do início e de meados do século XX demonstraram como ideias insistentes e equivocadas podem produzir um grande mal. Uma crítica mais comedida partiu do acadêmico norte-americano Carl Becker, que se concentrou no modo pelo qual muitos pensadores iluministas pareciam apenas vencer as ideias religiosas com as quais tinham sido educados, mesmo em suas recomendações sobre políticas supostamente seculares. Como disse Simone Weil, em um contexto diferente, era como se eles acreditassem ser possível chegar ao céu simplesmente marchando sempre em frente.

Entretanto, a ingenuidade também era um exagero. Uma das correções mais importantes, nos anos imediatamente subsequentes à guerra, veio de Peter Gay, um jovem refugiado alemão que trabalhava na Universidade de Columbia, em Nova York. Dentre outras coisas, ele apontava o absurdo de se sustentar que Voltaire tivesse acreditado na flexibilidade infinita da humanidade, já que ele situava indivíduos guiados por emoções irracionais no centro de boa parte da sua obra.

Cerca de duas décadas depois, Robert Darnton, cujo pai e irmão foram notáveis repórteres no *New York Times* — e que, por um breve tempo, tentou ele mesmo essa carreira —, começou a observar o viés pragmático do que realmente significava ser um escritor ou um editor na França do século XVIII. Esmiuçou antigos arquivos e transcrições policiais — pense em um fotógrafo de tabloide hoje em dia, mas com doutorado — até reconstruir os trabalhos de panfletistas exauridos, vendedores de livros ilegais, espiões da polícia e todos os outros que criaram as verdadeiras redes de comunicação usadas na França naquele tempo.

Foi uma maneira engenhosa de ampliar o trabalho da escola francesa dos Annales, que usava uma mistura de economia, pesquisa estatística e antropologia cognitiva para abrir, por baixo, uma história densa, em que os baratos suspenses de pornografia política, extremamente populares, eram mais importantes do que os grandes tratados de teoria política. Uma geração posterior de historiadores corrigiu algumas das extravagâncias de Darnton, dando, mesmo assim, continuidade a sua abordagem, que via cada aspecto do Iluminismo através de novas lentes, e distanciava-se, por fim, daquelas categorias de esquerda/direita que tinham banalizado boa parte dos primeiros trabalhos.

O papel de Châtelet como algo mais do que uma amante sensual precisou de um longo tempo para ser aceito, e foi apenas o trabalho de um consciente acadêmico de Princeton, Ira O. Wade, que mostrou o quanto ela havia sido importante e criativa. Wade publicou essa análise na década de 1940, mas, embora fosse um homem diligente, parece ter sido treinado na mesma escola de prosa expositiva de Immanuel Kant: era um péssimo escritor. Só com uma nova geração de intelectuais mulheres, especialmente a partir da década de 1970, uma atenção mais séria lhe foi dedicada.

Houve, pelo que descobri, algumas biografias populares mesmo antes disso — notadamente a de Voltaire feita por Nancy Mitford em 1956, que incluía esse período de sua vida. Entretanto, além de lhe faltarem muitas das cartas mais importantes, Mitford sabia tanto de ciência quanto uma árvore. Como a vida de Châtelet girava em torno da ciência, o resultado foi um personagem recortado, que tinha aventuras extraordinárias, mas sem um motivo aparente.

Voltaire teve mais sorte com seus biógrafos, não apenas porque suas cartas sempre foram facilmente acessíveis — ele viveu tempo suficiente para assegurar isso —, mas também porque suas obras são sedutoras. Porém, seus biógrafos também menosprezaram com frequência o papel da ciência na delimitação de sua vida, o que inevitavelmente significou também o menosprezo de Châtelet.

É um prazer finalmente mudar esse panorama e fazer justiça aos nossos personagens, ao trazer de volta a ciência que foi tão importante para ambos. Mas também percebi que era importante não enfatizar isso e produzir uma visão mais parcial. Em vez disso, preferi me concentrar no seu amor e construir uma narrativa em torno dele. É o modo mais vivo que conheço de ilustrar as sutis, e por vezes quase imperceptíveis, mudanças culturais do início do Iluminismo; um modo de fazer com que dois indivíduos que partiram há tanto tempo voltem à vida, em todo o seu percurso de emoção e medo.

Nota do autor

Durante todo o livro, chamei Châtelet pelo seu primeiro nome e Voltaire pelo último — o que não parece justo, a não ser pelo fato de que em geral era assim que os dois se referiam um ao outro. O nome "du Châtelet" não era aquele com o qual nossa heroína nasceu, nem o que escolheu, e, quando queria provocar os seus amigos homens, ela muitas vezes escrevia que eles eram um de seus Émilianos. "Voltaire", ao contrário, foi um nome que o nosso herói escolheu e pelo qual realmente gostava de ser chamado.

As traduções apresentam ainda mais dificuldades. O texto de Voltaire é facilmente lido em francês, mas as traduções literais — sobretudo da sua poesia — fazem-no parecer afetado demais. Para evitar isso, embora as traduções em prosa deste livro sejam bem neutras, as traduções poéticas são muito livres; por vezes quase paráfrases. Essa é, na verdade, a abordagem que Émilie e Voltaire usavam quando faziam, eles próprios, traduções: retirando e acrescentando palavras para fazer com que os autores aparecessem como eles sentiam que deveriam. Algumas das traduções são minhas ou de outros autores recentes; outras são de escritores contemporâneos aos nossos personagens, para captar ainda melhor o estilo de seu tempo.

... És bela
  e meia raça humana será tua inimiga
És brilhante
  e serás temida
És fiel
  e serás traída...

VOLTAIRE, "Carta sobre a calúnia", 1733
Pouco depois de conhecer Émilie
(Tudo o que ele previu se realizou)

Prólogo

CIREY, FRANÇA, FINAL DE JUNHO DE 1749

Sozinha, depois do jantar. Na grande janela que dava para o seu terraço, as pequenas colinas do leste francês se faziam quase invisíveis na penumbra. Ela amava aquela casa, a sua casa; mas, depois de uma década com François, o homem a quem se entregou mais do que a qualquer outro, sua vida em comum começava a se estilhaçar.

Em seu lugar, ela pensou ter encontrado um homem melhor, mais jovem e mais belo, mas depois ele próprio passou a tratá-la friamente. Ela tentou, de início, não admitir tal situação ("a ilusão não é algo que se possa ter, se ela não for da sua natureza. Entretanto, é possível evitar olhar por trás da cena"), mas a frieza dele não tinha fim: ela tinha experiência com os homens e sabia quando a paixão tinha acabado.

De costas para a janela: já era hora de voltar ao trabalho. Os criados tinham acendido várias velas em sua mesa e o seu manuscrito permanecia no local em que o deixara. Ela se sentou na cadeira de tafetá branco. Era agradável estar ali de volta depois de Paris: com os painéis que encomendara do ateliê de Watteau nas paredes à sua volta, a cestinha do seu cão ao lado da cama, a sua biblioteca do outro lado da porta.

Na ala do castelo que lhe pertencia, François também estava sentado à sua escrivaninha, as folhas em branco da peça na qual trabalhava se mantinham empilhadas às suas costas. Se tivesse sorte, a peça lhe traria de volta às graças do rei e repararia a catástrofe de sua última visita a Paris; também havia importantes reformas governamentais nas quais trabalhar.

Ele também tinha uma amante que o aguardava em Paris, que lhe enviava cartas insidiosamente sensuais, mas começava a se cansar dela. E como compará-la a Émilie, o seu único grande amor e a mulher com quem compartilhou tantos anos? Eles não eram mais amantes, mas tinham uma ligação muito mais profunda do que nos seus primeiros anos de paixão, há tanto tempo.

Eles nunca abandonariam um ao outro.

De volta a seu quarto, voltada para a grande janela que dava para o terraço e o rio, Émilie estava pronta para começar o trabalho noturno. Seu cabelo ainda era basto, denso, mas com cachos negros que começavam a acinzentar na frente. Ela usava seus diamantes e agora empunhava sua pena. Tudo era silêncio no castelo. O luar que passava por ela curvava-se para a direita até os travesseiros de renda na cabeceira de sua cama. A matemática se tornava cada vez mais difícil. Ela já estava com mais de quarenta anos e, aproximando-se dos estágios finais da gravidez, convencera-se de que tinha poucas chances de sobreviver ao trabalho de parto que começaria em breve. Alguns de seus amigos a repreendiam, tentando afastá-la da preocupação, mas François a conhecia muito melhor do que qualquer um. Ele sabia que ela não estava com raiva, apenas desapontada de ter que partir antes de estar pronta.

O que faria a vida valer a pena depois do desaparecimento do amor? O grande Isaac Newton criara a ciência moderna, contudo a sua obra ficou incompleta com a sua morte. Ela sabia como revelar as verdades mais importantes e ocultas de Newton, sobre como funcionava a gravitação e o que esse funcionamento poderia revelar sobre as intenções de Deus em relação a nós. Ela também começava a ter vislumbres sobre o poder das próprias ideias, sobre o modo pelo qual a energia que parecia ser consumida em uma parte do universo poderia instantaneamente aparecer em outra parte, e manter inalterado o equilíbrio do todo. Havia anos ela trabalhava no livro que trataria de todos esses temas e agora se aproximava do fim. Talvez ela tivesse tempo suficiente para terminá-lo. Se conseguisse, sua memória permaneceria por séculos.

Ela ergueu a pena e mergulhou-a no pote aberto de tinta.

I

ANTES

1

Émilie

Paris e Versalhes, 1706-1725

Gabrielle Émilie Le Tonnelier de Breteuil — apenas 10 anos de idade, sentada à mesa de jantar dos adultos, com seu cabelo ondulado preso com força em mais uma tentativa de mantê-lo no lugar — esforçava-se para acompanhar as palavras do visitante que o pai trouxera à sua mansão de Paris naquela noite de quinta-feira. Seu nome era Bernard le Bovier de Fontenelle, e ela ouvira dizer que se tratava de um cientista famoso. Ele falava sobre as estrelas distantes.

Explicava que elas eram grandes sóis como o nosso, com planetas inabitados ao seu redor. Isso não deveria amedrontá-la, prosseguia ele, pois significava que não mais deveríamos nos sentir oprimidos, circunscritos em nosso pequeno planeta. Ao contrário, deveríamos olhar para fora e respirar livremente: "Nada é tão belo de se ver quanto esse número prodigioso [de sistemas solares], cada um tendo um sol como centro a fazer com que os planetas lhe girem ao redor."

Émilie ouvia, fascinada. Estava escuro lá fora, e a luz de mais de uma dúzia de velas preenchia o ambiente; os criados trabalhavam em silêncio em meio a taças, pratos e bandejas de prata. Essa foi uma das primeiras vezes que lhe permitiram ficar acordada até tão tarde. Mais do que isso, Fontenelle praticamente não prestava atenção a mais ninguém.

O pai de Émilie, Louis-Nicolas, um senhor já idoso, observava tudo com atenção. Ele havia planejado aquela noite por reconhecer que sua filha era diferente das outras crianças, sempre o perturbando com constantes perguntas sobre história, poder, estrelas e religião.

Mas ele também sabia que a alegria de Émilie em aprender não era vista com bons olhos por todos. A mãe, Gabrielle-Anne, também se encontrava à mesa — e não estava propriamente se divertindo.

Gabrielle-Anne era uma daquelas mulheres que, belas na juventude, se tornam para sempre infelizes na vida, a despeito de serem ricas: "Não creio que ninguém jamais tenha visto o seu sorriso", observou um visitante frequente, "exceto com um tom de fastio e um ar superior". Ela fora criada em um convento, onde o conhecimento mais importante era como manter sua posição social, e a matéria que exigia maior complexidade intelectual era o bordado. Durante anos, tentou instilar em Émilie o único tipo de conselho que achava ser necessário a uma menina. As regras eram lei:

"Jamais assoe o nariz em seu guardanapo — você pode pensar que eu não precisaria te dizer isso, mas os irmãos Montesquieu assoam nos guardanapos, e isso é asqueroso. Parta o pão com as mãos em vez de cortá-lo (e quebre o fundo dos ovos quentes quando terminar, para que os criados não o deixem rolar do prato e cair em você)... Nunca, jamais, penteie o seu cabelo na igreja. Preste atenção à palavra Monsenhor, deve-se pronunciá-la diferentemente para um Príncipe da Igreja ou para um Príncipe da Realeza. E, quando um padre estiver na sala, sempre lhe conceda a cadeira mais próxima do fogo e sirva-o primeiramente nas refeições, mesmo se ele estiver ao final da mesa."

A mãe chegou a tentar que Émilie fosse aos bailes infantis, a que as crianças chegavam em miniaturas de carruagens e ficavam horas exibindo seus buquês e comentando sobre taças, mobiliários e as roupas umas das outras. Mas Émilie se entediava e demonstrava isso.

Comportando-se ainda pior à mesa dos Breteuil nessa noite de quinta-feira, estava a prima de 14 anos de Émilie, Renée-Caroline. O mau humor a dominava porque não estava acostumada a ser ignorada. Nos últimos meses, desde que se mudara para a casa dos Breteuil, ela tinha sido a preferida. Ela era tudo o que uma mãe poderia querer: complacente, bela e sempre trajava as roupas certas.

Passava horas de alegria fofocando com Gabrielle-Anne, tratando de assuntos como moda, etiqueta e a constrangedora inferioridade da família do pai, que se tornara nobre havia apenas dois séculos, em um triste contraste com a família Gabrielle-Anne e Renée-Caroline, notadamente mais distinta — embora não tão rica. ("Quando falávamos desses nobres de segunda linha", conta Renée-Caroline, "tínhamos o cuidado de olhar para os lados e nos certificar de que as palavras não os ofendiam — como faria qualquer um que falasse de corcunda ou de judeus"). A mãe concedeu à recém-chegada toda a aprovação de que privava a sua filha.

Émilie quis desesperadamente se juntar a elas, mas era incapaz de dizer ou de fazer a coisa certa. Mesmo que tentasse, era mais provável que deixasse escapar alguma questão complexa sobre filosofia ou teologia. Seria melhor que perguntasse sobre moda. "Ela era tão confusa e pedante", relembra Renée-Caroline. "Queria que pensássemos que entendia de tudo." Sua mãe e sua prima apenas suspiravam.

Renée-Caroline chegou a convencer Gabrielle-Anne a despejar Émilie de seu belo quarto no segundo andar, que dava para os jardins de Tuileries, e permitir que ela ocupasse o lugar. Émilie foi relegada aos pequenos quartos do térreo, que davam para um muro. "Não creio que haja alguém no mundo que possa se sentir desprezada sem que isso se converta em desalento", escreveu Émilie mais tarde. "O desprezo público é uma tortura pior do que a lei pode infligir, porque ele não passa."

Agora, entretanto, à mesa de jantar, com a presença estimulante de seu pai e com o convidado lhe dedicando atenção, ela conseguia escapar para o fantástico mundo da ciência. Fontenelle contava a uma Émilie de dez anos de idade sobre a espessa faixa branca no céu noturno, chamada Via Láctea, e explicava que também ela era uma semeadura de mundos, de um número muito maior do que eram capazes de imaginar. Visitantes experientes daquelas estrelas distantes poderiam advertir os novos passageiros, quando estes entravam em nosso sistema solar: "Vocês em breve verão um planeta com um grande anel ao seu redor" — e então Saturno lhes serviria como um farol de navegação flutuante.

Émilie estava extasiada com o que poderia haver lá fora, no espaço. Segundo Fontenelle, parecia impossível que alguém medisse, da Terra, o distante Saturno, ou determinasse sua temperatura. Mas o que poderia ainda ser descoberto no futuro se usássemos a nossa mente?

Seu pai era alguém fora do comum. A maioria dos pensadores europeus daquela época estava convencida de que os seres humanos adultos tinham duas espécies diferentes, sendo os machos criados com intelectos superiores, adequados à sua força mais vigorosa. Mas Louis-Nicolas sabia o quanto sua filha era brilhante, como suas reflexões eram ágeis, e não via por que não devesse ajudá-la.

Mesmo quando Émilie era mais nova — e ela era quase sempre desajeitada quando pequena —, ele a encorajava em suas atividades físicas, tais como aulas de equitação e de esgrima. Agora, ele começava a lhe trazer preceptores em casa. Com o passar dos anos, ela traduziu Virgílio, aprendeu a ler Tácito no original italiano e teve o prazer de memorizar longos trechos de Lucrécio e Horário. "Os homens podem escolher vários modos de alcançar a glória", escreveu Émilie ao recordar disso, "mas não as mulheres. Quando alguém nasce com uma alma que quer mais, há ao menos o estudo solitário a lhe consolar".

Gabrielle-Anne estava horrorizada com o progresso da filha e lutava contra o marido a cada passo, a ponto de tentar enviar Émilie para a clausura de um convento. Isso seria uma catástrofe para Émilie. Mesmo a mais famosa escola para meninas, localizada nos arredores de Paris, não tinha estudos significativos e permitia apenas uma única visita, de trinta minutos a cada três meses, dos pais. As punições nas escolas conventuais da elite incluíam o envio repetido e solitário de jovens para mausoléus fúnebres, escuros e asfixiantes. (Uma das filhas de Luís XV sofreu tamanhos acessos de terror ao ser forçada a fazer isso que jamais se recuperou.) Felizmente para Émilie, seu pai conseguiu mantê-la longe dos conventos.

Mesmo tendo conseguido estudar, ela ainda estava só — e apenas raramente podia deixar a casa. Se ia à frente da mansão, quando a criadagem entrava e saía em suas incumbências, o máximo que conseguia ver eram as amplas ruas de Paris adiante e o palácio particular do rei, o Louvre, ao longe. Não convinha a uma mulher explorar a cidade por si só, além de ser muito perigoso — não apenas à noite, quando, pelo que lhe contavam seus dois irmãos mais velhos, vagavam por ela assassinos estripadores, fantasmas de mortos e portadores de pragas, mas também durante o dia, quando mendigos mutilados defecavam sob os teixos de Tuileries, ao lado das argileiras, sobre as quais passavam aos solavancos as enormes carruagens de madeira, enquanto grupos de policiais incansáveis, com grossos cassetetes às mãos, vigiavam as multidões. Ela era forçada a permanecer em casa.

Com o passar do tempo, ela percebeu que seu pai protetor não estaria ao seu lado para sempre. Tinha então apenas duas possibilidades na vida: casar-se e integrar-se a uma família que mantivesse seu bem-estar, ou ser enviada a um convento, só que, dessa vez, não seria apenas por alguns anos de educação, mas para ficar lá o resto da vida, com mulheres desfiguradas pela varíola ou que consideravam o casamento como algo além do seu alcance, ou — talvez a maioria — cujos pais simplesmente não queriam gastar suas economias em alocar a filha em uma família conveniente. Não era um relógio biológico, mas um relógio financeiro que agora começava a bater.

Para complicar ainda mais a situação, a renda de seu pai diminuía. Por muitos anos, ele fora o chefe de etiqueta em Versalhes, recebendo boas quantias por negociar o acesso ao rei para dignitários estrangeiros. Entretanto, depois da morte de Luís XIV, em 1715, isso acabou. O dote de Émilie — crucial para ajudar a empurrar uma esposa — era apenas de médio porte.

Felizmente, contudo, quando Émilie fez 15 anos — em 1721 —, uma mudança começou a atormentar Renée-Caroline, ainda uma visita frequente, mais do que nunca. Émilie sempre fora magricela e desajeitada em criança ("minha prima era três ou quatro anos mais nova do que eu", escreveu

Renée-Caroline, "mas era pelo menos uns 12 ou 15 centímetros mais alta"); porém, agora ela ganhava corpo. Seu rosto tomou uma forma oval sedutora, seus olhos castanho-claros se ampliaram e ela se tornou, senão a perfeita beldade que a sua mãe tinha sido, ao menos uma jovem alta, de belo físico e muito segura.

Esse poderia ser seu caminho de fuga. Aos 16 anos, enviaram-lhe para morar na Corte, para ver que tipo de homem atrairia com seu misto de beleza e dinheiro — na esperança de que ela não falasse demais a ponto de espantá-lo. O propósito, evidente para qualquer mulher, era conseguir um marido que, nas palavras de Dorothy Parker que depois se tornariam imortais, deveria ser rico, fiel e idiota.

Mas, conquanto Émilie não quisesse o convento, ela ainda era exigente: era realista o bastante para saber que não encontraria um homem que estimulasse sua criatividade, mas também não queria a vida padrão de uma rica mulher casada; precisava de alguém que lhe desse ao menos espaço para continuar estudando.

Não contribuiu muito o fato de que, desde a morte de Luís XIV, a Corte estivesse sendo administrada por um regente que estimulava a indulgência sexual na vida pessoal e entre seus cortesãos, algo que o antigo rei não permitira durante décadas. Visto que os mais ridículos janotas, oficiais e apostadores da Corte não a deixavam em paz, Émilie elaborou um plano para mostrar sua seriedade. Como consta em um dos relatos, ela simplesmente desafiou o chefe da guarda real do palácio, Jacques de Brun, para um duelo de espadas.

Brun era um soldado experiente e deve ter entendido o desafio como uma loucura, pela qual não lhe valeria a pena sequer levantar a arma, mas Émilie sabia o que estava fazendo. Eles não usariam as armas para matar, mas o espetáculo que a despia de seu vestido formal para esgrimir contra um soldado profissional traria ao seu redor, para observá-la, todos os nobres que coubessem no círculo.

Os anos de lições de esgrima dadas pelo pai agora lhe eram úteis. Um soldado que a conhecia bem — e tinha ele próprio matado um homem em um duelo — escreveu: "Ela [...] porta a espada como um hussardo e torna-se tão violenta quando exasperada [por um homem], que não hesitaria em transpassá-lo." Ela não derrotou Brun, mas ele também não a derrotou. Ambos depuseram suas espadas, ofegantes.

Para sua mãe, essa era a pior coisa que ela poderia ter feito. "Minha caçula [...] afugenta os pretendentes [...] poderíamos ser forçados a [finalmente] mandá-la para um convento, mas nenhuma abadia a aceitaria." Ainda não havia sinal do pretendente ideal em Versalhes, mas Émilie agora podia voltar aos seus estudos, ao menos por enquanto.

Porém, ali era mais difícil do que em casa, pois ela já havia ultrapassado tudo o que os seus preceptores de Paris poderiam ensinar-lhe, e não havia ninguém em Versalhes para compartilhar seus interesses, especialmente em filosofia e ciência. Ela começou a estudar e ler por conta própria. O que ela aprendia era mais ou menos assim:

Na época medieval, muitos séculos antes, praticamente não existia ciência. Imaginava-se o universo de modo muito simples: havia Deus nas alturas, os reis, o papa, os cardeais abaixo dele e a cadeia de autoridade continuava assim, passando pelos bispos, os cavaleiros, os monges, até chegar ao mais humilde dos camponeses. Todos tinham o seu devido lugar.

Não existia nada de novo para ser descoberto. Mesmo os céus sobre nós eram imutáveis. A Terra estava no centro de um pequeno universo, o Sol e os planetas giravam em torno de nós, não muito distantes, talvez mais próximos do que a Lua. Na extremidade final, havia minúsculas partículas de luz — as estrelas —, fixadas em uma abóbada cristalina que, no alto, girava lentamente ao longo das estações. Ninguém poderia questionar esse sistema, pois não apenas ele era óbvio à observação direta, como o rei e a Igreja derivavam a sua autoridade da própria natureza desse universo imutável. Deus governava de um trono celestial, assim como os nossos superiores o faziam dos tronos terrestres. Questionar as verdades da astronomia seria o mesmo que questionar a autoridade dos reis e dos líderes religiosos aqui na Terra. Era em uma rígida teocracia que viviam os ancestrais distantes de Émilie.

Durante muitos séculos, essa visão permaneceu praticamente inalterada. Mas então — mais uma vez, segundo os textos correntes que ela deve ter lido

— alguns astrônomos, como Copérnico e Kepler, começaram a questionar a ciência que fundamentava essas visões. Eles descobriram que os dados que permaneciam indubitáveis desde os tempos antigos não eram tão verdadeiros quanto se acreditava. O Sol não girava diariamente ao redor da Terra. Os céus não eram, no fim das contas, imutáveis.

O mais impressionante de tudo era que essas novas descobertas não eram apenas adivinhações, noções vagas que dependiam da intuição para se provarem verdadeiras. Havia modos de demonstrar que elas eram precisas e de representar as novas regras em detalhes.

Émilie estava ansiosíssima para aprender mais; era isso o que ela mais queria. Mas, embora pudesse contar com a concordância e a aprovação de Louis-Nicolas, o qual com ela compartilhava algumas dessas novas ideias em suas visitas, este não tinha mais verbas para lhe comprar livros. Sua diminuta renda não mais o permitia.

Havia apenas uma alternativa. Émilie era hábil o bastante em matemática para aprender sozinha geometria analítica, então conseguiria contar as cartas nas mesas de um jogo de modo rápido para lhe abrir boas chances de ganhar nas apostas. (O jogo era popular e moças bem-criadas eram expostas a ele com bastante frequência para aprender seus fundamentos.) Se ela desenvolvesse essa habilidade, então com o dinheiro que ganhasse...

"Minha filha é louca", escreveu Louis-Nicolas pouco tempo depois. "Na semana passada ela ganhou mais de 2 mil luíses de ouro nas mesas de cartas, e [...] gastou [...] metade em livros novos." Louis-Nicolas não a pressionava tanto quanto a mãe, mas aonde isso levaria? "Argumentei com ela, em vão, pois ela não se deixa persuadir de que nenhum grande lorde se casará com uma mulher que é vista lendo todos os dias."

Por fim, no final de 1724, aos 17 anos, Émilie percebeu que teria que desistir. Algumas meninas conseguiam manter-se no mercado matrimonial aos 20 e poucos anos, mas eram casos raros. (Na verdade, houve um pequeno número de mulheres que conseguiu criar uma vida semi-independente, mas elas raramente eram lembradas.) A maior parte das mulheres era transferida para o casamento em uma idade bem anterior à dela. As jovens podiam ser legalmente casadas aos 12 anos e noivas — sem nenhuma chance de apelação — aos 7 anos.

Com a ajuda de seus amigos e os conselhos de seu pai, a pós-adolescente Émilie acabou prestando uma atenção especial a um homem de meia-idade, troncudo e educado, chamado Florent-Claude, o marquês de Châtelet-Lomont. Ele era mosqueteiro, seu avô fora um dos generais do Rei Sol e, embora a herança da família tivesse sido dividida entre os seus irmãos mais novos, ainda tinha bastante dinheiro herdado — ao que se acrescentaria o dote de Louis-Nicolas — para dar a essa jovem uma vida decente.

Havia mais. Assim como Châtelet, ele tinha um grau de nobreza alto o bastante para pedir auxílio de outras famílias poderosas em caso de futuros ataques judiciais a ele, à esposa ou à sua renda. Isso era importante, porque os tribunais eram tão frágeis naquela época, e os juízes tão facilmente controlados por suborno ou influência política, que era bem possível que uma herança familiar fosse diminuída de modo drástico na ausência dessas relações pessoais. A ideia também fazia sentido para Florent-Claude, já que Breteuil tinha suas úteis ligações na Corte, além das riquezas que transferiria em seu dote e do poder do nome da família da esposa.

Os contratos eram agora firmados pelas duas famílias e, uma vez solucionados os detalhes financeiros, Florent-Claude pediu oficialmente a mão de Émilie em casamento. Ele foi cauteloso com os detalhes, mas não apenas mercenário como era comum a tantos outros. (Um aristocrata, por exemplo, assinou um contrato de casamento com a filha de 12 anos de um homem rico e depois deixou a esposa em um convento — para onde foi enviada após a noite de núpcias —, onde ela aprendia a ler e a cantar, enquanto ele gastava o dote com as suas dívidas de jogo.) Florent-Claude sabia que, conquanto ele e a esposa viveriam vidas bem distantes, como era costume, seria favorável se viessem a gostar um do outro.

O casamento era agora preparado e tudo se transformava rapidamente. Gabrielle-Anne se regozijava: afinal sua filha adquirira algum juízo. Não existia mais tempo para ler, é claro, pois, em vez disso, havia penteados a escolher, convites a fazer e legiões de costureiras a supervisionar. Havia também bur-

burinhos de outras atividades em Versalhes — que incluíam uma perseguição policial a alguém que tinha atacado um nobre —, mas isso podia ser ignorado. Émilie estava enfeitada, elegante e renovada. Sua mãe guardara em uma grande cômoda nupcial o enxoval para essa ocasião. Agora havia um tecido de seda a ser preso como um véu na cabeça de Émilie durante a cerimônia (que todos sabiam que também seria usado no batizado de seu primeiro filho), um corpete bem justo a ser encomendado, novos sapatos de salto bem alto (tão desconfortáveis para se andar que tinham sempre de ser trocados por pantufas dentro de casa), especialistas para preparar bochechos de mercúrio, bismuto, alvaiade e pó de arroz para serem passados em seu rosto.

Então, em junho de 1725, ela estava casada. Florent-Claude não era insensível e compreendia que seria necessário algum tempo para que a jovem noiva se acostumasse à sua nova vida. Estava disposto a deixá-la visitar seus irmãos, de quem ela era muito próxima, por uma temporada; ela poderia até mesmo continuar a cavalgar, desde que sob supervisão adequada. Mas em setembro começariam suas obrigações formais, pois eles fariam uma entrada cerimonial na cidade de Semur, na Borgonha, a vários dias de viagem de carruagem ao sudoeste de Paris. Ele era o senhor do castelo, reinava em Semur, e essa seria a sua residência formal.

Émilie tentou acomodar alguns livros na bagagem, mas não havia espaço para muitos. Às 12h de 29 de setembro, a cidade começou a reunir-se e apertar-se contra a balaustrada de pedra: a pequena nobreza em um ponto, os padres e os monges em outro; magistrados, artesãos de corporações e pessoas comuns aglomerados cada qual em sua parte. Os homens da cidade aguardavam no calor até as 16h, quando rufaram os primeiros tambores anunciando que os novos senhores da cidade estavam à vista. Os sinos das três grandes igrejas tocaram e nobres com espadas logo se emparelharam ao coche. Todos queriam ver a nova marquesa, e não menos as quatro irmãs de Florent-Claude, de quem esperavam ouvir em breve as últimas fofocas de Versalhes, além de notícias sobre roupas e decorações da moda.

As ruas ladrilhadas e cheias de lixo de Semur estavam lotadas e, por quase duas outras horas, Émilie teve de permanecer dentro da carruagem abafada, ao lado de Florent-Claude. Os guardas com lanças e arcabuzes marchavam às suas costas e, finalmente, eles chegaram ao pátio central do palácio. Ainda mais dignitários os aguardavam ali, assim como os vários grupos de pessoas que queriam parecer dignitários. Seu marido estava orgulhoso. Émilie desembarcou da carruagem. Paris e tudo o que aprendera lá estavam insuportavelmente distantes. Ela tinha 18 anos de idade, estava mais uma vez cercada por multidões, mas ainda estava só.

2

François

Paris e Bastilha, 1717-1725

François-Marie Arouet, ainda um poeta menor e dado a eventos sociais, já era o homem que se transformaria no grande escritor Voltaire. Naquela ordinária manhã de domingo, estava o jovem senhor Arouet — 23 anos de idade, magro, de olhos brilhantes, trajando, como sempre, calças pretas e camisa de renda branca — de pé em meio a um grupo de oficiais de polícia corpulentos em frente à prisão da Bastilha, no centro de Paris. Ele brincava com eles, aparentemente sem nenhum vestígio de preocupação, explicando o quanto estava feliz ao ver aquelas enormes torres de alvenaria da Bastilha, pois já tinha estado lá uma vez, em visita a amigos.

Mas nada disso mudava o fato de que ele se encontrava preso.

Enquanto estava hospedado em uma estalagem de Paris, um jovem companheiro, vindo do interior, reconheceu o famoso poeta e perguntou, preocupado, se era mesmo verdade que os últimos versos sarcásticos que circulavam por Paris eram seus. Os versos atacavam as aventuras sexuais do liberal regente, Filipe de Orléans, que assumira o poder depois da recente morte do grande Luís XIV.

Na verdade, as estrofes tinham sido escritas por outra pessoa, mas Arouet amava ser o centro das atenções. Ele sorriu e perguntou o que o visitante interiorano — cujo nome era Beauregard — achara dos versos. Beauregard disse que eram bons, mas acrescentou que, agora que havia conhecido Arouet, lhe parecia que o poeta era jovem demais para ter escrito algo tão perfeito e que eles provavelmente tinham sido escritos por outra pessoa. Arouet logo respondeu que não, que Beauregard estava errado. Na verdade, disse, ele já escrevera secretamente muitos versos daquele gênero.

Beauregard ficou impressionado, assim como o superintendente da polícia, ao ver, mais tarde, o relatório daquele dia — pois Beauregard era um espião da polícia, o que explica a situação de Arouet em frente aos portões da Bastilha, cercado por aqueles robustos oficiais.

Hoje em dia, pode parecer um exagero o fato de ser preso apenas por divulgar poemas sobre a vida pessoal do governante. Mas, na França de 1717, 70 anos antes da Revolução, a família real e seus sequazes eram indivíduos nervosos e cheios de motivos para se enervar. Retrocedendo ao século anterior, quando Luís XIII assumiu o trono, sabemos que um suposto usurpador foi assassinado dentro do Palácio Real na tentativa de deter um golpe homicida contra o rei. Quando o sucessor desse rei, Luís XIV, ainda era uma criança, ocorreram repetidas investidas de coligações de exércitos de nobres, que não aceitavam a autoridade da Coroa, com o propósito de raptar o jovem rei dos palácios de Paris, onde sua mãe, aterrorizada, o mantinha escondido. Em várias ocasiões, eles tiveram que escapar secretamente para evitar esses assassinatos. A nova Corte, formada em Versalhes, era uma marca de fraqueza, uma consequência daqueles anos de medo: o palácio isolado era mais facilmente defensável contra assassinos, além de se situar a várias horas de cavalgada dos levantes em massa de Paris.

Por algum tempo, os êxitos dos anos intermediários do longo reinado de Luís XIV encobriram grande parte dessa fraqueza. Ao final do século XVII, a França dominava o mundo ocidental; tinha o maior exército, a maior economia, os maiores arquitetos, engenheiros e pensadores. Porém, a partir dessa época — em um declínio acelerado pelo feroz ataque do velho Luís a todos os protestantes franceses, o que forçou os maiores empreendedores do país a partir —, o aparente sucesso do país passou a mascarar uma constante decadência. Perdiam-se as guerras; as fronteiras se estreitavam cada vez mais; o teatro e a poesia se tornaram artificiais. E esses fracassos resultaram, ao final do reinado de Luís XIV, em dúvidas crescentes sobre aquela autoridade quase mágica, que a Coroa insistia ser oriunda de Deus.

Mais recentemente, depois da morte de Luís XIV, em 1715, o reino era oficialmente governado por Luís XV, que, no entanto, tinha apenas 5 anos de idade. Isso significava, então, que o poderoso exército e todos os nobres — com suas riquezas e séculos de orgulho — deveriam obedecer à vontade divinamente autorizada daquele menino. Mas, visto que ele falava com voz de criança e tinha de ser mantido sob controle para que não saísse correndo sem rumo quando era levado ao exterior do Palácio, ele também não entendia nada do governo que supostamente exercia. Assim, todo o poder decisório era delegado ao regente, Orléans, que, todavia, por ocupar esse privilegiado posto de protetor, encontrava oposição em várias facções poderosas da mais alta aristocracia.

Eis o motivo por que o governo era tão sensível a textos que abalassem seu apoio público. Não minimizava a gravidade da situação que o famoso poema, cujos créditos Arouet tomara para si, dizia que o licencioso Orléans mantinha relações sexuais com a própria filha — um insulto agravado pelo fato de que isso provavelmente era verdade.

Já que não havia tribunais verdadeiramente isentos na França, Arouet poderia ficar preso durante anos. (Pouco tempo depois, por exemplo, quando escreveu duas linhas de poesia ironizando o rei, um plebeu de nome Desforges foi levado para a fortaleza do Monte Saint Michel, jogado em uma estreita jaula de ferro e lá mantido por três anos.)

Não obstante, nada disso era mais importante para Arouet do que manter as aparências, daí a troça afável com os oficiais que o prendiam: possivelmente uma menção à sua sensual namorada, uma jovem aspirante a atriz chamada

Suzanne de Livry, que lhe era sincera e leal, como só acontece a uma menina recém-chegada do interior, ansiosa por escapar do vilarejo onde Arouet a conhecera.

Uma satisfação ainda maior seria reencontrar o oficial superior que decretara a prisão, um certo sr. Ysabeau, que tinha cometido o terrível erro de tentar intimidar Arouet pela ação policial na estalagem. Como em breve saberiam gerações de funcionários públicos, opositores literários, aristocratas, príncipes e cientistas em toda a Europa, tal intimidação não era uma tática inteligente para a primeira abordagem.

Arouet tinha uma sagacidade rápida, terrivelmente rápida, e, nos primeiros interrogatórios depois da prisão, disse a Ysabeau, em tom de despeito, que deixara o poema sobre sua mesa no quarto da estalagem. Ysabeau respondeu, então, que não havia papéis ia e voltou a pressionar Arouet a lhe dizer seu paradeiro, até que ele finalmente admitiu, com raiva por ter que desistir, que talvez o tivesse jogado no sanitário.

De posse dessas informações, Ysabeau, um bom burocrata, rapidamente voltou à estalagem, situada à *rue* de la Calandre, um local não propriamente salubre, e encontrou a funcionária da região — a *vidangeuse*, sempre uma mulher — responsável por esvaziar as fossas. (Não havia um sistema de esgoto eficiente na Paris de 1710, e o lixo se acumulava nos cômodos e nas tubulações.) A *vidangeuse* local abriu a tampa da fossa, fez descer uma vela amarrada em uma corda, empoleirou-se na borda e, pelo que conseguiu ver, disse a Ysabeau que não havia papéis flutuando na fina camada de água que cobria os "*matière grossière*" mais sólidos.

Mas então era sexta-feira, dia 21. Ysabeau disse a seu chefe que estava satisfeito e perguntou se era realmente necessário investigar ainda mais. A ordem de prisão de Arouet, porém, não tinha sido uma mera questão de segundo escalão: viera da caneta do próprio regente. O chefe então lhe respondeu que deveria cumprir o seu dever.

De volta à *rue* de la Calandre, o oficial Ysabeau e a *madame la vidangeuse* se puseram a trabalhar. Os vizinhos os rodeavam por causa do cheiro que se espalhava — eles imploravam que fechassem a fossa depois da primeira inspeção —, mas tudo estava prestes a piorar. As fossas eram construídas com tijolos velhos e argamassa. Ao forçarem a entrada, Ysabeau e a *vidangeuse* pressionaram demais as estruturas. Daí se seguiu um jato, talvez um estalo ameaçador, e então, de repente, nos porões sob a estalagem, onde se estocava cerveja e vinho, aconteceu uma explosão retumbante causada pelo rompimento dos dutos, que fez aparecer, em uma rápida sequência, o oficial Ysabeau, a *vidangeuse*, uma grande quantidade de água e uma quantidade ainda maior de "*matière grossière*", acumulados por poetas presos, hóspedes espiões e os outros vários hóspedes da estalagem.

A cerveja e o vinho se estragaram (o proprietário foi reembolsado pela administração municipal), mas, em toda a torrente, nenhum poema subversivo, intacto ou em pedaços, foi encontrado. Ele nunca esteve ali, agora compreendia Ysabeau. "Ao que tudo indica", escreveu o oficial, com um imenso autocontrole, ao superintendente da polícia, "o sr. Arouet, com a sua ativa imaginação, apenas fingiu ter jogado fora [os documentos]... para provocar um trabalho desnecessário".

Do outro lado de Paris, no interior da Bastilha, a origem da confusão, o jovem François-Marie Arouet parecia acomodar-se com facilidade. Ele sabia que os relatórios das desventuras de Ysabeau aumentariam a sua reputação de ser capaz de transformar azar em sorte. Ele também comunicou aos amigos que, em breve, estaria jantando à mesa do diretor da Bastilha e que havia recebido volumes de Homero (em grego, mas com traduções para o latim ao lado). Preparou minuciosamente uma lista dos demais itens a serem fornecidos pelo diretor da fortaleza: guardanapos de linho, uma touca de dormir, duas gravatas e até uma garrafa de essência de cravo-da-índia (para limpar os dentes). Durante o dia, François podia visitar a sala de sinuca no setor mais rico da Bastilha, passear e conversar com os aristocratas das outras celas. Apenas à noite, era trancado em sua cela.

Mas a aceitação de Arouet era uma simulação. Em um poema escrito muito mais tarde, ele descreveu o que de fato significou ser preso na juventude. Na cela, quando os grandes ferrolhos da porta eram fechados, o silêncio era mortal, o que gerava nos internos um sentimento de isolamento de todo o universo, e levava-os a se sentirem cadáveres conduzidos em silêncio ao cemitério. Arouet tinha horror à prisão. Existiam ratos e pulgas, as paredes de sua cela pareciam se mexer com tantas baratas da pocilga, nas celas vizinhas havia internos que, simplesmente, tinham enlouquecido. A esperteza de Arouet o levara a um beco sem saída.

Ou seja, ele tinha que mudar.

Em toda a literatura mundial, a peça que mais encantava o jovem Arouet era *Édipo*, de Sófocles, com sua trama irresistível de um filho que mata o pai. Afinal, o próprio pai de Arouet constantemente o depreciava, chamando-o de preguiçoso e "amaldiçoado por Deus". Na adolescência, Arouet se recusou a prosseguir na farsa da escola de Direito a que o pai tentou forçá-lo, sob a ameaça de uma vida miserável de exílio nas plantações das Índias Ocidentais francesas, com o risco constante da malária. Não favorecia muito a relação entre ambos a possibilidade de Arouet ser ilegítimo, do que seu pai o culpava furiosamente.

Havia cinco anos, Arouet trabalhava de modo intermitente em uma peça que consistia em uma nova versão do mito de Sófocles. Existe uma certa vantagem em ser um autor que não termina uma obra, sobretudo para um jovem autor que odeia limites. Até que a obra esteja pronta, quem pode dizer quais são seus limites? Mas, naturalmente, com todo esse atraso não se realiza nada importante.

Agora Arouet tinha decidido concluir sua peça; além de se dedicar a elaborar projetos detalhados para uma outra obra séria. Ele pretendia usar a escrita para sair daquela situação miserável a que a sua vaidade o levara. Como ainda se repetiria muitas vezes em sua longa vida, ele precisava chegar ao fundo do abismo para encontrar a energia — quem sabe a fim de refutar as declarações negativas do pai? — que o tiraria dali.

Orléans não poderia expedir sozinho uma ordem de prisão. Esta tinha que ser redigida como se fosse a vontade de Luís XV, então com 7 anos de idade, o que era obviamente um contrassenso. Arouet, então, voltou suas ideias para um período em que a França tinha se aprimorado: o reinado de Henrique IV, o rei que declarou que os protestantes deveriam ser tratados com justiça, e levou assim a um século de relativa prosperidade no reino. Era impossível obter tinta e papel dentro da Bastilha; não obstante, Arouet começou a redigir uma longa história em versos: usando um toco de lápis para rascunhar o texto nas margens dos livros que circulavam na prisão, para depois, com mais cuidado, memorizar as centenas de estrofes que compusera (pois não poderia ter certeza de que lhe deixariam levar consigo um caderno de notas no qual pudesse escrevê-las).

Ele também preparava uma mudança mais profunda. Seu pai não lhe tinha nenhum respeito, disso ele sabia, mas agora ele iria dar o troco na mesma moeda. Ganhava a vida sozinho e provavelmente não era de fato um descendente da família Arouet. Como o nome de batismo de Molière era Poquelin, François decidiu que, ao sair da prisão, também mudaria seu nome. Uma das teorias é que tenha escolhido um anagrama de "Arouet *le jeune*", já que, no estilo da época, frequentemente se intercambiavam as letras "v" e "u", assim como "j" e "i". ("Arouet *le jeune*", Arouet Filho, foi então abreviado como "Arovet l i".) Outra teoria é que tenha escolhido o nome a partir de um livro de pseudônimos disponível na prisão. Qualquer que tenha sido o motivo, o fato é que, daqui por diante, ele seria seu próprio homem: o grande *Voltaire*.

Orléans, de fato, o libertou depois de apenas 11 meses, em abril de 1718, por entender que já tinha dado exemplo suficiente. Voltaire deveria manter-se afastado de Paris, mas, aos poucos, lhe foi permitido voltar à cidade para concluir seus textos e supervisionar os ensaios: primeiramente por apenas um dia, depois por um mês e, por fim, pelo tempo que lhe aprouvesse.

Houve algumas mudanças, a primeira foi que a bela Suzanne ("quem não pecaria [por]... aqueles seios de alabastro, aqueles olhos adoráveis") o trocou por um jovem chamado Génonville, cujos méritos, além de não ser um condenado, incluíam ser rico e tranquilo. Voltaire era testemunha disso, pois, antes de sua prisão, Génonville também tinha sido um grande amigo seu. Mas os contatos de Voltaire no teatro oficial, a Comédie Française, ainda ocupavam seus postos e, ao terminar a edição final, em 18 de novembro de 1718, ele conseguiu que seu *Édipo* fosse enfim encenado.

A peça foi o sucesso da década, recebendo avalanches de ovações. Alguns dos versos tiveram origem em sua experiência recente:

> *Do que sentimos nossos reis não são cientes,*
> *Com fortuitos golpes, atacam os inocentes.*

Mas outros versos iam ainda mais longe:

> *Sim, podemos ter fé*
> *mas apenas em nós mesmos.*
> *Sim, podemos olhar para a frente,*
> *mas com a nossa visão somente.*

> *Não com falsos guias,*
> *Nem com falsos deuses.*

Tais versos expressavam claramente as visões dos aristocratas e das classes profissionais superiores na plateia, que estavam de acordo com a maior parte das diretrizes da Igreja serem ridículas. A Reforma foi contra-atacada com tanta veemência na França que a Igreja se tornou impressionantemente corrupta. Jovens herdeiros poderiam tornar-se bispos simplesmente porque suas famílias lhes compravam o posto. Era muito raro que os jovens de classe alta tivessem a convicção religiosa necessária a essa ascendência sagrada e usassem sua posição praticamente para acumular amantes e riquezas.

A plateia tinha ainda outras razões para desconfiar da atitude oficial sobre os padrões sociais. Os grandes advogados da plateia, por exemplo, reconheciam que os aristocratas estavam no ponto mais alto da sociedade, mas odiavam ser desprezados por terem batalhado para conquistar sua posição. A afronta era ainda mais agravada pela lei que regulava as condições para que um aristocrata perdesse seu título. Falta de educação, loucura ou alcoolismo profundo não teriam qualquer efeito, mas, se um aristocrata se dedicasse à indignidade de realmente trabalhar para ganhar seu sustento, então seria expulso da nobreza (e sua família perderia para sempre a isenção de impostos). Em decorrência disso, os advogados e administradores ainda não enobrecidos adoravam os diálogos que sugeriam que a diligência profissional era o mais nobre caminho a se seguir.

Os aristocratas na plateia, por sua vez, odiavam, invariavelmente, os profissionais emergentes. Havia cada vez mais criaturas assim estreitas, que demonstravam uma perigosa capacidade de ganhar dinheiro nos negócios e nas leis, apesar das desvantagens tributárias que sofriam por trabalharem. Mas a peça também ironizava os postos administrativos que muitos dos profissionais em ascensão tinham comprado para as suas famílias.

Voltaire ficava muito atento para nunca ir longe demais. Os versos jocosos de seu *Édipo* não diziam quais os bispos ou oficiais pomposos eram particularmente indignos. Ele não se arriscaria mais uma vez à prisão, em nenhuma hipótese o regente seria mencionado. Tudo o que Voltaire de fato fazia era dar ao seu público uma válvula de escape para os seus descontentamentos gerais. Ninguém, obviamente, via seu trabalho como algo que atacasse todo o sistema de reis, regentes e cortesãos, pois ninguém da plateia imaginava estar vivendo 70 anos antes da Revolução Francesa. Ao contrário, eles eram parte de um mundo que existia estavelmente há muitos séculos, em que havia uma elite real no topo da sociedade, os camponeses na base e um rígido sistema de classes sustentando e atrelando com segurança todas as partes intermediárias. Elevar-se a posições melhores dentro desse sistema poderia ser desejável, assim como seria recompensador lembrar-se de todos os indivíduos que bloquearam os caminhos. Mas não havia a ideia de pôr o sistema como um todo em questão.

A peça prosseguiu com o maior número de apresentações consecutivas da época. Ao assistir a ela, o embaixador britânico relatou em Londres que Voltaire "talvez seja o melhor poeta da França de todos os tempos". Com as contínuas notícias do sucesso da peça, Jorge I enviou à celebridade estrangeira um relógio de ouro e uma medalha. Um renomado príncipe escreveu uma ode em homenagem a Voltaire, colocando-o acima de Pierre Corneille, o grande dramaturgo do século anterior, e convidando o jovem poeta para um jantar. Voltaire conseguiu até que seu pai assistisse a uma apresentação e — talvez contra a própria vontade — o velho senhor foi visto aplaudindo com entusiasmo.

Mesmo Orléans afrouxou, concedendo ao novo "Voltaire" o que de mais próximo ele pôde chegar a um pedido de desculpas: mais um relógio de ouro e, melhor ainda, um subsídio anual substancial. (Embora, quando Orléans lhe comunicou pessoalmente a anuidade, Voltaire tenha respondido que, mesmo agradecendo ao regente por ajudar a pagar sua alimentação, no futuro preferiria cuidar sozinho de sua morada.)

Paris estava muito mais receptiva do que antes. Quando voltou a encontrar Suzanne de Livry, ela de pronto lhe explicou que não se interessara de fato por Génonville — esses equívocos estúpidos acontecem — e que, como Voltaire provavelmente já sabia, ou, se não soubesse, ela agora lhe contaria que já tinha deixado aquele jovem medíocre. Era Voltaire que a atraía desde o princípio. Voltaire acreditou nela, ou pareceu acreditar; o fato é que lhe agradou o modo como ela apresentou suas desculpas. Então, encomendou a um grande pintor um retrato seu para dar a ela de presente. Suzanne ficou contente, mas tornou-se feliz mesmo quando ele aceitou sua sugestão de escalá-la para o papel de Jocasta (mãe de Édipo) em um projeto de reencenação da sua grande peça.

Infelizmente, as habilidades de Suzanne não se estendiam até o palco do teatro e, quando ela delicadamente declamava as falas da rainha de Tebas com seu forte sotaque do interior, a multidão gritava e vaiava. Durante um certo tempo, Voltaire a defendeu e eles continuaram a viver juntos. Mas havia outra atriz em ascensão na Comédie Française, Adrienne Lecouvreur, que falava de um modo natural e espontâneo, até então desconhecido. As atrizes eram geralmente consideradas pouco mais do que prostitutas com uma vitrine privilegiada ("era comum oferecer uma performance na cama depois de uma performance no teatro"). Isso tornava a óbvia inteligência dessa nova mulher especialmente surpreendente. As plateias se encantavam e, para o desespero de Suzanne e a alegria de Lecouveur, Voltaire também se tornou íntimo dela.

Tudo ia bem. Voltaire fez contatos na corte a ponto de ser enviado pelo primeiro ministro francês em missões secretas aos estados alemães e a Bruxelas — algo entre a espionagem e a diplomacia —, ocasião em que satisfez o ministro e a si mesmo, a jogar tênis diariamente, cavalgar, visitar os mais curiosos bordéis e relatar, com tudo isso, que "se sentia tão bem que estava espantado".

De volta à França, passou semanas a fio nas casas de campo de seus novos amigos aristocratas, elaborava algumas rimas para seus anfitriões, deliciava-os com conversas sobre música, intrigas sociais e artes, e desprestigiava qualquer um que falasse demais em finanças, política ou ciência real. Em Rouen, ele ficou amigo do marquês de Beuvières, dormiu com a mulher dele e, quando não pôde mais estar com ela pessoalmente, manteve uma correspondência que deleitava os três.

Voltaire ainda era astutamente rápido. Se a conversa recaía em rivalidades entre irmãos, ele ponderava que era natural que os irmãos brigassem — esse era o motivo por que os soberanos europeus se chamavam de irmãos. Se discutiam sobre um poeta que escrevia uma ode à posteridade, ele observava que, conhecendo esse poeta, duvidava de que o presente chegasse a seu destinatário.

Seu longo poema sobre Henrique IV estava pronto, ou ao menos uma primeira versão. O elogio a esse rei, que tinha aceitado as minorias religiosas, implicava uma crítica a Luís XIV, que defendia a perseguição a não católicos. (Se um suspeito de protestantismo tentasse não engolir a hóstia que lhe era posta à boca durante a comunhão, a pena — defendida pelo rei e pela Igreja — era de que fosse arrastado de dentro da Igreja e queimado vivo.) Voltaire conseguiu que cópias do poema fossem impressas no exterior e que passassem pelos guardas dos portões de Paris escondidas nos coches de transporte de móveis de um amigo rico. Então, leitores audaciosos as deixavam sobre as mesas para que os visitantes as vissem.

Mas sua rebeldia não passava desse ponto. Voltaire sabia que o pensador protestante Pierre Bayle tinha escrito críticas mordazes a todo o egoísmo e o desperdício do sistema francês, mas ele não abriria mão de sua nova vida em nome de abordar o assunto, muito menos usaria seu charme para sedimentar qualquer oposição aos poderes estabelecidos no país.

Foram-se os anos depois de sua estada na Bastilha. Quando as viagens pela França transformaram seus 20 e poucos anos em 20 e muitos ("Passo meus dias a transitar de castelo em castelo"), Voltaire passou a dedicar mais tempo a seu melhor amigo, o duque de Sully, que, para sua sorte, era solteiro e proprietário de uma imensa, arborizada e confortável propriedade no vale do Loire. Diversas mulheres o visitavam, bem como alguns seletos habitantes do local. Nas partes mais recônditas da floresta, notou Voltaire, os troncos das árvores eram cada vez mais sulcados com gravações de nomes entrelaçados, feitas pelos muitos casais que ali desfrutavam seus momentos juntos. Havia noites de intrigas sob as estrelas, na tentativa de, mesmo bêbado, dizer qualquer coisa que fizesse sentido sobre astronomia; porém, como os visitantes usavam binóculos de ópera em vez de telescópios, as posições dos planetas eram constantemente confundidas.

Isso bastava? Para rígidos advogados como o pai de Voltaire, isso era o desperdício de uma vida. Mas Voltaire estava determinado a ser aceito nesse doce meio aristocrático. Ele sabia que seu pai nunca tivera condições de comprar um título de nobreza e com frequência ouvia insultos à sua dignidade vindos de famílias tradicionalmente ricas, há tanto tempo enobrecidas, que todas as portas da alta sociedade lhes estavam abertas. Voltaire certa vez escreveu que "nesse mundo estamos reduzidos a ser martelo ou bigorna". Ele não seria mais uma bigorna.

Essa vida despropositada e alegre poderia estender-se para sempre; porém, uma noite, logo depois de completar 31 anos — em fevereiro de 1725 —, estava na Ópera cercado de amigos um aristocrata arrogante, que ele conhecia vagamente do círculo de amigos de Sully, e este veio se juntar ao grupo. Era Auguste de Rohan-Chabot, sempre mais lento que Voltaire na conversação e que, certamente, percebera o quanto Voltaire se exibia naqueles longos piqueniques e jantares na propriedade de Sully. Agora Rohan gritava expressões do tipo: Ah... aí está o sr. Voltaire, ou Arouet, ou como quer que você se chame.

MENTES APAIXONADAS

Era uma provocação, uma insinuação sobre as origens de Voltaire. Mas tentar ganhar de Voltaire em um jogo de ironias não era uma aposta inteligente, e ele tranquilamente respondeu: Sim, eu sou o primeiro a honrar meu nome, mas o que você fez para honrar o seu? Após isso, voltou-se e foi embora; o idiota tinha sido despachado.

Alguns dias depois, Voltaire estava na Comédie Française, com Adrienne Lecouveur — agora a atriz por quem mais se suspirava naquele tempo — sentada ao seu lado. O teatro era suntuoso, mas tinha sido construído ao redor de um amplo espaço aberto e havia áreas obscuras entre os feixes de velas. Rohan talvez o estivesse perseguindo, pois apareceu de novo. (Rohan teve uma ancestral humilhada de amor por um dramaturgo sedutor — Racine —, de modo que ver Voltaire com Lecouveur provavelmente o irritara ainda mais.) Volto a repetir o que lhe disse antes, murmurou Rohan. Voltaire voltou-se para ele inalterado e respondeu calmamente: Eu já lhe dei a minha resposta.

Ao ouvir isso, Rohan empunhou seu revólver no intuito de que o poeta pagasse por sua petulância, mas Voltaire também tentou pegar uma arma. Houve gritos e Lecouveur desmaiou antes que qualquer coisa pudesse acontecer. Rohan desapareceu.

O comentário foi geral e o próprio Voltaire não foi exceção. Alguns dias depois, enquanto almoçava na casa de Sully na *rue* St. Antoine, bateram à grade do portão. Fazia frio às 12 horas daquele dia de inverno e um dos criados de Sully trouxe uma mensagem: um cavalheiro estava lá fora e queria ver o sr. Voltaire.

Voltaire saiu e não teve mais do que um instante para reconhecer a carruagem de Rohan, antes que um grupo de guarda-costas lhe pulasse em cima. Atacaram-lhe com porretes e continuaram a bater-lhe, respirando forte, mesmo quando Voltaire foi ao chão. Rohan assistia a tudo, com deleite, do interior da sua carruagem, "supervisionando os executores", como ele posteriormente descreveu o ocorrido. Por fim, pediu que parassem: era o suficiente deixar aquele tratante sangrando, estatelado na lama.

Não se sabe como Voltaire conseguiu arrastar-se até os portões e alcançar a casa de Sully. Mas, em vez de compaixão ou mesmo indignação, ele encontrou uma enorme e fria distância. Sully e seus amigos não tinham nada a dizer. Eles certamente não o acompanhariam à polícia para dar respaldo às suas queixas. Aquele reles escritor havia ultrapassado os limites e agora tinha simplesmente que ser colocado em seu devido lugar.

Voltaire estava estarrecido. Como seus amigos podiam fazer isso com ele? Ele tentou se limpar um pouco e decidiu procurar seus outros amigos aristocratas de Paris. Mas todos eles também o rejeitavam agora. Rimas joviais eram uma coisa — era para isso que eles traziam pessoas inteligentes do povo para as suas casas de campo —, mas voltar-se contra um colega aristocrata que corria o risco de ser humilhado era algo completamente diferente.

Tudo o que ele pensava ser verdade agora ruía. Depois de uma última tentativa em Versalhes, ele desistiu de seus amigos ricos. Voltaire se vingaria por si próprio. A pena por homicídio era a morte, mas isso não lhe importava.

Durante várias semanas, ele não foi mais visto, mas então surgiram notícias de que começara a ter aulas de esgrima. A coisa estava indo longe demais. O tio de Rohan era cardeal. Bastou uma audiência sua com o rei, agora com 14 anos, para que houvesse uma perseguição policial e que, na noite de 17 de abril, Voltaire fosse preso.

Voltaire tentou uma última vez, escrevendo com a sua mais fina ironia ao secretário de Estado, Jean-Frédéric Phélypeaux, conde de Maurepas:

> *Meu senhor, muito humildemente comunico que fui atacado pelo senhor Rohan, auxiliado por seus capangas, atrás de quem ele corajosamente se postava. Desde então, tenho lutado para restaurar, não a minha honra, mas a dele [...]. Sou, meu senhor, o seu muito humilde e muito obediente criado, Voltaire.*

Mas Phélypeaux não tinha nada em comum com Voltaire. Quando menino, lhe fora garantido um posto de alto oficial, e o mundo do privilégio hereditário, o mundo de Rohan, era tudo o que ele conhecia. Era preciso lhe ensinar uma lição. Quando os guardas prenderam Voltaire, só havia um destino. Sete anos antes, Voltaire tinha sido libertado da prisão que ele odiava mais do que qualquer outra. Durante todo o tempo que se passou desde então, ele acreditou no novo mundo de contatos que tinha estabelecido. No entanto, onde estavam eles agora?

Em abril de 1725, Voltaire foi enviado mais uma vez à Bastilha, mas isso não seria o suficiente. Ele ainda representava um perigo devido à atenção que despertava, além da grande probabilidade de que tentasse atacar Rohan mais uma vez, caso fosse libertado. Depois de apenas duas semanas, foi levado ao porto de Calais. Lá havia navios para a Inglaterra, para as florestas americanas e para os desertos do Saara. Não importava em qual deles embarcaria, o fato é que estava sendo expulso da França.

3

Uma jovem mulher

Burgundia e Paris, 1727-1731

A autoconfiança de Émilie sofreu um duro golpe com seu casamento. Seu marido, Florent-Claude, era bastante gentil e nunca a criticava por passar tanto tempo lendo — se havia algo de que se orgulhava, era do fato de ter uma mulher tão inteligente. Mas ele estava sempre preocupado em supervisionar suas guarnições militares e quase sempre deixava a jovem esposa em casa com suas irmãs, para cuidar dos dois filhos — um menino e uma menina — que eles rapidamente tiveram.

Mesmo a educação dos filhos não era algo de que ela se orgulhasse muito, pois os costumes diziam que pessoas da sua classe não deveriam passar muito tempo com os filhos durante a infância. Era para se ocuparem dessas tarefas "primitivas" que existiam amas de leite e babás.

Ela necessitava abrir novamente a porta para a ciência. Mas como fazê-lo? Seu pai, a quem ela tanto amava, tinha morrido recentemente e, embora houvesse um homem muito gentil e educado em uma cidade vizinha que lhe emprestava alguns textos desatualizados de geometria, não era disso que ela precisava.

Seria mais fácil para um homem. Émilie sabia que o grande pensador John Locke tinha encontrado, duas gerações antes, um rico aristocrata que lhe servira de patrono e o introduzira nos interessantes círculos intelectuais de Londres. O ainda mais importante pesquisador Isaac Newton ganhara abrigo e incentivo na Universidade de Cambridge. Todavia, a nenhuma mulher na França — ou na Inglaterra — era permitido o ingresso na universidade, muito menos na Grande Academia de Ciências de Paris. Émilie era uma estranha, uma jovem mãe isolada, e ninguém nessas excelsas instituições sabia alguma coisa sobre ela, por mais sede que ela tivesse de companhia intelectual.

Florent-Claude percebeu que algo estava errado e ficou feliz por instalá-la em um grande apartamento em Paris. Isso lhe facilitou a vida, pois, embora ele estivesse ausente por quase todo o tempo — em tarefas militares, não menos que em seus vários casos românticos —, era conveniente ter uma base em Paris para a qual pudesse voltar. Ele respeitava Émilie, mesmo não a compreendendo, e não tinha motivos para querer vê-la infeliz.

Mas, no princípio, Paris não era muito melhor. Sem o seu adorado pai por perto, ela não podia desfrutar o consolo de compartilhar seus sentimentos com o único homem que a compreendia. Sua mãe andava ainda mais fria agora que o alvoroço dos preparativos do casamento já tinha passado e a família estava desmembrada; seus irmãos mais velhos ainda eram amáveis quando os encontrava, mas estavam muito ocupados com suas próprias carreiras. Mesmo sendo os grupos de pesquisa estrangeiros mais acolhedores do que a Academia de Ciências, as regras de etiqueta diziam que, sendo mulher, ela nunca poderia viajar sozinha para visitá-los.

O primeiro passo para fugir de seu isolamento seria ter amigas em Paris. Mas, depois da experiência com sua prima Renée-Caroline, ela ainda não podia confiar em que as mulheres mais ricas da capital pudessem gostar dela; a maioria das que tinha encontrado estava interessada apenas nos detalhes das fofocas umas das outras. Mesmo se propondo a suportar os chás, almoços e até algumas idas ao teatro, ela se afastava e analisava aquelas pessoas com quem supostamente passaria sua vida. Por que elas eram tão regularmente rudes? "Se eu fosse o rei", refletia em um escrito posterior, "garantiria às mulheres todos os direitos humanos, especialmente os que envolvem a nossa razão. É por causa da sua falta de educação [que] elas parecem ter nascido para enganar".

O nível de conhecimento era assustadoramente baixo. Não era algo atípico o fato de a mãe de Émilie haver tido uma educação tão ruim no convento em que passou os anos que antecederam ao casamento. A grande maioria das mulheres francesas não conseguia assinar o próprio nome nos registros matrimoniais, muito menos ler algo mais complexo. (Décadas mais tarde, mesmo Olympe de Gauges, autora da controversa *Declaração dos direitos das mulheres*, teve de ditar seu texto, porque nunca aprendera a escrever.) As filhas de Luís XV também saíam analfabetas dos muitos anos passados em conventos. Um arcebispo de uma geração anterior, que escrevera de modo muito promissor que "nada é mais negligenciado do que a educação das meninas", prosseguiu explicando que, naturalmente, era uma educação limitada que ele tinha em mente e que deveria se concentrar no gerenciamento dos criados.

Nas poucas escolas disponíveis às mulheres, qualquer ciência, filosofia ou literatura significava tabu. Uma pequena parcela de história era, às vezes, permitida, mas apenas, como disse um contemporâneo, "para que não se confundisse um imperador romano com um imperador da China [...] tudo isso deve ser realizado sem regras ou métodos, apenas de modo que as mesmas não sejam mais ignorantes do que as pessoas comuns". Assim haviam sido educadas quase todas as mulheres com quem Émilie deveria agora passar seu tempo. (Mais uma vez, as exceções — mulheres autodidatas que tinham quebrado essas barreiras — eram muito raras e praticamente desconhecidas para ela então; a maioria dos salões a que tinha acesso estava mais preocupada com fofoca do que com qualquer outra coisa.)

Era um momento de desespero: sem boas amigas, com duas crianças pequenas — e com aquela porta da ciência aparentemente trancada para sempre.

"Sentia-me", escreveu ela depois, "como se estivesse nadando em um mar infinito de incertezas. Pelas manhãs eu desistia de tudo o que tinha decidido no dia anterior". Ela comia em excesso ("com frequência cedia ao meu grande apetite"), mas logo se punha em dieta, antes que alguém pudesse notar que tinha engordado. Em certa ocasião, chegou a tentar, com muito nervosismo, um romance com um jovem nobre que lhe parecia muito agradável, Guébriant, mas tudo acabou rapidamente. Ela buscava o amor, ou ao menos um parceiro, com quem desenvolver suas ideias. Guébriant era ao mesmo tempo mentiroso e inteiramente vazio.

Entretanto, ela tinha dignidade demais para desistir completamente. As obras de John Locke conseguiam proporcionar-lhe algum consolo ao falarem do seu isolamento, mostrando o que um pesquisador solitário pode encontrar.

Locke acreditava que a nossa mente era uma mera lousa em branco quando nascíamos: uma *tabula rasa*, um quadro vazio. Isso era revolucionário. Se a mente era vazia, tornava-se muito importante saber quem tinha o poder de escrever nessa lousa. Essa escrita poderia ser os pronunciamentos do púlpito da igreja convencional, poderia ser as regras que nos ensinam a ter reverência à família real. Mas, se há algo de errado no modo como pensamos, então a culpa não é de nenhuma ideia preestabelecida com a qual nascemos. Ao contrário, são as instituições que nos levaram a esses equívocos ou a essas crenças perigosas, que devem mudar.

O ponto de vista de Locke fazia sentido para Émilie, ao explicar como as mulheres na França moderna eram ensinadas a sorrir forçadamente e se perder na fofoca maliciosa. O "quadro em branco" com o qual nasceram tinha sido preenchido, de modo ridículo, pelos livros de etiqueta ou por aquelas escolas conventuais de visão estreita, onde os assuntos mais desafiadores eram o bordado e as instruções à criadagem. Mais do que isso, a filosofia de Locke sugeria que as mulheres não *precisavam* ser doutrinadas daquele modo. Educação diferente ou atitudes diferentes na sociedade poderiam nos libertar dessa estreiteza.

(Aqui começava uma forte transformação da sociedade que, além de Émilie, envolvia muitas outras pessoas. A ficção popular do século XVII e do começo do século XVIII, por exemplo — anterior, portanto, à maturidade de Émilie —, nos parece estranha; os motivos são amorfos ou casuais, ao passo que heróis e heroínas são, na maior parte das vezes, guiados por questões internas morais ou semirreligiosas. Mas, agora que Émilie era uma jovem mulher, uma nova forma de escrita — o romance — se tornava popular. Naquele mesmo ano em que Émilie voltava para Paris com seus dois filhos — 1728 —, o inglês Henry Fielding produzia sua primeira peça em Drury Lane. Era o começo de uma carreira que teria seu auge duas décadas depois, com o seu romance *Tom Jones* e seu herói perfeitamente lockiano, tão vigorosamente moldado pelas sensações e atitudes que a sociedade tinha para lhe oferecer.)

Contudo, mesmo as ideias de Locke tinham o seu lado deprimente, pois Émilie poderia ficar trancada no mundo errado para o resto da vida. Supondo que as atitudes sociais não mudassem, então, mesmo que individualmente agíssemos da melhor forma — mesmo que tentássemos fazer com que nossas mentes fossem "escritas" de um modo sensato —, ainda assim estaríamos enjaulados em sociedades que não nos deixariam viver como queríamos. Émilie precisava romper com isso, mas como encontrar forças? Tinha ambições de conhecimento, mas mesmo assim não podia buscá-lo sozinha.

Foi então que seu mundo se transformou.

Aos 22 anos, Émilie conheceu o homem mais disputado de toda a França. Não era Voltaire, mas o homem que Voltaire sempre dizia querer ser: Louis-François Armand du Plessis, o duque de Richelieu, dez anos mais velho do que ela.

Se Émilie queria fazer com que as mulheres de seu círculo em Paris a odiassem ainda mais, ela não tinha escolha melhor. Richelieu era um homem viril e, também, um homem que a maioria das mulheres adorava cegamente. Foi por meio dele que ela conseguiu a autoconfiança fundamental para o estágio seguinte de sua vida.

Ele era sobrinho-neto do famoso cardeal que ajudara a estabelecer o Estado francês centralizado, e o próprio rei Sol, Luís XIV, tinha sido seu padrinho. Ele herdara uma fortuna e, antes dos 25 anos, já tinha sido enviado à Bastilha três vezes — primeiramente, aos 15 anos, por seu próprio pai, por desobediência; depois, aos 19, por duelar; e, finalmente, aos 23, por planejar a derrubada do governo. Era um soldado renomado — ou pelo menos conseguiu passar essa impressão — que, posteriormente, comandaria o vitorioso ataque, ao mesmo tempo terrestre e marítimo, à fortaleza da ilha de Minorca, que reduziu o

Império Britânico a oeste do Mediterrâneo (fazendo-o resignar-se, mais uma vez, com o que era entendido como o baluarte temporário de Gibraltar).

Quando não estava na linha de frente, Richelieu vestia-se discretamente, apenas com o requinte mínimo dos punhos de renda, em que insistiam os ociosos de Versalhes. Ele era educado, com humor sutil e — o mais maravilhoso de tudo — escutava longamente as confidências femininas. É provável que Laclos tenha se inspirado nele para compor o personagem de Valmond em *Ligações perigosas*, mas, na vida real, Richelieu era mais escrupuloso: ao que parece, ele nunca dormiu com virgens ou com menores de idade.

Todavia, essas eram provavelmente suas únicas exceções, como bem sabiam todas as amigas de Émilie; afinal, nas palavras de admiração de suas contemporâneas:

> Ele era o lorde adorado pelas mulheres. Da coquete à puritana, da duquesa à princesa — todas o queriam do mesmo modo [...] nunca uma paixão, mas muita devassidão. Ele tinha amantes que o ajudavam até em seus atos de infidelidade, os ciúmes cediam ao desejo de lhe agradar.

Grande parte dos pomposos ocupantes dos cargos de confiança da Corte era desleixada em relação às altas tarefas a eles conferidas, mas o seguro e direto Richelieu era excelente. Aos 29 anos, foi nomeado embaixador em Viena, a capital da mais antiga linhagem do vasto império dos Habsburgo. Em quatro anos, ao longo de complexas negociações de paz, ele transformou as perspectivas francesas e, ao voltar a Paris — em 1729, quando a desconhecida Émilie tinha 22 anos e ele ainda apenas 33 —, nenhum triunfo estava fora de seu alcance.

A princípio parecia inconcebível que ele se interessasse por aquela jovem e reservada intelectual. Mas o pai de Émilie, Louis-Nicolas, contribuiu indiretamente, em seus últimos dias, para esse encontro. Ele sabia que os Châtelet tinham relações familiares distantes com os Richelieu, o que garantia que, em algum momento, sua filha encontraria aquele homem poderoso. Fossem quais fossem os planos de Louis-Nicolas, o fato é que, quando Richelieu finalmente voltou a Paris, Émilie já tinha se hospedado muitas vezes na casa de sua irmã, e foi lá que eles naturalmente se cruzaram.

No início, ela era cuidadosa, quase não acreditando no que começava a acontecer: "Não posso crer que alguém tão disputado quanto você queira olhar por entre as minhas brechas para descobrir o que realmente sinto." Para causar mais intimidação, os romances extraconjugais eram uma questão séria, permitidos apenas se fossem seguidas as formas apropriadas. Em suas aventuras, Florent-Claude, por exemplo, sempre tinha o cuidado de manter as aparências do casamento católico. Isso significava não andar de mãos dadas em público, nem passar a noite na casa de outra pessoa enquanto se estivesse na mesma cidade do cônjuge. (Ter romances mais públicos fora de Paris era uma dificuldade menor, pois, ao se distanciar tanto, demonstrava-se uma discrição educada.)

O truque era ser capaz de manter duas perspectivas simultâneas. Luís XIV, por exemplo, era casado, e sempre parava sua carruagem quando passava por um padre, curvando-se com total sinceridade — mesmo que estivesse a caminho de uma tarde de prazer com uma de suas inumeráveis amantes. Toda a França funcionava assim. A censura, por exemplo, não era uma questão de aprovação ou proibição. Havia uma categoria intermediária de censura "tácita", na qual uma obra era de certo modo ilegal, mas não de todo: o autor poderia publicar algumas cópias, desde que fosse discreto. (Mesmo o censor-chefe do rei, uma geração mais tarde, usou temporariamente sua própria casa para esconder cópias de uma obra que ele não queria que circulasse amplamente, mas que, não obstante, não queria que fosse destruída.) O casamento era uma questão de aliança financeira e social entre as famílias e, desde que isso fosse respeitado, as paixões naturais que sentiam os seres humanos poderiam ser vividas sem que se desestabilizasse o sistema.

Quando Émilie passou a dormir com Richelieu, todos esperavam que ele abandonasse aquela jovem intensa, conquanto de um encontro altivo, e passasse para uma amante mais convencional. Mas ele se divertia muito. Richelieu seria o primeiro de muitos homens poderosos a descobrir que Émilie era diferente de todas as outras que conhecia. Ela ainda falava muito rápido e, às vezes, era tão confusa quanto aquela criança que tentava achar uma palavra que impressionasse sua prima em visita ("Minhas ideias estavam todas embaralhadas ontem à noite", escreveu ela a Richelieu, "[...] eu sei que não sou eloquente"). Mas, quando não estava acanhada ou entusiasmada demais, era cativante. Duas riquíssimas jovens da Corte, certa vez, depois de uma discussão sobre quem ficaria com Richelieu, empunharam desajeitadamente suas pistolas e travaram um duelo no Bois de Boulogne. Aquele nível de comportamento estava abaixo de sua dignidade, e Émilie nunca faria tal coisa. Qual das conquistas anteriores de Richelieu seria capaz de intrigá-lo com as voltas e reviravoltas do pensamento de Locke, ou — um legado daquele gentil convidado do jantar, Fontenelle — o conduziria a ideias que ele jamais suspeitara sobre as distantes fronteiras do espaço cósmico? Pois agora algo verdadeiramente extraordinário tinha acontecido.

Louis-François Armand du Plessis, o duque de Richelieu, estava apaixonado.

Isso obviamente não poderia durar muito, apesar do crescente entusiasmo que ele sentia. Émilie era bem jovem e bonita; além disso, tinha adquirido, com as irmãs de Florent-Claude e outras amigas, o domínio das técnicas de quarto propícias à ocasião. Com o marido, o sexo formal em posição missionária era tudo o que deveria ser oferecido, mas com o amante uma mulher poderia ser mais criativa. Com efeito, uma jovem aristocrata relatou fazer sexo em posição superior feminina *apenas* quando estava com seu amante: ela respeitava tanto o seu marido que, se ele lhe perguntasse se ela tinha permitido que outro homem a montasse em sua ausência, ela queria ser capaz de responder, com sinceridade, que obviamente não.

Nem sequer a contracepção era difícil. O método da tabelinha às vezes era usado naquela época, mas o coito interrompido era mais comum. Com confiança mútua, isso poderia ser bem satisfatório. Mulheres aristocratas com bastante experiência, como registrou anteriormente o sempre diligente cronista Brantôme, tinham prazer com a "penetração e o sexo oral até ficarem satisfeitas, mas elas não recebiam sêmen algum [...] porque não queriam permitir que algo fosse deixado dentro delas".

O problema, todavia, era que a atração de Richelieu por Émilie se centrava no fato de ela reverter o curso usual a que ele estava acostumado, de mulheres que o glorificavam cegamente. Mas, em vez disso, com sua intuição e rapidez extraordinárias, ela, em pouco tempo, conseguiu acesso aos seus sentimentos mais profundos, ao seu eu profundo. Sendo Émilie, ela também não sentia necessidade de manter para si suas ideias. "Os amigos nos veem de todas as maneiras como somos", escreveu ela, "amo você triste, alegre, vivo".

No entanto, em pouco tempo ela começou a ver profundamente demais. Estava claro desde o princípio que ele não era o homem que poderia conduzi-la à ciência. Agora era evidente que sua relação também não duraria como uma mera troca de paixões. No começo, ela brincava com isso: "Não, não estou em absoluto satisfeita com a sua carta", escreveu ela com irônica seriedade. "A questão não é que você não seja elegante, mas [...] você não fala de si mesmo o suficiente." Mas depois ela se aproximou ainda mais: "Você escreve como se tivesse toda a graça e a leveza do mundo. Mas eu vejo a melancolia que sente." E, ainda mais tarde, o mais friamente incisivo de tudo: "Penso que nos encontramos tarde demais para que eu tivesse um lugar em seu coração. Você nunca amará pessoa alguma, a não ser que precise dela para o seu prazer ou que ela lhe seja útil."

O romance persistiu por um pouco mais, mas nenhum galã francês do século XVIII, conquistador de exércitos estrangeiros — para não falar da maioria das talentosas amantes da Corte —, ficaria para sempre apaixonado por alguém que o fizesse ver a si mesmo tão de perto. Ele percebeu que não poderia aguentar, e rompeu a relação.

Émilie então realizou outro feito jamais conseguido por nenhuma mulher na França. Richelieu não era o homem que ela procurava, mas foi tão graciosa durante o rompimento que eles se tornaram correspondentes e amigos para o resto da vida. Nos anos seguintes, ele lhe enviaria centenas de cartas: às vezes superficiais, às vezes profundas (mas sempre mal escritas, mesmo para os padrões flexíveis da época).

Foi um final bem feliz, e Florent-Claude, como sempre, era amável com sua esposa quando eles, por acaso, se esbarravam em Semur ou em Paris. Mas agora que tivera um lampejo de paixão verdadeira, ela se contentava menos em ficar a sós com os seus livros. Ainda era excluída do mundo dos pesquisadores científicos e dos escritores extasiantes; ainda procurava — apesar da gentileza de Florent-Claude — um parceiro que a ajudasse a entrar no mundo pelo qual ansiava.

4

Exílio e retorno

Londres, 1726, para Paris, 1733

Voltaire, ao ser expulso da França após os ataques de Rohan, acabou na Inglaterra. Sua chegada foi magnífica, como contou aos amigos depois de voltar para casa:

> Foi em meados da primavera [1726] que desembarquei perto de Greenwich, às margens do Tâmisa. O céu estava límpido, o ar refrescado por um gentil vento oeste [...]. O rio estava coberto por 10 quilômetros de filas de navios mercantes, com suas velas abertas em homenagem ao rei e à rainha, que seguiam à frente das filas em uma embarcação dourada, precedida de barcos cheios de músicos e seguida por centenas de pequenos botes.
> Próximo ao rio, em uma ampla área verde de cerca de 7 quilômetros, vi um grande número de jovens montados a cavalo, andando em caracol, em uma espécie de percurso competitivo delimitado por estacas brancas fincadas no chão [...]. Havia moças a pé [...] [que] pareciam também

participar de uma corrida [...]. Alguns mercadores, a quem eu trouxera cartas de apresentação, concederam-me um cavalo e uma bebida para me refrescar e se deram ao trabalho de me colocar em um lugar em que pudesse assistir a tudo tranquilamente [...]. Imaginei que tinha sido transportado para os jogos olímpicos, mas a beleza do Tâmisa, a infinidade de embarcações e a vastidão da cidade de Londres rapidamente me fizeram corar por ter ousado comparar [o Olimpo] à Inglaterra.

Era uma ótima história, porém tão verídica quanto a sua declaração a Beauregard de que era o autor dos obscenos poemas contra o regente. Voltaire já tinha 31 anos e ainda precisava exagerar e se exibir. Não havia balsas com músicos no rio naquela primavera, ele não tinha cartas de apresentação para comerciantes locais e, ainda que houvesse competições em Greenwich, ele não poderia perguntar a nenhum dos presentes sobre elas, porque não falava inglês.

O que de fato aconteceu em seu primeiro dia, ou por volta do primeiro dia, foi que ele caminhou a pé até o Highgate, que ficava em uma colina ao norte de Londres, onde, pelo que providenciara, haveria uma remessa de dinheiro à sua espera. Porém, ao chegar lá descobriu que seu banqueiro decretara falência. Teve que voltar todo o percurso até o grande bulevar Pale Mall, onde se localizava a grande mansão dos Bolingbroke; porém, lá descobriu que "meu senhor e minha senhora Bolingbroke estão no interior". Voltaire estava falido, certamente suado, e não conhecia ninguém para ajudá-lo. A casa de campo dos Bolingbroke era inviavelmente distante. Como mais tarde admitiu ao único amigo com quem sempre era sincero, Nicolas Thieriot, "eu não tinha um centavo e estava mortalmente doente em função de um resfriado violento; era um estranho, só, desamparado no meio de uma cidade em que ninguém me conhecia. Não poderia ter a ousadia de visitar nosso embaixador em uma condição tão deplorável".

Foi nesse momento que a sorte de Voltaire mudou. No ano anterior, em Paris, ele conhecera um comerciante inglês, Everard Fawkener, que estava na cidade de passagem em sua volta para casa depois de muitos anos na Síria, onde comerciava vestimentas de seda entre a Europa e a Índia. A maioria dos franceses educados esnobava Fawkener por ser um mero comerciante, mas não Voltaire. Ele havia conversado com Fawkener sobre seus negócios e os sítios arqueológicos que tinha explorado na Síria, e agora, na Inglaterra, aparentemente por acaso — ou com uma pequena interferência de Voltaire —, eles se reencontravam. Fawkener tinha uma mansão na bucólica e maravilhosa região de Wandsworth, uma pacata cidade nos arredores de Londres, famosa por seus moinhos de vento. Voltaire precisava de um lugar para ficar. Ele sabia que havia vários emigrantes de língua francesa em Londres e que, com a sua reputação literária, provavelmente encontraria um que o hospedasse. No entanto, se fosse assim, ele não aprenderia muita coisa sobre a Inglaterra, ficaria imerso na política dos emigrantes, nas rixas dos emigrantes e na linguagem ainda mais antiquada dos emigrantes. Ele era orgulhoso demais para fazer isso, entretanto, também era orgulhoso demais para correr de volta a Paris implorando para ser de novo aceito pelas autoridades francesas.

Por que não aprender inglês bem o suficiente para, em vez disso, se tornar um grande escritor na Inglaterra?

Fawkener não tinha ideia daquilo em que estava se metendo. Voltaire convidou-se para ficar em sua casa e ficou por uma semana, depois por mais uma semana, e mais outra e ainda outra. Transformava-se no horror do interior inglês: o hóspede que nunca vai embora. Mas ele tinha um objetivo — aprender à perfeição o inglês — e havia encontrado o refúgio ideal para realizá-lo. Ele começou (*"thirty and one of July a thousand seven hundred twenty and six"*) mantendo um diário, anotando cuidadosamente os verbos de seu interesse. *"Mr. Sculttlars history"*, escrevia lentamente em inglês, *"[...] He cured his wife of the spleen, with a good fucking"*. Depois, Voltaire rasurou a palavra *"fucking"* e acima dela escreveu cuidadosamente a variante *"fuck"*, para se certificar de que tinha usado a expressão correta. Quando precisava de ajuda em pronúncia, ele se dirigia ao teatro de Drury Lane, onde o responsável pelo ponto lhe emprestava uma cópia do texto de Shakespeare daquela noite, para que ele articulasse em silêncio as palavras enquanto escutava a pronúncia dos atores.

Ele frequentava o teatro, mantinha seu diário e, apenas três meses após ter se mudado para a residência de Fawkener, o não mais indolente Voltaire conseguiu o que queria. Em outubro, ele escreveu casualmente a um amigo a seguinte nota em inglês: "Pretendo enviar-lhe dois ou três poemas do senhor Pope, o melhor poeta da Inglaterra e, nesse momento, de todo o mundo. Espero que tenha familiaridade o bastante com a língua inglesa para se sensibilizar com todo o encanto dessas obras." Ele sabia muito bem quais eram os poemas considerados bons, pois tinha começado a se corresponder com Pope e, logo depois, com Jonathan Swift, *Sir* Hans Sloane, Samuel Clark (reitor do colégio St. James, no Picadilly) e com quase todas as outras pessoas de relevância na Inglaterra.

Voltaire aprendeu tão bem e tão rapidamente que, quando afinal deixou a casa de Fawkener, pôde fazer uma piada — também em inglês — com o secretário de Bolingbroke, John Brinsden (que tinha dois filhos em idade escolar).

> Senhor, desejo-lhe boa saúde, uma rápida venda do seu borgonha, muito latim e grego para um de seus filhos, muita lei [...] ao outro, tranquilidade e alegria para a sra. Brinsden, dinheiro a todos [...]. Mas, meu caro John, seja gentil e me diga como satisfazer a sra. Bolingbroke.

Como o seu inglês era fluente e os Bolingbroke — tanto o senhor quanto a senhora — estavam de volta de sua casa de veraneio, ele, em pouco tempo, foi apresentado a todos naquele estranho país que era a Inglaterra. A distância de menos de 50 quilômetros através do canal significava muito naquela época, pois, sem viagens frequentes e naturalmente sem televisão, rádio ou fotos de revista enquanto esteve na França, Voltaire não tinha a menor ideia do que iria encontrar.

Os criados particulares, descobriu ele, não precisavam levar as cartas a serem entregues, em poucas horas, em residências particulares; em vez disso, havia um "serviço postal" mais eficiente do que qualquer coisa na França. Ele também descobriu que, ao menos nas mansões mais ricas, os criados não necessitavam levar água de quarto em quarto — havia bombas e pequenas tubulações, um sistema totalmente ausente em Paris.

MENTES APAIXONADAS 71

Descobriu seres estranhos que não comiam carne, chamados "vegetarianos", e que compunham a sua estranheza com longas e animadas caminhadas para manter a saúde. Ele foi ao Royal Exchange, onde se situava a maior de todas as esquisitices: "judeus, mulçumanos e cristãos negociavam entre si, como se todos professassem a mesma religião [...] e dessem o nome de 'infiel' apenas aos falidos." Na França, isso seria impossível, porque cargos e poderes eram proibidos aos não católicos e, tal como se via até recentemente, quando os protestantes eram identificados — no mais das vezes por informantes —, eles eram torturados e enviados para a escuridão das galeras.

Frequentemente se viam em Londres ardorosos recrutas militares com chapéus de pele de urso tocando tambores, apoiados pela autoridade do rei, mas Voltaire também soube que existiam bretões que se opunham àquilo. Dirigiu-se para o isolamento campestre de Hampstead, onde descobriu radicais ainda mais fortes, os chamados "*Quakers*".

"O motivo pelo qual não empunhamos espadas", registrou Voltaire a explicação de um líder *Quaker*, Andrew Pitt:

> É que nós não somos lobos, nem tigres, nem cães, mas homens e cristãos. Nosso Deus [...] certamente não nos permitiria cruzar os mares, simplesmente porque assassinos vestidos de vermelho e com chapéus de um metro de altura recrutam cidadãos com o barulho feito por duas pequenas varas sobre uma pele de asno esticada [...]. Quando, depois de conquistada a vitória, toda a cidade de Londres se ilumina; quando o céu é tomado pelo resplendor dos fogos de artifício e no ar ouve-se o barulho em agradecimento dos sinos, dos órgãos e dos canhões, nós lamentamos em silêncio e somos profundamente tomados pela desolação no espírito e pela mágoa no coração, em função da triste perda que marca a ocasião desses festejos públicos.

Como isso era possível? Na França, nenhuma religião que se opusesse ao militarismo do rei poderia sobreviver. Mas na Inglaterra havia muito mais liberdade para as religiões minoritárias do que na França. Voltaire falava bastante sobre isso com Bolingbroke; depois de ler o recém-publicado *Viagens de Gulliver*, de Swift ("pare no primeiro [volume], o outro é muito entediante"), começou a imaginar um novo modo de trabalhar. Ele já tinha sido poeta, com algumas intenções de ironizar os absurdos públicos, mas isso acontecia geralmente em observações ocasionais, meramente sagazes. Não havia um sistema, uma visão consistente.

Será que ele poderia criar uma nova forma de escrever que levasse adiante essas ideias?

Não poderia ser por meio da poesia — é difícil demais desenvolver argumentos lógicos desse modo —, então ele teria de encontrar uma nova abordagem da prosa. As cartas que vinha escrevendo a Thieriot poderiam ser um ponto de partida, já que o estilo de texto parecia inócuo e inofensivo. Mas era propriamente sua informalidade que lhe permitia expor de modo casual, durante o texto, visões sobre as quais, na verdade, ele refletira muito. Se compilasse um bom número dessas cartas prosaicas, conquanto analíticas, fundamentando-as, ele poderia desenvolver uma crítica poderosa à sua terra natal.

Ele começou por editar suas cartas a Thieriot, brincando com os modos de extrair conclusões que lhe conviessem. Quanto mais via atitudes como, por exemplo, o incentivo inglês ao comércio, mais ele gostava da Inglaterra.

> Não sei o que é mais útil ao Estado, um cortesão empoado que sabe imediatamente a hora em que o rei se levanta e a em que ele vai dormir [...] ou um comerciante que enriquece seu país, que envia de seu escritório encomendas a [Bombaim] e ao Cairo e que contribui para a felicidade do mundo

Voltaire percebeu que esse seria o caminho para mostrar o que mais havia de errado no país profundamente esnobe que ele deixara para trás.

Existia muito mais para aprender na Inglaterra, sobre a religião, os negócios e a ciência (embora Newton tivesse o azar de morrer um pouco cedo demais para ser entrevistado por Voltaire). No entanto, quando os meses na Inglaterra começaram a se transformar em anos — em 1727 e especialmente em 1728 —, seu entusiasmo começou a esmorecer. Voltaire estava se divertindo e teve até a sorte de ver chegar a Londres Suzanne de Livry, sozinha, perdida e precisando de consolo. Mas sempre chega o momento em que todo emigrante tem de encarar o que de fato significa ficar no exílio para sempre.

O inglês de Voltaire estava melhor do que nunca, ele escrevia poemas e começava a esboçar obras literárias ("ficará surpreso", escreveu em inglês a Swift um ano depois de sua chegada, "ao receber um ensaio em inglês de um viajante francês"). Porém, ele reconhecia que nunca seria capaz de escrever como Shakespeare — ao passo que, na França, ele era aclamado por escrever tão bem quanto Racine ou Molière.

Passou a conviver com outros franceses em Londres, no café próximo às margens do rio. Ele sentia falta da conversa relaxada em sua língua materna. Rohan era desagradável, mas não demonstraria novamente sua covardia o atacando. A política estava mudando, e chegavam cartas sugerindo que talvez a Corte estivesse disposta a discretamente minimizar o acontecido. Voltaire tinha estado tempo suficiente na Inglaterra. Já era hora de voltar para casa.

Ele chegou de volta à França no outono de 1728, pouco mais de dois anos depois da partida. Por alguns meses, se manteve cautelosamente distante de Paris, revisou suas notas, tentou relaxar com cavalgadas e praticou tênis. Seu bom amigo Richelieu ainda estava estabelecido em Viena, e Voltaire escreveu-lhe pedindo que conferissem, com seus contatos na Corte e na polícia, se seria de fato seguro pisar na capital. No começo de 1729, ele recebeu a confirmação e provavelmente retornou em abril daquele ano.

Não havia dúvidas sobre o que faria em primeiro lugar...

> Eu não nasci rico, longe disso [...] vi tantos homens letrados pobres e desprezados que decidi [...] não ser mais um nessa estatística [...]. Há sempre um modo de uma pessoa ter lucros sem incorrer em obrigações diante de outrem [...].

Suas lições de engenhosidade vinham de longa data. Voltaire foi aluno da escola jesuíta Louis le Grand durante o ano da fome de 1709, quando em um inverno catastrófico viu lobos adentrarem as fronteiras de muitas cidades francesas, e a perda das colheitas no verão subsequente causou uma fome em massa. Os clérigos que dirigiam a escola conseguiram manter os estudantes alimentados e um estoque suficiente de lenha para os fogões por meio de uma série de maquinações no mercado negro. Embora Voltaire não tenha aprendido nada de ciência ou de história moderna, esse e outros exemplos da habilidade prática de seus mestres fizeram maravilhas ao lhe mostrar como os obstáculos podem ser superados.

Agora, precisamente no momento de seu retorno a Paris, ele tinha a oportunidade de usar tudo aquilo. O governo da cidade decretara recentemente a moratória dos títulos municipais, o que significava que havia muita gente proprietária de títulos sem valor. Se o governo deixasse tudo como estava, aquelas pessoas teriam muito receio de voltar a investir nesses títulos. Para demonstrar sua boa-fé — e recuperar algumas das perdas dos investidores —, o governo municipal decidiu então oferecer uma loteria, de que apenas os proprietários de tais títulos, agora sem valor, poderiam participar. Como os raivosos proprietários se recusassem a participar de uma simples loteria (tendo sido tão enganados antes), o governo decidiu ir além e acrescentou substanciais recursos extras à quantia total da loteria.

O governo pensou ser essa uma opção segura, já que esperava que apenas alguns poucos portadores de títulos originais investissem, mesmo com o atrativo de um pagamento maior por bilhete.

Mas eles não contaram com a habilidade de Voltaire, ajudado por seu novo amigo, o matemático La Condamine. Voltaire já era audacioso e criativo na literatura, agora aplicaria essas mesmas habilidades nas finanças. O que aconteceria se alguém percorresse a cidade comprando *todos* os títulos sem valor? Era muito fácil, pois os proprietários ainda estavam tão irritados por terem perdido todo seu dinheiro na primeira moratória da prefeitura que não acreditavam nas promessas feitas pela cidade de uma quantia extra na loteria.

No entanto, esses títulos não eram de fato sem valor, pois Voltaire, La Condamine e alguns outros que ele trouxe para seu grupo não se deixaram cegar pela recente experiência de perda financeira e, assim, entenderam que os títulos eram "bilhetes" que poderiam usar para participar da loteria municipal. E como a cidade tinha de fato acrescentado recursos extras para tornar a loteria mais atraente...

O único modo possível de Voltaire perder seria se, por um terrível acaso, um dos proprietários originais entrasse na loteria. Para evitá-lo, ele e La Condamine compraram meticulosamente cada um dos títulos desabonados. Em outras palavras, eles compraram, a um preço bem mais barato, quase todos os bilhetes de uma loteria que seguramente pagaria mais do que o preço total dos bilhetes.

Eles ficaram muito, muito ricos. Voltaire reuniu uma fortuna que, combinada a outros investimentos inteligentes, lhe possibilitou nunca mais em sua vida ter que se preocupar com dinheiro ou pedir ajuda financeira a um "amigo" aristocrata: ele era de fato mais rico agora do que a maioria dos aristocratas na França.

Então ele estava livre, podia fazer o que quisesse. Mas o quê? Ele não podia passar muito tempo com Sully ou com seus outros antigos anfitriões. Eles poderiam estar dispostos a não mais tocar no assunto de Rohan, mas jamais iriam desculpar-se por sua frieza. E todos foram complacentes — praticamente se deliciando com a brincadeira — quando sua amante em Rouen, Berniéres, entrou ostensivamente na Ópera de braço dado com Rohan, apenas alguns meses depois do espancamento às portas de Sully.

Havia ainda outras lembranças que ele não conseguia aceitar. Tendo deixado Suzanne na Inglaterra, ele reatou a relação com a jovial e inteligente atriz Adrienne Lecouvreur. Foi então que, menos de um ano após a sua volta, Adrienne, aos 30 e poucos anos, foi atacada, ao que tudo indica, pela febre tifoide e morreu. (Paris ainda extraía a maior parte de sua água potável do Sena, onde era também lançada uma porção significativa do esgoto não tratado da cidade.) Voltaire passou seus últimos dias tentando ajudá-la, mas, quando ela morreu, descobriu que não poderia enterrá-la em nenhum dos cemitérios que ela desejara. Por ser atriz, ela havia sido oficialmente excomungada pela Igreja Católica na França.

Em vez de um sepultamento respeitoso, em que Voltaire e a família dela pudessem chorar a sua morte, seu corpo foi levado em um pobre coche municipal e jogado em uma cova rasa em um descampado fora dos portões da cidade. Um pouco de cal foi lançada sobre seu cadáver e pronto: aquele era um solo não abençoado, onde não se permitia nenhuma lápide ou jazigo.

Como isso podia acontecer? Na Inglaterra, naquele mesmo ano, morrera a atriz Anne Oldfield e, segundo a tradição britânica, foi-lhe assegurado um funeral repleto de pessoas importantes na Abadia de Westminster. Era assim que Voltaire queria celebrar Lecouvreur. Ele escreveu versos amargos sobre a injustiça feita à sua amada, contrastando-a com a Grã-Bretanha, e conclamava as futuras gerações ainda não nascidas a se lembrarem de que uma coisa assim acontecera no passado.

Ele reconhecia que o motivo deveria estar em alguma profunda diferença entre França e Inglaterra. Na superfície, os dois países tinham várias semelhanças: ambos possuíam impérios ultramarinos e haviam sofrido com guerras civis e grandes batalhas religiosas. No entanto, a Inglaterra respeitava seus artistas e pensadores — também Newton havia sido enterrado na Abadia de Westminster — de um modo que a França desconhecia. Todo o ambiente das opiniões era diferente. Possivelmente, isso tinha relações com o maior poder tirânico do rei da França e da rejeição da Corte a qualquer competição; possivelmente — de uma maneira que Voltaire ainda não era capaz de compreender — isso se ligava aos desenvolvimentos mais avançados da ciência na Inglaterra. Mas, embora quisesse inserir uma seção sobre Newton bem no meio da obra que ficou famosa como as suas *Cartas da Inglaterra*, a matemática lhe era muito difícil para continuar sozinho.

Ele voltou à poesia e ao teatro. A fama de seu *Édipo* e de outras obras perdurava, e ele ainda era respeitado como um escritor importante na França. Mas isso simplesmente significava que tinha que passar noites entediantes nos salões de Paris ("Se você deixar de se envolver com os cortesãos, está... perdido"). Será que Bolingbroke estava afinal certo e ele nunca cumpria a sua promessa?

Os anos se passavam, Voltaire envelhecia — agora se aproximava dos 40 — e possivelmente também se tornava mais desanimado. Apesar do enxágue bucal que usava nos dentes, suas gengivas se retraíam; ele também padecia com frequência de terrível disenteria.

Para poupar-se do esforço de supervisionar uma equipe de criados, cozinheiros e porteiros, Voltaire foi morar com uma viúva rica e espantosamente desinteressante, que, por sorte, não tinha por ele nenhuma atração sexual (embora gostasse do reflexo da fama daquele escritor). Quando ela morreu, em janeiro de 1733, ele se mudou novamente para uma casa perto do rio, no outro lado de Paris. Ele investia no mercado de grãos, além de supervisionar uma fábrica produtora de papel, e queria estar perto do porto, por onde suas barcaças chegavam à cidade. Era uma vida, mas não muito interessante. Ele não tinha ninguém contra quem lutar, mas também ninguém por quem viver. Vivia uma grande rotina.

E então, em uma noite de verão, um casal de amigos veio visitá-lo. Eles traziam uma amiga: uma jovem que dividia seu tempo entre Semur e Paris. O casal pensou que eles poderiam gostar um do outro.

II

ENCONTRO

5

Encontro... e precaução

Paris, 1733-1734

Os amigos e Émilie chegaram, rindo e comemorando, àquele tacanho bairro de Paris pouco antes do pôr do sol de uma quente noite de verão. Voltaire os teria chamado de sua janela, mas não podia convidá-los a entrar porque não havia comida bastante — sem geladeira, era difícil estocar carne fresca no verão — e, de todo modo, sua governanta se zangaria se ele lhe pedisse que preparasse alguma coisa àquela hora. Era mais fácil sair.

Eles foram a uma estalagem à luz de velas nos arredores da cidade, onde comeram galinha cozida no vinho. Émilie acelerava na conversa, muito mais rápida do que qualquer pessoa que Voltaire conhecia, e os olhos dela brilhavam a cada vez que suas palavras ultrapassavam as dele. Ele nunca tivera um amigo assim, e se perguntava: que tipo de Deus tinha criado aquela mulher tão divertida e que tinha apenas 27 anos?

Voltaire a princípio manteve segredo. Ao amigo comum que trouxera Émilie, ele se limitou a escrever um cortês agradecimento pela noite. Mas, quase imediatamente, ele e Émilie tornaram-se amantes, e apenas algumas semanas depois ele escrevia um poema para ela:

...Por que chegaste a mim tão tarde?
O que aconteceu com a minha vida de outrora?
Eu buscava o amor, mas encontrava apenas miragens.
Encontrava apenas a sombra de nosso prazer.
És um deleite
És terna
Que prazer encontro em seus braços.

No começo, ela sentia o mesmo. Em parte, era simplesmente sexo: passavam as noites na casa dele e mais tarde — quebrando todas as convenções — até mesmo na dela. Quando conseguiram respirar o suficiente para perceber o quanto aquilo era perigoso, partiram para passar duas semanas de verão em um velho castelo, abandonado e em ruínas, em Cirey, na região de Champagne, 250 quilômetros a oeste de Paris e distante da ameaçadora Semur. Ela tinha acesso ao castelo porque ele era herança da família de seu marido — que provavelmente não sabia, nesse primeiro estágio, que havia um romance —, e, com isso, eles deram mais um passo.

Era mais do que uma simples paixão. Ambos tinham experimentado atrações físicas antes, encontros de corpos. Agora eles multiplicavam aquela emoção ao serem levados a um encontro que era também de intelectos.

De volta a Paris, no final do verão de 1733, Émilie e Voltaire tentaram manter suas mãos distantes uma da outra, ao menos em público. Florent-Claude estava muito longe, com o Exército, e, se eles fossem bastante discretos, seria fácil fazer com que ninguém comentasse o romance. Um dia, bem na rua, porém, Émilie não pôde conter-se: ela era mãe, casada com um conhecido nobre oficial, mas, mesmo assim, prendeu as mãos por trás da nuca de Voltaire, inclinou-se para a frente e eles se beijaram e se beijaram e se beijaram. O que ela podia fazer? "Deus me deu um tipo de alma", explicava, "que não me permite ocultar ou moderar minha paixão". O poeta mais comentado da

França estava apaixonado por ela — e ela experimentava como seria ter seu amor correspondido.

Quando antes Émilie tentava falar de suas ideias, as mulheres de Paris atacavam-na com desprezo: "Ela nasceu com uma mente muito boa", comentava de costume a ácida Madame du Deffand, "mas, ao querer parecer ainda mais inteligente, preferiu o estudo da mais abstrata ciência ao do mais agradável conhecimento".

Mas com Voltaire não havia nada a esconder. Newton a deixara fascinada e, desde o tempo de seu romance com Richelieu, ela aprendia mais e mais sobre seu trabalho. A antiga cosmovisão medieval propunha que os planetas orbitavam pelo espaço simplesmente porque era o desejo de Deus fazê-los se mover daquele modo. Até o seu primeiro herói, Descartes, não conseguira apresentar um mecanismo bem justificado que explicasse como eles se moviam. Tudo o que ele conseguiu propor foi que havia redemoinhos invisíveis no espaço e que os planetas e as estrelas distantes — de uma maneira desconhecida — giravam nesses redemoinhos. Era tudo tão vago que ele nunca conseguiu atribuir uma fórmula exata a essa visão ou dela extrair novas inferências. Essa visão ainda era elogiada pelos nacionalistas franceses que dominavam as academias de pesquisa, mas Émilie percebia que ela deveria ser abandonada.

Isaac Newton, em atividade depois de Descartes, no final do século XVII, tomou uma abordagem bem diferente. Para ele, os planetas e as estrelas distantes eram bolas de bilhar gigantes. Estendendo-se para fora de cada um deles, havia a grande e surpreendente força da gravidade. Essa força era invisível, não obstante se estender por todos os céus. Pense no modo como se movem os ponteiros de um grande relógio. Se não fosse possível ver as engrenagens e os parafusos no interior do relógio — se as engrenagens fossem feitas de vidro totalmente transparente —, o movimento dos ponteiros pareceria um mistério. Mas, tendo uma vez constatado a presença das engrenagens e dos parafusos, seria possível entender por que os ponteiros se movem. No espaço, a força da gravidade desempenhava o papel dessas engrenagens invisíveis. As bolas de bilhar de nossos planetas e estrelas eram puxadas por essas linhas estendidas de gravidade.

Se Newton parasse por aí, ele teria sido um pouco melhor do que Descartes. Mas ele havia conseguido elaborar cálculos exatos que previam o movimento de diferentes corpos celestes, e foi isso o que convenceu Émilie de que ele estava certo. Voltaire conhecia alguns relatos secundários sobre o que Newton tinha feito, mas mal era capaz de copiar os números que esses divulgadores escreviam. Émilie, entretanto, compreendia as novas técnicas matemáticas do cálculo que Newton usava e conseguia usá-las para elaborar novas equações. Ela podia mostrar a Voltaire, com detalhes exatos, como os nossos planetas de fato giravam como uma engrenagem de relógio.

Voltaire estava admirado, ele nunca tivera um parceiro intelectual como ela, e se gabava aos amigos, dizendo ao abade de Sade (tio do notório marquês) que ele precisava conhecê-la, muito embora:

> *Eu lhe juro, ela é uma tirana.*
> *Para estar com ela*
> *Tenho que falar de metafísica*
> *(embora preferisse falar de sexo)*

Havia ainda um atrativo a mais. Hoje pensamos em Voltaire como um personagem famoso, ao passo que Émilie e as famílias Breteuil e Châtelet são praticamente desconhecidas. Naquela época, entretanto — como bem mostrou o ataque de Rohan —, tudo era visto de outro modo. No mundo de Émilie, apenas as famílias enobrecidas há pelo menos 300 anos eram oficialmente aceitas para caçar com o rei. Se uma família tivesse feito sua fortuna com negócios ou com advocacia, como acontecera ao pai de Voltaire, ela praticamente não teria chance de ser aceita nos mais altos salões do governo e por certo jamais receberia uma patente do Exército. Seria como se hoje apenas os norte-americanos cujos ancestrais tivessem chegado antes de 1776 fossem aceitos nos altos cargos do Pentágono ou da Casa Branca; todos os outros, por mais competentes que fossem, teriam que ficar de fora.

Havia uma pequena margem para a mistura em alguns salões de Paris, onde circulava a ficção de que intelectuais inteligentes de origem humilde poderiam ser tratados como "iguais" pelos ricos aristocratas que comandavam aquelas reuniões. Mas isso tinha apenas a duração dos eventos noturnos, e havia claros limites além dos quais qualquer desrespeito irônico seria punido.

Émilie rompia com tudo isso ao querer deitar-se com um homem evidentemente da classe errada. Alguns amigos mais íntimos poderiam ser tolerantes, mas quase todos os outros de sua classe esperavam, alguns ansiosamente, que a relação fracassasse. Apenas o mais intenso amor poderia sobreviver a tal pressão externa — e, no calor daqueles primeiros meses, Émilie e Voltaire sabiam que tinham a grande sorte de pertencer a esse grupo.

Voltaire estava em tamanho êxtase por encontrar alguém que o adorasse — e cujo intelecto ele admirava tanto — que sua criatividade se alçou a um patamar superior. Rapidamente acrescentou uma seção-chave às *Cartas da Inglaterra*, que ele preparava para publicar. Ele sempre odiara o irmão mais velho, um católico rígido e presunçoso, de estilo calvinista, membro de um grupo conhecido como jansenista. Pascal tinha afirmado energicamente que os jansenistas estavam certos, que estamos sós em um árido universo e que, sem a cega submissão a Deus, merecemos ser aterrorizados por nossa solidão. Agora, no entanto, em meio àqueles longos dias que passava entrelaçado com Émilie, Voltaire tinha segurança suficiente para refutá-lo, e a forma ensaística das *Cartas da Inglaterra* era ideal para isso:

"Por que ser tão aterrorizado pela nossa existência?", registrava Voltaire com sua escrita firme e clara.

> Ver o universo como uma prisão e todos os homens como prisioneiros condenados à morte a ponto de serem executados: essa é a ideia de um fanático [...]. Por que o desespero por não sermos capazes de ver Deus diretamente? Isso equivale a nos desesperarmos por não termos quatro pernas e duas asas [...]. Podemos [simplesmente] ser [...] tão felizes quanto nos permite a natureza humana.

Hoje isso pode nos parecer óbvio, mas foi radical em seu tempo. Durante séculos, a Igreja ensinara que a espécie humana pecadora não tinha o direito de ser feliz, não era esse o nosso papel na Terra. Nosso propósito era o sofrimento, tal como o Salvador sofrera por nós. A elite aristocrática também ria da ideia de que pessoas comuns deveriam ter a felicidade como objetivo. As pessoas comuns foram, obviamente, postas na Terra para trabalhar. Se deixarmos a maioria do povo ter como objetivo a própria felicidade, o sistema pode entrar em colapso.

～

Assim como todos os novos amantes, Émilie e Voltaire em pouco tempo queriam transformar um ao outro. Ele lhe disse que passasse menos tempo em Versalhes e ela lhe explicava que ele deveria realizar trabalhos mais reflexivos e dedicar-se menos a rimas banais. Voltaire lhe ensinou inglês (e em poucas semanas ela começou a ler Milton no original) e parece que ela tentou ensinar-lhe noções básicas de geometria projetiva. Era divertido, de início — mas então o verão acabou, vieram os dias mais frios de setembro e algo mudou.

Os versos de Voltaire sobre metafísica e sexo eram uma brincadeira, mas não deixavam de ter um pouco de verdade: Émilie era mais brilhante do que ele, como Voltaire foi o primeiro a admitir, e sua atenção vagava quando ela, durante uma discussão, desenhava as linhas de força e as tangentes que tanto a fascinavam.

Será que ela sabia, interrompia ele com graça, como foi que Newton tinha chegado à ideia de uma gravitação universal? Quando Voltaire esteve na Inglaterra, ele entrevistara a sra. Conduitt, sobrinha-neta do grande físico, e descobrira a bela história que Newton lhe contara: que ele estava na casa da mãe, em Lincolnshire, quando viu uma maçã cair no chão — Voltaire iria contar essa versão em suas *Cartas da Inglaterra*, prestes a serem editadas, e então seria a primeira vez que ela viria a público —, e, ao ver a queda da maçã, começou a se perguntar: será que a força que a puxava para baixo seria algo que se estenderia a alturas cada vez maiores, até que ultrapassasse a atmosfera terrestre para atrair também a Lua? E foi assim que ele percebeu que uma única força de ligação se espalhava através de todo o universo.

Mas Émilie tinha *sim* ouvido a história, e foi Voltaire quem a contara; ele já a contara tantas vezes, que se tornava irritante. Ele era inteligente, mas tinha a atenção de uma gralha, que saltava de uma anedota a outra. Ao contrário dela, ele não conseguia usar a ideia da maçã para dar prosseguimento a nenhum dos cálculos de Newton. Com efeito, Émilie tinha suas dúvidas de que algum dia tivesse conseguido analisar seriamente o que aquilo significava.

No início, todos os seus conflitos foram facilmente solucionados — bastava caírem na cama —, mas naquele mês de setembro Voltaire ficou doente com um novo ataque da sua recorrente disenteria. Nos bons momentos, ele já era um hipocondríaco, mas, quando de fato ficava doente, tornava-se insuportável: precisava sempre de mais atenção, algumas vezes brincava com isso, mas também ficava impaciente e irritadiço. Émilie se aproximava dos 30 anos, mas ainda se mantinha em ótima forma, apesar dos filhos; um criado que, mais tarde, a viu nua, descreveu-a como tendo o corpo de uma bela escultura grega. Agora tinha um homem mais velho — ele tinha 39 anos — e acamado para cuidar.

Tudo que os unira agora se transformava. Ele não era mais o homem poderoso e seguro que lhe daria o apoio de que ela precisava para organizar seus próprios pensamentos e talvez até para ajudá-la a se tornar um daqueles grandes escritores e pensadores que ela tanto admirava. No entanto, para ele, Émilie o desapontava. A sua doença era um teste das suas provas de amor, para ver se ela era capaz de cuidar de um amante doente, tal como faria uma mãe, mesmo quando esse amante não lhe dissera nada em troca. Assim, com decepções mútuas, eles se irritaram, brigaram e se separaram.

A Voltaire pouco importou. Ele se afundava nas profundezas de sua hipocondria, escrevendo a um antigo amigo de escola que estava morrendo de prazer: as exigências sexuais de Émilie eram impróprias à situação, pois "a minha máquina está totalmente exaurida". A sua suscetibilidade a infecções foi ainda agravada pela condição do rio Sena. A população de Paris chegava a muitas centenas de milhares de pessoas e, embora houvesse operários que levavam o lixo para fora da cidade em carroças especiais, quantidades imensas de excrementos, urina e vômito acabavam diariamente no Sena. Do grande número de animais na cidade, decorria ainda mais imundície, além de sangue, tripas, peles e tendões, tudo sendo jogado diretamente no rio. (A refrigeração raramente existia, de modo que o abate era local e diário.) Era possível trazer em garrafas quantidades pequenas de água de fontes rurais, mas, mesmo sendo em sua maior parte consideradas como fontes limpas, também estas com frequência eram poluídas pelo Sena.

Infelizmente, mesmo quando doente, Voltaire não conseguiu deixar de lado a fanfarra. Ele não era assim tão fraco em ciências como pensava Émilie e como ele a fizera pensar, afinal conhecia muito bem um dos mais eminentes jovens matemáticos da França, um especialista em Newton chamado Pierre-Louis de Maupertuis. Eles se correspondiam, chegaram a se encontrar e Voltaire podia assegurar a Émilie que Maupertuis era exatamente o tipo de amigo jovem e vigoroso que o agradava.

Foi assim que teve início o segundo romance, de 1733, de Émilie. Ela não pretendia encontrar outro homem agora — o que começara com Voltaire era claramente melhor do que qualquer outra coisa que poderia encontrar. Mas, tendo aberto seu coração a ele, não suportava mais voltar ao isolamento anterior.

Maupertuis parecia certamente razoável, ao menos em princípio. Ele fora criado na costa da Bretanha e seu pai, além de ter sido algo próximo a um pirata, também havia navegado no Atlântico Norte, no comando de um navio de guerra com quarenta canhões que atormentava os navios ingleses em mar aberto. Mas o filho estudou com os principais matemáticos da Europa, na Suíça e em Londres, e acabava de concluir um livro sobre a grande matemática do universo — e, o melhor de tudo, por ter sido, durante muitos anos, oficial da cavalaria, era bem mais musculoso do que aquele Voltaire que não parava de se queixar.

Teria sido um relacionamento rápido, mas Émilie começou a se divertir. Sem dúvida, ela tinha aprendido muito sobre satisfação sexual desde seu romance com Richelieu, quando tinha apenas 23 anos. A história que ela e Maupertuis alegavam para manter as aparências em seus encontros era de que ele lhe estava ensinando cálculo avançado. Isso foi motivo para que risse dele com deleite. "Não deve querer", ela lhe escreveu em janeiro de 1734, "estimular a sua aluna, pois ainda não soube se você achou a minha última aula prazerosa [...]."

Quando não estavam na cama, eles de fato falavam sobre ciência — afinal, como poderia o fato de estar nua ao lado de um belo filho de corsário atrapalhar seus planos? Maupertuis conseguira mostrar, havia pouco tempo, que a imensa força gravitacional sobre a qual escrevera Newton faria com que — se estivesse certo — a nossa Terra, girando em alta velocidade, fosse levemente esmagada a cada vez que rodasse, tal como um disco de massa de pizza que se expande quando um cozinheiro animado o joga para cima, fazendo-o girar no ar. Ele tinha calculado precisamente o grau desse achatamento.

Parecia algo sem importância, mas não era, pois havia uma profunda ligação com a teologia. Se as visões de Newton estivessem certas, então a invisível força de extensão da gravidade seria o condutor dos planetas em suas órbitas. Mas as leis de Newton eram tão exatas que ele — e Maupertuis e Émilie — puderam calcular exatamente como funcionava a atração da gravidade. Esses cálculos mostravam que, embora o universo fosse igual a um relógio gigante, Deus não era um relojoeiro que tinha organizado o nosso sistema solar e o universo, e depois limpado as mãos e ido embora. Ao contrário. Parecia haver numerosos carros de "deslizes", em que os planetas sairiam de suas órbitas se não houvesse uma força externa que atuasse sobre o nosso universo de modo a manter tudo girando nas velocidades certas. Não havia adivinhação alguma nisso. Se a matemática e as leis de Newton fossem verdadeiras, então essa seria a consequência.

Por isso os cálculos posteriores de Maupertuis sobre o achatamento da Terra foram tão importantes. O que aconteceria se alguém conseguisse escalar o gelo inexplorado acima do mar Báltico, alcançar o polo Norte e de fato medir o achatamento do planeta? Então seria possível saber se esse Deus interventor realmente existia! (Por quê? Se a Terra fosse de fato levemente achatada ao girar, então haveria um sinal de que a gravidade atuava tal como descrevia Newton e assim — já que a gravidade de Newton deixava lacunas por todo o sistema solar, onde apenas o ajuste divino poderia evitar que os planetas saíssem de órbita — Deus estava sempre atuando e intervindo para que as coisas acontecessem de maneira uniforme.)

Era uma imensa mudança desde a visão muito mais vaga de Descartes sobre o universo, em que tudo o que se podia dizer era que, de um modo desconhecido e impreciso, os planetas e as estrelas deslizavam em redemoinhos. Não havia como a imagem de Descartes provar, matematicamente, que essas rotações produziam lacunas que só uma nova força produzida por Deus poderia superar.

Isso era algo inédito. Durante séculos, milênios, os teólogos estabeleciam os seus argumentos em volumes de palavras empoeiradas, ou — quando a tensão crescia muito — esses argumentos eram transferidos aos guerreiros religiosos, que decidiam a verdade nos campos de batalha, na ponta das espadas. Agora havia um outro modo.

Se Émilie tivesse encontrado aquele bretão mais cedo em sua vida, talvez tivesse optado por ficar com ele. Mas, mesmo não sendo muito mais velho do que ela, Maupertuis já tinha adquirido os hábitos de um solteiro convicto. Não era tanto uma questão de egoísmo, mas ele era reservado — e ela precisava de mais do que isso.

Ela percebeu que lhe faltava aquilo que tinha começado com Voltaire, e passou a prestar atenção no que ele estava fazendo — tal como Voltaire, depois de superado o seu mau humor, também passou a fazer em relação a ela. Os dois queriam aquelas conversas possíveis apenas entre eles e também a paixão do contato mais profundo.

É claro que Émilie precisava ser cortejada e, em fevereiro de 1734, Voltaire sentiu-se bem o suficiente para recomeçar. Ele sabia que não era tão especialista em astronomia quanto Maupertuis, mas soube usar isso em seu favor escrevendo a Émilie:

> *O sublime Maupertuis*
> *eclipsa minhas meras palavras.*
> *Não me surpreende*
> *quem não seria soterrado*

por tais verdades eternas?
Mas Émilie, o que são essas verdades?
Como você as usará e a qual preço?
... ele lhe mostrou os céus
ele desvelou os seus segredos
... mas onde está a sua felicidade,
será que ele sabe esse segredo?

Por um breve período, ao final de fevereiro, ela manteve relações com os dois homens — a máquina de Voltaire estava funcionando muito bem —, mas isso era insustentável e, em pouco tempo, ela terminou com Maupertuis e voltou para o homem que sempre quisera.

Apenas para se assegurar de que ela ficaria, Voltaire arquitetou mais uma jogada. No ano anterior, ele e Émilie concluíram que chegara o momento de seu amigo comum, Richelieu, se estabelecer e casar. Eles começaram a tratar disso juntos, apresentando-lhe possíveis noivas, indicando a Richelieu que ele estava envelhecendo e que essa seria a decisão mais acertada.

Voltaire decidiu que persistir nessa tarefa os aproximaria. Ao tramar com ela o casamento de Richelieu, ele manteria a mulher de quem precisava.

6

Caçada

MONTJEU, PHILIPPSBURG E PARIS, 1734

Eles não conseguiram, no início, contar a Richelieu o que estavam preparando, já que ele desfrutava como nenhum outro mortal sua vida de solteiro. Também havia a complicação de que a mulher que Voltaire escolhera para Richelieu era a jovem Elisabeth de Guise, de uma das mais nobres famílias de toda a França.

A Elisabeth, então com 19 anos, muito agradaria, obviamente, que o casamento se concretizasse — Richelieu era o melhor par que uma mulher poderia querer. Mas os ancestrais da família Guise que enganaram, roubaram, assassinaram e se prostituíram para conquistar sua grande riqueza tiveram a graça de fazê-lo muitos e muitos séculos antes, o que significava que suas ações tinham sido obscurecidas pela suave névoa da história. A fortuna dos Richelieu, por sua vez, era mais recente, remetendo tão somente ao cardeal conselheiro de Luís XIII, pouco menos de um século antes. Essas variações no interior da aristocracia se desenvolviam havia tanto tempo — e eram incrustadas de tantas regras e tradições — que as famílias nobres mais antigas chegavam a pensar que eram biologicamente superiores às mais novas. Era-lhes repugnante casar com alguém que não fosse de sua própria casta.

Infelizmente, não eram poucas as famílias mais antigas que tinham de superar esse desgosto, em parte por causa de alguns casamentos infelizes, que nem sempre produziam os melhores intelectos em seu seio, em parte porque o seu orgulho impedia que mesmo os menos obtusos trabalhassem em qualquer profissão ou negócio, o que significava que, apesar das isenções de impostos antes explicadas, muitas dessas famílias tendessem à falência.

Era isso o que Voltaire sabia que viabilizaria esse casamento. A família Guise era muito famosa, mas também tinha poucas reservas, e, mediante uma série de empréstimos e investimentos, Voltaire passou a convenientemente ser tão bem-sucedido em seu patrimônio que era capaz de forçá-los a permitir o ingresso do relativamente emergente Richelieu.

Ainda havia o problema de conseguir que Richelieu se encontrasse a sós com a ansiosa Elisabeth — e, pelo bem de todos, impedir que o casal dormisse junto antes do tempo —, mas, nesse momento, Émilie começou a compreender o que estava acontecendo. Voltaire punha Richelieu em débito moral ao assegurar-lhe uma noiva de uma família extremamente respeitada, que ele, de outro modo, não conquistaria. Os dois haviam sido colegas na escola jesuíta Louis le Grand, tinham afinidades e respeitavam um ao outro, mesmo compartilhando, há muito tempo, a opinião de que as mulheres, em geral, eram um negócio à parte. Agora, no entanto, o acordo matrimonial dificultaria que Richelieu retomasse o romance com Émilie no futuro. Como ele poderia trair o casal que organizara o seu próprio casamento? Voltaire estava se certificando de que Richelieu não seria uma ameaça futura à sua recentemente restabelecida relação com Émilie.

O casamento ("esse desenlace de nossa intriga") aconteceria no dia 6 de abril no castelo da família Guise em Montjeu, distante vários dias de viagem de Paris. Émilie e Voltaire seriam convidados de honra — por algum motivo, Maupertuis não recebeu convite — e, como fosse muito difícil viajar ao sol e à chuva intermitentes de uma primavera na França, esperava-se que os convidados ficassem hospedados para a comemoração por pelo menos um mês. Émilie tornou-se particularmente íntima da exuberante jovem Elisabeth; havia bebida, dança e sempre mais música. Era um paraíso, mas secretamente pairava uma ameaça.

De Jean-Frédéric Phélypeaux ao Agente da Coroa na Região da Prisão de Auxonne, nas Proximidades de Montjeu

O rei determinou a prisão de Arouet Voltaire e sua condução à carceragem do castelo de Auxonne. Informe-me quando a tarefa estiver cumprida. Ele não deve ser libertado sob nenhuma circunstância.

Phélypeaux era o mesmo secretário de Estado que enviara Voltaire à Bastilha depois do caso Rohan. Ele achava que Voltaire o vinha ridicularizando perante todos na sociedade durante anos por causa disso — o que por sinal não era insulto algum, especialmente em se tratando de um homem que se tornara a piada da Corte. Mas os oficiais permanentes de governo não precisam se irritar muito para se fazerem vingados. Só necessitam aguardar o momento certo. Voltaire, conquanto inadvertidamente, oferecia agora a oportunidade.

Seu manuscrito de *Cartas da Inglaterra* resgatava a natureza da sociedade e do pensamento ingleses, com seções sobre comércio, Shakespeare, Newton e assim por diante. Tudo aquilo, ao repetir os elogios sobre o modo como as coisas eram feitas do outro lado do canal da Mancha, criticava implicitamente a França. Quando Voltaire descrevia, por exemplo, o Mercado Real, onde os investidores eram tolerantes em relação à religião uns dos outros, uma vez que a única questão que lhes importava eram as oportunidades de negócios lucrativos, isso era uma provocação à França, onde o rei e a Igreja insistiam em que não deveria haver tolerância a indivíduos de uma religião diferente, por mais que isso fosse prejudicial à indústria e ao comércio nacionais.

Isso já era crítico o suficiente, mas agora havia também os explosivos adicionais que ele incluíra, no ímpeto de seu encontro com Émilie, sobre o direito dos seres humanos de escolher a felicidade, em vez de serem estupidamente obedientes aos mandamentos tradicionais da Igreja e dos de condição social superior. Particularmente naqueles escritos sobre Pascal, Voltaire propunha ser possível atingir boa parte dessa felicidade sozinhos, e não precisávamos do clero oficial para nos ajudar a evitar ou minimizar a amarga condenação que o Deus de Pascal nos desejava. Isso atacava o enorme sistema da Igreja, e até mesmo Voltaire reconhecia que a simples tentativa de publicação de tais palavras na França era perigosa demais. O autor de uma heresia assim poderia ser mandado para a Bastilha, ou pior.

Infelizmente, Voltaire deixou algumas cópias de seu manuscrito no cofre de uma gráfica perto de Bruxelas, o que foi um erro. O tipógrafo poderia escolher entre manter Voltaire a salvo, deixando o manuscrito em uma caixa-forte, ou ganhar muito dinheiro imprimindo todas as cópias que podia, contrabandeando-as até Paris e arquitetando um modo de vendê-las sub-repticiamente. O tipógrafo deve ter, sem dúvida, cogitado as duas hipóteses por alguns milésimos de segundo, e então constatou em qual estava a sua felicidade: imediatamente começou a impressão e a operação de contrabando.

A ordem de Phélypeaux era secreta, e nenhum dos convidados sabia dela de início. As comunicações eram tão lentas, naquelas esburacadas estradas de lama, que durante muitos dias nem mesmo o oficial do rei no local recebeu a *lettre de cachet*. A alegre festa de casamento prosseguia. Richelieu partira pouco depois da cerimônia porque a França estava envolvida em uma campanha militar na fronteira oriental, que oscilava no cerco à fortaleza alemã em Philippsburg, nas proximidades de Karlsruhe. (A batalha era parte do esforço da França em manter a Áustria distante da região de Lorraine.) Mas Voltaire e Émilie permaneceram em Montjeu com os outros convidados. O tempo estava bom, Voltaire encantava a noiva e Émilie estava animada porque sua amizade com Elisabeth se tornava uma das mais íntimas que já tivera. Mas então...

"Meu amigo Voltaire", escreveu Émilie, às pressas, da cidade do casamento para Sade (o tio do infame marquês, como vimos no capítulo anterior):

MENTES APAIXONADAS

> ...acabava de nos deixar, partindo para a estação de águas de Plombières... quando um dos [oficiais do rei] trouxe-me a *lettre de cachet*, ordenando que ele fosse levado à [prisão vizinha de] Auxonne, e que lá aguardasse por novas instruções [...]. Estou certa de que Voltaire receberá em breve o mandado do rei e terá de obedecer. Não há alternativa quando não se pode escapar. Não creio que ele possa ser alertado a tempo [...].

Foi um pensamento rápido da parte de Émilie. Ela sabia que provavelmente a carta para Sade seria aberta, o que era bom, pois Phélypeaux sabia da constante hipocondria de Voltaire e poderia muito bem acreditar que ele tivesse ido para Plombières. Obviamente não foi isso o que aconteceu, mas muitos dias se perderiam na tentativa dos representantes de governo para encontrá-lo.

O motivo de sua fuga se fazia ainda mais importante porque a polícia havia vasculhado o apartamento do tipógrafo em Paris. Eles encontraram exemplares encadernados do livro com o nome de Voltaire na capa, com o que a sua culpa estava provada. O tipógrafo foi mandado para a Bastilha, mas, por sorte, um dos contatos de Voltaire conseguiu fazer com que uma mensagem alcançasse Montjeu antes da chegada dos encarregados da prisão. Voltaire só teve tempo de escapar a cavalo. A tarefa de Émilie, conforme tinham combinado, era de confundir todos os que viessem buscá-lo.

Juntamente com sua carta a Sade, ela também enviou uma carta a Maupertuis, sugerindo que Voltaire tentasse deixar o país. Ela acreditava que também essa seria uma informação que Maupertuis delataria ou que, ao menos, seria lida quando o vapor do governo abrisse a correspondência.

Mas quanto ao *verdadeiro* paradeiro de Voltaire — bem, ela de fato não sabia.

~

O que Voltaire acabou por decidir foi que nenhuma das casas seguras que ele e Émilie conseguiram junto aos amigos serviria: a informação vazaria, se não pelos criados, então pelos próprios anfitriões, pois era quase impossível deter o boato nos círculos sociais.

Mas havia um homem — e um grupo dentro da sociedade francesa — a quem Voltaire tinha certeza de poder confiar completamente o seu esconderijo.

Voltaire chegou ao enorme acampamento militar de Richelieu nos arredores de Philippsburg em meados daquele verão de 1734, orgulhoso de sua engenhosidade. Richelieu de novo aplaudiria tal estratagema, mas não pôde se dispor a abraçar Voltaire tão prontamente quanto teria feito em condições normais. Embora as forças alemãs não tivessem retomado sua fortaleza, houve outras batalhas e Richelieu estava ferido.

Ele não iria tocar no assunto, mas Voltaire encontrou várias pessoas na tenda de Richelieu ansiosas por relatá-lo. As histórias divergiam, mas o cerne parecia ser que, pouco tempo antes da chegada de Voltaire, Richelieu fora a cavalo a um jantar em homenagem a um colega oficial — ou será que ele já estava na tenda de alimentação? —, quando um dos oficiais militares, o imperioso príncipe de Lixin, o abordou. Lixin era parente de Elisabeth e particularmente contrário ao casamento de Richelieu com a família Guise. Quando ele deteve o colega, já era fim do dia, e Richelieu vinha direto do campo de batalha depois de horas de inspeção às trincheiras. Suas roupas estavam enlameadas e Lixin gritava-lhe frases de efeito do tipo: "Apesar do casamento deste homem, olhem só quanta lama ele traz consigo."

Richelieu sabia que Lixin se recusara a assinar com o resto da família o contrato matrimonial, por achar que a sua linhagem era inaceitável. Mas o que ele agora gritava era mortal. Essas acusações de inferioridade social eram tão pesadas quanto as imputações de miscigenação no Sul norte-americano um século mais tarde. Mas Lixin ainda não tinha acabado: Richelieu era um impostor, ele repetia agora, e, se Elisabeth de Guise se deitava com ele, então ela era obviamente uma prostituta.

Por que Lixin fazia aquilo? O casamento já tinha acontecido. Richelieu não poderia deixar passar as acusações, não chegando elas àquele ponto, mas ele também era um soldado muito melhor do que Lixin. Todos sabiam disso. Ele não tinha nada a provar lutando com outro homem.

É bem possível que Richelieu tenha tentado evitar o confronto, pedindo calmamente a Lixin que retirasse suas palavras. Mas Lixin não recuaria. Talvez tivesse sido provocado pelos soldados de seu próprio regimento, ou talvez fosse apenas a fúria ao ouvir notícias do grande casamento com a presença do renomado poeta parisiense e de tantos outros notáveis em Montjeu. Certamente não estava acostumado a ser contrariado. As leis na França eram escritas de tal modo, que um jovem de uma família tão prestigiosa quanto a de Lixin poderia surrar qualquer plebeu, por puro divertimento, quase sem chances de ser punido por isso. Sua juventude, ao que consta, foi vivida como a do mais mimado adolescente que se possa imaginar, aquele que sabe que pode se aproveitar de todos ao seu redor em segurança. Se um criado se levantasse e golpeasse um nobre, a pena poderia ser a morte. Lixin gostava de lutar, e já havia matado um homem em duelo.

Tomar essa atitude com Richelieu, no entanto, era outra questão. Depois de tentar em vão desfazer a situação — e talvez Lixin também estivesse bêbado —, Richelieu simplesmente chamou os oficiais mais próximos para formar a sua equipe.

O duelo teria de começar logo, já que o comandante do cerco tinha ordens, ao menos aparentes, para impedir os confrontos internos em seu grupo. Travar duelos tornara-se mais frequente nos últimos anos. Os oficiais da cavalaria sonhavam com isso, sobretudo porque dificilmente conseguiam usar suas espadas nas tarefas para as quais tinham sido treinados. (Essas tarefas ficaram perigosas demais quando milhares de oficiais da infantaria inimigos se enfrentaram com mosquetes carregados.) Além disso, mais nobres sentiam a necessidade de defender seu status, já que cada vez mais emergentes, como Richelieu, eram levados aos escalões tradicionais do antigo regime.

Já estava tão escuro quando Lixin e Richelieu começaram a se enfrentar sobre a terra fofa ao redor das trincheiras que os outros oficiais tiveram de mandar criados fincarem tochas ao redor para que os dois homens pudessem enxergar. (Um dos relatórios indicava a presença de tropas inimigas na fortaleza infiltrando-se no grupo francês que se reunia em torno dos duelistas; outro relato falava apenas de guardas inimigos e oficiais assistindo dos parapeitos quando começou o estranho ritual francês.)

O resultado foi o previsto. Richelieu logo bloqueou os ataques furiosos daquele privilegiado, depois o perfurou profundamente no peito. Lixin sangrou até a morte, tanto pela ferida no coração quanto por sufocação em função dos pulmões repletos de sangue. Mas, antes do golpe final, ele conseguiu acertar Richelieu, fazendo-lhe um corte profundo — razão de sua convalescença quando da chegada de Voltaire.

O fato de ter qualquer um de seus outros amigos golpeado em um duelo mortal seria algo inesperado, mas, como Voltaire conhecia Richelieu havia quase 30 anos, ele considerou essa aventura trivial. Ele agora explicava ao velho amigo o pequeno problema com o seu manuscrito das *Cartas da Inglaterra*. Richelieu gostou do tom da proposta, para o que contribuiu o fato de Richelieu e Phélypeaux se odiarem. Um acampamento militar sob a autoridade do rei seria o último lugar em que Phélypeaux procuraria por um escritor suspeito.

Se Richelieu não estivesse ferido, ele sem dúvida teria, seguindo a etiqueta, apresentado ao amigo a base ao redor. Não sendo assim, Voltaire decidiu passear um pouco, por conta própria, pelo terreno esburacado. Como ele e os soldados eram franceses — ou ao menos aliados franceses —, naturalmente pensou que estivesse seguro.

O acampamento era enorme, havia mais de 7 mil trabalhadores cavando trincheiras de acesso e rotas de desvio, enquanto o exército francês avançava pouco a pouco, pela esquerda e pela direita, às margens do Reno. Eles abriam cautelosamente seu caminho em direção à fortaleza, ao mesmo tempo que se preparavam para um ataque-surpresa pela retaguarda ou pelos lados das tropas de Habsburgo, que poderiam tentar romper o cerco à fortaleza. Junto às tropas, prostitutas, engenheiros e carpinteiros, havia centenas de centenas de animais para abastecimento, com os seus encarregados espalhados por entre as tendas e barracas do acampamento. Não existia comida enlatada, de modo que centenas de fogueiras para preparar os alimentos espalhavam a sua fumaça, isso além do clangor estridente de todos os ferreiros que também trabalhavam.

Dificilmente alguém da tropa do cerco saberia que o visitante pessoal de Richelieu estava só naquele meio. Quando aquele civil magro, constantemente investigativo, foi encontrado bisbilhotando, os sentinelas o prenderam. A pena para espionagem era a execução imediata por enforcamento. Os protestos de Voltaire de que conhecia pessoalmente um dos oficiais-chefes daquele grupo do exército eram quase inacreditáveis para soldados jovens e mal-educados.

Por sorte, o exército francês era então muito corrupto (assim como os de quase todos os grandes países). Jovens com boas relações se tornavam oficiais mesmo se ainda fossem adolescentes. Os sentinelas que haviam prendido Voltaire relataram o caso a um comandante do seu setor do acampamento, de apenas 17 anos. Ele tinha autoridade para confirmar a execução imediata — mas bastou que visse o prisioneiro para tudo mudar. O oficial era filho do príncipe que escrevera uma ode a Voltaire depois de sua triunfal peça *Édipo*. Seu pai elogiava constantemente o grande escritor; então, em vez de ir para as galeras, Voltaire foi convidado para um banquete.

Durante o mês seguinte, ele desfrutou a hospitalidade do campo de cerco, bebeu e cantou com os oficiais (o marido de Émilie entre eles), fez leituras e elaborou versos de improviso de que todos gostavam. Ocasionalmente, eles tinham de interromper a festa. O príncipe Eugène, o comandante inimigo, era um soldado agressivo. Voltaire escrevia a uma conhecida na França:

> Parece que o príncipe Eugène se apresentará pessoalmente diante das nossas trincheiras e barricadas amanhã pela manhã, por volta das 4h. É o dia da Virgem, e dizem que ele tem uma grande devoção por Maria, que deverá ajudá-lo a combater o *chevalier* Asfeld [o comandante francês], que é um jansenista rígido. (Você sabe, naturalmente, minha senhora, que os jansenistas são suspeitos de não terem a devoção devida à Virgem Santa.)
>
> Naturalmente, nossas tropas estão determinadas a destruí-lo, estando armadas até os dentes. Temos trincheiras, barricadas e até uma pré-trincheira dupla — uma deliciosa nova invenção, bem projetada para quebrar o pescoço dos cavalheiros que agora preparam o seu ataque. Amanhã veremos quem conquistará a vitória. Os canhões de nosso acampamento já começam a disparar. Aqui, minha senhora, é possível ver a loucura humana.

Em Montjeu, Émilie estava atormentada com a ausência de Voltaire. "Eu o perdi", escreveu ela a de Sade, "precisamente quando sentia a maior felicidade junto a ele — e como eu o perdi! Se ele estivesse em segurança na Inglaterra, eu poderia suportar. Mas saber que, com a sua saúde, ele pode estar sendo mantido em uma prisão [...]. Eu nunca soube que a intimidade poderia produzir tamanha dor".

"Terei de voltar para Paris em breve. E isso me apavora."

Mas, quando ela finalmente retornou a Paris, mais tarde naquele verão, as coisas se complicaram ainda mais. Ela não conseguiu argumentar com sucesso com seus contatos na Corte para que revogassem a *lettre de cachet*, pois — a eterna posição da amante — não tinha nenhuma razão oficial para se preocupar com isso. Quando se viu atrapalhada em suas tentativas, descobriu que ele não estava facilitando as coisas. A ousadia de ir para Philippsburg acabou sendo um tiro pela culatra; quando vieram as notícias, Phélypeaux e os outros ministros ficaram furiosos por terem sido ridicularizados. O apartamento de Voltaire já havia sido invadido — aquele mesmo em que ela e Voltaire tinham se encontrado pela primeira vez, naquela noite incrivelmente distante havia pouco mais de um ano — e os seus pertences foram revirados em busca de mais provas de que ele tivesse um conluio com o tipógrafo de seu livro.

O tipógrafo havia sido interrogado e provavelmente torturado em sua estada na Bastilha, mas um exemplo maior tinha de ser dado. Os prisioneiros ainda eram sujeitos à tortura arbitrária, e o rei fingia não ver um sistema legal que permitia que certos contraventores fossem queimados vivos. Agora, no dia 10 de junho, o parlamento municipal condenava formalmente as *Cartas da Inglaterra* de Voltaire pelas visões heréticas do livro, que criticavam o único caminho verdadeiro para a salvação religiosa. Naquele mesmo dia, às 11 horas, o executor público se postava diante da grande escadaria do Palácio da Justiça da Île de la Cité, no centro de Paris. (Fora naqueles labirínticos edifícios que Voltaire crescera, já que as tarefas notariais do pai lhe davam o direito a alojamentos ali.) Uma grande fogueira foi acesa, havia cheiro de aguarrás e a fumaça se espalhava; então o executor rasgou o livro em pedaços e os lançou às chamas.

Émilie estava aterrorizada, mas também enfurecida com Voltaire. Aquele era o mundo brutal e arbitrário de que se padecia na França. Por que Voltaire não tinha simplesmente cruzado a fronteira até a Suíça, muito mais segura, ou ainda para Rotterdam, mantendo-se distante de futuros problemas? Em vez disso, ele agora a importunava, em cartas chegadas clandestinamente por meio de amigos, para que o deixasse viver no castelo em ruínas de Cirey, na região de Champagne, onde eles haviam passado aquelas deliciosas semanas de verão um ano antes. Ela não conseguia decidir se ele, em última análise, era corajoso ou completamente idiota. Por fim, permitiu que Voltaire fosse para o castelo — mas ela estaria perdida se fosse encontrá-lo lá.

7

Decisão

Castelo de Cirey e Paris, 1734-1735

Voltaire estava tão preocupado que não percebeu a raiva de Émilie e, no auge daquele verão, ao final de julho, se alegrava de voltar para Cirey. Partes consideráveis do prédio principal estavam inabitáveis, com as paredes antigas apodrecendo e enormes buracos nas janelas. Ele tinha ideias para poemas e peças sobre a injustiça dos servos do rei, que destruíam obras simplesmente porque estas ameaçavam a linha religiosa conservadora; existiam várias conversas que ele queria continuar com Émilie sobre esse e outros assuntos. Mas tudo isso teria de esperar.

O tempo ainda estava quente, e Voltaire analisava o que havia sobrado do castelo. Houvera uma tentativa de reforma, que remendara minimamente uma única parte — como os quartos em que ele e Émilie tinham ficado antes —, de modo que ele poderia sobreviver a um inverno ali. Mas isso não faria com que Émilie ficasse. Ele sabia o quanto ela, durante a infância, fora mais rica do que ele. No entanto, ele tinha uma chance de atraí-la para lá, afinal ela teria dito, meses antes, a de Sade — que, sem dúvida, contou a Voltaire — que não conseguia suportar toda aquela mesquinha boataria de Paris: ela preferia acabar seus dias no campo, com Voltaire e talvez alguns outros amigos.

Transformar a ruína de modo a torná-la atraente o bastante seria uma tarefa enorme. Mas, para o homem que conseguiu ganhar todo o prêmio da loteria de Paris — além de ter casado Richelieu —, esse era o tipo de desafio agradável. (O castelo também era convenientemente próximo às estradas para as fronteiras que levavam, a leste, para Lorraine, e, a norte, para os Países Baixos, de modo que ele poderia escapar da polícia real com rapidez, se fosse necessário.)

A primeira coisa a ser feita era obter dinheiro suficiente. Voltaire se certificara de que Richelieu ficasse lhe devendo dinheiro, mas não adiantaria nada fazer com que ele se lembrasse daquele empréstimo em um período tão curto. O mesmo valia para o empréstimo ao pai da noiva, que poderia estar ainda perturbado pela perda de Lixin, seu parente próximo, mesmo que o marido que Voltaire conseguira para a família tivesse motivos para espancá-lo até a morte.

Contudo, enquanto esteve em Philippsburg, Voltaire prestou mais atenção às intrigas dos intendentes do que os nobres. Eles foram educados para não prestar atenção às fontes de qualquer riqueza que viessem a obter. Entretanto, Voltaire ficou sabendo que havia um excedente de cereais importados no grande porto de Marselha. Cirey era isolada — a cidade mais próxima ficava a léguas de distância e o eventual transporte para Paris levava quase uma semana para chegar. Mesmo a região vinícola principal de Champagne era bem ao norte, onde a terra era mais plana do que aquela floresta abandonada. Mas, desde o seu retorno da Inglaterra, havia seis anos, em 1728, ele mantinha, por toda a França, contatos que poderiam realizar as transações financeiras que ele queria.

As instruções partiram com mensageiros a cavalo para que seus administradores comprassem cargas de grão no norte da África e fizessem com que os navios as distribuíssem em vários portos na Espanha e na Itália. O preço de venda seria mais alto do que em Marselha (onde o excedente local havia derrubado os preços). Mas os comerciantes que transportavam os grãos não saberiam dessa diferença nos preços disponíveis, de modo que seus custos originais com a compra ficariam os mesmos e apenas seus lucros aumentariam.

Para rendimentos mais imediatos, Voltaire se lembrou de milhares de homens — e dos números igualmente grandes de cavalos e mulas de transporte — em Philippsburg. O cerco tinha terminado com uma vitória francesa, conquanto o comandante fosse azarado a ponto de ter a cabeça decepada por uma bala de canhão inimiga. Contudo, o exército ainda estava em campo e Voltaire enviou mais instruções para a compra de forragem, roupa e comida em locações prováveis durante o percurso de suprimento das tropas. Os intendentes não tinham margem para barganha nos campos de batalha. Também nesse caso, Voltaire comprava barato e vendia caro. O que quer que ele vendesse ao exército lhe traria rendas extras rapidamente.

Era engenhoso, como sempre. Mas ele já tinha se acostumado a encontrar fontes insuspeitadas de rendimentos. A todo tempo, desde a produção de *Édipo*, em 1718, nem um único poema, peça ou ensaio escritos por ele havia obtido permissão para ser abertamente comercializado na França. Sem as suas habilidades nos negócios, ele terminaria tendo de se transformar em um bajulador de aristocratas ou oficiais para ganhar sua sobrevivência — e sua ambição era grande demais para isso.

Agora Voltaire podia voltar ao trabalho. Confiando no progresso de suas vendas de suprimentos para o exército, assim como nas suas próprias reservas, que ainda conseguia extrair de Paris (conquanto pudesse ser preso se fosse até lá pessoalmente), ele começou a contratar arquitetos e mestres de obras experientes. Ele não era o proprietário de Cirey, e sim a família de Florent-Claude, mas Voltaire tinha então certeza de chegar a um acordo sobre a quantia que o recompensaria pelas melhorias que fizesse.

Em pouco tempo, os mestres de obras de Voltaire contratavam trabalhadores braçais para realizar as fundações e a construção pesada; em seguida, começaram a procurar todos os carpinteiros, pedreiros e pintores que os vilarejos da região pudessem oferecer. Ele tinha muita clareza do que queria. Haveria uma grande ala nova, onde construiria o seu quarto e o seu escritório, e restauraria inteiramente parte do antigo prédio — isso seria o suficiente para a chegada de Émilie. Quanto ao restante das ruínas, bem, bastaria assegurar que houvesse uma grande cozinha em funcionamento. Os quartos de hóspedes eram muito menos importantes do que a certeza de que a janela de Émilie fosse perfeitamente construída e aprumada e de que ela tivesse uma bela vista.

Que o sonho que ele preparava para ela se realizasse.

Todo aquele trabalho chamou a atenção da maioria dos habitantes locais, o que não desanimou muito Voltaire, porém atraiu também o interesse das pouquíssimas pessoas ricas que viviam na vizinhança. Havia em particular duas famílias que moravam, embora em vilarejos diferentes, a alguns quilômetros de distância: Voltaire sabia que qualquer homem dessas famílias não teria muita vez — esse era, afinal de contas, o interior da França, onde as mulheres mandavam —, e toda a correspondência que ele ainda mantinha era endereçada apenas à madame de Champbonin e à condessa de la Neuville.

Desde o início, ele demonstrava seu estranhamento — seu espanto — de que duas mulheres tão cultas se encontrassem naquela região isolada. Ele se sentiu, escreveu à corpulenta madame de Champbonin, de volta a Paris quando ela lhe enviou cestas de sua fruta favorita, pois jamais recebera um presente tão graciosamente adequado. E, quanto à jovem condessa de la Neuville, será que tinha consciência de que, entre todas as senhoras que ele conhecia na Corte, não havia ninguém — ou talvez ninguém cujo nome ele já pudesse revelar — que se vestisse tão bem quanto ela?

Imediatamente elas passaram para o seu lado, o que significava que também poderia contar com os seus maridos e os outros parentes do sexo masculino — e isso, por sua vez, significava, como Voltaire com o passar do tempo foi compreendendo, que não haveria queixas de nenhum dos poucos fidalgos que restavam, em relação ao aumento dos salários de seus criados, muito menos quanto ao esvaziamento de um povoado depois do outro na busca por trabalhadores eficientes para aquela época de colheita. Além disso, como se revelaria posteriormente, tanto Champbonin (que ele em pouco tempo chamaria de "minha pequena camponesa") quanto Neuville eram bastante agradáveis de se ter por perto. Afinal, quando Émilie chegasse, a vida poderia ser tediosa — apesar de todas as suas conversas —, a não ser que houvesse alguma possibilidade de diversão local ou que, ao menos, se pudesse convidar gente de fora para tomar parte nas dramatizações amadoras que ele gostava de organizar.

Ainda haveria mais um presente para garantir a permanência de Émilie. As *Cartas da Inglaterra* só lhe tinham trazido prejuízos, contudo o teatro era algo com que ele sabia estar protegido. Havia uma peça em particular sobre a qual andara pensando nos últimos tempos, mais precisamente desde que conhecera Émilie, e, embora ele nunca tivesse feito mais do que alguns esboços, agora — apesar dos construtores, dos vizinhos e das ferrarias na floresta, cuja conversão para carvão ele tinha que supervisionar —, apesar de tudo isso, ele prometia concluí-la antes que Émilie chegasse de Paris.

Ele lhe deu o nome de *Alzira*. A ação se passava nas florestas da América do Sul, no momento em que os colonizadores espanhóis começavam a administrar o grande império inca. (Era comum o uso de parábolas de sociedades longínquas para criticar a França com segurança.) Sua escrita era então mais profunda do que em qualquer outro de seus dramas, isso porque queria desesperadamente que Émilie o respeitasse por sua obra.

Nessa nova peça, havia um jovem líder inca, muito viril, e a mulher pela qual ele faria tudo — isso obviamente era necessário para mostrar a Émilie tudo o que era capaz de fazer por ela. Mas a peça também tratava da possibilidade de bons indivíduos redimirem uma organização corrupta — pois Voltaire não representava todos os oficiais espanhóis uniformemente malévolos. Para manter o desenvolvimento dessa história cheia de camadas, seu herói escaparia ao encontrar uma fenda entre os muros de alguma fortaleza espanhola. E então...

Então, o quê? "Ser capaz de manter uma plateia interessada ao longo de cinco atos é um dom divino...", queixava-se Voltaire em carta ao amigo Cideville.

Finalmente ele solucionou o problema — e aquela questão sobre a possibilidade de um governo ser reformado por dentro se tornava central para alguns jovens escritores que cada vez mais tomavam Voltaire como seu guia. O tema certamente era atual. Não apenas a Igreja, em última análise, se distanciava dos ensinamentos de Jesus — como vimos, as famílias ricas compravam o posto de bispo para seus filhos mimados —, como também a administração básica era incompetente a um grau difícil de se imaginar hoje em dia.

O secretário de Estado que odiava Voltaire por sua ascensão social, Jean-Frédéric Phélypeaux, foi trazido ao governo aos 14 anos, ocupando o posto de diretor da Marinha francesa, apesar de não ter nenhuma experiência naval. Isso não era bom para o sucesso militar. Em um momento importante, quando uma frota francesa foi enviada a Quebec para retomar a fortaleza de Louisbourg, perdida em um competente ataque britânico, Phélypeaux nomeou almirante um jovem parente seu, que nunca estivera no Atlântico. (Mesmo assim, para que justiça fosse feita a Phélypeaux, ao longo de todos os 25 anos em que foi ministro da Marinha, ele ainda foi mais eficiente do que a maioria dos outros oficiais e administradores aristocratas com os quais tinha que trabalhar.)

Os aristocratas nomeados pelo rei para os cargos mais altos eram incapazes de sequer recolher os impostos governamentais e repassavam o encargo a indivíduos ricos, que embolsavam tanto quanto podiam da receita. Havia alguns centros de poder independentes, como os antigos parlamentos de Paris e das outras cidades principais. Mas também esses grupos eram repletos de distorções e lhes faltava quase totalmente o que chamamos de preocupação com a qualidade da vida pública. O parlamento parisiense, em particular, era controlado por uma semidinastia de advogados fervorosamente religiosos, que acreditavam que o dinheiro era muito mais bem empregado em sermões radicais do que em hospitais ou em medidas de saúde pública. Os cadáveres, por exemplo, eram mantidos em covas rasas nas igrejas de todos os pontos de Paris. É claro, como escreveu Voltaire, que "esse costume causa doenças epidêmicas todos os anos, [porque] a degradação resultante de tantos corpos contamina o ar". Mas, como essa era a tradição — e tradição sagrada —, ela não deveria ser alterada.

Existiam alguns tecnocratas competentes no governo, mas, em geral, eram engenheiros civis de nível médio, particularmente envolvidos na construção de estradas e canais. Eles tinham alguns êxitos: uma estrada muito útil, que margeava o Loire nas proximidades de Anjou, estava sendo concluída e cria uma rota de acesso a um local que não via melhorias desde o século XII; as primeiras providências eram tomadas para um serviço expresso de correios, com o uso de revezamento de cavalos, que ligava Paris aos grandes portos do oeste de Nantes e Brest. "Já é hora de a França começar a governar, depois de passar tanto tempo tentando conquistar algo sobre o que governar", escreveu um dos defensores do projeto (referindo-se às guerras expansionistas a que Luís XIV dedicou anos). Todavia, esses visionários tinham que constantemente lutar por recursos e se enfureciam por ter seus orçamentos encolhidos em função do desperdício da Corte.

Muitos desses engenheiros vieram a compartilhar as atitudes dos pensadores e escritores que sabiam que Voltaire se dedicava havia anos a escrever críticas irônicas à incompetência de seu governo. Eles ainda não se viam como fundadores de um "Iluminismo" e certamente eram em menor número se comparados aos usuais leitores e escritores de romances baratos. Mesmo assim, esse era um público importante que se mantinha na expectativa.

Alguns anos antes, esses e outros homens se deliciaram com o irônico conto publicado pelo escritor aristocrata Montesquieu sobre a visita de um ingênuo persa a Paris. O que Voltaire fazia na peça que estava escrevendo para Émilie era levar aquela ideia adiante: usar os detalhes de uma fábula política (dessa vez nas "longínquas" montanhas incas) para tornar evidentes os pontos fracos do poder do Estado francês. Ele não foi tão longe a ponto de propor um sistema de promoção pelo mérito. Mas sabia que muitos espectadores gostariam da ideia de que a administração existente pelo menos agisse de modo mais racional e humano.

O mês de agosto se foi e Émilie ainda se encontravam em Paris; o que era bom, já que a construção do castelo ainda estava em andamento. Mas em setembro ela ainda não tinha chegado. Champbonin e Neuville estavam cada vez mais entusiasmadas: ter uma nova companhia na sua região isolada! Voltaire sabia que a estada dela duraria apenas alguns meses naquela primeira vez, mas ele tinha planos sobre o que poderiam fazer depois, e explicava ansiosamente aos amigos que o casal poderia ser visitado mais tarde em Paris, já que, "com toda a probabilidade, estarei lá até o Natal". Foi então que chegou outubro, o tempo esfriou — e ainda nem sinal de Émilie.

As duas senhoras vizinhas começavam a suspeitar de que a nova amante de Voltaire não estaria afinal tão disposta a morar ali. Voltaire teve que apaziguá-las enquanto esperavam. Champbonin — com o seu saudável apetite — recebeu uma cabeça de javali fresca; Neuville, mais alta, recebia mais elogios à sua beleza. Se Voltaire estava preocupado, só deixou entrever poucos vestígios. E então, em meio a algazarra e confusão de malas, depois de uma viagem sacolejante de quase uma semana, em meados de outubro Émilie finalmente chegou de Paris.

Não foi uma visita agradável. Ela passara o verão decepcionada com o tanto que ele — e com isso a possibilidade do seu relacionamento — se arriscara com suas ações impensadas: o tipógrafo traidor, a ousadia em Philippsburg, a queima dos livros e a fuga. Agora em Cirey, ela tentava irritar Voltaire e escrevia propositadamente a Maupertuis; dizia aos amigos que se sentia profundamente só e que preenchia o tempo até a partida com a leitura de Locke.

Voltaire não a contestou. Ele era orgulhoso demais para tanto. Observava-a refutar suas ordens aos arquitetos e construtores: tudo o que ele fazia estava errado.

Champbonin e Neuville não se continham de ansiedade pela permissão de uma visita, e Voltaire automaticamente apresentava suas explicações, como sempre com graça, sobre o motivo de elas não poderem ir lá, e prometia que em breve tudo estaria pronto para recebê-las. Por alguns dias, ele chegou a deixar Émilie sozinha para cavalgar para longe de Cirey em seu cavalo preferido, mas, ao voltar, não a encontrou mudada. Ela voltou para Paris, no final de dezembro, sozinha. Chegou a passar os olhos pela nova peça inca que ele havia escrito para ela, mas não fez nenhum comentário detalhado. Também não combinaram de se encontrar novamente.

Antes da gélida visita, Voltaire escreveu a um amigo: "Voltei a ler Locke e estou pensando na ideia de experimentar o seu método." Locke era um guia sedutor para uma retomada da escrita, pois — assim como Descartes, mas de modo ainda mais independente das antigas soluções religiosas — era conhecido por propor caminhos pelos quais a tranquila reflexão poderia revelar as falhas nas administrações governamentais, assim como na mente dos indivíduos. Uma vez reveladas essas falhas, haveria ao menos uma chance de que fossem sanadas.

Essa era uma ideia muito sedutora para Voltaire naquele momento, mas lhe faltavam energias. Ele sabia o que poderia ajudar. "Há uma mulher em Paris chamada Émilie", escreveu casualmente a um amigo, "que ultrapassa qualquer um em inteligência. Ela entende Locke muito melhor do que eu. Seria bom ter um guia assim [...]".

Mas ele agora estava só, e as coisas simplesmente tinham de ser diferentes. Havia lareiras em funcionamento aqui e ali nos cômodos parcialmente construídos, e ele sobreviveria ao inverno. Tinha ainda muitos livros.

E agora todo o tempo que poderia querer.

Émilie retornou a Paris e, por um breve período, chegou a se insinuar a Maupertuis mais uma vez: "Vamos à missa do Galo juntos", escreveu-lhe em 24 de dezembro. "Podemos ouvir os cânticos no órgão e depois... ah, talvez eu vá para casa com você." Mas estava claro que nenhum dos dois estava apaixonado. Ele a tratava simplesmente como uma amante e não como uma parceira intelectual em potencial: fazia-a esperar do lado de fora da Academia de Ciências, mas nunca tentou convidá-la a entrar; desmarcava encontros para planejar com os amigos a viagem para a qual convencera a Academia a enviá-lo, com o propósito de medir possíveis distorções da curvatura terrestre no polo Norte.

Isso era pior do que ficar só. Ela de fato não queria Maupertuis — apenas o usava como um substituto provisório enquanto tentava decidir sobre Voltaire —, mas sua rejeição era ultrajante. Ela passou a esperar nos cafés frequentados por intelectuais, descobriu-se cancelando encontros com suas amigas e, ao que parece, começou a beber. Um oficial de polícia, que fazia seus informantes manterem sob guarda todos os que tinham tido relações com

Voltaire, reportou: "Mais um detalhe [...] a sra. du Châtelet parece agora fazer tudo o que pode para merecer o rótulo de louca." Certa noite, enfurecida pelo modo frio com que Maupertuis a excluía de seus projetos para a expedição polar, chegou a tomar a carruagem até a fronteira oeste de Paris, subiu em um cavalo que ali aguardava por ela e cavalgou sozinha até a casa isolada no monte Valeriano em que ele se reunia com os outros cientistas. Sem que a ouvissem, ela bateu à porta tarde da noite, pedindo para entrar.

De volta para casa à luz do dia, machucada devido à cavalgada, depois de uma noite de sexo com Maupertuis, com seus criados se deliciando com as fofocas e seus filhos gritando nos quartos, Émilie percebeu que tinha ido longe demais. Ela não poderia continuar vivendo assim.

Émilie tinha uma importante decisão a tomar, embora soubesse que as amigas em Paris eram superficiais demais para lhe dar um conselho prudente. Seu bom e velho pai Louis-Nicolas seria ideal, mas ele tinha morrido fazia anos. Porém, havia uma outra pessoa da sua infância em cuja delicadeza e intuição ela sempre confiara. Ela praticamente não tivera mais contato com ele durante todos aqueles anos, mas não tinha motivos para pensar que ele se ofenderia por isso.

E Bernard Le Bovier de Fontenelle, agora com quase 80 anos de idade, estava disposto a ajudar aquela bela marquesa que, sozinha sob o céu, tentava decidir o seu destino.

Eles se encontraram para um belo e longo passeio em um anoitecer de verão, bem nos jardins de Tuileries, em frente à antiga casa da família de Émilie. Ele gostava de trajar um elegante colete amarelo e provavelmente usava uma bengala para ajudar em seus passos lentos. Contudo, ouvia a filha do velho amigo com atenção e lhe fazia perguntas gentis, como se entendesse a intensidade que a paixão da juventude pode incitar.

Voltaire a entusiasmava, mas ele podia voltar a magoá-la. No entanto, se ela o evitasse e permanecesse em Paris, tudo o que poderia esperar seria encontrar um substituto um pouco melhor para Maupertuis. Será que ela, aos 27 anos, já era velha demais para sentir que a esperança de um amor verdadeiro em sua vida era coisa do passado? Ela nem sequer teria a chance de participar de viagens interessantes, pois Maupertuis e quase todos os outros homens eruditos eram machistas demais para a levarem em suas jornadas. Havia tanta coisa que ela queria fazer: nunca estivera na Royal Society de Londres, nunca trocara ideias diretamente com intelectuais importantes. Uma mulher não poderia viajar sozinha para o exterior — mas, com um homem que de fato a admirasse e a amasse, talvez pudesse. Ela se sentia viva com Voltaire, pois recebia os estímulos de inspiração intelectual que buscava.

Ela e Fontenelle conversaram e provavelmente se sentaram para que o velho homem pudesse descansar. Ao final, tudo era simples. Quando Voltaire se comportava bem, ele brilhava mais do que todos os que ela conhecia. No poema que ele escrevera para reconquistá-la depois de seu primeiro desentendimento, ele perguntava diretamente sobre Maupertuis:

> .... *ele lhe mostrou os céus*
> *ele desvelou os seus segredos*
> *... mas onde está a sua felicidade,*
> *será que ele sabe esse segredo?*

Voltaire sabia. Ela decidiu deixar tudo o mais em sua vida, pegou seus filhos e se mudou. "Talvez seja uma loucura enclausurar-me em Cirey", escreveu ela logo depois, enquanto preparava a mudança, "[...] mas eu tomei essa decisão". Com Voltaire, ela seria, finalmente, forte o suficiente para criar a nova vida que sempre buscara.

III

JUNTOS

8

O Castelo de Cirey

CIREY, DE 1735 EM DIANTE

O que aconteceu enquanto eles estiveram em Cirey está registrado em dúzias de cartas e memórias...

Construção

A sra. du Châtelet chegou precisamente no momento em que eu recebia sua carta informando que ela não viria por enquanto. A viagem foi difícil, ela está machucada e cansada, mas encantadora.

— VOLTAIRE à sra. Champbonin, vizinha de Cirey

Voltaire diz que estou ocupada como uma abelha-rainha. Mas os alojamentos não estão prontos e ainda temos cem operários...

— ÉMILIE a um amigo parisiense

A madame gostaria de encomendar uma frasqueira a Hébert [o ourives]... que se mudou e hoje vive na rua Saint-Honoré. Dê a ele 1.200 francos de adiantamento para comprar a prata... Venda algumas ações para obter esses 1.200 francos.

— VOLTAIRE ao abade Moussinot, seu agente comercial em Paris

Agora ela põe janelas onde eu tinha posto portas, ela troca escadas por chaminés e chaminés por escadas. Depois ela plantará tílias onde eu propus colocar olmo, e o local em que plantei ervas ela transformará em um jardim de flores... Descobrimos o segredo de mobiliar Cirey a partir do nada.

— VOLTAIRE à sra. de la Neuville, vizinha de Cirey

Há rumores de que a senhora se esquece de si mesma a ponto de, quando está irritada, arremessar o que lhe está à mão, como pratos e garfos, no sr. Voltaire.

— VISITANTE relatando a intriga dos criados

Eu acrescentaria algo mais, mas tenho que ir martelar umas tábuas agora [...] Émilie diz que ela mesma acrescentaria algumas palavras se os operários não a mantivessem tão ocupada.

— VOLTAIRE a seu amigo em comum, Cideville

Por favor, lembre-se de comprar duas pequenas [...] pinças. Mas não queremos as pinças da travessa de Gèvres, somente as vendidas na *rue* Saint-Honoré [...] Ao pacote, por favor, acrescente duas pequenas esponjas para pó.

— VOLTAIRE a Moussinot, agente em Paris

Passo meus dias com pedreiros e carpinteiros — não há tempo para pensar em mais nada!... Entretanto, por mais que eu seja uma pessoa difícil de se conviver — e posso lhe assegurar que tenho sido quase tão difícil com Voltaire quanto com você —, visite-nos e verá um estranho fenômeno: duas pessoas que passaram três meses juntas e que se amam mais do que nunca [...]

Se alguém me dissesse, dois anos atrás, que eu estaria vivendo assim, eu não teria acreditado.

— ÉMILIE a Richelieu

Você poderia por gentileza enviar os termômetros e barômetros? — devo ser bastante insistente a respeito disso. Se eu puder ter termômetros fabricados de acordo com o método moderno de Fahrenheit, ser-lhe-ia extremamente agradecido. Poderia também enviar uma boa bomba de ar?

Posso agora falar francamente? Você deve me fazer a gentileza de aceitar um pequeno honorário anual por toda a sua ajuda.

— VOLTAIRE a Moussinot

— *Primeiras impressões*

Parei em Cirey. A arquitetura é surpreendentemente magnífica. Os quartos de Voltaire dão para uma galeria semelhante ao afresco de Rafael da escola de Atenas, onde se reúnem instrumentos científicos de todos os tipos. Ambos estão lá [...]. Um escreve versos em seu canto, a outra triângulos no seu. Posso assegurar-lhe que é como um sonho.

— CHARLES-JEAN-FRANÇOIS HÉNAULT, oficial da Corte

Você poderia gentilmente enviar-me cem penas de boa qualidade, duas resmas de papel almaço e duas resmas de papéis de carta grandes. Também alguns palitos de dente e três ou quatro dúzias de pequenos botões lisos para camisa.

— VOLTAIRE a Moussinot

Cirey está a 25 quilômetros de qualquer outra casa. É em uma solidão terrível que mora meu tio, embora admitidamente com uma mulher espirituosa [...] e muito bonita.

— MARIE-LOUISE DENIS, sobrinha recém-casada de Voltaire, relatando uma visita posterior à conclusão da construção principal

Por favor, mande fazer duas boas cópias [do retrato]... Tão logo a primeira esteja pronta, faça com que La Tour a examine e retoque. Enquanto isso, envie-me o original bem emoldurado e bem embalado; da primeira cópia, mande fazer uma miniatura para broche [...]. Além disso, por que não acrescentar uma dúzia e meia de limões?

— VOLTAIRE a Moussinot

Só cheguei lá às 2h, coberta de lama. O cocheiro me disse que, se não descesse e caminhasse, ele me expulsaria. Você pode imaginar a minha situação. Mas a ninfa [Émilie] saudou-me muito graciosamente e logo chegou Voltaire com uma vela na mão. Ele estava elegante como se estivesse em Paris (creio que empoou sua peruca para me receber). Quanto a ela, bem, ela fala tão rápido!

— MADAME DE GRAFFIGNY, hóspede irritada

Você poderia me enviar, por favor, dez quilos de pó para peruca, bem moído e pronto para o uso, além de cinco quilos de pó para moer depois?... Seria uma grande gentileza.

— VOLTAIRE a Moussinot

Voltaire me chamou meia hora antes do almoço, dizendo que eu poderia ver seus aposentos agora, já que desceríamos para comer. Bem, eu não hesitei. Entra-se por uma pequena antecâmara ao alto da grande escada e chega-se ao seu quarto. Oh, quanto luxo! Quantas despesas! Há tapeçarias, espelhos e painéis dourados. Tudo é tão limpo que tive vontade de beijar o piso de parquê! Há uma grande galeria, de 12 metros de comprimento, com estranhas máquinas de física.

— MADAME DE GRAFFIGNY

Não sei, Voltaire disse que tinha que se retirar e escrever, então a madame me permitiu ver os seus aposentos (até então eu só tinha sonhado com eles). Bem, meu Deus do céu! Os aposentos de Voltaire não são nada em comparação com os dela! O quarto principal tem painéis de madeira decorados em amarelo-claro com detalhes em azul-celeste. Tudo combina — até a cesta do cachorro! Juro que poderia cair de joelhos diante de tamanha maravilha. As cortinas das grandes janelas são de musselina bordada — a vista é fantástica. E os seus diamantes!

— Madame de Graffigny encontra uma nova vítima

Vida cotidiana

Depois que comecei a viver em retiro [...], fiquei surpresa com o tempo que costumava desperdiçar [em Paris] apenas penteando o cabelo ou me preocupando com a minha aparência.

— Émilie, manuscrito não publicado

Sim, Hébert [o ourives] cobra caro, mas tem bom gosto, e deve ser pago por isso. Dê-lhe então os 1.200 francos [...] mas diga-lhe que o restante só será pago quando entregar a frasqueira (embora ele possa receber mais cinquenta luíses de adiantamento se insistir realmente).

— Voltaire a Moussinot

Na manhã seguinte, quando a madame se levantou, cheguei ao seu quarto no momento em que sua criada abria as cortinas. Enquanto minha irmã [também uma criada] preparava uma camisola, a senhora de repente deixou cair no chão o que ela usava sobre o corpo e ficou inteiramente nua [...]. Não ousei levantar os meus olhos para ver. É claro que já havia visto uma mulher trocar a camisola antes — mas nunca desse modo.

Quando estive a sós com minha irmã, perguntei-lhe se a madame du Châtelet sempre trocava sua camisola assim. Ela disse que nem sempre, mas que a madame não era tímida. E acrescentou que, se algo semelhante voltasse a acontecer, eu deveria tentar não fixar o olhar.

— Sébastien Longchamp, criado e secretário, memórias

Então, depois do café, a deusa desse local [Émilie] teve a ideia de [deixar-me] e ir cavalgar; eu queria acompanhá-la, mas não tive segurança, porque os cavalos não pareciam ter sido bem treinados. Então, oh, meu querido, vi a brutalidade dos seus corcéis e fiquei aterrorizada — porém ainda não conseguia me decidir se deveria ficar para trás. Por sorte, Voltaire estava lá e disse que era ridículo forçar as pessoas a ter prazeres que lhes pareciam dolorosos. Ele tem sempre várias dessas boas frases! De todo modo, fiquei para trás com a senhora gordinha [madame Champbonin]. Éramos duas covardes e fizemos o nosso passeio a pé.

— MADAME DE GRAFFIGNY

Então às 16h eles às vezes se encontram para um lanche leve, mas nem sempre. O jantar é às 21h, e depois ficam conversando até meia-noite [...]. Eles não querem ser incomodados ao longo do dia em nenhuma hipótese.

— MADAME DE GRAFFIGNY

Penso nas vantagens que desfrutamos. Todo o nosso corpo fica sensível — os lábios ganham uma voluptuosidade inesgotável. Podemos ter relações sexuais a qualquer momento.

— VOLTAIRE recordando

Esta manhã o sr. Voltaire me faria uma leitura, mas a madame estava de tal modo tomada de bom humor [devido à noite anterior] que começou a rir, a interrompê-lo e a parodiar o que ele tentava ler. Ele rapidamente olhou para o texto e logo começou a parodiá-lo em resposta a ela. Ele estava convencido de que ninguém poderia fazer isso melhor do que ele, mas isso a provocou de tal forma que ela retrucou com distorções ainda maiores, até que ele não pôde mais continuar de tanto que ria [...]. A senhora disse não suportar odes. Exatamente, disse Voltaire. Ele não conseguia entender como qualquer pessoa civilizada poderia ler algo tão ridículo! Penso que isso mostra bem claramente que eles estão apaixonados.

— MADAME DE GRAFFIGNY

Eles agora zombam de mim [...]. Creio que é culpa da madame: ela é tão imperativa [...]. Quando Voltaire veio ao quarto dela hoje para ler sua peça, ela lhe disse que ele deveria usar outro casaco. Mas Voltaire lhe disse que não queria trocá-lo, que ficaria com frio e provavelmente pegaria um resfriado. A madame reiterou o que havia dito, ele saiu do quarto enfurecido, dizendo estar doente e que a peça fosse para o inferno [...]. Eu também me retirei.

[...] Quando voltamos ao quarto da madame, Voltaire a olhava de longe e não disse uma palavra. Mas então começaram a conversar, por alguma razão, em inglês — uma língua que eu não compreendo, e de repente tudo estava bem. Voltaire voltou alegremente a nos ler sua peça.

—– MADAME DE GRAFFIGNY; ela partiu apenas cinco semanas depois.

Velhos amigos

Por falar nisso, Maupertuis irá mesmo ao polo? Penso que ele é melhor em medidas e cálculos do que em amor.

— ÉMILIE a Richelieu

Deixe disso: você sabe que Voltaire o admira e que ele merece sua amizade. Não vá da França diretamente para o polo sem parar aqui [...].

— ÉMILIE a Maupertuis

Estando o nosso barco pronto em Dunkirk por ordem do rei, partiremos no dia 2 de maio de 1736.

— MAUPERTUIS, discurso à Academia Real de Ciência sobre medições da Terra no círculo polar ártico

Quantas adversidades acompanham tal empreitada. Que glória não deve resultar aos novos argonautas.

— FONTENELLE, discurso durante a partida dos acadêmicos que mediriam a curvatura terrestre

Essa viagem dificilmente me seria boa se estivesse feliz [...] mas ela parece ser o melhor que posso fazer na minha presente situação...

> — MAUPERTUIS ao seu mentor Johannes Bernoulli, matemático suíço

Eu posso realmente lhe escrever no polo? Voltaire diz que teria gostado de ir — poderia ter sido o poeta da expedição — mas lá seria frio demais e ele pegaria uma gripe. Brindaremos, então, à sua segurança. E, por favor, nos conte sobre tudo.

> — ÉMILIE a Maupertuis (as cartas eram enviadas a Estocolmo e depois encaminhadas aos acampamentos avançados a que a expedição chegava no nordeste da Lapônia)

Não é fácil rebocar ou mesmo conduzir os estreitos barcos flexíveis usados nos rios da Lapônia. Sobrevivemos a turbilhões de cachoeiras nessas frágeis engenhocas — em um momento perdidos na água, no seguinte lançados inteiramente no ar.

Depois [de muitas aventuras] no rio, chegamos aos pés do monte Niwa e [subindo por um penhasco íngreme] encontramos duas moças lapônias na montanha, que conduziam um rebanho de renas. Elas nos mostraram como evitar os insetos que nos atacavam (com os quais nossa comida ficou instantaneamente preta). As jovens tinham armado simplesmente uma enorme fogueira. Em pouco tempo, estávamos familiarizados com aquela fumaça tão espessa.

> — MAUPERTUIS, discurso à Academia

Diz no jornal que você corre o risco de ser comido por mosquitos. Será que os mosquitos não sentem o mesmo desejo que você sente pelas moças lapônias? Honestamente, pode me contar tudo. Todas as cartas que você escreve a Paris parecem repletas de elogios a elas.

> — ÉMILIE a Maupertuis

Não direi mais nada sobre os rigores da viagem na mais profunda neve com a chegada do inverno. Os lapônios usam sapatos curiosamente longos — pranchas estreitas de madeira com cerca de 2,5 metros de comprimento — para evitar o atolamento. Anda-se com eles, ou melhor, desliza-se. É um procedimento que requer muita prática.

— MAUPERTUIS, discurso à Academia

Enfatizo o meu pedido para que continue a me mandar notícias. Os relatos de sua última carta me deixaram preocupada com sua segurança.

— ÉMILIE a Maupertuis

Quando, madame, se viaja apenas de sua casa até aos jardins de Tuileries ou à Ópera, têm-se ideias muito limitadas sobre todas as coisas maravilhosas que há para se ver...

— MAUPERTUIS, carta enviada do círculo polar ártico

Você escreveu de Estocolmo para madame de Richelieu, mas ela só quer suas cartas para se vangloriar delas. Eu na verdade quero saber notícias suas — apesar, é claro, do seu orgulho, da sua vaidade e de sua irritante petulância.

— ÉMILIE a Maupertuis

Devo responder à mais espirituosa carta com a qual você me honrou. A primavera aqui é um pouco fria — os termômetros sempre apresentam temperaturas muito mais baixas do que as do mais rigoroso inverno parisiense [...]. Mas, embora o solo seja amargamente frio, quando olho para o céu, há um espetáculo fabuloso. Fogueiras de milhares de cores diferentes o iluminam e formam ondas como uma cortina por todo o céu [...]. É a partir dessas investigações que nós compreenderemos o universo.

— MAUPERTUIS, carta enviada do círculo polar ártico

O que eles começaram

Tudo bem, tenho mais uma coisa a lhe contar. Naquela manhã, a ninfa lia para Voltaire um cálculo matemático sobre o tamanho da suposta população de Júpiter. O raciocínio, em termos gerais, era de que, como os olhos mantêm proporção com o corpo, como eles sabiam a distância entre a Terra e o Sol e como eram capazes de deduzir a distância de Júpiter ao Sol, bem como a quantidade de luz que ele recebia [...]. Oh, eu não sei de nada mais inútil do que isso!

— O que MADAME DE GRAFFIGNY também relatou

E, meu bom Moussinot, envie-me também um grande telescópio de reflexão... Ele deve ser potente o bastante para detectar claramente os satélites de Júpiter.

— VOLTAIRE a Moussinot

O texto estava escrito em latim e, mesmo assim, ela o leu em francês (para nós). Hesitava um momento ao final de cada frase. Eu não compreendia o porquê até perceber que era para elaborar os cálculos das páginas. Ela era rápida assim. Nada a deteria

— VISITANTE em Cirey, 1738

9

Newton em Cirey

CASTELO DE CIREY, 1735-1736

É perturbador ir morar com alguém novo, ainda mais quando se levam os filhos, deixa um marido que é um soldado bem treinado, "amigos" em Paris que querem que a relação fracasse, um ex-amante (Richelieu) que continua a matar pessoas em duelos e um outro que decidiu trocar a amante pelo círculo polar ártico. O pior de tudo, apesar de toda a aceitação social em seu círculo e do modo como Florent-Claude estava contente por sua esposa estar em segurança com um homem decente naquele castelo longe de tudo, é que a relação continuava oficialmente ilegal. A punição pelo adultério poderia incluir chicotadas e espancamento com varas pelas ruas. Era sempre a mulher quem sofria, pois, no código francês da época, "o adultério é punido na pessoa da esposa, não na do marido". Contudo, dado o nível de raiva dos oficiais da Corte por Voltaire, ele também poderia ser atacado, caso a lei viesse a ser totalmente aplicada a ele.

Embora de fato os dois estivessem protegidos pelo nome da família de Émilie, assim como por Florent-Claude (ocupado com suas próprias relações extraconjugais nos postos do exército na fronteira), ainda não havia certeza de que seriam deixados em paz. Tanto ela quanto Voltaire, ao que consta, estavam dispostos a analisar mais minuciosamente por que a nação em que viviam elaborara um sistema tão cruel. Ele se baseava na Bíblia, é claro — era daí que o rei e todos os seus oficiais diziam advir sua autoridade —, então nada mais natural que, nesses primeiros meses em Cirey, Émilie e Voltaire tivessem decidido examinar o livro sagrado.

A princípio, foi difícil para Émilie começar. Ela passara um longo tempo em Paris acreditando que poderia ser criativa, sem, contudo, dizer muita coisa com isso. "Os iogues da Índia", meditava ela agora em Cirey, "deixam de conseguir usar os músculos de suas pernas quando permanecem na mesma posição, sem se mover, por tempo demais. Nós também somos assim e perdemos a capacidade de pensar de maneira renovada quando não a exercitamos. É como uma fogueira que se extingue quando paramos de alimentá-la com lenha fresca".

Agora isso mudava lentamente, e a obra dos dois era uma diversão apenas comparável a uma aventura compartilhada por dois amantes recentes. Eles tinham versões da Bíblia em francês e latim, encomendaram de Paris comentários de todos os tipos, além de relatórios em inglês e textos impressos em latim — especialmente de Spinoza —, e assim começaram a articulá-los e a ler trechos um para o outro, começando em seu usual café da manhã, às 11h. (Voltaire gostava de café e, às vezes, de um pouco de pó de quinino antes de comer; Émilie apenas provava o café, ela preferia frutas secas, embora não se saiba se compartilhava a grande paixão de Voltaire por ruibarbo.)

Depois de um tempo, começaram, toda manhã, a dedicar um ao outro alguns versos da Bíblia, sobre os quais apresentavam relatórios à tarde. "Eu não chegava a passar duas horas longe dele", lembrava-se Émilie mais tarde, "e, mesmo assim, mandávamos pequenos bilhetes um ao outro de nossos aposentos".

Quando deixaram Paris, eles sabiam ter rompido as regras tradicionais da sociedade — não apenas em relação a manter aquele relacionamento duradouro, mas também às regras não expressas, que diziam que as mulheres poderiam ser loquazes, mas não deveriam ser propriamente respeitadas; ou ainda regras que insistiam em que monges e bispos da Igreja estavam em conexão com o sagrado e que, portanto, mereciam todas as prerrogativas que tinham acumulado durante anos. Contudo, agora, ao examinarem os livros do Antigo Testamento e depois do Novo, eles começaram a questionar os próprios fundamentos dessas atitudes.

Até há bem pouco tempo, eles não teriam a menor chance. Em boa parte do século XVII, houve pouca noção de privacidade para tão importantes investigações. Quando uma porção de dissidentes insistiu, na Inglaterra, no estranho conceito de "liberdade de consciência", eles acabaram expulsos do mundo civilizado, exilados no distante solo rochoso do futuro condado de Massachusetts.

O que Émilie e Voltaire faziam era criar um espaço onde poderiam pensar por si mesmos — e fazê-lo, não em algum abrigo primitivo de madeira no extremo do planeta, do outro lado do Atlântico, mas bem aqui, no centro do mundo civilizado. Era uma conquista portentosa. Os dois amantes podiam cruzar as portas de entrada de seu castelo de Cirey, mas não o rei — nem a Igreja. Era muito diferente dos salões de Paris ("cada um dos quais presidido", notou Voltaire, "por uma mulher que só começava a cultivar seu espírito quando sua beleza decaía"), em que nenhuma ciência de fato, muito menos um questionamento da Igreja estabelecida, era investigada.

Em suas recentes análises da Bíblia, Émilie era particularmente eficiente na identificação de incongruências lógicas. Se Noé trouxe todos os animais do mundo para a sua Arca, e vivia no Oriente Médio, anotou ela, então como ele trouxe a bordo os animais que os novos exploradores demonstraram viver apenas na América do Norte? Havia também outros problemas: um sol que podia parar, um mar Vermelho que podia se abrir — e todas as outras impossibilidades que hoje estamos acostumados a ver como metáforas, mas que, naquele tempo, eram, com poucas exceções, pensadas como mistérios que todos deveriam tomar como completamente verdadeiros.

Esse questionamento das bases das crenças religiosas tradicionais era um dos atos fundamentais do Iluminismo. Jovens ricos, como vimos, podiam comprar postos no governo e embolsar o dinheiro dos impostos gerados por camponeses e homens de negócios. Isso era permitido porque o rei assim tinha decretado, e a razão pela qual as resoluções do rei deveriam ser seguidas era porque a Igreja decretava que elas deveriam ser seguidas. Havia a mesma justificativa para evitar que qualquer pessoa oriunda da classe trabalhadora — ou mesmo profissionais liberais — se tornasse oficial do exército: os editos do rei eram de que deveriam ser excluídos, e a Igreja apoiava o que o rei ordenava. Bastava uma refutação à Igreja — mesmo que em um obscuro argumento teológico — para toda a cidade se romper.

Na verdade, o que Émilie e Voltaire faziam não era inteiramente negativo, pois eles não usavam lacunas superficiais da Bíblia para rejeitá-la como um todo. Se o fizessem, seriam tão estreitos de espírito quanto as pessoas que criticavam. Alguns anos antes, Voltaire anotou para si mesmo, em forma de oração, o que pensava de Deus:

Não sou cristão, mas isso é apenas para amar-Te de mais perto.
O povo transforma-Te em tirano — e o que busco em Ti é um pai.

Émilie também era religiosa. Eles tinham uma capela em Cirey que ela frequentava regularmente. Voltaire, sempre incomodado com a autoridade, não ia tão frequentemente, mas, quando o tempo estava bom, deixava abertas as portas de seus aposentos no térreo para ouvir a missa. Ambos queriam que seus estudos bíblicos os levassem adiante.

Também aqui Émilie era a mais rápida. Ela partira da opinião de Maupertuis (como vimos no capítulo 5) de que o grau do achatamento polar em uma Terra que girava era uma prova de que ou as teorias de Newton ou as outras que lhe faziam concorrência estavam certas, e de que, portanto, essa informação poderia ser usada para concluir se as correspondentes visões de Newton sobre o modo de intervenção de Deus em nosso mundo eram verdadeiras ou não. Agora existia um novo modo de se analisar a tradição: deixando de lado a ciência por mais algum tempo e usando os relatos de exploradores e viajantes para verificar como os hábitos variavam ao redor do mundo. Havia, por exemplo, uma poderosa civilização na China e, no entanto, todas as suas descrições mostravam que ela não dependia de nada semelhante a uma Igreja estabelecida. Também havia descrições de sociedades em que as mulheres governavam ou em que as águias eram adoradas ou em que as crianças não eram castigadas. Ela acumulou várias centenas de páginas de manuscritos com as perguntas de seus cafés da manhã, tentavam elaborar o que sobraria se as nossas literais fábulas bíblicas, tão difíceis de se acreditar, fossem derrubadas.

A partir de suas notas e de sua certeza geral, ela percebeu que o que era considerado bom e mau variava de país para país. Era, escreveu ela, "como as regras de um jogo. Assim como um movimento pode ser considerado um erro em um jogo, mas ser permitido em outro, também os termos virtude e vício indicariam atos diferentes em Paris e em Constantinopla". Mas o que fazer com essa ideia?

Se fosse mais nova, talvez tivesse deixado isso de lado como uma observação meramente espirituosa. Ainda lhe faltava confiança. ("As mulheres em geral não reconhecem os próprios talentos", escreveu ela, "ou então enterram as habilidades que têm... Eu sei como é — pois foi isso o que eu fiz.") No entanto, aqui em Cirey, algo estava mudando. "Desde que conheci um homem de letras [Voltaire] que me deu a sua amizade", escrevia ela agora, "comecei a me sentir diferente".

"Comecei a acreditar que sou um ser com uma mente."

Vários escritores tentaram compilar as narrativas dos viajantes, mas, na maior parte dos casos, não fizeram nada além de listar como o mundo é estranho. Alguns outros de fato tentaram ir além e usar a aparente ingenuidade de um sábio oriental, ou um "bárbaro" índio americano em Paris, para criticar as maneiras excessivamente refinadas da Corte ou para expor a brutalidade das ruas.

Émilie fez ainda melhor. Ela começou a se perguntar se havia ideias mais profundas, sob a superfície, que não mudavam de cultura para cultura, apesar dos diferentes modos de comportamento dos povos. Como exemplo, ela notou que todas as sociedades pareciam esperar que as pessoas cumprissem suas promessas. A regra de ouro — "faça aos outros o que gostaria que os outros lhe fizessem" — também parecia ser aceita em quase todos os lugares. Mesmo a gramática comum apresentava intuições sobre o que é universal: em nenhuma língua que ela conhecia havia o imperativo do verbo "poder". O motivo, é claro, é que todos os povos reconhecem que não podemos ordenar a alguém que possa fazer algo que está fora do seu alcance.

Como formular suas conclusões? Sua escrita era precária quando jovem, mas simplesmente porque não tinha ninguém com quem compartilhar suas ideias. Agora, entretanto, conversando sobre elas com Voltaire em suas longas horas depois do café da manhã, começou a mudar seu modo de escrever.

Em poucos meses, passou a escrever com graça: "Há uma lei universal para todos os homens", escreveu ela, "que o próprio Deus escreveu no coração deles". As ideias e as formulações eram tão boas que Voltaire as copiou em seu posterior — por muito tempo inédito — *Tratado sobre metafísica*, em que retomava as palavras dela em sua frase: "Parece-me claro que há leis naturais com as quais os homens devem concordar em todo o mundo, mesmo contra a sua vontade." Esse também era um passo fundamental para o pensamento iluminista, pois ajudava a criar a própria ideia de que poderia haver uma ciência social universal que buscasse ideias de comportamentos aplicáveis a todos, ao contrário de — como indicava em geral a história anterior — meras curiosidades aleatórias sobre a ação humana a serem extraídas de uma socie-dade específica depois da outra.

Voltaire teria interesse em continuar esses estudos sobre a sociedade, mesmo que eles nunca pudessem ser publicados, mas Émilie era incansável. Era bom vagar tentando encontrar os universais na natureza humana, mas Newton tinha ido muito mais longe, e de fato delimitara os verdadeiros universais do nosso mundo físico. O que ela percebia agora era que sua próxima tarefa seria examinar toda a obra de Newton e recontar essa grande conquista em novos detalhes.

A sua confiança — ao criticar a Bíblia e ao desenvolver sua própria visão de Newton — era a marca de um novo tipo de individualismo. As pessoas, por exemplo, obviamente já escreviam cartas aos amigos e familiares antes, mas agora isso acontecia mais do que nunca. Ao escrever suas ideias em uma carta, em vez de em um diário privado e confessional, alguém prova que é orgulhoso e confiante o bastante, para esperar que outros queiram ouvir o que está sendo dito sobre *si mesmo*. Émilie escrevia um número imenso de tais cartas, compartilhando, com seus amigos íntimos e, com frequência, com seu irmão favorito, seus sentimentos sobre todos os assuntos concebíveis.

Até o fato de Émilie assinar uma carta com um floreado autógrafo pessoal, representante da sua personalidade — algo que nos passaria despercebido —, também combinava com seu passo significativo. (As cartas anteriores tinham, em geral, apenas uma marca impessoal ou o nome impresso indicando o remetente: algo que um escriba poderia empregar tão bem quanto a pessoa que ditasse ou escrevesse a carta.) Antes desse período, quase ninguém colecionava autógrafos, mas agora também isso começava. Fazia sentido, pois os autógrafos eram mais um sinal dessa personalidade individual subjacente.

Na sua escolha de roupas, Émilie também insistia no direito de questionar as opiniões recebidas. A sua desagradável prima, Renée-Caroline, sempre aceitou o estilo parisiense, a ponto de chegar a usar vestidos tão amplos que "eu quase não conseguia cochichar [às minhas amigas], pois os aros de nossos vestidos nos faziam ficar muito distantes uma das outras". Eles deveriam consistir em corpetes apertados com inúmeros ilhoses para amarrar, camada sobre camada de roupas íntimas com anáguas de babado no último nível, aros e suportes para os aros; pregas definidas nas superfícies externas do vestido juntamente com camadas triplas de bordados nas luvas; arranjos minuciosos de pintas postiças perto das têmporas, dos olhos ou no canto da boca, cada um deles significando uma emoção diferente. Émilie não queria nada disso. Ela recebeu um convidado espantado tendo seu cabelo preso com elegância no alto, diamantes em um broche e usando apenas um grande avental de tafetá sobre um simples vestido de algodão indiano: era confortável, era o que ela queria, e não sentia nenhuma necessidade de agir de outro modo.

Sua mobília em Cirey combinava com essa prática. Antes desse período, muitas cadeiras não eram projetadas para o conforto, apenas para demonstrar poder e autoridade. Não importava o quanto fossem desconfortáveis, desde que mantivessem ereto quem nelas se sentasse. Agora, contudo, havia um crescente movimento em direção a assentos macios e acolchoados e até mesmo a apoios de braço almofadados, que se curvavam para fora de modo que os cotovelos pudessem descansar confortavelmente. Émilie não se sentaria em cadeiras que reprimissem sua possibilidade de mudar de posição e ser ela mesma. Por que seguir as regras de outra pessoa sobre correção?

Os retratos que ela e Voltaire encomendavam — para pendurar na parede ou para relicários que davam um para o outro — eram também assim. Em vez de fazer com que os artistas desenhassem uma figura genérica, representando a riqueza, a autoridade ou a beleza, ela e Voltaire tinham em Cirey segurança o bastante para insistir em que o retrato refletisse precisamente suas características individuais. Duas décadas depois, no tempo da enorme *Encyclopédie*, de D'Alembert e Diderot, isso levou à chocante definição de que um retrato "é uma semelhança segundo a natureza".

Isso era perigoso. Quando os reis eram desenhados em poses nobres e idealizadas, isso era um modo de dizer que não importavam as particularidades do ser humano que herdara o trono, que elas nem sequer existiam. Tudo o que havia era um governante perfeito. Mas, se os retratistas começassem a mostrar a pele marcada ou olhares distraídos, isso seria um sinal de falhas mais profundas. O princípio de hereditariedade, no entanto, dependia de governantes serem aceitos, não avaliados. Era isso o que, por exemplo, os pais do jovem George Washington estavam prontos a ensinar ao seu filho do outro lado do mundo, nos domínios de sua majestade britânica nas colônias norte-americanas. Mas agora em Cirey, dúvidas eram levantadas sobre toda a noção de obediência cega à autoridade — e por dois indivíduos, Émilie e Voltaire, que eram tão eloquentes em suas cartas e em seus escritos secretamente compartilhados que o conhecimento daquilo que estavam fazendo não pôde deixar de se difundir.

Toda uma rede de correspondência se ampliava para essa comunicação, e também isso era parte de uma tendência mais ampla. Quando Émilie era criança, praticamente não havia jornais no mundo. Um punhado de pessoas nobres ou extremamente ricas, que tinham acesso direto às cortes ou aos mercados, sabia do que se passava; os outros podiam tentar puxar conversa

MENTES APAIXONADAS 137

para saber das intrigas, mas quase não tinham fontes formais de informação. Agora, porém, uma nova forma de publicação — as "novas gazetas" — se tornava popular, e eram em geral apenas compilações do tipo de carta que chegava de Cirey. (Os jornais de hoje são descendentes diretos daquelas gazetas, apresentando ainda muitos artigos, a ponto de nos parecer que estamos apenas ouvindo uma carta modificada — tal como na identificação da reportagem como "de nosso correspondente estrangeiro".)

Cirey foi crucial para esse novo movimento. Voltaire sempre tinha sido respeitado como um crítico inteligente, mas agora, com suas peças mais significativas e sinais dessas investigações mais profundas que ele e Émilie realizavam, passava a ser levado mais a sério. Isso significava muito, porque havia pouquíssimos pensadores importantes, na França ou em outro país. Apenas poucas centenas de livros eram oficialmente publicadas por ano na França, e um número igualmente baixo na América do Norte. (Hoje, nos Estados Unidos, muitas centenas de milhares de livros são publicados a cada ano, de modo que qualquer pensador passa facilmente despercebido nessa enxurrada.)

Segundo consta, as pessoas que recebiam cartas de Cirey as compartilhavam: às vezes com alguns amigos íntimos, mas em geral efetivamente as copiando e as enviando a um número ainda maior de contatos. Era algo semelhante a uma internet primitiva: com informações e opiniões sendo acrescentadas e depois circulando de um ponto a outro de toda a Europa. Se Émilie e Voltaire estivessem apenas tratando de luxos — como fazem as pessoas ricas desde tempos imemoriais —, então pouca importância teria esse modelo de vida autorreferente, com seus móveis, roupas e retratos. Mas a pesquisa que faziam em ciência, teologia e história era importante, e mostrava a força que esse novo tipo de equipe pouco convencional e muito motivada poderia alcançar.

Mas a coisa não para por aí. Quando as pessoas começam a sentir que deveriam ter a liberdade de agir como querem em certa esfera, é natural esperar que os governos as respeitem como indivíduos em outras esferas. Foi essa atitude, depois de outras vicissitudes da história, que levou a documentos tão transformadores do mundo quanto à Declaração da Independência de

Thomas Jefferson, com sua bombástica lista de exigências inalienáveis à vida, à liberdade e — como compreendiam entusiasticamente os dois independentes moradores de Cirey — à busca da felicidade.

~

Voltaire aceitou a proposta de Émilie de prosseguir com um estudo comum sobre Newton, sobretudo porque — embora ela não reconhecesse — ele se sentia inseguro no seu relacionamento. Obviamente isso não dizia respeito a Florent-Claude, que estava feliz em permitir a continuidade dessa relação, mesmo quando se hospedava no castelo em suas visitas ocasionais. Ele e Voltaire cavalgavam juntos, jantavam juntos e, sem dúvida, bisbilhotavam sobre os romances cada vez mais intrincados de Richelieu. Não havia razão para que os acordos puramente financeiros de um casamento impedissem sua amizade.

O problema, ao contrário, era que Émilie era jovem e Voltaire, velho: passava dos 40 (e como ele próprio explicava, em segredo, ao seu amigo Thieriot, a sua saúde enfraquecida chegava agora a um ponto em que "temo não durar muito neste mundo"). A expectativa de vida era baixa, a má nutrição, a água contaminada, os médicos incompetentes e as constantes infecções por insalubridade faziam com que as pessoas envelhecessem muito mais do que hoje nos países ricos. Mesmo se alguém chegasse aos 30 ou aos 40, era comum a perda óssea devido à falta de leite fresco ou queijo; também eram constantes os dentes ruins, a pele prejudicada, as doenças respiratórias e vários outros fatores que iam constantemente mal.

Voltaire já tinha produzido muito — todas suas peças, odes, ensaios e cartas —, mas, nos dias de desânimo, ele sentia que tudo aquilo lhe trouxera apenas as ferroadas dos críticos de teatro ("aqueles insetos que vivem só por um dia") e o tormento da Corte. Para acompanhar Émilie, ele precisava mudar para novos campos — e tinha razão em pensar que isso não poderia demorar.

Pouco tempo antes, Émilie recebeu a notícia da súbita doença de sua mãe. Desde a morte de Louis-Nicolas, em 1728, sua mãe tinha deixado a casa da família na cidade e se mudara para uma vila menor em Crétie, a poucos quilômetros de distância de Paris. Agora, em agosto de 1735, Émilie corria de Cirey até lá. Quando descobriu que, nos dias que levara para chegar, a mãe tinha se recuperado, não viu mais motivo para ser prestativa e, mostrando os seus sinceros sentimentos, preparou sua volta a Cirey para o dia seguinte. Primeiramente, contudo, ela enviou um bilhete a Maupertuis, dizendo que estaria em Paris por algumas horas. Se ele quisesse encontrá-la, dizia ela, estaria esperando-o do lado de fora de um dos lugares que frequentava antigamente, o Café Gradot.

Essa não era exatamente uma proposta — tudo o que ela dizia a seguir no bilhete era que, se estivesse lá, eles poderiam ir à Ópera com alguns amigos — mas, como ainda estivesse aborrecido, Maupertuis não respondeu a tempo para o encontro. Porém, no intuito de não encontrá-la, enviou-lhe a resposta diretamente para Cirey.

Voltaire não abriu a carta quando chegou, mas os criados o teriam feito saber o remetente, quisesse ele ouvir ou não. Como a correspondência chegava imediatamente depois da ida dela à região de Paris, ele teria percebido haver ainda pelo menos um certo sentimento entre eles. Maupertuis, em um ato de coragem, tinha ido ao extremo norte para medir a curvatura da Terra e conferir se Newton estava certo. Voltaire, pelo que entendia Émilie, apenas planejava escrever uma história sobre a França de Luís XIV. Essa não era a verdadeira ciência social universal que ela imaginava. Quando a questão era escolher entre aprender como o universo era construído e ouvir casos sobre uma Corte ultrapassada, ficava bem claro o que ela acharia mais interessante. Voltaire estava convencido de que poderia escrever uma história mais profunda do que Émilie suspeitava, mas sabia que ela não estava interessada, o que significava que...

"Resolvi desistir da poesia", escreveu ele a Richelieu, "a vida é curta demais para perder meu tempo caçando meros sons e rimas". Durante os anos, ele tinha se reinventado como piadista, hóspede profissional, poeta, dramaturgo, diplomata/espião, especialista em sociedade britânica, financista e muito mais. Agora era o momento de mais uma transformação. Maupertuis podia impressionar as mulheres ao se aventurar a testar uma previsão específica feita por

Newton sobre a curvatura terrestre. No entanto, Voltaire agora ajudaria Émilie a escrever um relato de tudo o que Isaac Newton tinha feito, apresentando a ciência em toda a sua majestade. Ninguém no continente ousara fazer isso antes. Que jovem brilhante não ficaria eufórica em participar de tal desafio?

Havia admitidamente alguns problemas. Newton escrevera o seu grande texto, *Principia mathematica*, em latim e, embora Voltaire citasse epigramas latinos com orgulho e desembaraço, parece que ele não conseguia ler aquela língua com a facilidade de Émilie. Pior, o grande livro de Newton estava densamente carregado com a mais avançada matemática daqueles tempos, e a aptidão de Voltaire para a matemática fazia as suas habilidades em latim parecerem impressionantes. "Sou", admitia ele ao amigo matemático Pitot, "como aqueles riachos que são transparentes por falta de profundidade... O cálculo me exaure."

Mas talvez houvesse alguma vantagem nisso. No ano anterior, 1734, Voltaire fez com que Émilie se aproximasse dele ao envolvê-la nas armadilhas para fazer Richelieu se casar com alguém do clã de Guise. Agora, se ele fosse escrever o maior relato do mundo sobre Newton, ele precisaria mais uma vez da ajuda dela. Isso não foi de fato tão ruim, porque ele não percebia como ela também se sentia insegura. "Há", anotou ela em outras páginas manuscritas inéditas de Cirey, "poucos grandes gênios como o sr. de Voltaire, capazes de grandes realizações em quase todos os campos [...]. O resto de nós deve buscar com afinco uma obra útil [...]". Ela ficaria honrada por trabalhar com ele, mesmo que tivesse que solucionar sozinha a maior parte das análises subjacentes ao projeto.

Eles começaram com experimentos práticos, reconstruindo os procedimentos descritos por Newton. Isso era um grande avanço. Os salões de Paris desconheciam tudo aquilo, já que as anfitriãs da sociedade não conseguiam acompanhar textos complexos em latim e matemática avançada. Mas mesmo a Academia de Ciências era em grande parte contrária àquilo, chegando até a desmerecer os detalhes: a maioria dos membros estava afundada nas antigas e quase místicas visões astronômicas de Descartes.

MENTES APAIXONADAS 141

O truque era apenas trabalhar ao longo das etapas com cuidado. Em seu livro intitulado *Óptica*, Newton escrevera que a aparentemente comum luz branca é, na verdade, formada por numerosas cores diferentes de luz, todas escondidas em seu interior. Para confirmar seus experimentos que descreviam essa tese, Émilie e Voltaire fecharam um quarto no andar de cima de Cirey, tornando-o escuro o suficiente para inserir fachos únicos de luz solar com precisão. Eles colocavam um prisma na janela pela qual os estreitos fachos de luz solar entravam, e viam que Newton estava certo, um radiante arco-íris de cor realmente explodia a partir da luz depois que ela passava através do prisma.

Pouco tempo depois, eles instalaram um telescópio nesse mesmo quarto, com o que passavam as noites observando o céu e examinando os incríveis anéis de Saturno; levavam o filho de Émilie para os jardins para ver como a lua cheia parecia crescer quando se aproximava do horizonte, imergiam uma vareta reta na água para medir o quanto ela parecia abruptamente entortar quando a luz através da qual eles a viam tinha que passar pela água espessa, tomavam os desenhos que os primeiros astrônomos modernos tinham feito da órbita dos planetas e transportavam-nos para aqueles difíceis números das poderosas equações de Newton. As noites passadas em contemplação à lua eram ocasiões especiais para fortalecer os vínculos. Voltaire mandava bilhetes a Émilie sobre aquela "luz brilhante, tão perfeita para os amantes", ela "acende os nossos corações [...] ao acender o nosso amor".

Voltaire estava em seu lugar. Ele sempre fora um escritor rápido, desde que superados seus intermináveis atrasos, e agora, em meados de 1736, quando eles finalmente conseguiram se livrar dos operários e acabaram com as marteladas e explosões, ele voava. Tudo fazia tanto sentido! Quando conheceu Émilie, em 1733, estava tão entusiasmado que acrescentou o seu grande capítulo dedicado à refutação de Pascal ao rascunho quase final de suas *Cartas da Inglaterra*. Para Pascal, o mundo era fundamentalmente pecaminoso, mas Voltaire discordava, e dizia, como formulou naquela época, que "Pascal ensinou aos homens a se odiar; eu prefiro ensiná-los a se amar". Agora, a visão de Newton, tal como Émilie lhe explicava, também se encaixava nas crenças sua e de Émilie de que o mundo físico não era uma coletânea de acidentes, com montanhas ou lagos que surgiam ao acaso no meio dos continentes, e nós não éramos "seres culpados que mereciam viver nessas decadentes ruínas" de nosso planeta.

Ele e Émilie, ao contrário, preparavam um capítulo que mostrava os ciclos da natureza como interconectados e repletos de sentido: há neve no topo das montanhas, oriunda das nuvens e da umidade do ar; essa neve derreterá e realimentará os leitos dos rios, que, por sua vez, preencherão os mares, dos quais o vapor d'água evapora para se transformar em chuva para as plantações, ou em mais neve no topo das montanhas. Isso não é o sinal de um Deus colérico que quer sempre aterrorizar suas criaturas. A nova ciência dava suporte à sua filosofia, mostrando que o pessimismo de Pascal não precisava ser verdadeiro.

Mais uma vez, essa não era apenas uma afirmativa teológica, pois eles podiam ver as forças de Newton em ação, que levava a esses resultados harmoniosos. O gentil Fontenelle não conseguiu sequer imaginar a possibilidade de se calcular a força de gravidade exercida sobre algum habitante ou explorador do planeta Saturno — quando criança, Émilie ouvia, à mesa do pai, o quanto isso infelizmente estaria para sempre fora da nossa capacidade. Mas agora, com as ideias de Newton, ela conseguia calcular a força da gravidade em Saturno, a quantidade de luz solar que percorria sua grande extensão e o quanto o Sol pareceria menor ao brilhar em seu horizonte cortado por anéis. Essa era uma possibilidade implícita ao trabalho de Newton, mas não era certo que alguém no mundo tivesse calculado esses detalhes exatamente daquele modo; certamente ninguém na França o fizera.

Émilie mostrou a Voltaire, folha por folha, como se desenvolviam os cálculos. Ela recuou no momento do rascunho final, em reconhecimento à ainda superior capacidade de escrita de Voltaire, que passou horas a fio em sua escrivaninha até que, no início de dezembro de 1736, suas centenas de páginas manuscritas estivessem prontas. Fazia frio lá fora, nevava, chovia e o inverno se anunciava gélido, mas Cirey tinha mais de uma dúzia de lareiras e os criados haviam armazenado lenha suficiente para mantê-las ardendo. Quando jantavam, boa parte do aparato de pesquisa que usavam ficava empilhada em mesas e plataformas ao seu redor: as lentes de aumento, o telescópio, prismas, um pêndulo e tudo o mais. Existia um pequeno elevador que trazia a comida ainda quente da grande cozinha no andar de baixo; o mordomo que se postava atrás de Voltaire para ajudar o elegante casal; e brilhantes travessas de prata.

A obra concluída se chamava *Os elementos de Newton*. Apenas o nome de Voltaire aparecia na capa, pois essa era a ordem usual das coisas, mas de fato os dois autores deveriam ter recebido crédito. Ele sabia a quem agradecer. No começo de seu manuscrito, ele escreveu o mais gracioso dos agradecimentos, à "Marquesa du Ch**", indicando que era "o fruto do seu valioso auxílio que agora ofereço ao público". Émilie estava em êxtase: "Meu companheiro de solidão dedicou-o a mim!", vangloriava-se a Maupertuis.

Voltaire desenhou um frontispício que levava o agradecimento ainda mais longe. Ele mostrava Newton flutuando em uma nuvem celestial, fazendo suas ideias iluminarem a parte de baixo, enquanto uma graciosa deusa — uma mulher atraente com um dos seios elegantemente exposto — segurava um espelho para recolher a luz e redirecioná-la a um humilde escriba, que trabalhava bem abaixo em sua escrivaninha.

Era calmo, era tranquilo, era precisamente como eles imaginavam que seria a vida em Cirey. Émilie estava finalmente contente com o homem "a que alegremente subjuguei a minha alma". Suas ideias se disseminavam. Voltaire também estava satisfeito, de um modo que jamais imaginara antes: "Passo minha vida, meu caro abade", escreveu ele a Thoulier d'Olivet, seu antigo professor no colégio, "com uma dama [...] que compreende Newton, Virgílio e Tácito, e que não desdenha o roubo no jogo de cartas. Esse é o exemplo que tento seguir, embora mal". Mas então, de repente, naquele gelado dezembro:

> De Voltaire ao seu amigo Argental; 9 de dezembro de 1736.
> [...] Acabamos de deixar Cirey. São 4h. Estamos em Vassy, onde devo trocar de cavalos [...].

Era uma outra ordem de prisão, e dessa vez o caso parecia ainda mais sério do que antes. Pelo que se dizia na Corte, se ele fosse preso e enviado à Bastilha, poderia nunca mais ser libertado. Na cidade vizinha de Vassy, ele e Émilie esperavam pela primeira luz do sol para que a carruagem partisse em segurança. "Vejo aproximar-se de mim", escreveu Voltaire às pressas a Argental, "a hora em que deverei deixar para sempre a mulher que [...] deixou Paris e todo o seu passado por mim. No entanto, eu a adoro. É uma situação horrível... [Émilie se encontra] em torrentes de lágrimas".

A carruagem estava pronta, e Voltaire partiu pela estrada que levava à fronteira. Não havia passaportes, de modo que, se ele chegasse lá antes dos oficiais do rei, poderia passar. A neve era muita. Um ano antes, Émilie passara o Natal aquecida e alegre com Maupertuis em Paris. Agora ela voltava em seu próprio cavalo, provavelmente Hirondelle, "Andorinha", sua montaria favorita. O que ela havia criado estava sendo destruído. Se ela ainda chorava, ninguém saberia, pois o vento soprava forte em seu rosto. Cirey estava quase vazia. A carruagem rapidamente se perdeu de vista, e Émilie cavalgou de volta sozinha.

10

Fuga holandesa

CIREY E PAÍSES BAIXOS, 1736-1737

O que havia acontecido? À primeira vista, parecia uma sequência lógica. Durante os meses de trabalho árduo no livro sobre Newton, Voltaire descansava escrevendo um breve poema que parodiava a tradicional história de Adão e Eva, brincando com a ideia de que eles não tinham, em seu Jardim, cortadores de unha ou água corrente com que se lavar, e que, em todo aquele isolamento, o ansioso, embora não especialmente brilhante, Adão acabou por acariciar madame Eva. Ao final da pequena rima, ele observava como era muito mais requintado o tipo de luxo que ele e Émilie experimentavam em Cirey. Era um poema curto, brincalhão e, aos olhos de Voltaire, inteiramente inócuo. Porém, mais uma vez, ele tinha dado munição aos inimigos.

Ele enviara transcrições do poema para alguns amigos seletos, mas uma delas acabou sendo furtada por um inimigo que a copiou, acrescentou versos potencialmente mais blasfemos, que ele dizia serem também de Voltaire, e espalhou entre os oficiais superiores de Versalhes.

Contudo, nem mesmo isso teria sido suficiente para que se expedisse um mandado de prisão contra Voltaire. Devia haver alguém mais poderoso por trás. Émilie sabia que a Corte de Versalhes se sentia ameaçada sempre que um membro da alta nobreza vivia contente distante do centro de poder. Era crucial — e disso dependia a segurança do Estado — tê-los sempre olhando para Versalhes. O grande príncipe de Condé, por exemplo: aos 22 anos, já tinha acabado com o domínio militar espanhol sobre a Europa Ocidental, comandando um cerco feroz da cavalaria e dirigindo ataques de artilharia na Batalha de Rocroi; anos mais tarde, derrotou o príncipe d'Orange (o futuro Guilherme III da Inglaterra), mesmo tendo três cavalos mortos enquanto os montava. Alguém com tanto poder, caso se mantivesse independente, poderia sustentar um perigoso centro de oposição ao rei. Os luxos que a Corte oferecia, no entanto, assim como a chance única de progresso profissional ali, conseguiram assegurar que mesmo Condé fosse arrastado a uma trivial vida cortesã. O poderoso guerreiro findou seus dias remando em um barco ornamentado, ao que parece contente em vagar calmamente pelos solenes lagos ao redor da residência real.

Se a vida no campo pudesse se tornar genuinamente atraente — se os mais altos nobres decidissem deixar aquela clausura facilmente supervisionada de Versalhes —, então quem poderia garantir a sobrevivência do Estado real centralizado? Oficiais do governo como Phélypeaux tinham suas razões pessoais para odiar Voltaire, mas o exemplo da sua vida feliz e independente com Émilie era uma ameaça grande demais, contra a qual era preciso se defender.

Mas, mesmo assim, por que o assalto a Cirey justo agora? Se não eram apenas os oponentes literários, então quem era? "Preciso saber", escreveu Émilie a Argental. Ela não suportava ser a responsável pela fuga de Voltaire por aquela estrada gelada e escorregadia. Saber a verdade era o único modo de tê-lo de volta em segurança. Mas, mesmo que Argental saísse com ela para investigar por Paris, poderia levar meses até que chegassem ao mentor da trama.

Enquanto isso, Émilie poderia ao menos se satisfazer com a estratégia que tinha combinado com Voltaire. Foi Richelieu quem conseguiu saber com antecedência sobre o mandado de prisão, enviando um rápido mensageiro a Cirey para alertá-los antes da chegada das forças reais. Isso significou que tiveram o prazo de algumas horas, nas quais puderam agarrar alguns manuscritos e umas moedas de ouro. Naquele momento, ela explicou que era imprescindível que ele viajasse em total discrição. Voltaire compreendeu. "O elemento-chave", recontava ela pouco depois a Argental, "é que ninguém saiba que ele está na Holanda [...]. Tudo depende da sensatez dele [...] e que ele permaneça incógnito".

É claro que, naquele intenso amanhecer na partida de Vassy, ele concordou com isso, mas dizer a Voltaire para manter-se invisível quando havia uma plateia a conquistar era tão inútil quanto dizer a Richelieu para tomar um banho frio e preparar-se para um voto de castidade eterna. Isso não iria acontecer. Voltaire tentou se segurar por quase um dia inteiro, dizendo ao cocheiro que ele era na verdade um homem de negócios chamado Revol. Mas, em pouco tempo, deixou cair a máscara, em cada uma das hospedarias por que passou ao longo do caminho, mesmo antes de chegar a Bruxelas, atravessando a principal fronteira ao norte. (Atravessar a fronteira era fácil, mas a discrição era importante, pois não havia leis claras sobre extradição: se Voltaire fosse publicamente provocativo, uma certa pressão poderia ser feita para enviá-lo de volta à França.)

Quando Voltaire chegou a Bruxelas, havia tamanha informação e entusiasmo que os altos burgueses prepararam uma produção, amplamente divulgada, de *Alzira* (a peça que tinha escrito nos primeiros tempos em Cirey) em homenagem ao grande autor. Ele não desapontaria os admiradores de uma peça tão boa, então o "sr. Revol", o homem de negócios em viagem, foi levado a assistir à apresentação e a se curvar à multidão, aceitando suas saudações e cumprimentos.

Voltaire vivia para isso e, embora nunca demonstrasse sentir sua falta em Cirey — ou será que ele apenas não se queixava disso? —, agora estava nos céus. Depois de Bruxelas, ao prosseguir seu trajeto até a Holanda, a glória seria ainda maior, pois sua chegada foi imediatamente anunciada na *Utrecht Gazette*. Mais uma vez, ele tentou ser bem discreto, limitando-se a supervisionar a impressão de sua nova obra sobre Newton, mas ele não podia — podia? — decepcionar o grande número de pessoas — muito maior do que ele tivera a chance de conhecer nos meses de inverno isolado em Cirey — que se amontoavam para vê-lo nas estalagens e nas casas particulares em que se hospedava. Havia embaixadores, escritores, homens de negócios — seus investimentos sempre eram beneficiados com essas informações atualizadas — e até mesmo um grande jantar informal em Leyden, com vinte bretões da Corte inglesa que estavam em viagem e lhe contaram as inesperadas notícias sobre como uma das suas últimas produções tinha sido recebida em Londres.

Tratava-se de uma peça que escrevera sobre a vida de uma jovem escrava, chamada Zaire, presa em seu cativeiro no Oriente Médio. Um certo sr. Bond, de Londres, tinha gostado tanto do roteiro que, não tendo podido assistir ao espetáculo em um teatro de Drury Lane, usou recursos próprios para alugar outro teatro e encenar a peça de todo modo. Como Bond tinha 60 anos de idade, tomou para si o papel do amado pai de Zaire, Lusignan.

A primeira noite transcorria bem, com a plateia comovida com o drama, quando, precisamente no momento em que a tensão chegava ao seu ápice e o personagem Lusignan estava prestes a morrer, abraçado à sua amada filha, o sr. Bond se emocionou tão profundamente que morreu, de verdade. Voltaire se deliciava com essa recordação do profissionalismo inglês e ficou ainda mais entusiasmado quando os convidados britânicos explicaram que, em vez de desconcertar o elenco, o fato gerou grande alvoroço nos atores londrinos, que queriam assumir o papel na apresentação da noite seguinte. Todos queriam assistir à peça, agora anunciada como a única com "o papel que mata!".

Mas havia algo além de uma simples intriga de teatro. Naquela peça, Voltaire dava à jovem que representava Zaire as seguintes falas: "O modo como somos educados molda as nossas visões [...] eu teria sido uma cristã em Paris, mas sou uma muçulmana aqui [...]." Esse era um tema que o intrigava cada vez mais, porque se tratava de algo além de um simples argumento sobre a relatividade dos costumes e das crenças. A peça também recordava da plateia que, quando conhecemos como é arbitrário o mundo em que vivemos, passamos a ter chances de remodelar as nossas próprias vidas.

Ela era Voltaire em sua essência: transmitir uma filosofia desestabilizadora por meio de uma peça comercial, com todas as reviravoltas e sobressaltos de uma trama de aventura, mas que, de tão bem escrita, se tornava um grande sucesso popular. Mas ele ainda não tinha concluído o movimento da poesia para a ciência que começara com Émilie. Isso porque aqui, na Holanda, ele viu que teria chance de avançar muito mais.

Na mesma cidade de Leiden, distante apenas 200 quilômetros da fronteira francesa — mas a um mundo inteiro de distância em sua abertura para novas ideias —, ele soube existir um advogado holandês, honesto e criativo, que era ainda mais genial ao analisar experimentos de Newton do que Émilie, pois Willem Jakob's-Gravesande não apenas reproduzia a obra de Newton, como havia identificado que, com ferramentas bem simples, era possível levar adiante aquelas grandes descobertas.

Uma questão central para todos os que seguiam Newton era o que de fato significava falar sobre a força ou a energia que armazena um corpo em movimento. Estava claro que nossa lua orbitava a uma grande distância da Terra, pelo que deveriam ser milhares e milhares de anos sem interrupção. Émilie tinha estudado observações semelhantes em relação às luas de Júpiter e Saturno e sabia que, naturalmente, a Terra também girava em círculos constantes ao redor do Sol por grandes extensões de tempo. Qual era a força que os objetos em movimento transportavam que lhes permitia realizar esses prodígios?

O modo segundo o qual o consciencioso Gravesande a determinava passava pela construção de uma torre semelhante a um tripé, com a altura de um homem, de onde deixava cair em linha reta cilindros em forma de bala de marfim ou bronze. O que estava embaixo era importante. Se eles simplesmente se chocassem contra algo duro, tal como um dos ladrilhos de cerâmica com que os holandeses costumavam decorar seu piso, o resultado seria uma quebra repentina do ladrilho e o cilindro de bronze ou marfim rolando inutilmente para longe após o término da destruição.

Gravesande tinha algo mais importante em mente do que destruir azulejos de cozinhas delicadamente pintados. Então, colocou tigelas cheias de argila macia bem embaixo do tripé. Quando os cilindros caíam, eles não estilhaçavam a argila cuidadosamente amaciada; em vez disso, apenas paravam atolados na argila, com suas pontas imersas por vários centímetros. Quanto maior a altura da qual Gravesande lançava seus densos e pequenos projéteis, mais eles afundavam na argila.

Em uma era anterior, suas descobertas não passariam daí e não revelariam muito sobre a natureza. Mesmo Fontenelle não sabia como ir além: ele, assim como seu mestre Descartes, sustentava a maioria de suas explicações no nível da descrição geral e inexata. Mas Newton estimulou uma física matematicamente exata. Gravesande tinha a mesma idade de Voltaire, no entanto fizera uma viagem à Inglaterra, por sorte alguns anos antes dele, de modo que pôde conhecer Newton em pessoa. Passou um bom tempo com outros cientistas e chegou mesmo a se tornar membro da Royal Society. Em seu laboratório de Leiden, Gravesande media com precisão a profundidade alcançada por diferentes projéteis.

Esse era o nível de aritmética de que Voltaire mais gostava. Não havia nada do cálculo, da trigonometria ou das longas raízes cúbicas em que Émilie era tão rápida e a que ele sempre chegava lentamente em último. Aqui só se pegava uma régua, enfiava nos pequenos buracos na argila e lia-se o resultado. Todavia, a partir desse procedimento simples, uma verdade surpreendente sobre o "interior" de qualquer objeto em movimento no universo poderia ser descoberta.

O que Gravesande estava prestes a descobrir — como mostrou exultante a Voltaire — era que a força de um cilindro de bronze em queda retilínea não consistia apenas em uma questão da sua velocidade no momento do impacto. Tampouco tratava-se de uma questão do peso desse cilindro; nem sequer — outra hipótese plausível — um número combinado possivelmente obtido pela multiplicação de sua velocidade pelo seu peso.

Em vez disso, Gravesande descobriu algo extraordinário. À medida que a velocidade do cilindro aumentava, a força com que ele se chocava com o barro também aumentava — e mais, segundo proporções sempre crescentes e previsíveis. Caso se quisesse traduzir essa descoberta pela imagem de um carro que deslizasse em uma estrada coberta de gelo, isso significaria que, quando o carro se locomovesse à velocidade de 1 quilômetro por hora e o freio fosse acionado, ele deslizaria ainda por uma certa distância, talvez de 1 centímetro. Mas, se o carro estivesse a uma velocidade duas vezes maior do que essa, a 2 quilômetros por hora, quando o freio fosse acionado ele deslizaria quatro vezes essa distância. Se o carro se locomovesse a 3 quilômetros por hora e o freio fosse acionado, ele não deslizaria ao longo do triplo de distância anterior, mas percorreria, isso sim, um trecho nove vezes maior. Não se tratava de algo aleatório. Ao contrário, aquela regra predestinada aguardava para ser demonstrada.

Voltaire achou aquilo notável. Quando se sustenta um cilindro, ou uma bola, ou outro objeto qualquer e depois o deixamos cair, surge um certo tipo de força dentro dele que o faz agir como se estivesse fervilhando de vida, com vida própria. Mas essa vida independente não é arbitrária, conduzindo o cilindro em qualquer direção ou velocidade casual. Ao contrário, ela segue esta regra exata: o impacto depende precisamente do quadrado da velocidade. Alguns outros pesquisadores suspeitaram de que isso pudesse acontecer, mas Gravesande foi um dos primeiros a mostrar que eles estavam certos.

E Newton não sabia disso.

Voltaire queria a fama. Sua poesia e suas peças eram boas, mas ele sabia que sua sobrevivência dependia dos caprichos de críticos e atores, que os estilos mudavam, as civilizações ruíam e levavam todas as obras em sua língua à efetiva extinção. Mas e a ciência? Ela era escrita em uma linguagem muito mais simples, fosse ela dos símbolos da matemática ou apenas da prosa clara e neutra. Ainda que essas obras fossem tão vulneráveis a mudanças de estilo ou poder quanto eram as obras literárias, as leis que fundamentam a ciência eram diferentes. Elas podiam atravessar todos os limites da extinção, todos os vazios da eternidade e da noite. Voltaire percebeu que ele nunca teria novas ideias sobre as órbitas das luas de Saturno. Isso talvez fosse algo que Émilie conseguisse fazer, porém era abstrato demais para ele; distante demais no espaço.

O que Gravesande fazia, contudo, abria um outro caminho para a fama duradoura. Havia experimentos — experimentos *simples* — que pesquisadores cuidadosos poderiam realizar bem aqui, na Terra. Se esses experimentos fossem meticulosamente planejados e executados de forma consciente, poderiam revelar verdades eternas que nem mesmo Newton havia visto. Voltaire sabia que às vezes era impulsivo demais, mas também sabia que era capaz de ser supremamente diligente quando precisava. E aquele seria um desses momentos. Ele trabalhava com seus tipógrafos e tornou as últimas páginas de seu trabalho ainda mais claras ao afirmar que:

> [A compreensão newtoniana] da gravidade não é o resultado final que a física terá. Há, sem dúvida, outros segredos, de que nem sequer suspeitamos [...] e eles são tão importantes quanto [...]. Com o tempo, com resultados experimentais suficientes, podemos encontrá-los.

Essa, sabia Voltaire, seria sua próxima tarefa. Tinha sido divertido ser festejado por multidões e ver suas peças encenadas. Mas ele sentia falta de Émilie e de Cirey. Era lá que ele poderia realizar o próximo estágio da sua obra — isto é, se Émilie conseguisse levá-lo de volta.

Agora, em fevereiro do novo ano de 1737, era quase impossível para ele saber o que ela estava fazendo. "Estou a 1.000 quilômetros de distância dele", escreveu Émilie a seu amigo Argental, "e não ouço uma palavra sequer há duas semanas [...]. Sua caligrafia é facilmente reconhecida, de modo que é bem provável que as suas cartas estejam provavelmente sendo interceptadas". Quando ela e Voltaire conseguiam fazer com que sua correspondência chegasse ao destinatário, tinham que se restringir a banalidades, sabendo que suas palavras seriam lidas por Phélypeaux e seus aliados de Versalhes.

Mas, para Argental, em uma série isolada de cartas que ela conseguiu que escapasse dos censores, contava agora uma outra coisa. Finalmente ela havia descoberto o que estava por trás da ordem de prisão de Voltaire: "Sei que você acharás difícil aceitar a ideia [...] de que alguém possa ser tão capaz de realizar o mal, mas, acredite em mim, alguns homens são capazes de qualquer coisa. Ouça e você compreenderá."

"Eu espero firmemente estar errada, mas, se não estiver, estou realmente preocupada, pois isso mudará tudo. Tivemos que abandonar Cirey, quem sabe por quanto tempo [...]." E então ela contou a Argental a extraordinária história que acabara de ouvir. A sua vida não era o que ela pensava ser.

"Pois, veja bem", começou ela, "meu pai teve outra filha...".

11

Michelle

Paris, final do século XVII e 1737

Décadas antes do nascimento de Émilie, uma família rica de seis filhos teve uma sétima criança. Isso aconteceu em Montpellier, em 1648. O rico pai era tão orgulhoso do seu caçula que trouxe o menino Louis-Nicolas, futuro pai de Émilie, a Versalhes mesmo antes da adolescência. O menino era extraordinariamente charmoso e não tinha a arrogância comum a crianças abençoadas com grande beleza. Era educado com todos e, ao crescer, passando da puberdade à juventude, a sua natureza agradável e seus cachos dourados fizeram com que o ainda jovem rei — Luís XIV — começasse a dedicar-lhe um respeito especial.

A maioria das jovens na Corte desejaria, sem dúvida, tornar-se o foco da afeição daquele rapaz de ouro, mesmo se não fosse notório o fato de ele desfrutar os favores reais. No entanto, com essa vantagem adicional, ele agora de fato podia escolher qualquer uma das filhas dos nobres. Mas então, aos 23 anos de idade, em um baile oferecido por um rico financista, ele encontrou uma moça diferente de todas com quem já havia flertado. Ela tinha apenas

14 anos — o que a fazia jovem demais para um relacionamento físico — e uma aparência bem comum, sendo muito menos atraente do que boa parte das mulheres que ele conhecia. Seu nome era Anne Bellinzani.

Por ser elegante e sempre muito educado, aquele belo jovem não a tratou mal, apenas lhe concedeu o tempo necessário para começar uma conversa séria. Para qualquer adolescente de 14 anos, ser foco de atenção de um dos mais atraentes solteiros da Corte seria arrebatador, o suficiente para fazê-la dar risadinhas, corar ou qualquer outra coisa, porém jamais para articular bem uma resposta. Mas Anne Bellinzani parecia ter, naquele momento, decidido que aquele era o homem com quem se casaria, e agora, decidida, ela o apartava do baile para que pudessem ter um canto tranquilo ou um sofá para conversar.

E eles conversaram, ou melhor, ela falou sobre tudo o que tinha lido e tudo com que sonhava. Naturalmente havia muita poesia, mas também outras coisas, sobretudo algo novo naquele tempo, algo que subitamente arrebatou o belíssimo, mas pouco instruído, Louis-Nicolas. Anne era fascinada por astronomia e todas as descobertas que se faziam sobre as estrelas. Seu próprio pai era italiano e conhecia as descobertas de Galileu, que, com seu novo telescópio, afirmava que o universo acima de nós estava cheio de maravilhas muito maiores — as luas que orbitavam ao redor do distante Júpiter, os cometas que podiam ser mapeados em mínimos detalhes — do que jamais se imaginara.

A conversa se estendeu por tanto tempo que o estonteante jovem se esqueceu das boas maneiras. Havia muitas outras mulheres no baile, e elas sabiam que, mesmo que um novo flerte ocupasse certa porção do tempo de um rapaz, o certo era que, antes que fosse tarde demais, ele devia se desculpar, afastar-se e oferecer seus serviços como par para as danças. Mas Louis-Nicolas não fez isso — não dançou com mais ninguém naquela noite.

A primeira explicação dada pelas fofocas da Corte, quando os boatos circularam nos dias seguintes, era de que ele tinha, obviamente, sido seduzido pelo dinheiro de Mademoiselle Bellinzani. Seu pai era colega de Colbert, o brilhante ministro da economia real, e, com essa relação, tornou-se imensamente rico. Mas Louis-Nicolas tinha seu próprio dinheiro, e, se ele estivesse tentando obter favores do pai da jovem, essa seria uma abordagem estranha.

MENTES APAIXONADAS

Ele passava pouquíssimo tempo com os pais dela — como seria de se esperar em um galanteio apropriado —, além de parecer encantado pela jovem Anne. Pouco depois, em uma manhã de domingo, ela o chamou provocativamente de sua janela quando ele se dirigia sozinho para a igreja e, quebrando todos os protocolos, jogou-lhe um livro para ler. Eles foram ao teatro, à ópera, e foram vistos em outros bailes, mas, em quase todos os lugares, mantinham-se vidrados na conversa. Ela lhe ensinava italiano e dava poemas a ele, ouvia as novas ideias dele e, sempre que Louis-Nicolas permitia, prosseguia com seus mais profundos interesses: as extraordinariamente recentes conjecturas sobre as estrelas distantes, bem como toda a nova ciência que se desenvolvia para explicar o nosso mundo sublunar.

Se ele tivesse sido menos surpreendente, a Corte teria levado suavemente ao casamento pelo qual esperava Anne. Mas, quase que por hábito, mesmo durante o fascínio de Louis-Nicolas pela adolescente, ele se dedicou a alguns relacionamentos considerados automaticamente necessários aos rapazes mais notáveis da Corte. Por azar, em um desses breves relacionamentos a mulher engravidou. Ela teve problemas durante a gravidez e adoeceu gravemente.

O belo jovem se casou com a moça convalescente — era a coisa certa a se fazer e obviamente o rei assim o quis. Mas os médicos de Versalhes insistiram em sangrá-la e, poucos dias depois do casamento, ela estava morta. A criança morreu em seu ventre.

Anne Bellinzani ficou chocada com a infidelidade tão evidente de Louis-Nicolas. Ela já tinha então 18 anos e continuava impulsiva; sentindo-se humilhada, foi para um convento. Mas a Corte não poderia permitir que alguém, com o dote que seu pai lhe daria, fizesse isso. Ela foi trazida à força do convento para a Corte e obrigada a se casar.

Louis-Nicolas se aproximava agora dos 30 anos e se corrigia: tentou conseguir um posto diplomático longe de Paris, para não ter a dor de estar mais tão próximo da sra. Anne, mas voltou, e, em pouco tempo, Anne lhe escrevia cartas sedutoras ("Sou a amante mais terna que você terá"), irritadas e, às vezes, simplesmente intensas. Eles se encontraram em quartos particulares na Corte e depois — ousada e terrivelmente — na própria casa dela. "Meu amante", escreveu ela, "é mais caro a mim do que qualquer coisa no mundo. Ele é mais querido do que a minha própria vida".

Em 1683 — 12 anos depois do seu primeiro encontro —, morreu o ministro Colbert. Isso significava que o pai de Anne não tinha mais um protetor na Corte, e todos os seus inimigos, ansiosos por uma parte de sua fortuna, podiam começar a agir. Ele foi preso e perdeu seu dinheiro; com isso, o marido de Anne abriu um processo de divórcio. Ela e Louis-Nicolas tinham apenas que esperar um pouco mais e estariam livres.

Foi então que, em 1686, ela engravidou do amante. O momento não podia ser pior, pois o bebê nasceu antes que a separação legal estivesse completa. Isso significava que Louis-Nicolas não poderia reconhecer a criança e que seu marido certamente não o faria. Era uma menina, que recebeu um só nome: "Michelle". Em seu batismo, nenhum pai estava presente ou listado no registro. Em seu lugar, dois mendigos foram chamados ao ritual e listados como seus guardiões. Quase imediatamente depois, o bebê foi enviado para um orfanato em um convento. Com a falta de cuidado e as epidemias da época, a morte era praticamente certa.

Anne e Louis-Nicolas ficaram juntos por quase dois anos mais, porém algo tinha sido perdido. Em 1690, eles se separaram definitivamente por vontade própria. Em 1691, ela se enclausurou em outro convento, comprometendo-se a uma vida de penitência.

Depois disso, Louis-Nicolas não teve mais coração para o amor e, em sua melancolia, casou-se rapidamente com a primeira mulher, disponível e com algum dinheiro, que os amigos lhe indicaram — um fato reconhecido por Gabrielle-Anne, mãe de Émilie, e responsável por sua infinda amargura.

Por quase meio século, essa história permanecera oculta, vindo à tona apenas ocasionalmente em sussurros furiosos entre os pais de Émilie. Ninguém, à exceção de alguns amigos, conhecia todos os detalhes, e mesmo esse conhecimento parecia perder importância, uma vez que todos tinham por certo que a criança estava morta. Mas então, em 1736, um tabelião se deparou com alguns registros há muito perdidos e, por diligência profissional ou pela expectativa de uma recompensa, seguiu os elos do batismo ao orfanato e, finalmente, ao noviciado. A criança sobrevivera. Ele continuou investigando documentos esquecidos até encontrar, vivendo em um convento próximo de Paris, uma freira obscura e cinquentenária chamada Michelle, e lhe contou quem ela era.

Ao descobrir essa história, tudo passou a fazer sentido para Émilie: por que seu pai se orgulhou tanto quando ela demonstrou os primeiros interesses pela ciência e especialmente pela astronomia; por que — além disso — sua mãe sempre era tão irritadiça, especialmente quando sua filha tentava chamar sua atenção demonstrando mais aquela habilidade científica que seu pai admirava.

A intriga do passado fez mais do que apenas explicar alguns fatos de sua infância. Ela também solucionou o mistério dos ataques contínuos a ela e a Voltaire em Cirey. Era uma questão de dinheiro. Michelle, a freira desnorteada, movia um processo judicial reivindicando sua parte na imensa fortuna da família Breteuil. Émilie certamente estaria ao seu lado; contudo, ela também tinha um primo em primeiro grau, muito desagradável, que conquistara fama como secretário de Guerra do próprio Luís XV. Ele era um Breteuil, tal como ela, o que significava que ambos tinham parte naquela fortuna. O primo rico não queria perder um centavo sequer, no entanto percebeu que Émilie tomaria o partido de sua recém-descoberta meia-irmã. Se ele, porém, pudesse ameaçar destruir o seu paraíso em Cirey — ou dar-lhe uma amostra do poder implacável que poderia usar contra ela —, então ela não teria outra opção a não ser ficar ao seu lado no processo judicial contra aquela parente indesejada.

O primo se certificara de que a paródia sobre Adão e Eva de Voltaire chegasse até o cardeal Fleury, o astuto conselheiro chefe do rei e, na prática, o líder do governo. O desgosto de Fleury em relação a textos tão ímpios deu a Phélypeaux a chance de atacar Voltaire mais uma vez. Ser preso ou apenas mandado para o exílio permanente destruiria Voltaire para sempre. Além de ter a vantagem adicional — como queria o primo ministro de Guerra — de enviar aquela arrogante jovem marquesa de volta a Paris em desonra. Ela não mais poderia resistir aos projetos deles depois daquilo.

Era um plano poderoso e poderia até funcionar, se o primo não tivesse ido longe demais. Mas ele decidira que não seria suficiente atacar Voltaire de fora, simplesmente enviando oficiais com ordem de prisão. Queria também provocar sua prima de modo ainda mais direto. Já que havia se metido naquilo, por que não destruir o casamento dela? Ele conversou com a mãe de Émilie, Gabrielle-Anne, que, já bem recuperada de seu problema de saúde do ano anterior, continuava furiosa pelo fato de a filha ser tão diferente do que seria conveniente, e talvez até mais do que isso, pois aquela terrível vergonha do passado tinha vindo à tona.

O primo queria que Gabrielle-Anne escrevesse diretamente ao marido de Émilie, Florent-Claude du Châtelet, e, com uma falsa ingenuidade, dissesse que acabara de ouvir rumores de que algo inconveniente estaria acontecendo entre sua filha e Voltaire; como mãe diligente, ela estaria chamando a atenção do marido para que ele pudesse, naturalmente, disciplinar a sua esposa do modo que achasse necessário. Na lei francesa, não apenas as mulheres eram legalmente iguais às crianças (com exceção da proteção financeira que suas famílias poderiam lhes proporcionar em seus contratos de casamento), como não tinham direitos legais contra a agressão física cometida pelos maridos. O rico e distinto sr. Popelinière, por exemplo, regularmente socava sua esposa até que ela fosse ao chão, chutava-a e espancava-a até mesmo em público. Surgiam alguns comentários quando ele agia assim nos jantares elegantes, mas ninguém o detinha.

Foi então que Émilie percebeu que podia ganhar. "A carta de minha mãe poderia ter prejudicado qualquer outro relacionamento", explicou ela aliviada a Argental, "mas felizmente eu posso confiar nas boas intenções do marquês du Châtelet [...]". Gabrielle-Anne, o primo ministro da Guerra e o hipócrita Phélypeaux não contaram com o fato de que o seu marido estava frequentemente em Cirey na companhia de Émilie e Voltaire — e Voltaire, quando queria, era o homem mais elegante da Terra.

O truque, como Voltaire bem sabia, era jamais simular um afeto que não se sente. Qualquer pessoa inteligente perceberia o fingimento. De outra forma, é preciso descobrir do que se gosta genuinamente em alguém e prosseguir demonstrando esse gosto.

Florent-Claude podia ser distante de início, mas havia muito tempo tinha as suas próprias amantes e — como vimos — também fora criado em uma cultura que nunca esperava que um marido e uma esposa passassem muito tempo juntos. Ele reconhecia que Voltaire fora generoso em financiar a reconstrução de Cirey, que, pelas leis de sucessão, provavelmente acabaria sendo herdado pelo próprio filho de Châtelet.

Florent-Claude fazia longos passeios nos bosques com Voltaire durante suas visitas. Nessas ocasiões, inspecionavam as várias ferrarias movidas a carvão da propriedade e caçavam cervos ou porcos selvagens, no que, embora Voltaire não tivesse uma mira particularmente ruim, Florent-Claude, com os seus anos de experiência militar, era muito melhor. Voltaire brincava com o filho de Châtelet, agora com 10 anos, comprava-lhe brinquedos mecânicos em Paris e ajudou a escolher seu preceptor, além de usar sua grande influência nos salões de Paris para favorecer Florent-Claude em tudo o mais que este quisesse. Eles eram realmente amigos agora, de coração.

E os soldados não gostam quando alguém começa a importunar seus amigos.

Florent-Claude não era bem do nível de Richelieu, mas também havia sido um poderoso líder de homens em batalhas. Além disso, Louis-Nicolas tinha pensado muito cautelosamente no futuro quando combinou o casamento de Émilie. A família Châtelet tinha muito poder em Lorraine, e Luís XV tinha que se assegurar de que a nobreza local estava ao seu lado. Como foi apontado, Louis-Nicolas deu a Émilie um dote suficiente para que, a despeito do caráter que seu marido revelasse — e Louis-Nicolas suspeitava que Florent-Claude era um homem decente —, tanto ele quanto aquele poderoso clã Châtelet defenderiam seus interesses diante de qualquer problema sério que surgisse.

Ao final de fevereiro, o caso caminhava para uma solução. "O marquês du Châtelet", escreveu alegremente Émilie a Argental, "está partindo [para Paris] firmemente decidido a responder ao cardeal [...]".

O plano funcionou. Cardeal Fleury não desagradaria uma das grandes famílias daquela importante província na fronteira; por certo, não por algo tão trivial quanto alguns textos, possivelmente forjados, da parte daquele notável poeta. Também não fazia mal que o primo de Émilie estivesse temporariamente fora de seu posto (e não voltaria a ser ministro da Guerra por muitos anos). Phélypeaux havia sido refreado.

Voltaire estava livre para voltar. O gentil e poderoso Florent-Claude havia consertado tudo. Cirey — o recanto perfeito — poderia agora renascer.

IV

ÉMILIE EM CIREY

12

O fogo de Voltaire

CIREY, MARÇO A AGOSTO DE 1737

Quando Voltaire voltou, ele e Émilie estavam mais uma vez apaixonados; o modo como ele tinha tão rapidamente abandonado o sigilo foi logo perdoado. Um queria estar perto do outro. "[Ela] significa mais para mim", explicava Voltaire ao leal amigo Argental, "do que um pai, uma mãe, um irmão ou um filho". E, também, de modo ainda mais forte: "onde há amizade, esse é o nosso lugar."

Contudo, apesar das palavras, apesar do calor, algo começava a mudar. Émilie perdoara Voltaire por seu exibicionismo na estrada, mas isso não significava que conseguia esquecer o que ele fizera. Aquelas atitudes mostravam que ele podia ser fraco — e que os tinha exposto ao perigo, só revertido com o controle e as ações dela.

Isso lhe deu uma confiança que ela jamais teve, e uma de suas primeiras atitudes foi livrar-se do entrave de sua vida: o preceptor que Voltaire tanto insistira para seu filho. Tratava-se de um abade obeso e ridículo de nome Linant, cuja primeira ação, ao descer do coche que o trouxera, foi inspecionar a gorducha madame Champbonin e a esbelta e jovem condessa de Neuville — as quais esperavam com ansiedade pela sua chegada — para depois, quase imediatamente, atirar-se para os lados da estupefata Neuville. Foram necessários os melhores esforços de Voltaire — "ele agiu por impulso [...] sua beleza deve ter inspirado tantos outros homens a esquecer as boas maneiras" — para acalmá-la e, daí por diante, as coisas só pioraram.

Esperava-se que Linant ensinasse latim, mas estava sempre ocupado demais em se tornar um dramaturgo — esse foi o motivo da compaixão de Voltaire — para de fato aprender um pouco da língua de Virgílio. Voltaire sugeriu que Émilie ensinasse latim a Linant, para que este pudesse ensinar a seu filho. Ela argumentou que seria mais fácil encontrar um preceptor melhor, mas Voltaire riu, fez charme e a engambelou até que ela desistisse.

Embora Linant não se dedicasse muito à instrução, ele fazia longos passeios e reclamava com os vizinhos do quanto Cirey era tedioso. Reclamou ainda mais quando Émilie implorou a Voltaire que o impedisse de fazer as refeições com eles. (Isso era particularmente cruel, pois a preparação de sua próxima obra exigia muito esforço mental, de modo que era simplesmente natural que ele tivesse um apetite voraz, além de ele nem sempre ter tempo para a inútil etiqueta, sobretudo quando havia coxas de frango, deliciosas e engorduradas, para abocanhar.)

Então chegou a irmã de Linant, supostamente para se tornar a criada pessoal de Émilie, mas ela conseguiu fazer com que o irmão parecesse um modelo de eficiência. Quando Émilie voltou a reclamar com Voltaire, ele teve uma conversa dura com Linant, que admitiu à madame que não havia sido tão diligente quanto deveria, mas que jurava que — tão logo a sua musa lhe permitisse — dedicaria a ela sua próxima obra.

Voltaire se orgulhava do modo como havia resolvido o problema, enquanto Émilie se restringia a queixar-se a uma amiga: "Eu não quero que ele me dedique essa tragédia [...] eu quero que ele eduque o meu filho." No entanto, nada mudou.

Antes do exílio na Holanda, tudo ficaria assim. Mas e agora? Émilie descobriu que ambos os irmãos escreviam cartas insolentes sobre sua estada em

Cirey. Seu tom mudou e ela decretou que os Linant teriam que partir. Voltaire ainda tinha neles um ponto fraco — ele sempre se viu perto dos oprimidos —, mas Émilie insistiu e venceu.

A mudança seguinte veio no trato com um jovem que Voltaire parecia estar preparando para se tornar sua salvação, caso voltasse a precisar de um abrigo seguro para um exílio repentino. Era o príncipe herdeiro da Prússia, Frederico, que tinha então apenas 25 anos. Nas cartas que ele recentemente passara a enviar a Voltaire, Frederico mostrava ser o mais gentil e etéreo amante da literatura francesa que pudesse existir. Em textos elaborados e floreados, ele explicava o quanto lhe magoava que a bárbara Corte francesa tratasse tão mal aquele exemplo vivo. Se ao menos Voltaire se dignasse a visitar a majestática mansão que Frederico construíra à beira de um lago nos arredores de Berlim, ele saberia o que de fato significa hospitalidade e segurança.

Émilie não acreditava em nada daquilo. No século anterior, a Prússia tinha sido devastada pela Guerra dos Trinta Anos, e quase um terço da sua população morrera por fome ou assassinato. O resultado foi uma população civil intimidada, disposta a fazer tudo o que a administração militar sobrevivente quisesse. O próprio reino era uma criação recente, formado por uma faixa do que fora o território polonês, um pedaço de terra arenosa, praticamente estéril, ao redor da pequena cidade de Berlim. Tratava-se de um Estado militar, e o sensível Frederico não era sequer seu comandante. Seu pai, Frederico Guilherme, era o rei, o que significava que, se Voltaire chegasse a ir para lá, estaria sob a autoridade do pai — e Frederico Guilherme não era uma pessoa normal.

Quando saía para caminhar após o almoço, ele era capaz de chutar uma mulher na rua que não lhe agradasse. Se um padre se aproximasse demais ao observar o desfile de um dos regimentos dos guardas tão queridos ao rei, Frederico Guilherme empunhava uma vara grossa e espancava o padre até que este fosse ao chão. Batia regularmente no filho, puxava-o pelos cabelos e o enforcava com cordas de cortina. Quando Frederico tentou fugir com um amigo aos 18 anos, o pai o encontrou, fez com que Frederico assistisse à execução do amigo e o trancou na tenebrosa fortaleza de Küstrin, no Oder. Só quando o príncipe herdeiro atingiu a maioridade legal, aos 21 anos, lhe foi confiada a liberdade — de que se justifica a mansão particular do jovem Frederico, o mais próximo possível da fronteira extrema da Prússia, mas ainda onde ele covardemente dependia da incômoda boa vontade de seu pai.

Émilie sabia que aquele não seria um refúgio seguro para seu amante. Nos primeiros meses, ela ainda ouvia Voltaire insinuar que talvez aceitasse o convite para a visita, mas agora daria um basta naquilo tudo.

Frederico queria enviar um emissário a Cirey, ao que parece apenas para ter uma impressão do castelo. Émilie, contudo, suspeitava de que Frederico queria que o enviado procurasse textos inéditos, que poderiam ser usados como motivo de exibição na Corte prussiana, demonstrando o quanto ele era "íntimo" de Voltaire. O texto mais satírico naquele momento era um épico jocoso e pornográfico sobre Joana d'Arc, que Voltaire havia muitos anos enfeitava, acrescentando piadas sobre líderes políticos contemporâneos que eram sexualmente humilhados ou ridicularizados. A existência desse texto era tema de um intenso rumor por toda a alta sociedade europeia.

Quando o emissário — o gordo e simpático conde Keyserlingk — chegou, foi agradável com todos, e falou de modo exuberante toda e qualquer língua europeia que lhe fosse requisitada ("e volta e meia ao mesmo tempo"). Émilie preparou tudo para que lhe fossem servidos bons jantares, que houvesse exibições de fogos de artifício e que ele visse o nome de Frederico grafado em lanternas coloridas e brilhantes do lado de fora do castelo junto à frase "À esperança da raça humana!". Foi-lhe até permitido levar alguns rascunhos mais inócuos de Voltaire sobre história e poesia. Mas ela guardou o manuscrito de Joana d'Arc em um cofre-forte, trancou-o com pelo menos dois pesados cadeados de bronze inglês e manteve as chaves consigo.

O retorno de Keyserlingk sem sequer um fragmento daquele poema satírico foi um pouco constrangedor para Voltaire, pois mostrava a Frederico quanto poder Émilie tinha para decidir o que podia ou não sair de Cirey. Mas Voltaire não se importou, pois percebeu que isso provavelmente só faria com que Frederico tentasse cortejá-lo com ainda mais intensidade no futuro.

De todo modo, tanto Émilie quanto Voltaire voltavam a dedicar sua atenção à ciência. A Academia de Ciências de Paris tinha recentemente anunciado

MENTES APAIXONADAS

a competição para o prêmio do ano: determinar a natureza do calor, da luz e do fogo. Era uma questão vaga e indeterminada, mas os pesquisadores anteriores, como Newton, praticamente não tinham tratado dela. Émilie ficou surpreendentemente ansiosa com o anúncio do prêmio, o que contribuiu para que Voltaire pensasse que valeria a pena investigar. Há meses ele mal se continha na expectativa de se dedicar àquele novo tipo de pesquisa experimental que observara no laboratório de Gravesande. Se desse a melhor resposta à questão do prêmio, talvez se tornasse mundialmente respeitado como o sucessor pragmático de *Sir* Isaac.

Tudo estava pronto. As embarcações de grãos no Norte da África e em outros portos se revelaram muito rentáveis, os investimentos em propriedades iam bem e os empréstimos a uma taxa de dez por cento eram pagos com constância. (Dez por cento eram uma taxa alta, mas muitas famílias nobres a aceitavam por terem dificuldades com cálculos mais complicados.) Usando esse dinheiro, com a chegada do verão de 1737, Voltaire agora encomendava todo o equipamento que desejava dos mais requintados artesãos de Londres e Paris. Em pouco tempo, mais bombas de ar, lentes de aumento gigantescas, terrinas capazes de resistir a chamas fortes, retortas de vidro e tudo o mais de que pudesse precisar era entregue pelo cocheiro de um posto de correio em Vassy. Era um investimento que poucas pessoas ricas podiam sustentar, talvez o equivalente hoje a alguns milhões de dólares.

Era também mais astuto do que Newton em sua abordagem. Na Inglaterra, Newton quase sempre trabalhou sozinho, o que significava que não podia apoiar-se facilmente nas descobertas de outros. Isso poderia ser bom para o trabalho teórico, mas Voltaire estava convencido de que tal atitude tinha dificultado suas experiências práticas. (O infeliz acidente em que o angustiado Isaac Newton enfiou uma faca cega vários centímetros adentro rente à órbita de seu olho — para medir as oscilações de luz vistas quando se comprime a pupila — era algo que ele talvez tivesse evitado se fosse tão articulado quanto Voltaire e simplesmente perguntasse com antecedência aos outros sobre o que tinha ou não funcionado.) Voltaire podia agora partir de um ponto muito mais adiantado e menos doloroso.

Ele empregou sua astúcia pedindo a Moussinot, seu eficiente agente financeiro, que fizesse perguntas aos principais químicos de Paris para se informar sobre o tratamento que seus competidores estavam dando ao problema. Moussinot deveria agir o mais ingenuamente possível (o fato de ser um abade e de quase ninguém saber que ele trabalhava para Voltaire tornava tudo mais fácil). Também não deveria agir diretamente, apresentando suas questões sobre o prêmio da Academia. Havia um modo mais indireto, e, quando Moussinot teve contato com o farmacêutico da própria Academia de Ciências, Voltaire lhe disse o que fazer: "Comece a puxar conversa dizendo-lhe que quer comprar 250 gramas de quinino", advertia. Que comerciante não ficaria de bom humor ao receber uma encomenda tão grande assim? "Você [então] descobrirá facilmente o quanto o bom [farmacêutico] entende [de preços]. Conte-me o que percebeu [...]. Obviamente meu nome não deve ser mencionado."

O mais importante, entretanto, para seus preparativos era ter Émilie ao seu lado. Ele não compreendia ao certo por que ela agora insistia em tomar decisões sobre como lidar com os criados e os hóspedes estrangeiros, mas isso pouco importava. No fundo, ele acreditava que ainda lhe faltava autoconfiança. É verdade que ela queria deixar Paris e arriscar uma vida de total dedicação às investigações em história, religião e ciência. Mas ela estava competindo com grandes pensadores e, como ela mesma admitiu: "Às vezes me pergunto se comecei tarde demais." Voltaire conseguiu que ela agora deixasse de lado seu próprio trabalho e o ajudasse com os cálculos que Newton faria com tanta facilidade. Com aquela ajuda, Voltaire sentia que seria capaz de rivalizar com eles.

Por onde começar? Os objetos mudavam quando eram aquecidos; alguns derretiam, alguns se desfaziam em chamas, alguns recebiam uma espessa camada de cinza em sua superfície ao serem expostos a temperaturas muito altas, o que não acontecia com os outros. Ninguém conseguia elaborar padrões de ocorrência. Mas será que alguém, alguma vez, tinha se dedicado a medir todos os aspectos do aquecimento com precisão?

Era isso que Voltaire começava a fazer agora, e, tal como ele esperava, Émilie estava muito contente em ajudar. Seu trabalho em conjunto era ainda mais animado do que no ano anterior. Eles faziam com que os criados arras-

MENTES APAIXONADAS

tassem enormes blocos de ferro das ferrarias de Florent-Claude nas florestas e os aqueciam a temperaturas cada vez maiores, até que derretessem, depois mediam seu peso, com precisão muito maior do que feito até então, para ver como ele mudava com a transformação do derretimento.

Assim foi durante semanas: o ferro era aquecido e resfriado; o chumbo, aquecido e resfriado; termômetros eram colocados no metal semiderretido (e, quando o primeiro termômetro, não isolado o bastante, explodiu em uma chuva de vidro, Voltaire simplesmente escreveu a Moussinot pedindo um mais resistente). Eles atearam fogo a pequenas áreas de floresta — com os criados ao redor munidos com baldes de água — para medir a taxa de propagação do incêndio; prepararam um perfeito metro cúbico de madeira, que incendiaram a fim de verificar sua dilatação antes do colapso em cinzas. Chegaram a trazer vidreiros para moldar enormes compartimentos de vidro, grandes o suficiente para conter um dos metros cúbicos de madeira, para que depois — ao anexar uma bomba de ar ao vidro e extrair aos poucos a atmosfera de seu interior — ele, Émilie, Florent-Claude e, certamente, o filho de Émilie, que pulava de excitação acompanhando os procedimentos, anotassem os resultados.

O que eles viam não fazia sentido. Às vezes, os metais aquecidos ganhavam peso com o calor. Isso sugeria que alguma substância da atmosfera estava sendo atraída pelo fogo e ligada ao metal para fazê-lo crescer. Mas alguns metais não ganhavam peso. Havia até alguns que — por mais meticulosos que fossem ao calibrar as balanças — pareciam temporariamente perder peso ao serem aquecidos.

Voltaire escrevia com urgência a Moussinot, demandando mais equipamentos e mais indagações sub-reptícias aos vários outros especialistas residentes em Paris, para descobrir o que estavam fazendo e para aprender métodos que pudessem ajudá-lo a solucionar esses problemas. Mas não adiantou: os números dos pesos continuavam flutuando. Se Voltaire não conseguia sequer dizer se o fogo tornava os metais mais leves ou mais pesados, que chance teria de ganhar o prêmio da Academia?

Émilie lhe dava todo o apoio, sempre ao seu lado durante o dia e disposta a fazer todos os cálculos de que precisasse. Mas parecia que, na condição de mulher, o trabalho pesado com todas as ferrarias, metais e fogos a estava exaurindo. Com frequência, ela abreviava agora os cafés e as conversas da madrugada, quase destruída pelo cansaço ao se retirar; quando se reencontravam para o café da manhã, ela ainda parecia precisar de um bom descanso. Voltaire aceitava aquilo e, como um bom hipocondríaco, nunca era tão gentil como quando alguém de fato padecia de uma das muitas enfermidades que tão vividamente imaginava para si. Tudo piorou para ambos quando o calor do verão chegou ao seu auge. A data final era 1º de setembro, e agora, em meados de agosto, ele tinha que começar a pôr no papel seus resultados incompletos da melhor maneira possível. Ele estava só, o único acordado no castelo, sentado à sua escrivaninha, trabalhando até a meia-noite ou ainda mais tarde.

Ou melhor, isso era o que ele pensava. Não era o único sozinho em sua escrita. Émilie não estava doente e tampouco dormia. Ela estava à sua mesa, em seus aposentos à luz de velas; tendo visto o fracasso de Voltaire em suas experiências, decidiu o que fazer: ela participaria em segredo da competição da Academia, e sozinha.

13

O fogo de Émilie

CIREY, AGOSTO DE 1737 A MAIO DE 1738

Voltaire jamais tivera uma chance de êxito. Os metais de fato ganham peso ao serem aquecidos, mas não tanto quanto ele esperava. O efeito é tão sutil que as balanças que ele arrastava até as ferrarias de Florent-Claude eram imprecisas demais para detectar, de onde se justificavam seus resultados tão aleatoriamente altos e baixos.

Desde o começo, Émilie percebeu que ele estava indo na direção errada, mas ela também sabia que não podia lhe dizer que interrompesse todo aquele processo de aquecimento, queima e pesagem lamentavelmente imprecisa. Isso seria desanimá-lo, além de exigir muito mais coragem do que ela dispunha naquele momento. Voltaire era famoso em todo o mundo civilizado, e ela era uma desconhecida. Embora aquela fosse sua primeira tentativa de um trabalho original em física experimental, ele tivera sucesso em quase todas as outras disciplinas criativas a que se dedicara. Ela, ao contrário, nunca realizara uma obra original.

Também não era muito animador o fato de as mulheres em geral serem consideradas — até mesmo por outras mulheres — incapazes de uma verdadeira criatividade; autoridades masculinas não paravam de declarar que elas deveriam ser apenas consumidoras entusiasmadas do que os melhores do gênero masculino produzissem. "Eu não queria me envergonhar", escreveu mais tarde Émilie sobre os seus esforços. "Quando tive a ideia de trabalhar à noite em segredo, nem sequer sabia se apresentaria meus resultados ao concurso."

Não obstante, nos meses que antecederam o anúncio da competição ela se posicionara contra Voltaire em relação aos exaustivos Linants e ao príncipe herdeiro Frederico quanto ao poema de Joana d'Arc, o que a fez começar a se ver de uma maneira diferente. Nos anos anteriores, ela precisou de Voltaire como guia, para que lhe abrisse espaço ao âmbito em que ela pudesse tentar ser criativa. Agora, no entanto, ela havia visto que era capaz de planejar as coisas, visualizar o modo como elas se transformariam, para então — por si só — certificar-se de que aconteceriam.

Todos os que se arriscam à verdadeira criatividade necessitam de autoconfiança. Voltaire a conquistara com seu *Édipo* aos 24 anos, depois de um ano na Bastilha. Émilie precisou esperar os 30 anos — mas estava pronta agora. Tinha até uma certa vantagem em seu relativo isolamento no campo. Maupertuis teve necessidade de, a princípio, esconder muitos de seus verdadeiros interesses em Newton para ser aceito na excessivamente tradicional Academia de Ciências de Paris. Aqui em Cirey, ela não tinha essas restrições.

Ela se pôs a trabalhar. "Eu não podia realizar nenhuma experiência, porque [...] não conseguiria escondê-la do sr. Voltaire." Porém agora as forças que sabia que tinha — a sua capacidade de realizar cálculos extensos com facilidade e, o que era ainda mais importante, de elaborar encadeamentos originais de raciocínio — vinham à tona. Ela não podia usar os instrumentos sólidos de madeira, vidro e metal de que Voltaire dispunha, então teve simplesmente de criar seu próprio modo de chegar à solução.

Sua caligrafia era, no melhor dos casos, confusa, mas, como só podia começar a pensar depois de um longo dia ajudando um Voltaire cada vez mais desesperado, ela escrevia sem se preocupar com isso: deixava sua letra grande

MENTES APAIXONADAS

escorregar pela extremidade direita de suas folhas de papel ofício, marcas de tinta borrada sobre as quais apenas rasurava e prosseguia.

Ela começou com o que sabia sobre a luz, que era capaz de partir do Sol e percorrer a imensa distância até o nosso planeta em apenas 9 minutos. O único modo de se conseguir isso era viajar a velocidades fabulosas. Ela ajudara Voltaire exatamente nesse cálculo quando prepararam o livro sobre Newton, um ano antes, de modo que sabia que os raios de luz chegam até nós a uma velocidade próxima a 300 milhões de metros por segundo.

Isso era mais rápido do que qualquer coisa a que estamos habituados. Coloque-se uma grande quantidade, 250 gramas que seja, de pólvora em um canhão, e ele pode disparar um tiro pesado, atingindo o alvo a cerca de 200 metros por segundo. Mesmo essa velocidade "lenta" é suficiente para destruir qualquer coisa atingida pela bala. Entretanto, a luz do Sol nos atinge a uma velocidade milhões de vezes mais rápida.

Ela começou a pensar sobre o que isso significava. Se houvesse qualquer partícula sólida dentro desses raios de sol — se a luz se constituísse de partículas minúsculas, tal como Voltaire e quase todos os outros pensavam ser o caso —, então eles, em última análise, devastariam a vida em nosso planeta. Ainda que os átomos de luz solar pesassem 30 gramas, calculava Émilie, cada um deles atingiria a Terra com o poder de destruição de uma grande bola de canhão. Ainda se podia ir além. Mesmo se eles fossem 1 bilhão — ou 1 trilhão — de vezes menores, seu impacto devastadoramente rápido ainda destruiria todos os seres vivos na superfície da Terra.

Voltaire teria percebido isso, mas estava bloqueado porque todas as autoridades que havia lido presumiam que a luz tinha um peso sólido. Eles ignoravam o problema do quanto nos seria perigoso, nesse caso, o seu choque com o nosso planeta.

Émilie, em seu trabalho solitário, via de outro modo. Tinha a imaginação e o destemor para ultrapassar os conceitos comumente aceitos. O que aconteceria se — ela ainda não era capaz de dizer com certeza, mas apenas como algo a ser considerado — a pressuposição de todos estivesse errada? E, mais

— o que seria de fato surpreendente se fosse verdade —, o que aconteceria se a luz fosse algo que não tivesse massa alguma?

Voltaire jamais reconheceria isso, muito menos partindo dela ("Eu discordava de quase todas as ideias dele"). Era uma ideia avançada para aquele tempo. Mas a imagem da luz sem nenhum peso não seria o único modo de explicar como o Sol funcionava? Pois, se a luz tivesse de fato algum peso, como continuaria a emanar do Sol? Todo o seu peso, no interior do Sol onde ela se originava, tornaria esse astro tão avassaladoramente pesado— e produziria uma força de gravidade tão extraordinária — que nada poderia voar ali. Mas nós não vemos o nosso Sol como um buraco negro no céu diurno; vemos como um astro brilhante e incandescente. Essa incandescência é o sinal da matéria sem peso sendo emanada.

Estava muito calor naquele mês de agosto, na escrivaninha de seu quarto, mesmo que ela trabalhasse tão tarde da noite, e isso fazia com que lhe fosse ainda mais difícil manter-se acordada. Quando a situação ficava insuportável, ela mergulhava os braços em um balde de água gelada. Em outros momentos, levantava e andava para lá e para cá, batendo palmas a fim de despertar. Depois voltava à escrivaninha repleta de velas e continuava.

Se a luz de fato não pesava nada, então era possível pensar algumas de suas propriedades. Ela deveria ser, por exemplo, muito diferente do calor que emanava daquelas velas. Se aproximasse a mão das muitas velas sobre sua escrivaninha, sentiria seu calor, onde quer que sua mão estivesse. O calor se espalha lentamente e é impossível controlar sua direção. Mas a luz, como bem sabia ela, pode ser direcionada com muito mais facilidade. Ao segurar um espelho curvo ao lado de uma das velas, se as outras fossem apagadas, ver-se-ia, no quarto semiescuro, um único facho de luz sendo rapidamente disparado a partir daquela determinada vela em uma trajetória bem semelhante à de uma linha reta.

Com isso, ela estava pronta para a sua grande descoberta. Muitos pesquisadores tinham usado prismas para decompor um facho de luz em raios multicoloridos. Eles sabiam que ele era composto por essas cores diferentes. Os cientistas também aceitavam que a luz tinha potência suficiente para aquecer todo o nosso planeta; todos sabiam disso. Porém ela agora insistia em que, além de tudo isso, a luz também não tinha massa. Isso implicava que não poderia ter nenhuma partícula interna oculta que transportasse essa grande força. Todavia, se a sua grande força não pudesse ser transportada por pequenas partículas, então...

Será que a grande força da luz lhe era transmitida por suas diferentes cores? Essa era uma ideia tão extraordinária quanto qualquer coisa que Locke ou Newton tinham pensado. Ela deveria tê-la concebido de algum modo, mesmo que subconscientemente por esse longo tempo, mas tudo veio à luz naquelas apressadas noites de final de verão. Se ao menos pudesse realizar experiências para confirmar aquilo agora! Se estivesse certa, então talvez aquelas cores também transportassem calor. As diferentes cores da luz poderiam até transportar diferentes quantidades de calor. Mas como ela verificaria isso se Voltaire guardava todos os termômetros que Moussinot enviava de Paris? E, mesmo se ela conseguisse furtar um deles enquanto ele não estivesse olhando — ou mesmo se Florent-Claude quisesse ajudá-la —, ainda assim não conseguiria fazer sozinha as experiências necessárias.

Para realizar o teste, ela precisava passar um único feixe de luz do sol através de um prisma. Isso produziria um arco-íris na parede de qualquer dos cômodos em que ela desenvolvesse o experimento. O quarto do segundo andar que haviam vedado no ano anterior para pesquisas sobre óptica seria ideal. Todos sabiam que a luz tinha uma potência enorme, além da capacidade de gerar calor, e o que ela agora propunha era que as diferentes cores de luz transportariam diferentes quantidades de potencial calorífico. Para testar isso, tudo de que precisava era dependurar uma série de termômetros na parede e conferir se, de fato, as diferentes cores de luz faziam com que os diferentes termômetros se aquecessem em intensidades diferentes. Mas tudo isso dependia de um brilhante raio de sol... o que significava que só poderia ser feito durante o dia. A preparação demoraria horas, e Voltaire certamente descobriria. Foi então que ela percebeu, desapontada, que não conseguiria realizar seu projeto; sua ideia teria que permanecer sem provas.

No relatório final que escreveu — a toda velocidade para cumprir o prazo final de 1º de setembro —, ela se limitou a sugerir que "experiências proveitosas poderiam ser realizadas em relação aos distintos potenciais caloríficos" de luzes de cores diferentes. Seriam necessários mais 70 anos até que o famoso astrônomo Herschel, em 1800, na Inglaterra, levasse de fato a cabo essas experiências em sua casa, ao lado de um gigantesco telescópio, de 12 metros de altura, que ele operava em Slough. Seu procedimento foi quase exatamente o seguido por Émilie, usando termômetros de sensibilidade não muito maior que os que Moussinot enviara a Cirey. Pois, onde quer que se coloque uma série de termômetros lado a lado e se deixe que um prisma decomponha um raio de luz sobre eles, a posição do sol se alterará gradualmente. Um termômetro que registre o calor da faixa vermelha do arco-íris logo será deixado no escuro. Entretanto, sua temperatura não irá diminuir — mesmo não havendo luz visível incidindo sobre ele. Ao que parece, a luz invisível realmente poderia ter o potencial para tanto. O que os experimentos de Herschel conseguiram — seguindo o que Émilie tinha previsto em Cirey, embora ele desconhecesse o trabalho dela — foi a constatação de que há mais tipos de feixes de luz do que podemos ver a olho nu.

Herschel descobriu a luz infravermelha, e outros pesquisadores de seu tempo descobriram a ultravioleta, ficando evidente então que o nosso universo está repleto de uma enorme variação de "luzes", das quais muito poucas nos são visíveis. A fotografia, a teoria eletromagnética e quase toda a ciência e a tecnologia modernas se desenvolveram a partir desse resultado, ou o utilizaram.

Émilie estava longe de qualquer uma dessas grandes conclusões. Mas, naquelas semanas de agosto, sozinha em seu quarto à luz de velas depois da meia-noite, desenvolvendo seu raciocínio passo a passo, ela elaborou um artigo que foi o primeiro e crucial passo desse caminho. (Ela chegou a sugerir que pudesse haver sistemas solares em que os sóis brilham com cores desconhecidas à Terra — mais uma pista na direção de Herschel, que, um século mais tarde, procurava tipos de luz além daqueles já conhecidos.) Com grande agitação, Voltaire enviou seu artigo em meio à exigência de cera adequada para selo, envelopes e, certamente, detalhadas instruções aos mensageiros postais.

Émilie, contudo, teve de enviar o seu sem que ninguém soubesse, de modo que, provavelmente, deve ter ido a cavalo até a cidade vizinha de Vassy ou ter pedido ao marido que o enviasse.

Então eles esperaram por meses e meses, enquanto a Academia deliberava. Voltaire perguntava a todos que conhecia sobre o que estava acontecendo. Émilie tinha de fingir que, embora também quisesse obter alguma pista antecipada, isso tinha apenas o objetivo de dar apoio a Voltaire. Maupertuis estava agora de volta do Ártico, e o marido dela fora um dos dignitários a encontrá-lo, mas ela sabia que as famílias nobres tinham a lealdade em alta conta. "O marquês de Châtelet", contava ela orgulhosa a Maupertuis, quando tudo veio à tona no ano seguinte, "manteve tão bem o meu segredo! Ele nunca lhe disse nada sobre isso, ou disse?"

Ao contrário, Émilie tinha que enfrentar todos os afazeres da vida cotidiana. Era preciso encontrar um novo preceptor, supervisionar uma obra que nunca acabava, argumentar com um pintor que insistia em montar andaimes em seu quarto para finalizar o mural do teto e instruir os outros pintores, do ateliê de Watteau, que queriam retocar os painéis ao lado de sua escrivaninha. Havia também a preocupação com os grandes cães de guarda que dormiam do lado de fora e tentavam cruzar com os cães mais caprichosos, que, trazidos pelos hóspedes, moravam dentro de casa — Émilie tinha que conversar com o encarregado para que mantivesse os cães de guarda presos enquanto os de casa se agitavam e depois conversar com os hóspedes para apaziguá-los, apesar da sua falta de consideração. Além disso, Voltaire espalhava por toda a mão o óleo das lanternas mágicas que projetavam imagens, com as quais gostava de entreter os convidados, e precisava ser socorrido das queimaduras que podiam — e ele sabia que isso poderia ocorrer facilmente! — levar a uma grave infecção ao menos que ela lhe ministrasse as doses. E assim tudo seguia e nunca terminava.

"Há tanto a se fazer quando se tem uma família e uma casa para administrar", escreveu Émilie, "há tantos detalhes e obrigações irrelevantes que praticamente não tenho tempo para ler novos livros. Desisto de superar a minha ignorância [...]. Se fosse homem, eu [...] simplesmente me livraria de todas essas coisas inúteis da minha vida".

Voltaire queria desesperadamente o primeiro prêmio da Academia, pois isso seria a única coisa que justificaria sua dedicação à ciência. Émilie, ao contrário, sabia que nunca ganharia a indicação principal — "a originalidade das minhas ideias", escreveu ela, "não me deixaria vencer, além do outro motivo [isto é, ser mulher]". Alguns pesquisadores científicos a aceitariam por seu mérito, mas a maior parte deles não permitiria que uma mulher tentasse raciocinar como um homem. Isso era contrário a todas as categorias da natureza: os homens, e, especialmente, os homens da aristocracia, deviam tomar a frente e explorar o mundo, não as mulheres. Se, por algum infortúnio, uma mulher tivesse sucesso, isso estragaria tudo. Mesmo assim, uma menção honrosa seria o bastante para Émilie: "Eu queria me diferenciar da multidão e [...] ser levada a sério pelos juízes."

Finalmente, em abril de 1738, a Academia anunciou o resultado. Todas as inscrições tinham sido numeradas para reduzir a influência dos juízes. Por acaso, o trabalho de Voltaire recebera o número 7 ao chegar e o de Émilie, o 6. Nenhum dos dois recebeu o primeiro prêmio — qualquer coisa que tivesse relação com o incômodo novo sistema estrangeiro de Newton seria bloqueada pela velha guarda, que ainda era partidária dos vagos redemoinhos do francês Descartes —, mas os dois receberam menções honrosas. "Ambos [os ensaios]", declarava o relatório oficial da Academia, "demonstram ampla leitura e grande conhecimento das melhores obras de física [...] além disso, o número 6 é de autoria de uma senhora de alta estirpe, madame du Châtelet, e o 7 é de um dos nossos melhores poetas". (O primeiro prêmio foi, na verdade, dividido. Parte foi atribuída a um pesquisador francês de menor importância, que apenas repetiu uma irrelevante — embora patriótica — obra pré-newtoniana, e parte foi para o importante matemático Leonhard Euler, que apresentou cálculos úteis sobre a velocidade do som.)

Quando os outros pesquisadores começaram a ler os artigos, ficou claro quem era o melhor candidato. Maupertuis, depois de seu retorno triunfal do círculo polar, tornara-se o cientista mais conhecido na França, e a Royal

Society de Londres dava atenção às suas palavras. "O sr. Algarotti está de partida para Londres", escreveu ele a James Jurin, um famoso matemático inglês, logo depois "dei-lhe este trabalho para que passasse a você. Seu autor é uma jovem mulher, de altíssimo mérito, que trabalha com ciência há muitos anos, deixando de lado os prazeres da cidade e da Corte. O artigo foi escrito para o prêmio da Academia Francesa — quando o ler, você dificilmente acreditará que tenham dado o prêmio para outra pessoa".

Em pouco tempo, houve menções positivas na Sorbonne, e a fama de Émilie — e o modo como a conquistara — começou a se espalhar. A rede internacional de cartas, sociedades de pesquisa e amigos importantes estava a pleno vapor. Cirey — o modelo propositadamente independente de Émilie e Voltaire — tornou-se ainda mais admirado.

Não tardou para que a reputação de Émilie se estendesse dos cientistas aos principais salões, depois aos salões menos relevantes e, finalmente, até as cortes das províncias — incluindo uma não muito distante de Cirey, em Lorraine, onde morava uma futura hóspede volúvel. Escrevendo a seu amigo, de apelido Panpan, disse madame de Graffigny:

> Meu Deus, Panpan, comecei a ler a dissertação sobre o fogo escrita pela madame — aquela de que se gabava o senhor seu marido. É tão clara! Tão precisa! Que me desculpe o sr. Voltaire, mas é muito melhor do que a dele [...]. E quando foi que ela escreveu esse discurso? À noite, porque o estava escondendo de Voltaire!

14

Novos começos

CIREY, 1738

Voltaire tentou fingir que o sucesso de Émilie não mudava nada. Ele a cumprimentou, riu do modo como os outros pesquisadores haviam conquistado posições melhores que as deles apenas por terem seguido o estilo ultrapassado de Descartes, que a Academia ainda sustentava oficialmente. Ele tinha um trabalho importante a realizar em ciência e dizia isso a Émilie e a Florent-Claude: planejava as provas da edição holandesa e uma possível edição francesa de seu texto sobre Newton, além de observações astronômicas e outros experimentos. O fato de Émilie ter concorrido com ele não tinha nenhuma importância, insistia ele, era só um sinal de seu espírito vivaz.

Mas, por dentro, aquilo tolheu sua autoconfiança: "Estou curioso", escreveu por fim a um respeitado pesquisador da física, Jean-Jaques de Marain, "para saber se estou no caminho certo. É tudo o que desejo. Não quero aprovação, mas uma decisão. Estou certo? [...] Se a minha dissertação puder mostrar que não sou absolutamente um estranho em Jerusalém, por favor, me diga".

Mas nem Marain, nem os outros especialistas interrogados por ele foram tão estimulantes quanto precisava que fossem. Ele recebera uma menção honrosa na competição, mas isso não era o suficiente. Para Voltaire, sempre foi doloroso admitir os erros e, com o passar das semanas, ficou claro que havia cometido vários erros básicos no uso de seus caríssimos equipamentos. Por que não sabia que colocar um termômetro de vidro, mesmo de vidro reforçado, em óleo a uma temperatura de fusão do metal explodiria o vidro? Ou então que, mesmo quando seus termômetros não quebravam, a maior parte de suas leituras era já de início invalidada porque, às vezes, registrava a temperatura quando os bulbos já estavam submersos e às vezes quando parte do bulbo estava exposta ao ar gelado?

Também havia o constrangedor parágrafo em que sugeria — e por azar isso constava na cópia do manuscrito que estava fora de seu alcance em Paris — ter encontrado um fenômeno inteiramente novo na natureza. Ele relatou que, ao apontar uma grande lente focal para a agulha de uma bússola, alinhando-a de modo que a luz do Sol passasse pela lente e se concentrasse, a agulha começava a se mover. Não seria isso uma prova de que a luz podia criar magnetismo? As piadinhas da Academia, entretanto, indicavam que isso apenas mostrava que a lente focal de Voltaire devia ter sido confeccionada com uma base de ferro pesado. Quando o ferro bruto é batido com determinada força, torna-se parcialmente magnetizado. Voltaire deve ter atingido a base de ferro de sua lente, e foi isso que fez a agulha desviar.

Ele fora ridicularizado na visão do público especializado e, sobretudo, aos olhos de Émilie, a ponto de começar a duvidar se deveria mesmo dar palpites na área da ciência. Em face disso, Voltaire reagiu como sempre que esteve sob pressão: adoeceu. E insistia que, dessa vez, era algo sério; não tinha condições de se levantar da cama e precisava ser atendido com muito cuidado por todos. Depois disso, quando conseguiu balbuciar algumas palavras e pedir, com gestos débeis, papel e pena para escrever, começou a fazer com que seu agente de Paris, Moussinot, comprasse e vendesse coisas, coisas caras: lotes substanciais de ações e milhares de acres de propriedades imobiliárias. Isso o fazia se lembrar do poder que ainda tinha. Só então se pôs a fazer o que sempre soube que, por fim, o curaria: começou a escrever.

Sua obra em literatura colocou-o no topo da Europa, então um retorno triunfante às artes seria a terapia certa nesse momento. No início, eram apenas pequenas rimas escritas aos amigos. Mesmo antes de anunciados os resultados da Academia, um desses amigos escreveu para sugerir que Voltaire deixasse a ciência de lado e voltasse à literatura, sua verdadeira atividade. Voltaire respondeu com uma pequena canção:

> *Hei de seguir sua proposta, meu rapaz,*
> *Seu conselho parece sensato e sagaz;*
> *Além do que, convém à minha inclinação,*
> *que eu reassuma a minha ocupação.*

Voltaire deixou claro a todos que não estava exatamente desistindo da ciência — isso seria covardia —, mas, ao contrário, iria apenas desfrutar um momento de relaxamento em outras áreas. Ele começou com o drama, descobrindo-se enredado em uma história em que havia um homem nobre, porém cruelmente incompreendido, e uma mulher poderosa, que não reconhecia as grandes forças desse homem. Ela não via seu grande valor, mas, no fundo, tratava-se de fato de um descendente de Hércules, eis o seu poder. Ao prosseguir com a peça, surgiam peripécias e reviravoltas, com críticas de cientistas parisienses, não com críticas de guerreiros da Grécia antiga, que tentavam subjugar o herói e torná-lo ainda mais comum aos olhos da heroína. Ele mata alguns deles — é de fato um ás da espada —, faz algumas manobras para chegar aos outros e, no final... o quê?

Voltaire estava bloqueado: era de novo o seu problema com o quinto ato; escrever um final satisfatório não ficou mais fácil desde que batalhara em seu último esforço dramático para impressionar Émilie, escrevendo, ali em Cirey, a peça sobre os incas, três anos antes. Naquela ocasião, finalmente conseguiu uma saída fácil, especialmente quando seus desejos se realizaram na vida real, os dois amantes se abraçavam e se preparavam para fugir para a floresta, onde viveriam felizes para sempre. Nessa nova peça — chamada *Mérope* e destinada a se tornar uma de suas obras encenadas com mais frequência —, algo de diferente estava faltando e ele não sabia dizer o que era. Importunava os amigos procurando ajuda e, quando eles não aguentavam mais tentar solucionar a questão, desistia. Mas não se decepcionava demais, porque agora já estava animado, de volta às suas atividades. O teatro havia sido seu forte por muitos anos, mas, se ele fosse de fato mostrar o que era capaz de fazer em literatura, seria mais impressionante se inventasse uma forma nova, tal como tentara em *Cartas da Inglaterra*.

De fato, existia algo daquela visita à Inglaterra que ainda não viera a público. Ele adorava o estilo de Jonathan Swift em *Viagens de Gulliver*, que narrava uma viagem imaginária como se fosse verdadeira, forjando um narrador que a tivesse visto. Ele também tivera vários jantares com Alexander Pope, mantendo-se atualizado com tudo o que o poeta inglês havia publicado desde então. Particularmente, em 1733, Pope começou a publicar seu longo ensaio em versos intitulado *Ensaio sobre o homem*. O conteúdo era claramente inadequado, e, quando o poema começou a ser publicado, Voltaire e Émilie riram de como aquele pobre autor sustentava os estereótipos nacionais, esquecendo-se de listar a paixão como uma das forças motivadoras da vida. Porém, como escritor profissional, era instigante ver um poema tão longo e tão rigidamente estruturado que, ao menos, tentava dar conta de um relato sistemático sobre a natureza humana no mundo. Seria um excelente modo de expor os sentimentos mais profundos.

Alguns dos rascunhos de Voltaire para esse poema em novo estilo eram toscos demais. Tentou escrever uma seção sobre a inveja, que descrevia como esse sentimento podia ser venenoso: como se assemelha a um monstro gigante aprisionado no subterrâneo profundo, lutando para abrir caminho até a superfície. Uma cópia dessa seção foi enviada a Frederico em Rheinsberg, que respondeu, cordialmente, que seu tom talvez fosse pessoal demais e que alguns refinamentos na elaboração do texto seriam convenientes. Voltaire amainou o tom.

Esses cortes eram agora fáceis, já que Voltaire tinha recuperado sua força. Pôs-se a escrever de maneira renovada, renascendo do constrangimento da mediocridade de sua pesquisa científica em comparação à de Émilie. (Ambos eram extremamente conceituados, mas ela obtivera descobertas excelentes sem a vantagem do caro equipamento que ele usara; ele também reconhecia que ela por certo havia sido qualificada em uma posição abaixo de seu mérito em função de seu sexo.) Prosseguiu com seu novo poema — intitulado *Discurso em verso sobre o homem* — e agora começava a usar os recursos que sempre admirava em Jonathan Swift, em que os animais falavam e as escalas de tamanho eram invertidas. Ele imaginou um sábio escutando a conversa de um grupo de ratos, que diziam estar muito felizes em ter um mundo tão encantador para viver. Pois olhe bem para eles! O palácio em que vivem foi claramente construído para eles: Deus ali colocou grandes buracos, para que eles entrassem e saíssem, além de deliciosos nacos de comida que apareciam como mágica no chão daquela residência — "criados pelas mãos da natureza".

Os ratos seguiam louvando a Deus, pois mesmo os gatos, que às vezes passeavam em seu palácio, eram obviamente postos lá apenas para instruir e corrigir os ratos, provando mais uma vez a bondade — o propósito centralizado nos ratos — do universo em que viviam.

Voltaire agora escrevia rapidamente, examinava o significado do curso de sua própria vida, e os rascunhos se multiplicavam: depois dos ratos, escreveu sobre um grupo de ovelhas que baliam dizendo que não, que era claro que os ratos estavam se iludindo e que, na verdade, o mundo tinha sido projetado para elas: veja todos os bons seres humanos que nos deixam nos campos, alimentam-nos com obediência, nos lavam e nos guiam até as pastagens seguras.

E assim ia. A seguir, havia os seres humanos, que insistiam em que o universo tinha sido criado para eles (sendo os ventos criados para transportar os seus navios e as estrelas dispostas em uma posição tal que guiassem seu caminho); depois existiam os anjos, que insistiam que não, que eles é que eram a verdadeira razão da criação, como bem provavam os planetas que aguardavam seu sopro angelical para girar em sua órbita.

E por que parar por aí? O narrador quer descobrir o que isso significa, compreender a brevidade da vida, o desaparecimento do amor humano. A escrita de Voltaire se tornava ainda mais bela ao expor os sonhos de sua Émilie, ou de algum outro sábio visitante estrangeiro, que desce à Terra para ajudar a explicar que o segredo fundamental está em proporcionar felicidade aos outros. O narrador está desesperado para aprender como fazê-lo, mas o visitante não tem permissão para contar. Ele se retira voando, gentil como sempre, para a esfera em que se encontram todas as respostas. Voltaire, esperando lá embaixo, pode apenas observar sua partida.

O que ele escrevia era novo e revolucionário: comentar a tolice do exacerbado egocentrismo humano, sem, contudo, usar uma ironia dilacerante, mas uma história terna e melancólica. Mesmo assim, como ocorria com quase todas as suas obras desse período, a censura real indicou que o texto não poderia ser publicado de modo oficial. Ele circulou clandestinamente no meio intelectual, entre seus amigos e alguns correspondentes interessados, e depois disso as primeiras partes foram publicadas anonimamente, com Voltaire negando em público sua autoria; mais tarde, uma edição mais completa foi impressa no exterior e contrabandeada de volta à França.

Nos meses que se seguiram ao artigo da Academia, Émilie interrompeu sua própria pesquisa: em parte para não contrariar Voltaire, em parte porque tinha dificuldades para reconquistar o tempo livre de que precisava para abordar um novo tópico. Em vez disso, Émilie tinha que convencer o novo preceptor a se deslocar até a distante Cirey para ensinar seu filho ("ele é um menino de natureza tão doce", escreveu ela, implorando, em uma de suas cartas) e disponibilizar os bens de sua meia-irmã Michelle. Havia ainda mais obras, tapeçarias, cozinheiras temperamentais e até mesmo um gasto extra, de responsabilidade de Maupertuis, para ajudar a sustentar as duas jovens lapônias que o tinham seguido até Paris desde a sua expedição polar e que não dispunham de ninguém que delas cuidasse enquanto ele estava fora da cidade.

Esse era um detalhe que ela pôde conhecer pessoalmente, pois, depois de encerrada a expedição à Lapônia, Maupertuis veio a Cirey para uma visita. Voltaire estimulou a viagem, reconhecendo que, embora os ex-amantes de Émilie pudessem ficar tentados a rever sua antiga amante em Paris, pensariam duas vezes com Voltaire por perto, sobretudo sendo ele tão hospitaleiro.

Maupertuis e sua equipe tiveram tempo para se dedicar às suas medidas e estavam convencidos de terem provado que Newton estava certo e que a Terra era realmente mais achatada nas proximidades dos polos. Voltaire se deliciava com isso. Sabia que o principal crítico de Newton na França era Jacques Cassini, diretor do Observatório de Paris, e agora declarava gaiatamente que "Maupertuis tinha achatado a Terra e Cassini".

Como Émilie não sabia o que fazer a seguir, dedicou-se a algumas das coisas que ela e Voltaire costumavam fazer e que lhes davam prazer. Logo abaixo do telhado de Cirey, havia um espaço aberto em que construíram um minúsculo teatro, com apenas duas pequenas fileiras de bancos almofadados para assento e um espaço estreito em frente ao palco, a fim de que uma prancha cheia de velas pudesse ser erguida e abaixada — essa era a iluminação do palco. Agora ela estimulava Voltaire para que preenchessem seu tempo com mais apresentações naquele espaço. O material estava disponível, já que Voltaire tinha anos de peças escritas acumuladas em seu escritório ("nossa primeira regra é de que apresentamos apenas o que foi escrito aqui"). Ele seria o diretor, além do protagonista masculino; Émilie obviamente fazia o protagonista feminino. Todos em Cirey podiam ser recrutados para outros papéis: cozinheiros, mordomos, jardineiros e qualquer outro empregado que se fizesse necessário no roteiro. (A roliça madame Champbonin era uma figura constante no palco; a elegante condessa de la Neuville parece ter se revelado desajeitada demais como atriz ou cantora, de modo que foi chamada para participar mais da ornamentação do palco que da música.)

As crianças amavam tudo aquilo. No dia da apresentação, o filho de Émilie se juntava ao filho mais velho dos Champbonin para correr ao redor do castelo, espalhando os cartazes que tinham preparado para anunciar o título da noite. Então, depois do jantar, eles subiam a escada íngreme até o desabitado último andar da casa, onde se escondia aquele teatro iluminado por velas cuidadosamente dispostas em alternância às goteiras causadas por rachaduras no teto. Em noites de inverno, Émilie, Voltaire e seus convidados vestiam camadas e mais camadas de agasalhos e, quando não ventava muito, podiam ouvir os uivos na floresta do outro lado do rio. Em noites de verão, era o oposto que ocorria: suavam naquele sótão de madeira que acumulava todo o calor do dia.

O último passatempo era uma novidade que Émilie instalara no andar térreo do castelo: um banheiro privativo — um dos primeiros na França. Ter uma banheira para um banho prolongado não fazia sentido em Paris, com todos os excrementos, urina, dejetos e outros itens que eram despejados no Sena (e que quase sempre também poluíam outras fontes supostamente mais puras). Mas não era só a questão da água mais limpa de Cirey, havia algo a mais na inovação de Émilie; algo que dizia respeito à privacidade.

As casas mais antigas eram normalmente projetadas sem corredores e, para se chegar a um determinado quarto, era preciso atravessar todos os outros que ficassem no caminho. Estivessem as pessoas pelas quais se passasse rezando, vestindo-se, cozinhando, conversando ou defecando, eram vistas quando alguém passava. Isso era normal, mesmo Luís XIV em Versalhes sentia-se à vontade ao conversar com nobres respeitáveis enquanto se sentava em sua *"chaise percée"*: uma cadeira com um buraco no assento e um penico embaixo.

Todavia, na época em que Émilie e Voltaire começaram a reformar Cirey, eles, mais uma vez, seguiram — e ajudaram a disseminar — a tendência a aceitar o direito de se ter mais privacidade. Seus cômodos não eram tão demarcados como aqueles com que estamos acostumados hoje — o corredor que passava pelo quarto de Émilie ficava apenas parcialmente fora do cômodo, e parece até que parte dele passava por sua cama —, mas eles estavam implementando mudanças nessa direção. O novo banheiro era uma marca dessa transição. Ela dispôs sofás confortáveis perto da banheira, para que pelo menos alguns dos visitantes pudessem sentar e conversar. Quando era preciso trazer mais água quente, ela não tinha problema em que um criado comum o fizesse. Mas a sua banheira não ficava em um espaço puramente público, mas em um cômodo harmoniosamente revestido de mármore, e que podia ser trancado quando bem se quisesse.

Depois da partida de Maupertuis, Émilie escreveu aos seus contatos científicos dando apoio ao trabalho dele em face das críticas cada vez mais fortes de Cassini. Mas ela também tinha consciência da sensibilidade de Voltaire, e então fazia pequenas observações autodepreciativas a alguns amigos, que transmitiriam a ele as suas palavras, sugerindo que ela precisaria de ajuda para compreender as complexas explicações de Maupertuis; ela chegou a enviar uma resenha anônima a um jornal de Paris elogiando o trabalho científico de Voltaire.

Ninguém se deixou enganar. Ela entendia os cálculos de Maupertuis perfeitamente bem — com efeito, ajudara Voltaire a entender os cálculos sobre os ângulos estelares para o livro que escrevera sobre Newton. E, por causa do reconhecimento que recebera por seu artigo sobre o fogo, além do trabalho de atualização que vinha fazendo, ela era agora ativa participante das redes de correspondência de cientistas de toda a Europa: chegavam cartas de pesquisadores importantes da Itália, da Suíça e da Inglaterra. Era irritante ter que massagear o ego de Voltaire, quando o que ela realmente queria era ficar livre para voltar à sua pesquisa. Todos os membros importantes daquela comunidade científica queriam saber qual seria o projeto que ela escolheria, mantendo-se informados por aquela corrente constante de cartas.

A tensão silenciosa foi interrompida pela visita da sobrinha órfã de Voltaire, cuja mãe — a irmã mais nova do escritor — tinha sido o único familiar que ele sempre amara. Ele e Émilie mal conheciam a sobrinha, uma jovem chamada Marie-Louise, mas agora, na primavera de 1738, ela havia se casado com um oficial do governo de nome Denis e vinha passar em Cirey a lua de mel.

Mas algo deu errado. Marie-Louise reconheceu a beleza de Émilie, mas também notou o quanto a amante do tio era jovem: apenas alguns anos mais velha do que ela própria. Conquanto o sr. Denis pudesse lhe dar uma boa vida, nunca seria como aquela: a fabulosa mansão, a mobília com ouro e prata por todos os lados, os jardins, os quartos de hóspedes, o contato fácil com tantos membros da elite cultural e política europeia, além de cópias de seus livros e manuscritos.

Certa vez, Marie-Louise escreveu ao tio dizendo que estava lendo John Locke. Naturalmente, isso não era verdade — duvida-se de que ela, em toda a sua vida, tenha lido qualquer coisa além de um leve romance —, mas foi algo que parecia encaixar-se bem em uma carta. Mas ali, se alguém fizesse referência a tal coisa, Émilie provavelmente faria sentar-se ao seu lado e, com uma aparente curiosidade, dispararia uma tempestade de palavras para discutir filosofia.

Um monstro da inveja nascia. Cirey era feia, declarou Marie-Louise em uma carta desesperada escrita pouco depois, era cercada por montanhas horrorosas (não há montanhas em Champagne) — e tudo estava errado. "Meu tio está perdido para os amigos [...] ele está indissoluvelmente ligado a Châtelet [...] ninguém pode quebrar essas algemas [...] ele quase não vê mais ninguém [...] ela faz tudo para encantá-lo." A tensão era tão forte que Voltaire sentiu aproximar-se uma doença repentina e recolheu-se a seu leito. Mas o transporte de visitantes era difícil de ser organizado, e foi preciso quase uma semana a mais para que Émilie conseguisse uma carruagem que levasse embora o casal em lua de mel.

V

VIAGENS

15

O mundo de Leibniz

Bruxelas, 1739

Por certo tempo, Voltaire e Émilie seguiram seus compromissos cotidianos, esforçando-se para que os antigos comportamentos funcionassem. Mas, mesmo que Marie-Louise tivesse sido uma hóspede desagradável, ela estava claramente apaixonada por seu novo marido: sussurrava palavras doces, provavelmente se mantinha sempre ao seu lado, deliciava-se quando Voltaire — ao se levantar da cama e ficar de pé por um breve instante — tentava encantar a ambos. O contraste com o modo como Émilie e Voltaire viviam era tristemente claro.

Émilie passava cada vez mais tempo sozinha em seus aposentos e, mesmo que ela cautelosamente evitasse discutir o tema a que se dedicava, as pistas que Voltaire reunia — dos livros que encomendava e dos pesquisadores para quem escrevia — o fizeram pensar que ela abandonava Newton e passava a se interessar pelo ex-diplomata alemão e acadêmico Leibniz.

Como isso era possível? A própria Émilie enfatizava a Voltaire que Newton era o maior pensador que já existira. E agora a viagem polar de Maupertuis não tinha provado que ele estava inteiramente certo? Essa era a única constante a que Voltaire poderia se apegar, apesar de seus desengonçados esforços na área da ciência. No entanto, Leibniz fora inimigo mortal de Newton; suas discussões dominaram a ciência europeia por mais de uma década, antes e depois de 1799, e Newton tinha acessos de raiva sempre que o nome de Leibniz era mencionado em reuniões da Royal Society. (O suposto motivo do conflito era a questão de quem tinha inventado o cálculo. Leibniz por certo publicou primeiro e, ao que tudo indica, desenvolveu seu trabalho sozinho; já Newton tinha por hábito manter em segredo suas grandes descobertas e insistia — plausivelmente — em que era o primeiro inventor.)

Émilie afirmava sua independência na escolha dos temas. Ela suspeitava de que houvesse áreas importantes da ciência *além* do que Maupertuis tinha confirmado sobre Newton, e que essas áreas ainda estavam abertas à discussão. Era isso o que investigaria.

Sentia-se também ofendida pelas opções profissionais de Voltaire. Ela o respeitava como poeta, é claro, mas agora ele insistia em escrever sobre história e em voltar ao manuscrito que já começara sobre o longo reinado de Luís XIV. Então, o que importavam as batalhas arbitrárias de um rei contra outros? Em seu ponto de vista, escrever história não era o modo certo de começar uma ciência social profunda. Ela via aquilo como uma simples listagem de arrogantes decretos reais em uma sequência acidental de confrontos quase sempre pautados pela vaidade.

Havia uma tensão entre eles: Voltaire tinha um humor cada vez pior, ao passo que Émilie tornava-se impaciente. A fofoqueira Madame de Graffigny veio, por essa época, para uma de suas visitas absolutamente indesejadas e, depois de algumas semanas, começou a bisbilhotar os rascunhos trancados nas escrivaninhas. Émilie acusou-a de roubar textos ilícitos de Voltaire, que, passados adiante, gerariam problemas.

Graffigny clamava inocência, quando, de repente, Émilie começou a gritar com ela, dizendo que, durante todas aquelas semanas, lhe tinha dado abrigo — não porque gostasse dela, Deus sabia disso, mas por pura obrigação. Porém, em troca, tinha sido traída! Émilie transferia suas frustrações com Voltaire para aquela visitante insuspeitada. A gritaria continuou, cada vez mais alta, até que Voltaire abraçasse Émilie e a afastasse daquela hóspede apavorada — embora muito provavelmente culpada. No dia seguinte, houve apenas desculpas formais e, por fim, Graffigny partiu.

Mesmo quando um casal fica irritado e exasperado entre si, não costumam se dispor a admiti-lo publicamente. Voltaire tentou, em seu desânimo, voltar à sua hipocondria, mas entediou-se ao ficar tanto tempo na cama sem a atenção de Émilie. Tentaram sua outra costumeira evasão — convidar vários hóspedes por períodos mais longos — e, por algum tempo, ostentaram presentes trocados, enviando a Moussinot em Paris pedidos de quinquilharias, joias e pinturas. Mas Moussinot era tão eficiente e conhecia tão bem as lojas de Paris, que também isso era fácil demais. Nada funcionava, e ambos estavam infelizes. Precisavam fazer outra coisa.

Foi isso o que lhes deu uma grande ideia. Por que não comprar outra casa, novinha em folha? Não seria outro castelo isolado — não havia motivos para perder Cirey como a sua residência principal —, mas, se a censura da Corte tinha amainado a ponto de permitir a publicação de Voltaire na França, então fazia sentido ter uma base em Paris.

Havia um imóvel tão impressionante na cidade que os dois sabiam que não poderia de modo algum ser considerado. Mas há uma certa emoção em se fazer o que não se pode. Na menor das duas ilhas do Sena, no coração de Paris, bem no ponto em que a Île St. Louis se estreita como a proa de um navio, fica uma das mais belas mansões da cidade, que na época já era centenária. Seu arquiteto foi Le Van, o mesmo que depois criou Versalhes. A decoração interna era de Le Brun, que também acabara em Versalhes, tornando-se lá o principal designer de mobiliário. Chamava-se Palácio Lambert e, pela primeira vez em muitos anos, agora estava à venda. Os proprietários podem ter pensado que teriam uma boa proposta quando um certo figurão militar rural (Florent-Claude envolveu-se no caso porque a compra tinha que ser em seu nome e não no de Émilie) e também um poeta tão distinto se propusessem a negociar com eles. Mas Florent-Claude era um homem muito sensato — comandava suas tropas no ataque a inimigos bem armados com muita eficiência —, e Voltaire estava tão entusiasmado com a possibilidade da negociação que sua saúde se recuperou inteiramente. Ele, com a sua argúcia financeira, levava a melhor diante dos aristocratas franceses havia anos.

As negociações foram conduzidas com tamanha destreza que é bem possível que os vendedores pensassem estar fazendo um bom negócio, mesmo quando assinaram a escritura. Voltaire se alegrava em fazê-los se sentir assim, pois isso significava que não voltariam com um processo judicial acusando o contrato de ter sido injusto (o que acontecia frequentemente se os vendedores se sentissem lesados). O valor absoluto ainda era alto — afinal se tratava de uma das melhores casas na cidade mais civilizada do mundo —, mas ele, Émilie e Florent-Claude acabaram comprando o palácio por apenas cerca de vinte por cento dos custos de sua construção original.

A negociação foi divertida e aproximou Voltaire e Émilie de um modo como não faziam havia quase um ano. Mesmo assim, apesar de sua enorme fortuna, a nova casa era um empreendimento gigantesco, e corriam o risco de ficar sem reservas. Por sorte, uma fonte em potencial de novos rendimentos lhes apareceu no caminho.

Florent-Claude tinha um parente — muito velho e de saúde precária — dono de um complexo de terras em Flandres, que era parte do objetivo de uma batalha por herança entre facções da família Châtelet que se arrastava por 60 anos. Esse parente tinha visitado Cirey recentemente e deixara claro que não duraria muito neste mundo. Se Émilie conseguisse acelerar a deliberação do tribunal, então ela e Florent-Claude receberiam uma boa quantia em dinheiro quando o parente morresse, com o que poderiam concluir o pagamento do Palácio Lambert.

Eis o plano: uma vez que não queriam mais discutir entre si depois de todos os aborrecimentos com as experiências sobre o fogo, decidiram que comprar e manter uma segunda casa seria uma atividade cujos custos seriam compartilhados. Mas, como a casa era cara e uma viagem a Bruxelas poderia ajudar a apressar o processo judicial da herança que lhes renderia um dinheiro extra, aproveitariam a situação para relaxar em uma viagem nos Países Baixos. Ambos perceberam que precisavam de mais projetos em comum como aquele, bem distante da literatura e da ciência.

A viagem ao norte não foi bem o que esperavam, pois a população de Flandres, pelo que puderam em pouco tempo constatar, não era conhecida por sua curiosidade intelectual. As tropas espanholas tinham passado mais de 100 anos fechando escolas protestantes, queimando igrejas protestantes e torturando um sem-número de indivíduos protestantes — sobretudo aqueles intelectual ou politicamente curiosos — nas terras flamengas. Seu trabalho foi intermitentemente interrompido por tropas britânicas, holandesas ou de outros países nórdicos, que retribuíam o favor fechando escolas católicas, queimando igrejas católicas e torturando um sem-número de indivíduos católicos — sobretudo aqueles intelectualmente curiosos — sempre que *eles* tivessem oportunidade. As lutas tinham terminado com o domínio dos Habsburgo austríacos, 25 anos antes, mas, daquilo tudo, a maioria dos sobreviventes sabiamente concluiu que arriscar opiniões ou ler demais não era um tipo de ação inteligente.

O resultado — como quando Émilie e Voltaire se hospedaram em um castelo que não tinha um livro sequer — foi que eles se aproximaram ainda mais, pois viram o quanto de fato tinham em comum. Quando chegaram a Bruxelas, decidiram oferecer uma festa com fogos de artifício para ver se isso atrairia alguns habitantes mais interessantes. O jogo de cartas era aparentemente o principal atrativo social da cidade, então Voltaire, engenhoso como sempre, conseguiu fogos que explodiam que formavam imagens semelhantes a cartas de baralho: três fogos vermelhos formando algo parecido com um coração sugeriam o três de copas e assim por diante. A estratégia funcionou, e de fato ficaram conhecendo algumas figuras locais com quem estabeleceram relações sociais.

Tão logo instalados, Voltaire voltou a trabalhar em seus ensaios, poemas e peças, mas não foi muito longe. Ele precisava do apoio entusiasmado de Émilie, mas ela andava distraída, ocupada em aprender Direito, ter aulas de flamengo, supervisionar a estratégia jurídica, aperfeiçoar seus cálculos, relaxar escrevendo uma tradução do *Édipo Rei*, de Sófocles, além de frequentar regularmente a igreja.

Mesmo essas coisas eram reservadas ao seu tempo livre. Sua atenção mais profunda ainda era dedicada à ciência, e ela estava animada com algo grandioso: a pesquisa mais aprofundada sobre o trabalho iniciado por aquele misterioso barão Gottfried von Leibniz, que morrera em 1716, quando Émilie tinha apenas nove anos. Muitos matemáticos do continente, como vimos, comentavam que tinha sido Leibniz quem inventara o cálculo, e não o inglês Newton. Mais importante do que isso, no entanto, era que Leibniz, pelo que ouvira Émilie, tinha sugerido um modo detalhado segundo o qual Deus poderia controlar o universo — e, o que era mais espantoso, ele parecia ter provado isso. A diferença entre aqueles dois homens era maior do que uma mera rivalidade pessoal. No sistema newtoniano, não havia espaço para a teoria de Leibniz.

Émilie queria entender o que Leibniz tinha proposto. Em Cirey, ela passara tanto tempo analisando a Bíblia, que não podia mais acreditar nas crenças simples e literais sob as quais tinha sido educada. Mas ela ainda era religiosa. Se houvesse um Deus mais complexo e mais sutil, ela estava decidida a ir além de Newton para encontrá-lo.

Leibniz, pelo que descobrira, tinha elaborado uma abordagem curiosamente indireta em sua pesquisa. Um de seus exemplos mais importantes começava com o que parecia uma questão inteiramente inócua. Se uma corrente pende de um ponto mais alto até outro mais baixo, que forma ela assume?

Isso parece direto o bastante. Pense, por exemplo, nos longos cabos descendentes em uma ponte suspensa moderna, como a Golden Gate em San Francisco. O cabo se alonga do topo de uma torre até chegar quase no nível da rodovia, para ser novamente suspenso até o topo da próxima torre.

Esse cabo é obviamente arqueado, mas ele não se arqueia em princípio diretamente para baixo para depois efetuar uma guinada precisa na horizontal ao longo da rodovia. Todavia, ele também não forma uma linha perfeita em 45 graus entre o alto da torre e o nível da rodovia para então, nesse ponto, inclinar-se subitamente para cima. Como prever a curva intermediária que ele de fato efetuará?

O modo como Leibniz e seguidores enfrentaram o problema foi imaginar várias cordas diferentes amarradas ao topo da torre de suspensão da ponte, todas conectadas ao mesmo ponto da rodovia. Algumas cordas são submetidas a tamanha tensão que de fato se estendem em uma linha quase reta; outras são de tal modo arqueadas que batem na rodovia; a outras é conferido um grau intermediário de tensão. Agora se sobe até o topo da torre e se amarra uma grande esfera em cada uma das cordas. Soltam-se todas as esferas ao mesmo tempo, imaginando-se que não há atrito.

Todas começam a deslizar pelas diferentes cordas e todas levam um período de tempo diferente. Aquelas nas cordas que se estendem quase retas serão as primeiras a chegar — cairão de início quase verticalmente —, mas então cada uma delas irá mais devagar, até chegar às cordas menos distendidas e quase horizontais. As esferas nas cordas mais retas não vão desacelerar muito perto do fim, mas, obviamente, não terão o mesmo impulso de estar em queda ivre desde o começo.

É possível haver milhares, milhões de cordas diferentes, no entanto apenas uma será a vencedora, levando a sua esfera à reta final da rodovia mais rápido do que as outras. Essa curva da corda vencedora, pelo visto, está intimamente relacionada à forma usada pelos engenheiros em pontes suspensas de verdade. Não é mera coincidência. Essa é a forma que de fato tomam os objetos físicos do nosso mundo.

Isso era impressionante. Será que Deus de fato mede os milhares ou milhões de caminhos possíveis, descobre qual deles faria com que a esfera deslizasse mais rapidamente e então usa isso como base para descobrir qual deve ser a tensão nos cabos curvos de uma ponte real? Para Voltaire, aquela questão parecia ridícula. Para Émilie, era maravilhosa. Maupertuis esperava descobrir se Deus intervinha ativamente em nosso mundo ao viajar até o extremo Ártico. Mas isso seria apenas uma medida particular e singular: dizer como era a forma geral do nosso planeta, mas não mostrar como encontrar vestígios da mão de Deus em sua real intervenção nos eventos cotidianos que nos cercam. Contudo, levar Leibniz a sério era diferente, significava acreditar que, de algum modo, Deus esquadrinhava todos aqueles milhões de medidas possíveis ao mesmo tempo e selecionava para nós a única que mantinha o tempo total dessa trajetória mítica das esferas em um mínimo.

Eram esses os temas que Émilie queria explorar mais detidamente. Ninguém antes havia sintetizado os pensamentos de Leibniz e Newton. Por que não o fazer, mostrando como as melhores ideias de ambos os sistemas poderiam ser combinadas? Seria um passo adiante da sua coautoria não creditada daquele comentário à obra básica de Newton que ela e Voltaire escreveram em Cirey. Outros pesquisadores não pensariam em elaborar aquelas novas sínteses que ela tinha em mente, porque todos estavam, muito marcadamente, ou no campo de Newton ou no campo de Leibniz. Porém mais uma vez havia vantagens em ser excluída das principais academias científicas. Émilie estava fora o bastante para ver a ambos de maneira objetiva.

Voltaire não estava contente com aquilo — ele adorava Newton e sentia que tinha então que desprezar Leibniz —, mas que alternativa tinha ela? Ela sabia que as intuições que tivera em suas experiências sobre o fogo (sobre as novas formas de luz) estavam por demais à frente de seu tempo para serem seguidas pelos pesquisadores com quem se correspondia. Ela estivera isolada por muito tempo em sua vida intelectual antes de conhecer Voltaire.

Não ficaria isolada de novo.

Algo importante estava acontecendo. Em períodos anteriores, o tempo era controlado pela Igreja: havia festivais regulares que se repetiam e orações diárias regulares que se repetiam. Tudo se encaixava nas tradições estabelecidas, nada de fundamental deveria mudar. Quando Émilie era criança, a vida planejada para ela seguia modelos semelhantes: deveria haver uma educação refinada, mas trivial, em etiqueta, o casamento e depois a subserviência a um marido rico. Viveria supostamente como viveu a mãe; se tivesse uma filha, esta viveria do mesmo modo.

Mas um tipo diferente de tempo "linear" também começava a aparecer. Nessa nova abordagem, os eventos aconteciam em uma sequência sem retorno ao ponto de origem depois de cumprido o ciclo, repetindo-se automaticamente, ano após ano, vida após vida. Ao contrário, cada dia, cada ano, poderia revelar algo de novo. Era assim que Émilie queria viver. Naquela época, havia sinais disso, especialmente com tantas novas tecnologias: grandes fábricas de tapeçaria eram criadas onde nada existia antes; novas máquinas propulsoras que drenavam brejos ou forneciam água, além de novos processos de manufatura. As carreiras e as posições relativas de grupos sociais também pareciam transformar-se mais rapidamente do que antes. Em meio a todo esse tumulto, Émilie começaria uma nova vida, que ela mesma escolhera.

Havia outra ideia poderosa. Nossa moderna noção de otimismo provém menos dos negócios humanos que desses primeiros estudos do século XVIII sobre como as trajetórias podem tomar o caminho "ótimo" (como no exemplo da ponte Golden Gate anteriormente). Émilie foi uma das primeiras pessoas a usar a palavra "otimista", e o fez em suas análises matemáticas dessas curvas, de acordo com a sua (e de Leibniz) crença de que existia uma divindade benéfica por trás dos eventos aparentemente casuais que vemos ao nosso redor. Um "otimista" era alguém que acreditava que, por mais complicada, caótica, estranha ou tensa que uma curva parecesse, se tivéssemos uma visão clara o suficiente, poderíamos compreender o simples princípio-guia de onde ela veio. O conceito então se difundiu a partir da matemática até significar uma pessoa que acredita que tal caminho ótimo pode ser trilhado na vida.

Era difícil manter essas visões inteiramente em segredo diante de Voltaire, pois, embora a casa alugada em Bruxelas fosse grande, não era tão espaçosa quanto Cirey. Além disso, quem poderia recusar seu auxílio editorial? A contragosto, Émilie permitiu que ele lesse partes do texto em que ela trabalhava. Ele tentou se limitar a correções de expressão e a rascunhar pequenas perguntas nas margens ("explique melhor", "o que quer dizer isso exatamente?", "um exemplo, por favor"). Mas ele não conseguia se conter e, por vezes, comentava a obra como um todo e dizia a Émilie o quanto aquele tipo de preocupação lhe parecia vão.

A Voltaire ela parecia dizer que há muitos mundos possíveis e, mesmo assim, de algum modo — como por encanto — automaticamente vivemos naquele que é perfeito. Mas como poderiam todas as mazelas que vemos ao nosso redor — a doença, a tortura e tudo o mais — serem marcas de um mundo perfeito? Era o oposto do que ele dizia em seu *Discurso em verso sobre o homem*, em que ironizava os ratos e outras criaturas que acreditavam que o universo tinha sido criado para eles.

O relacionamento deles não suportaria aquilo. Voltaire sempre pareceu tratar Émilie como uma pessoa independente, mas agora agia como se, no fundo, ainda esperasse que ela lhe prestasse deferimento. No entanto, ela tentava superá-lo e descartar aquilo em que ele acreditava. Era uma traição. Ele estava tão contrariado que começou a divulgar refutações públicas à sua obra, zombando dela por supor que vivemos no melhor de todos os mundos possíveis. (Suas críticas agora eram escritas como argumentos técnicos apaixonados, mas durante 20 anos vinha elaborando os temas de sua fábula filosófica *Cândido*.) Seus textos magoaram Émilie, porque ultrapassavam os limites de seu acordo de respeitar o estudo particular de cada um. Mas o conflito entre eles sintetizava ainda outras respostas-chave para a modernidade.

Nos tempos medievais, anteriores à ciência moderna, era fácil aceitar que Deus tinha criado tudo o que vemos e com que sobrevivemos. Não havia "coincidências", porque não havia linhas livres de movimentos causais separadas, para que pudessem "co-incidir". Porém, a revolução científica mudou tudo isso. Voltaire acreditava que quase tudo o que vemos ao nosso redor é apenas o resultado do acaso.

Ele gostava disso, porque, já que os detalhes daquilo que vivenciamos não partem de um projeto divino complexo, então temos a oportunidade de compreender, intervir e reformar o mundo em torno de nós. Na visão medieval, por exemplo, Deus ordenava quando e onde as doenças deviam acontecer. Na visão moderna — tal como Voltaire a entendia —, a doença acontecia porque, por exemplo, o dinheiro dos impostos era mal-empregado, de modo que não se fornecia água limpa às áreas pobres da cidade. A administração francesa não podia fazer nada contra uma doença enviada por Deus... mas certamente seria útil se conseguisse funcionários públicos mais eficientes que fizessem com que todos tivessem água potável.

Émilie, todavia, estava com raiva, convencida de que Voltaire deturpava propositadamente o que ela dizia. Será que ele não percebia que ela era a última pessoa que declararia que nunca poderíamos nos esforçar para melhorar nossas vidas? O mundo não era perfeito — seria uma tolice dizer isso. Tudo o que afirmava, ao contrário, era que, antes de se começar qualquer tipo de ação, seria sábio olhar mais de perto as sutilezas de como as coisas se relacionam no mundo que nos cerca. Voltaire acreditava na razão simples e direta para corrigir as coisas. Émilie via um mundo de inter-relações mais sutis.

Os indícios pareciam estar por toda a parte, bastava saber como olhar. Os céticos podem dizer que o universo não está de fato organizado do melhor modo. Nossos olhos, por exemplo, são tão fracos que mesmo animais simples como os falcões podem ver muito melhor. Mas Émilie se opunha a isso. Nossos olhos têm um limite em seu poder de amplitude, escreveu ela, mas esse limite nos é *imposto* por um bem maior. Pois, suponha que, de algum modo, nos fossem dados olhos dez ou até cem vezes mais poderosos do que os que temos. Seríamos, é claro, capazes de ver mais detalhes. Mas não conseguiríamos ver nenhuma forma ou topografia geral. Ficaríamos atônitos ou incapazes de nos orientar. O que parece uma limitação — o fato de que os nossos olhos não são tão fortes quanto as nossas melhores máquinas ópticas — é, na verdade, uma força. Se eles fossem mais fortes, seríamos tão incapacitados quanto um gigante cego.

Era aí, apontava Émilie, que Leibniz queria chegar. Obviamente não vivemos em um mundo perfeito. Mas isso é porque não *existe* um mundo perfeito. Ao contrário, todos os mundos que possam existir terão esse padrão de troca compensatória. Embora o nosso mundo não seja ideal, ele ainda assim pode ser o melhor possível.

Voltaire não ouvia, suas discussões pioravam — então, ambos recuaram. Não foi para isso que tinham vindo a Bruxelas. Talvez as coisas fossem mais fáceis se tentassem Paris.

16

Nova casa, novo rei

PARIS, 1739

Embora eles supostamente viessem para inspecionar sua nova casa, a primeira parada de Émilie e Voltaire foi na casa de campo de Richelieu, no Marais, onde sua jovem esposa Elisabeth tinha hemorragias em virtude de complicações de uma gravidez. Dos anos de experiência de Émilie com as doenças de Voltaire, ela sabia que um modo certo para fazer com que um paciente piorasse era manter os médicos próximos. Os enferrujados bisturis em forma de gancho que usavam e, pior ainda, sua insistência de que as visitas ao leito deviam começar com incisões agudas para que o paciente perdesse mais sangue eram tratamentos que Émilie sabia que Elisabeth tinha que evitar. Só depois de sua melhora, Émilie e Voltaire foram visitar a nova casa, que ainda não conheciam.

Passaram sobre uma das pontes repletas de gente sobre o Sena e atravessaram a ilha maior, a Île de la Cité. Ali ficava o Palácio da Justiça, onde as *Cartas da Inglaterra* de Voltaire tinham sido rasgadas e queimadas por um executor público. Mas isso ocorrera havia anos e, como Voltaire cautelosamente não dissera muito a Émilie sobre a história possivelmente subversiva de Luís XIV em que estava secretamente trabalhando, ela não tinha que se preocupar com aquilo poder voltar a acontecer. A seguir havia uma outra ponte, que ligava a grande ilha a uma menor e, depois, era apenas uma pequena distância até chegar a sua casa.

Eles a adoraram. Voltaire escreveu a Fawkener (mais uma vez em inglês), dizendo que ela "é sem dúvida a melhor [casa] de Paris, situada em uma posição digna de Constantinopla, pois tem uma vista para o rio e uma grande extensão de terra entremeada por belas casas que pode ser vista de todas as janelas". Ele estava contente, e as brigas de Bruxelas ficaram para trás: "Dou-lhe a minha palavra", prosseguia Voltaire a Fawkener, "de que eu [não poderia] viver sem essa senhora, que [...] compreende Newton e despreza a superstição, em suma, ela me faz feliz."

Émilie também estava contente. Em Paris, havia muito menos pressão em seu relacionamento. Em vez de se encontrarem, como em Cirey, naquela rotina, em última análise, repetitiva de café da manhã, trabalho, cavalgada e jantar, dia após dia, agora eles tinham coisas novas para contar um ao outro. Voltaire descobrira, por exemplo, que seu antigo preceptor, o gorducho ex-abade Linant, desistira do ensino, aquele pobre homem, e agora tentava ganhar a vida como escritor. Planejava até se inscrever na competição pelo prêmio real de ensaios. Como não queriam que ele morresse de fome, Voltaire discretamente lhe enviou algum dinheiro por um intermediário; Émilie, por sua vez, escreveu cartas de recomendação para futuros trabalhos como preceptor, de que ele precisaria se não conseguisse terminar seu ensaio para o prêmio.

Outras decisões se revelariam mais satisfatórias. O jovem suíço Samuel Koenig não poderia continuar como preceptor, pois Émilie tinha superado o que ele era capaz de ensinar (e os nervos de Voltaire não suportariam seus relatórios sobre o fato por muito tempo). O possível substituto mais renomado seria Johann Bernoulli, da Basileia, mas seus melhores dias já tinham passado, e ele era velho demais para se mudar para Paris. Todavia, seu filho — por falta de criatividade, também chamado Johann Bernoulli — sucedera o pai como o principal matemático em atividade na Europa.

Seria inestimável tê-lo em Paris, não menos porque Émilie soubera que ele também era um especialista nos desdobramentos das cada vez mais esquecidas, embora fascinantes, ideias de Leibniz. Infelizmente, Bernoulli, o filho, demonstrou pouco interesse em deixar suas confortáveis instalações na Basileia. Mas o trabalho de Émilie ia tão bem que ela se sentia segura em todas as atividades a que passava a se dedicar, e os seus seis anos com Voltaire haviam feito maravilhas ao lhe ensinar os muitos modos de se contornarem esses obstáculos.

Ela percebeu que precisava fazer com que Maupertuis ratificasse seu convite a Bernoulli. Se tinha charme e chegara a flertar com Maupertuis por um tempo, não atrapalharia se isso fosse usado para que ele a ajudasse: "Eis você de volta a Paris", escreveu a Maupertuis alguns dias depois, "e, no entanto, soube disso por outra pessoa. Ah, isso é um mau sinal... Por favor, venha nos encontrar na Ópera, no camarote do sr. de Richelieu". Maupertuis tentou esconder-se, ignorando o convite, mas Émilie insistiu — "Apesar da sua prodigiosa indiferença, senhor, a madame de Richelieu novamente o convida para jantar conosco hoje". Em poucos dias, ele, obviamente, cedeu e escreveu a Bernoulli a carta de estímulo que ela queria.

Com aquela abertura, Émilie podia agora dirigir-se diretamente a Bernoulli: "Espero, senhor", escreveu-lhe na Suíça, "que goste de estar conosco por pelo menos três anos. (Regozijo-me em pensar que Paris lhe parecerá agradável o suficiente para permanecer por mais tempo.) [...] Terá um belo apartamento em minha nova casa [...]. Também desconfio de que possa conseguir que o senhor seja admitido na Academia de Ciências".

Com tudo isso, ela e Voltaire passaram a ocupar um lugar de destaque na sociedade. Eram o casal mais concorrido de Paris: elegantes, articulados e — o mais importante — ainda sedutoramente misteriosos. O fato de ela ainda ser casada conferia mais emoção. Émilie deixara a cidade, cinco anos antes, praticamente desconhecida. Agora quase todas as figuras influentes tinham ouvido rumores de que ela era uma mulher que sabia latim, inglês, italiano e bastante de flamengo e grego; tinha traduzido Virgílio e os críticos sociais ingleses; escrevera comentários sobre a Bíblia; elaborara todo o trabalho técnico de uma exposição em dupla de Newton; realizara pesquisas originais sobre o fogo e a luz; acumulara uma das principais bibliotecas de ciência da Europa; e transformara Cirey em um centro para importantes pesquisadores. Acima de tudo, ela tinha criado um modo singular de vida e se tornara — apesar de ter sido excluída de todas as instituições oficiais reservadas ao sexo masculino — uma respeitada correspondente dos principais cientistas da Inglaterra, da Itália e da França. Era a menos convencional das vidas e, apesar de todos os problemas, ela e Voltaire a adoravam.

Em Paris, nos 5 anos anteriores, raramente se discutia Newton e ciência em círculos leigos. Agora, contudo, com o auxílio da torrente de cartas e manuscritos que era enviada de Cirey, assim como dos visitantes convidados por Émilie, isso estava mudando. Como disse um observador: "Toda Paris ressoa Newton, toda Paris fala de Newton, toda Paris estuda e aprende Newton." Tudo o que ela vinha cultivando começava a dar frutos.

Voltaire também gostava da vida social, depois dos anos de refúgio em Cirey, embora às vezes fingisse o contrário. "Paris", escreveu ele, como se estivesse resignado, à madame Champbonin, que, de Cirey, confiava em todas as suas palavras, "é um abismo, onde se perde o repouso e a contemplação da própria alma [...]. Sou levado, a contragosto, pela corrente. Vou e volto. Janto uma noite em um extremo da cidade, para, na noite seguinte, jantar no outro extremo [...]. Não há um segundo sequer para si mesmo".

Muitos dos principais pensadores que levariam adiante o próximo estágio do Iluminismo já estavam em Paris, conquanto fossem apenas jovens de 20 e pouco anos, vagando nas periferias dos salões. Para eles, Voltaire era um deus. Todos queriam a liberdade de não depender dos caprichos de ricos patronos. E ali estava aquele homem tão afável, renovado por sua vida orgulhosamente independente com Émilie em Cirey, mostrando-lhes como aquilo poderia ser feito. Mais do que isso, a elaborada compreensão da ciência moderna que ele desenvolvera com Émilie tornava as ideias irresistíveis.

Quando, por exemplo, a discussão tratava da alma, os visitantes de Cirey apontariam que Newton demonstrara que o universo tinha sido construído de tal forma que nunca saberíamos o que é realmente a natureza subjacente a qualquer objeto. Tudo o que podemos fazer com precisão é descrever seu comportamento superficial.

Essa era uma ideia espantosa, porque levava aos mais extremos tipos de heresia. Se, por exemplo, não pudéssemos presumir que compreendemos as ideias íntimas dos outros, então não teríamos motivos para torturá-los a fim de termos certeza de que eles compartilham nossas crenças religiosas. No entanto, a essência do Estado francês era de que o rei e seus oficiais formavam uma unidade com a Igreja. Se alguém era suspeito de realizar práticas religiosas protestantes, essa pessoa deveria ser torturada e violentada com todo o apoio do Estado. Os pastores protestantes eram enforcados, e os que frequentavam cultos protestantes eram quase sempre presos, espancados e — como vimos — enviados como escravos para as galeras mediterrâneas. Não havia um âmbito privado em que o Estado não pudesse intervir.

Por isso os prazeres sensuais de Cirey foram tão importantes. Eles sugeriam um mundo no qual os deleites superficiais pudessem ser valorizados, assim como as escolhas individuais a eles subjacentes. Era o contrário da posição oficial do Estado, que sustentava que os pecados invisíveis é que deveriam ser considerados — e que, se os pecadores não fossem levados à redenção pelo caminho certo, deveriam ser esmagados.

Embora Voltaire fosse egocêntrico e amasse ser o centro das conversas, os jovens que conquistavam seu espaço em Paris o viam agora como alguém que usava ideias com base científica para ir além das costumeiras observações irônicas sobre as velhas instituições, sob as quais todos os franceses tinham que viver. Pois agora Voltaire queria ser mais do que um crítico.

Ele queria mudar o mundo.

O problema era como. Há muito tempo, ele tinha percebido que estava fora do seu ambiente quando se tratava de pesquisa científica. (Voltaire nunca admitiu a Émilie, mas suas discussões em Bruxelas tinham tornado essas limitações ainda mais claras do que antes.) Porém, ele amava o estilo de reflexão que a ciência lhe proporcionava.

Que tal então se usasse isso e examinasse a política com a abordagem clara e imparcial de Newton? Isso significaria examinar os reis franceses ou britânicos como se um novo ponto de vista sobre eles fosse possível através de um telescópio. Esses monarcas, por exemplo, costumavam dizer que mereciam a nossa deferência porque sua autoridade provinha de um passado distante; no caso da monarquia francesa, do próprio Carlos Magno. Mas Voltaire se perguntava por que isso teria tanta importância.

Os satélites de Saturno, ele aprendera detalhadamente com Émilie, giram desse modo apenas porque seguem as regras da gravidade, seguidos por todos os outros objetos do sistema solar. Podem ter ocorrido várias sutilezas nesse passado — os detalhes sobre como foram formados —, mas isso não tem nenhuma influência nas regras que definem seu comportamento hoje. Era essa a abordagem que Voltaire podia agora usar: ignorar o que outrora fizeram os ancestrais do rei e, em vez disso, ter como questão central: o rei é *hoje* eficiente e bom o bastante para justificar a nossa deferência?

Esse era, entretanto, um outro passo fundamental para o Iluminismo. (É, por exemplo, o argumento central na Declaração da Independência dos Estados Unidos.) Voltaire já havia feito menções cada vez mais fortes nesse sentido em seus versos, sua prosa e seu teatro. Agora, incitado pelo reconhecimento de Paris, ele estava pronto para ir além.

A questão era como ter certeza de que os governantes de um Estado de fato tomariam essas atitudes melhores e mais eficientes. Para as colônias britânicas na América do Norte, seria possível imaginar que as pessoas comuns devessem indiretamente decidir isso, ao lhes ser dado o direito de se expressar sobre como seu governo era administrado. Mas, mesmo lá, e apesar de tantos fazendeiros independentes e de uma certa tradição de seitas protestantes autogestoras, ainda era considerado despropositado deixar que todos os adultos votassem da mesma forma. Na França, onde a educação e a diferença de classes eram ainda maiores, a democracia pura era claramente descartada como solução.

A alternativa óbvia de fornecer mais poder aos nobres franceses também não funcionaria, pois eles simplesmente o usariam de maneira egoísta. O Parlamento de Paris não seria melhor, porque era composto de advogados reacionários e oficiais como o pai de Voltaire, que eram tão egoístas quanto os nobres conservadores e ainda mais envenenados pelo desprezo que sofriam dos nobres estabelecidos. Seria ideal se Voltaire pudesse influenciar os centros de poder em Versalhes, mas ele não tinha influência sobre os oficiais da Corte e as amantes que, em geral, controlavam o acesso ao rei.

Em vez disso, Voltaire optou pelo príncipe herdeiro Frederico da Prússia, como o agente ideal para realizar sua vontade.

O jovem era claramente inseguro — como podia ser constatado pelo modo como ele constantemente pedia a Voltaire que corrigisse os constrangedores poemas que tentava escrever em francês. Tal insegurança o faria facilmente manipulável. E, tão logo o já idoso pai de Frederico morresse, o rapaz herdaria um poderoso reino. Voltaire o usaria para implementar no mundo mais amplo as reformas que ele e Émilie tinham discutido por tanto tempo na isolada Cirey.

17

Frederico

FLANDRES E PRÚSSIA, 1740-1741

Em junho de 1740, o pai de Frederico morreu, o que significava que o jovem e tímido Frederico era agora rei e que Voltaire podia dar início ao seu plano. Ele combinou com o oficial-chefe do Ministério do Exterior francês uma permissão para deixar o reino de Luís XV e obter todas as informações que pudesse sobre as futuras intenções da Prússia. Essa aparente missão de espionagem — combinada com uma tentativa de influenciar as alianças diplomáticas escolhidas por Frederico — seria o que convenceria o governo francês a permitir sua partida. Todavia, em um nível mais profundo, ele queria aproximar-se do novo rei o suficiente para conseguir influenciar também sua política de reforma doméstica.

Ele começou por escrever a Frederico, tentando consolar o rapaz diante do choque da perda do pai.

"Sua Alteza Real, há uma coisa que ouso tomar a liberdade de perguntar", escreveu Voltaire em tom paternal. "É se o antigo rei, antes de morrer, conhecia e amava todo o mérito do meu adorável príncipe."

Émilie ainda tinha as suas dúvidas. Não estava certa de que os planos de Voltaire funcionariam e sabia o quanto sentiria a sua falta se ele tivesse que partir por semanas ou talvez meses. Contudo, ela também podia testemunhar o quanto Voltaire queria embarcar nessa missão — e ele sabia ser imensamente persuasivo quando queria. Em 1737, ela não queria que ele fosse à Prússia, e ele compreendeu. Frederico nem sequer estava no trono naquela época e, sim, seu violento pai. Mas isso havia mudado. Será que um filho, perguntava ele agora, não pode ser diferente do pai?

Aquele era um argumento astucioso. Émilie não podia dizer a Voltaire que essa hipótese não existia, pois sabia o quanto ele detestava o próprio pai, o tabelião de mente estreita, e como tentou criar uma vida o mais diferente possível daquela. E, de todo modo — como Voltaire rapidamente apontou, enquanto a resistência dela diminuía —, Frederico de fato dava sinais de ser capaz de realizar tudo o que tinha prometido em suas cartas e seus outros escritos.

Seu pai tinha recrutado regimentos de gigantes, selecionados por toda a Europa, e perdeu boa parcela do dinheiro dos impostos mantendo-os equipados. Frederico já havia dispensado esses regimentos. Banira a tortura de todas as cortes civis de seu reino, declarara a liberdade de religião (ao menos para os cristãos) e estava em processo de eliminação de toda censura.

Existia um argumento final a favor da partida. Émilie dizia em Bruxelas que Deus poderia ordenar o universo de modo a produzir a melhor organização possível. Pois bem, seria justo impedir que Voltaire tentasse contribuir para isso? A Prússia era pequena, mas seu exército era poderoso. O próprio Frederico explicara que não tinha nada a fazer com aquelas tropas rudes — quando esteve preso, depois de tentar escapar do reino cruel do pai, aos 18 anos, seus soldados zombavam quando ele tentava tocar flauta ou ler literatura francesa em sua cela. Voltaire estava convencido de que havia líderes exaltados nas forças militares prussianas que tentariam tirar partido daquele garoto inexperiente — a menos que ele conseguisse, rapidamente, conselhos firmes de conhecedores das práticas mundanas.

No começo de novembro de 1740, Voltaire deixou Haia em direção à Prússia. Não era fácil cruzar o norte europeu no inverno. Quando a carruagem de

Voltaire quebrou, o primeiro camponês a quem tentou pedir ajuda pensou que ele quisesse simplesmente uma bebida; o segundo fugiu correndo de medo. Voltaire e seu único companheiro de viagem, o cocheiro, ficaram sós ao lado de um coche quebrado em uma estrada esburacada no inverno da Vestfália. Fazia frio e a noite caía muito cedo. Voltaire não estava vestido para aquela temperatura, tinha apenas suas calças de veludo e suas finas pantufas de seda.

Para um homem que sonhava ser espião em missões secretas que preservariam a paz da Europa — e que lhe garantiriam a estima da Corte francesa —, esse era o mais completo paraíso. Agora estava confiante, orgulhoso de sua capacidade de lidar bem com qualquer problema. Ele conseguiu um cavalo e foi, sob o frio, até o vilarejo mais próximo. O sentinela perguntou seu nome. "Eu sou Dom Quixote!", respondeu com orgulho. O guarda não fazia ideia do que ele estava falando, mas deixou passar aquele francês. Voltaire continuou por todo o caminho que cruzava a gelada Vestfália e, finalmente, depois de mais de uma semana, conseguiu chegar ao idílico refúgio real à beira do lago de Rheinsberg.

Frederico estava em êxtase. Tinha vários franceses elegantes ao seu redor, e mesmo alguns acadêmicos franceses emigrados — e agora ali estava seu herói, Voltaire. Frederico ficava acordado até o mais tarde que podia, tocando flauta, tentando falar sobre todas as suas ideias em filosofia, literatura e ciência. Quando mostrou a Voltaire os Watteaus que havia comprado, o clima entre eles era tão amistoso, que o francês foi sincero e disse que aquelas eram apenas cópias baratas ("a Alemanha está repleta de obras falsas, os príncipes são facilmente tapeados").

Com o passar dos dias, Voltaire tentou guiar as escolhas estratégicas de Frederico e captar toda a intriga diplomática que conseguisse. Também se descobriu falando sobre Émilie, talvez mais do que o planejado, pois muitos dos elegantes jovens da Corte não estavam ali nem por suas competências diplomáticas, nem por suas aptidões acadêmicas. Em textos que deveriam ser mantidos rigorosamente em segredo, Frederico anotava os seus sonhos. "Eu admiro os olhos [de Voltaire], tão claros e (penetrantes) [...] beijaria seus lábios eloquentes cem vezes." Voltaire estava disposto a fazer muito por aquele país, mas Frederico era homossexual e ele, não. Com um bom jogo de cintura, ele pretendia continuar assim.

Frederico estava disposto a aceitar isso e dispensaria Voltaire quando, com o avançar da hora — de novo segundo a narrativa particular do rei —, ele e os outros jovens "perdiam dinheiro nas cartas, dançavam até cair, sussurravam aos ouvidos uns dos outros e, quando isso levava ao amor, começavam outros movimentos deliciosos". Mas, quando esses interlúdios acabavam, o jovem voltaria ao cômodo em que Voltaire estivesse, fosse qual fosse, e, sentando-se informalmente à beira de sua cama — ou então chamando o poeta aos seus próprios aposentos —, continuariam a conversar sobre a vida e a literatura, assim como os desditosos problemas dos irascíveis líderes militares.

Nesse ambiente acolhedor — nessa festa contínua —, quem poderia resistir a louvar sua nova vida e a menosprezar a antiga? Voltaire fez gracejos perigosamente irônicos enquanto esteve por lá e, de volta em Bruxelas e em Amsterdã, durante os intervalos entre as visitas, continuava a fazê-los em textos bastante confidenciais preparados apenas para os olhos de Frederico. Escreveu sobre Émilie, que a vida com ela era "como viver em um mosteiro; tenho que voltar para as suas leis — é uma obrigação e sou fiel a ela [...]. Mas, ao estar com ela, terei eu perdido toda a minha felicidade e a vida com o meu rei? [...] Eu odeio o processo dela". Chamou-a de "aquela mulher" e se queixou de ter suspirado como um tolo na presença dela.

Era reconfortante ter a atenção ávida do rei da Prússia daquele modo e Voltaire gostava de lisonjas — além do mais, isso favoreceria seu plano secreto de obter as graças do novo rei —, então ele continuou, em outras cartas, a ridicularizar o conselheiro-chefe de Luís XV, o cardeal Fleury ("aquele velho ultrapassado"), para elogiar a perspicácia de Frederico, chegando a elogiá-lo por ter superado os próprios estratagemas diplomáticos franceses. Frederico tinha tudo aquilo por escrito, mas Voltaire estava certo de que isso não importava, de que tudo aquilo que compartilhava estava em segurança.

Mas era uma armadilha.

Na fronteira noroeste do antigo Império Austro-Húngaro, não muito distante do coração da Prússia, ficava a rica e disponível província da Silésia.

Uma nova e inexperiente imperatriz ocupava o trono da Áustria e, embora a Prússia tivesse garantido formalmente seu direito de sucessão, Frederico ia mudar aquilo agora. Ele sabia que, se matasse boa parte das tropas da guarnição da jovem monarca austríaca, de modo rápido, e, a seguir, invadisse, toda a região seria sua. Enquanto Voltaire assistia aos belos jovens da Corte bebendo à beira do lago — e enquanto Frederico se juntava a eles à noite —, o rei também se levantava extremamente cedo todas as manhãs e enviava instruções detalhadas para seus regimentos e comandantes. A obediência deles era total, pois a imagem que aparentava de um rapaz indeciso e hesitante era apenas para consumo externo. Para suas tropas, ele era um monstro.

Quando um soldado tentou desertar de um regimento de elite, Frederico o mandou prender e espancar. A seguir, suas orelhas foram arrancadas. Depois o espancaram mais um pouco. Então seu nariz foi arrancado. "As tropas devem ter mais horror de seus superiores do que do inimigo", escreveu friamente, tendo feito tudo para que assim fosse. A mínima falta disciplinar levava ao espancamento furioso.

Nada do que Frederico havia mostrado a Voltaire era verdade. Apenas alguns dias depois de Voltaire se pôr a caminho de Bruxelas, as sólidas tropas de Frederico despencaram sobre a Silésia. O exército aprendera a marchar de modo medonho, com a perna da frente de cada soldado chutando tão alto que a coxa ficava paralela ao chão e o pé se estendia flexionado. Para manter o equilíbrio, os soldados tinham que cruzar o outro braço com precisão por trás do corpo e esticar o maxilar para a frente de tal modo que o rosto se deformava em uma careta de estiramento. Esse era o característico *Paradeschritt* prussiano — o que os estrangeiros, impressionados, chamaram de "passo do ganso". Era o oposto de cada lição que Voltaire desejava dar. Não obstante, Frederico havia criado uma verdadeira máquina newtoniana, livre daquelas ilógicas crenças históricas que os políticos da Corte tinham legado até então.

Frederico era um exímio estrategista, sendo esse o motivo de sua dedicação ao grande plano secreto para destruir o relacionamento de Voltaire com Émilie e fazer com que ele fosse tão desacreditado pela Corte francesa que se visse forçado a aceitar o refúgio da Prússia. Isso daria uma aparência de respeitabilidade aos seus frios ataques militares. As observações provocadoras e machistas que estimulava Voltaire a pôr por escrito eram apenas o estágio final da armadilha. Keyserlingk era um emissário fiel. Frederico começou a usá-lo, juntamente com outros, para direcionar as palavras de Voltaire para onde causariam os piores estragos: fazendo com que ele fosse odiado na Corte francesa e — como Frederico percebera o quanto Émilie era crucial para manter o poeta na França — fazendo que a sua própria amante o rejeitasse.

Voltaire demorou semanas em sua segunda viagem de volta. Havia tempestades de neve por toda a Alemanha central e, quando tentou concluir o trajeto por mar, descobriu o mar do Norte revolto: seu barco foi arrastado, derrapando até a margem, chocando-se repetidas vezes nas ondas bravias. Chegou a Bruxelas exausto e com frio, e com uma infecção em um dos olhos que lhe dificultava a visão.

Émilie não estava nem um pouco contente e fez com que soubesse que ela, como todo mundo, tinha lido as cartas desviadas. Durante anos, ela passara horas incontáveis fazendo *lobby* a seu favor junto aos contatos de sua família na aristocracia, para fazer que os oficiais de Versalhes lhe permitissem viajar livremente, para protegê-lo da prisão, para fazer que os oficiais da censura o deixassem em paz. Mesmo em suas últimas viagens, ela manteve esse trabalho no Palácio Lambert. No entanto, o que recebeu em troca? "Eu fui cruelmente recompensada", advertiu-o ela. Mas Voltaire estava simplesmente furioso. Será que ela sabia como era irritante ser perseguido por aquelas cartas queixosas que ela escrevia enquanto ele tentava executar uma missão diplomática importante? Com efeito, será que ela fazia ideia do quanto agora lhe entediavam aquele caso judicial sem sentido e aquela ciência ridícula? Ela certamente não sabia como era ter escrito uma obra-prima — a sua *História de Luís XIV* — e vê-la proibida.

Tudo entrava em colapso. Eles tinham um acordo: deveriam vive em Bruxelas até o final do caso judicial, depois se mudariam para Paris, para a sua bela casa na Île de St. Louis. Mas, se ele fora banido de Paris após seus embaraços na Prússia e tinha sido descoberto a fazer afirmações traiçoeiras sobre a França, como isso seria possível? Ela já era motivo de risos por culpa dele. Uma piada dizia que deveria haver uma cláusula em qualquer hipoteca que madame du Châtelet assinasse daqui por diante: quando o sr. Voltaire a decepcionasse, ela não seria mais obrigada a manter sozinha os pagamentos.

Quase uma década antes, Voltaire se apaixonara pelo sonho de ser a pessoa que Émilie poderia pensar que ele fosse. Sempre se imaginou grandioso: tão bom quanto acreditava sua estimada mãe e não o fracasso em que seu pai sempre insistira. Émilie tinha sido fundamental nisso, pois ele a respeitava tanto que a sua aprovação era o apoio mais importante de sua vida. Contudo, ela o tinha visto humilhado — e a culpa era toda dele. Poderia manter-se do lado dela e aceitar a sua análise precisa sobre o quanto ele havia se enganado sobre Frederico ou atacar, convencendo-se a ridicularizá-la de modo que não tivesse que enfrentar as lembranças que ela trazia dos seus erros.

Escolheu a saída dos covardes. É cruel para um homem ter de rejeitar sua amante; no entanto, em sua raiva e constrangimento, foi isso o que ele decidiu fazer. O que as outras pessoas pensavam ainda era tão importante que ele teve que tomar a atitude correta. Um poema que lhe resgatasse a honra, declarando que ele era velho demais para ela, seria bem apropriado. Obteria demonstrações de compaixão dos amigos e ainda mostraria a Émilie sua raiva.

Foi então que escreveu um longo poema, fingindo estar aturdido por ter passado da idade em que ainda poderia ter relações sexuais com ela. Os versos que saltaram daí foram:

> *... vês que estou à morte,*
> *não posso ser teu amante*
> *estou velho...*

Émilie ficou furiosa. Era uma paródia de tudo o que ele escrevera em seus primeiros encontros, naqueles doces meses de 1733, quando não conseguiam mais manter suas mãos separadas em Paris, em Cirey e em todas as estalagens ao longo do caminho. Além disso, o poema era falso. Na última viagem de Voltaire, Frederico sugeriu que parasse durante a volta em um castelo, onde conheceria Ulrica, irmã do rei da Prússia, que era jovem, saudável e exube-rantemente heterossexual.

Voltaire ficou lá por semanas, escrevendo a Ulrica poemas eróticos sobre as suas noites juntos. Ele sabia que Émilie estava a par disso, pois cópias daqueles poemas tinham ampla circulação. Mas agora ele a magoava de propósito.

VI

SEPARADOS

18

A ferida em meu coração

PARIS E VERSALHES, MEADOS DA DÉCADA DE 1740

De um criado pessoal de Voltaire, um ano depois:

[O sr. de Voltaire] está com um humor estarrecedor, trata a marquesa com extrema indelicadeza e a faz chorar o dia inteiro.

Anteontem tiveram uma briga que durou a noite inteira. Voltaire queria jantar sozinho e fez com que lhe servissem em uma mesa pequena. Madame du Châtelet veio jantar com ele e queria que usassem uma mesa maior. Voltaire obstinadamente não quis abrir mão da sua mesa e, como ela insistisse, disse que ele era o senhor da sua casa, que havia sido subserviente por muito tempo e muitas outras coisas grosseiras.

Essas querelas, que ocorrem com frequência, são objeto de escárnio de toda a criadagem.

Émilie desmoronava. Ela mentia aos amigos sobre o que acontecia, mas isso não mudava o que sentia. "Nada nos degrada tanto", anotava ela em seu diário, "quanto o esforço de reconquistar alguém que já nos deu o seu coração".

Voltaire era terrível com ela, frio e com uma indiferença constrangedora que parecia não ter mais fim.

Ela voltou a jogar, mas, em função da perturbação e da degradação constante, sua destreza desaparecia.

Sempre houve uma diferença no modo de encarar o jogo entre as pessoas criadas nas classes médias e os membros da antiga aristocracia. Para os primeiros, como Voltaire, o jogo era um absoluto desperdício de tempo: precisamente o oposto do planejamento sensato, necessário para fazê-los progredir na vida. Para os aristocratas, entretanto, como Émilie, era uma marca da sua independência, de seu pouco apego a trivialidades como o trabalho remunerado e a rotina tediosa.

Isso não tinha tanta importância nos velhos tempos, antes das desastrosas viagens à Prússia. Embora não jogasse, Voltaire sempre se orgulhou do sucesso de sua companheira: "As damas da Corte", notou ele, "que jogavam cartas com ela em companhia da rainha, nunca suspeitaram estar ao lado da comentadora de Newton". Mas agora, com sua concentração arruinada e o desespero em busca da sensação que apenas as grandes apostas lhe proporcionariam, ela começou a perder grandes somas de dinheiro. Todos os anos em que Voltaire conteve o seu ressentimento vieram à tona diante das mínimas marcas de superioridade de classe que ela demonstrava na relação: sua extrema segurança na relação com os criados e com os nobres; o acesso automático que ela sempre tivera às casas mais importantes, nas quais ele sempre teve que lutar para entrar.

Um pouco antes disso, supostamente em um certo tom de brincadeira, ele escreveu: "Se [...] a superioridade [de Madame du Châtelet] lhe permite abaixar os olhos em minha direção, isso é um gesto nobre, tão sublime ela é. Olhar para baixo para me ver ofusca seus olhos." Agora ele podia se vingar. Em um momento de singular desespero, ela escreveu a ele (as palavras em itálico estão em inglês no original):

Dear lover,

Lamento tanto ter que escrever em vez de falar sobre isso, mas acontece, dear lover, *que preciso desesperadamente de cinquenta luíses para pagar o aluguel deste mês. Também preciso de outros 12,50 luíses para cobrir outras dívidas de jogo e ainda ter algo com que sobreviver. Só usarei a quantia ao final do mês [...] posso pagar-lhe com o aluguel da casa ou, se preferir, aqui vai um recibo que o sr. du Châtelet me enviou e que, por sorte, ainda não gastei. Guarde-o e empreste-me o dinheiro, eu não o usarei em gastos desnecessários. Podemos abrir uma nova conta. Você fará isso por mim se puder, não é?*

Voltaire recusou o pedido. Ela tentou outros amigos com uma urgência cada vez maior e mais humilhante. Só quando os intendentes estavam prontos a tomar todos os bens dela é que Voltaire pagou, a contragosto, a dívida.

A esposa de Richelieu, Elisabeth, havia morrido — de uma outra hemorragia que ninguém pôde estancar — e, em certo momento, Émilie cogitou reatar o caso. Mas também essa tentativa fracassou de maneira embaraçosa, com Richelieu se revelando gentil demais para se aproveitar dela naquele momento. "Eu não sei", escreveu ela a Richelieu logo depois de um acontecimento desse tipo, "por que lhe disse aquilo em Fontainebleau. Eu não pude me conter [...]."

Ela parou inteiramente de fazer a ciência. Isso era desolador, pois, com sua pesquisa em Bruxelas, ela estivera no auge da verdadeira criatividade; seu trabalho a pusera na elite dos pensadores originais da Europa. Quando, por exemplo, alguém da velha guarda da Academia de Ciência de Paris a criticava, sem nenhuma razão válida, mas apenas por corporativismo, ela respondia com uma refutação em apenas três semanas, pondo-o em seu devido lugar. Mas aquela audácia dependia do respeito de Voltaire. Agora ela estava perdida. Ela se recompunha apenas o suficiente para responder com clareza às cartas que continuavam a chegar — dos membros da Royal Society de Londres ou de importantes pesquisadores da Itália e de outros países —, mas não conseguia concentrar-se para começar alguma coisa nova.

Quando pesquisava ciência, sentia-se conectada ao universo. Mas isso passou. A solidão, o silêncio, era tudo.

~

Voltaire também desmoronava. Ao excluir Émilie de sua vida, ele não tinha mais o apoio e a autoconfiança de que sempre precisou para realizar uma obra importante. Para tentar recuperar tudo aquilo, dedicou-se ao que depois — quando finalmente recobrou a sensatez, muitos e longos anos depois — chamou do único período inteiramente desperdiçado da sua vida. Ele sempre desprezara a Corte francesa e os parasitas que a povoavam. Mas agora fazia tudo o que podia para se juntar aos favoritos do rei em Versalhes e ascender à posição mais alta que pudesse como um cortesão inescrupuloso e empoado.

Por ser Voltaire, ele justificava essa atitude com algumas razões plausíveis. Com muita dificuldade, ele conseguiu escapar da prisão na França depois da catástrofe de suas viagens à Prússia, mas isso ocorreu apenas porque o oficial do governo francês que ele mais havia insultado — o idoso cardeal Fleury, há muito tempo conselheiro-chefe do rei — tivera a boa graça de morrer no início de 1743, antes que qualquer iniciativa pudesse ser tomada pela Corte.

A morte de Fleury abriu novas possibilidades na Corte. O rei-infante Luís XV passara toda a vida sob os cuidados de Fleury e agora — que Luís já tinha mais de 30 anos e seu ancião protetor se fora — o pobre estava perdido. Mesmo para os padrões liberais da realeza europeia, Luís era famoso por ser um tolo, com extrema dificuldade para entender o que acontecia fora dos muros de seu palácio. Não podia contar com os nobres mais importantes para lhe ajudar, porque Versalhes era uma estufa de vinganças. Cartazes sarcásticos eram às vezes deixados anonimamente na porta dos próprios aposentos do rei; mesmo ao seu predecessor, o muito mais autoritário Luís XIV, certa vez ocorreu de uma pesada borla de cortina, suspensa por uma parede divisória, cair quase em seu colo — em meio a risos e correria do lado de fora.

Isso fez com que o desnorteado Luís XV recorresse cada vez mais às suas fiéis amantes em busca de conselhos sobre o que fazer. Quem quer que controlasse a amante, controlava o rei. Voltaire não conseguiu realizar suas ideias de trazer para a Terra o nítido e decente universo de Newton nos inóspitos recintos de Berlim. Mas, se ele conseguisse pôr as mãos nas alavancas de poder aqui em Versalhes, talvez pudesse finalmente se redimir.

Um dos homens mais poderosos a se aproveitar do vácuo na Corte era o velho inimigo de Voltaire, Jean-Frédéric Phélypeaux, aquele que vira Voltaire preso na Bastilha durante o incidente de Rohan, 20 anos antes (e que o rastreara até o casamento de Richelieu naquela tentativa fracassada de prisão no incidente das *Cartas da Inglaterra*, fazia 10 anos). Phélypeaux odiava plebeus como Voltaire — especialmente plebeus que se alçavam a níveis superiores —, e conseguiu fazer com que o inseguro Luís escolhesse a sensual, maleável e definitivamente aristocrática jovem duquesa de Châteauroux como amante real.

Mas Phélypeaux cometeu um erro tático. Certo dia, em agosto de 1744, enquanto inspecionava as tropas em um dia quente em Metz, o rei caiu doente, ficou aterrorizado com a possibilidade de morrer e começou a se confessar a um padre. Ele não podia ter uma amante durante sua confissão em leito de morte (senão sofreria uma condenação eterna), e então a jovem Châteauroux teve que juntar tudo o que tinha e partir, rapidamente.

Ela sempre fora odiada pelos plebeus, e a multidão começou a se reunir em volta da sua carruagem mesmo antes que terminasse de arrumar suas malas: houve palavrões e provavelmente montes de lixo atirados às suas costas enquanto fugia. Phélypeaux foi o primeiro a dizer ao rei o quanto ele sempre desprezara aquela mulher ridícula, cujos truques sexuais ameaçaram tão gravemente a alma real. Mas para seu azar o rei sofria apenas de uma insolação — ele se assustava facilmente —, e dentro de poucos dias estava melhor, já tinha esquecido a confissão e Châteauroux estava de volta.

Era hora de dar o troco. Châteauroux espalhou a notícia de que tinha uma lista de todos os cortesãos que haviam cometido o sério erro de se voltar contra ela. Em um ato considerado desesperado, Phélypeaux foi pessoalmente à casa de Châteauroux, na *rue* du Bac, em Paris. Era o fim da tarde de quarta-feira,

26 de novembro de 1744. Ele trazia alguns documentos consigo, ou talvez fosse outra coisa, algo que mantinha em uma pasta fechada que ninguém mais podia examinar. Ela o fez esperar no térreo e, quando finalmente sua entrada foi autorizada, ele aceitou a sugestão de se encontrarem no quarto dela. A porta foi fechada logo após sua entrada. Eles estiveram a sós por um longo tempo.

Desde esse dia, ninguém soube ao certo o que aconteceu ali dentro, mas, quando Phélypeaux saiu de lá, parecia bem contente. O mesmo valia para ela, que agora explicava aos aliados que aquele grande oficial lhe confessara os erros que cometera e implorara pelo seu perdão. No dia seguinte, ela estava pronta para voltar a Versalhes, conquanto não se sentisse muito bem. Ao longo do dia, foi se sentindo cada vez pior. Em pouco tempo, "gritava de dor e por pavores desconhecidos". Ela morreu pouco tempo depois; os rumores de envenenamento começaram quase imediatamente.

Todavia Phélypeaux tinha ido longe demais, porque agora não havia mais amante do rei. Isso significava que o acesso de Voltaire ao poder também não estava mais bloqueado. Se ele conseguisse que sua indicação de amante fosse a escolhida, talvez isso ajudasse a apagar da mente de Émilie o constrangimento de seu gélido retorno da Prússia.

Ele e seu antigo colega de escola, Richelieu, trabalhavam juntos. Havia uma jovem primorosa, alta e espirituosa, que eles perceberam que causaria a admiração daquele rei resignado. Melhor ainda, seu avô era um reles peixeiro — seu nome de nascimento era Jeanne Poisson (Joana Peixe) —, e essa ascendência inferior significava que todos na Corte a desprezariam tanto que ela não conseguiria fazer alianças. Richelieu e Voltaire seriam, assim, seus únicos protetores e, portanto, os principais beneficiários da sua ascensão. Voltaire também via nela uma intrusa como ele, ansiosa para se alçar de uma origem imperfeita ao poder da Corte.

Fazer com que Poisson chegasse à cama do rei não era tão difícil, já que os homens da família real francesa tinham uma falta de comedimento que fazia Richelieu parecer um penitente. (Quando, certa vez, Luís XIV teve que esperar por uma das suas amantes aristocráticas que se preparava para recebê-lo, ele fez com que, em um gesto de impaciência, sua criada se despisse e, enquanto esperava, fez sexo com ela.) Por meio de uma mistura de habilidades na cama com destreza na conversa, a srta. Poisson em pouco tempo se tornou sua amante oficial e, daí por diante, tudo o que Voltaire tinha a fazer era ganhar a confiança do rei, de modo a usar com propriedade o poder que o acesso àquela nova mulher lhe conferia.

A oportunidade veio em uma campanha militar que, na primavera de 1745, parecia prestes a acontecer nos Países Baixos, além da fronteira norte da França. (O aparente motivo era a vingança pelas recentes perdas para as forças austríacas na Europa Central, e um ataque francês às possessões austríacas espalhadas ao redor de Bruxelas parecia um modo simples de fazê-lo. No entanto, holandeses e ingleses enviaram tropas para bloquear a ação, já que não queriam uma expansão francesa nas proximidades de seu território.) Com esse ataque militar, o rei pretendia mostrar a todos sua virilidade e, então, decidiu juntar-se aos seus exércitos no campo de batalha.

Voltaire e Richelieu sabiam a grave catástrofe em que aquilo poderia transformar-se e assim Richelieu decidiu ir junto, mantendo-se próximo ao enorme grupo de guardas, sapateiros, cozinheiros, costureiros, lavadeiras, cabeleireiros, criados e os mais variados almofadinhas que viajavam com Sua Majestade. Contudo, enquanto o exército francês ainda marchava para o norte, as tropas britânicas já tinham desembarcado e se reunido aos seus aliados holandeses. Na manhã do dia 11 de abril de 1745, nas vizinhanças da vila de Fontenoy, começou a batalha. Pouco depois do início do tiroteio, a infantaria francesa estava em sérios apuros. Para ajudá-la, a cavalaria francesa — composta inteiramente de nobres por hereditariedade — marchou à frente. Ao galoparem adiante, seus cavalos pisotearam e mataram um grande número de soldados franceses que estavam a pé; mas, quando os nobres mimados viram a rapidez com que os britânicos atiravam, deram meia-volta e correram para seu ponto de partida, voltando a esmagar e a pisotear com seus cascos a própria infantaria.

O rei estava apavorado e seus generais tremiam. Foi quando Richelieu abruptamente fincou as esporas em seu cavalo e galopou à frente de todo o grupo de comando. Se conseguisse chegar mais perto da batalha, poderia ver o que estava acontecendo. Reuniu um grupo de fuzileiros franceses e com eles conseguiu chegar até a frente. Em pouco tempo, foi forçado pelos tiros britânicos a retroceder, mas isso lhe bastou para ver que havia uma falha na formação britânica. Em função do sucesso inglês, eles avançavam cada vez mais em direção às linhas francesas, o que significava que estavam "tão precisamente encaixados [...] quanto uma tarraxa em uma porca".

Richelieu voltou até o rei e — ao menos segundo a versão registrada por Voltaire — explicou que um ataque repentino da artilharia francesa surpreenderia os britânicos. Com isso, uma investida da cavalaria contra os seus flancos os destruiria. Entretanto, os generais do rei argumentaram que havia uma ótima ponte sobre o rio Scheldt, que ficava bem atrás deles e, com toda a palha seca que seus engenheiros depositavam sob ela, o rei poderia escapar em segurança para, em seguida, incendiar a ponte.

Nesse momento, um comandante se exaltou. Luís suava: Onde estava alguém que lhe dissesse o que fazer? Todos gritavam com ele. Richelieu parecia capaz de desembainhar seu sabre e matar um dos oficiais franceses; o clima estava quente; havia um tiroteio terrível, tumulto e gritaria não muito distantes.

De alguma maneira, Luís percebeu que Richelieu repetia alguma coisa. Havia pelo menos quatro canhões franceses disponíveis que ele tinha visto em seu caminho de volta. Será que ele poderia ordenar sua ativação? Luís ainda hesitava, mas Richelieu parecia agora muito contrariado e continuava a repetir, em um tom cada vez mais destemperado, o que dissera. Por fim, Luís percebeu que, se concordasse, talvez Richelieu se calasse.

O rei desistiu e Richelieu logo tomou a direção. Com um grupo de comando, fez preparar os canhões. Com um outro grupo, fez com que cada soldado montado se alinhasse imediatamente. As tropas britânicas, que avançavam sem parar, agora viam as forças francesas bem à sua frente se separando, como o mar Vermelho diante de Moisés. No lugar delas, surgiam quatro canhões incomodamente grandes, munidos e apontados para eles. Os canhões atiraram e Richelieu ordenou que fossem recarregados. As tropas irlandesas, que lutavam em favor do rei católico da França, foram especialmente enérgicas em seu apoio. As linhas britânicas foram esmagadas e a batalha teve um rápido fim. Em pouco tempo, não havia mais nada a fazer além de usar a baioneta contra as tropas britânicas, que, feridas, não conseguiam fugir, ou ainda arrancar botas úteis ou moedas dos corpos inertes ou em convulsão.

Foi uma vitória para Richelieu e para os soldados plebeus franceses, mas ninguém podia admitir isso. Voltaire começava a perceber que tinha sido admitido. Para continuar sua ascensão em Versalhes, ele agora precisava preparar um livrinho intitulado *A batalha de Fontenoy, como foi vencida por Luís XV*, no qual elogiaria a determinação fria, quase sobre-humana, de Sua Majestade. Não era isso o que Voltaire outrora tinha em mente ao explicar com ironia aos seus jovens ouvintes nos salões de Paris como os projetos de reforma política que ele e Émilie começaram a esboçar em Cirey seriam implementados.

Também a srta. Poisson não foi tão útil quanto se esperava. Embora às vezes ousasse distribuir um ou outro dos manuscritos subversivos de Voltaire, isso era apenas para irritar as mulheres mais velhas e preconceituosas da Corte que a desprezavam. Sua sorte dependia dos favores do rei, e ela era certamente inteligente o bastante para perceber isso. Não importava que Voltaire tivesse ajudado a conduzi-la a esses favores. Ao contrário. Se Luís sentia que tinha conquistado uma grande vitória, então o seu trabalho era deixar claro àquele estranho sr. de Voltaire que era exatamente assim que ele devia apresentar a batalha.

Então as coisas pioraram. A ostensiva vitória do rei em Fontenoy e a segurança que o elogio de Voltaire lhe trouxera incitaram Sua Majestade a uma outra proeza com as armas. Seu bisavô, Luís XIV, vira repetidamente seus projetos de dominação da Europa frustrados pelos terríveis ingleses. Agora que o confronto já havia começado, por que não ir até o fim e invadir o país deles, ou ao menos instalar lá um governo fantoche que a França pudesse controlar?

O rei era prudente o suficiente para sugerir secretamente que Richelieu solucionasse os detalhes logísticos menores, tais como organizar e depois comandar as tropas de ataque. Mas a invasão traria uma glória ainda maior à França, e o rei significava a França, ou pelo menos deveria significar — havia teóricos que escreviam sobre essas questões confusas — e, de todo modo, ela aumentaria seu crédito.

No princípio, o plano ia bem. Em julho, o pretendente católico ao trono, o vigoroso jovem de 24 anos Charles Stuart, aportou na Escócia com promessas de um futuro apoio francês. Em setembro, ele já havia tomado Edimburgo e, pouco tempo depois, marchava em direção à Inglaterra. Era preciso preparar panfletos para fazer com que a população inglesa se rendesse, e Voltaire era o homem certo para essa tarefa. Havia aí um certo conflito de interesses para Voltaire, já que isso significava apoiar os direitos do que ele sempre chamou de uma semiditadura viciosa regida pela Igreja (França) contra uma política constitucional que, durante anos, ele pensou ser a grande esperança para o futuro da humanidade (Inglaterra). Mas, se o resultado lhe oferecesse uma chance de glória e um papel importante na Corte, não seria isso o certo a ser feito?

19

Recuperação... e fuga

Paris, Versalhes e Fontainebleau, 1745-1747

Émilie percebeu que Voltaire estava se destruindo, mas parte da sua própria recuperação dependia de manter distância de tudo o que ele fazia. Ela começou a se dedicar a uma espécie de diário — um manuscrito que tristemente intitulou "Felicidade" — para reunir suas ideias sobre o que tinha dado errado. Ela tinha muito sobre o que refletir

"Durante dez anos", escreveu ela, "eu fui feliz com o amor do homem que dominou minha alma. Passei esses anos a sós com ele e isso era sempre o suficiente [...]".

"Eu perdi esse estado de felicidade", prosseguia. "O que aconteceu para me fazer ver isso foi terrível: a ferida no meu coração sangra há muito tempo." Mas agora ela aceitava isso. "Nada trará de volta o amor perdido. Ao menos isso eu aprendi."

Ela fez uma lista das coisas que preenchiam seu tempo com contentamento. Algumas eram coisas pequenas, como boas refeições, cantar — ela ainda tinha aquela voz encantadora — ou os espetáculos de marionete nos quais sempre podia gargalhar. Porém o mais importante para a intensidade de que ela precisava — assim como para sua autoafirmação — é que havia a ciência.

Existia algo na antiga experiência de S'Gravesande com a queda dos cilindros que continuava a intrigá-la. Voltaire estava convencido de que o que S'Gravesande tinha encontrado era apenas um fato acidental, simplesmente determinando o que acontecia quando pedaços redondos de bronze se chocavam contra bandejas de argila holandesa. Émilie, no entanto, ainda via isso de modo diferente.

Caso medisse a energia que esses cilindros em queda traziam no momento do impacto, mesmo Voltaire e os intransigentes newtonianos admitiriam que havia algo naqueles números que nunca desaparecia. Quando um cilindro cai na argila, ele para em pouco tempo, mas a própria argila se deforma e treme, transmitindo esse tremor à bandeja na qual estava, que, sem dúvida, passa para o chão sobre o qual está, que, provavelmente, acaba por fazer a Terra inteira estremecer em um grau mínimo em sua órbita.

Émilie não suportava aquilo: "[...] o que me preocupa agora é o livre-arbítrio. Sinto-me livre em meu coração; no entanto, se a quantidade total de energia no universo nunca muda, isso não destruiria o livre-arbítrio? Quero dizer, se começamos a nos mover, devemos estar criando uma certa energia que não existia antes. Mas, se não podemos fazer isso — porque isso seria um acréscimo à quantidade fixa de energia no universo —, então não podemos decidir o nosso movimento. Então não somos livres!"

Lentamente, e em especial pela correspondência com o jesuíta italiano Francesco Jacquier, Émilie percebeu qual seria agora o desafio que daria sentido a sua vida. Newton era o grande pensador de todos, mas era excepcionalmente difícil lê-lo. Em vários aspectos, ele não era o primeiro dos cientistas naturais modernos, mas também não era o último dos medievais, pois o grande texto dos *Principia*, que escrevera sintetizando as suas ideias, era quase inteiramente baseado em uma geometria secular. Poucos conseguiam usá-la diretamente. Várias pesquisas por toda a Europa eram retardadas por dependerem de cálculos secundários que, com frequência, eram apenas parcialmente compreendidos.

Que tal se Émilie adaptasse os *Principia* de Newton para a nova era moderna? Então, as respostas mais profundas pelas quais procurava poderiam ser mais bem pesquisadas e, além disso, teria todas as ferramentas analíticas de Newton para ajudá-la. Ela já havia feito alguns esforços desconexos nesse sentido antes, mas tinha sido letárgica demais para prosseguir. Agora era diferente. Seu desafio não seria apenas transpor as palavras em latim de Newton para o francês. Mais do que isso, iria *também* transpor as suas estranhas e imensamente complicadas provas geométricas para a forma mais moderna do cálculo — ao que acrescentaria seus próprios comentários, e explicaria como ela entendia que a obra dele poderia ganhar melhor continuidade.

Em si só, isso já seria um empreendimento imenso — foram necessários anos de esforço intelectual para que o próprio Newton produzisse os *Principia* —, mas Émilie começava a sentir que poderia ir além e acrescentar importantes áreas originais.

No passado, ela dependia inteiramente do respeito de Voltaire. Mas ele havia se metido em dificuldades tão constrangedoras em Versalhes que — ao menos por enquanto — a falta de seu apoio não significava muito. Émilie sabia que ela ainda era mais rápida em raciocínio do que quase todos os que conhecia; foi fantástico ter sido celebrada por sua pesquisa sobre o fogo e a luz. Ela podia se orgulhar do trabalho que conduzira com telescópios, prismas e diagramas geométricos; do estudo sistemático que elaborara sobre os primeiros livros da Bíblia e do seu significado para a fé daquela época; além das traduções e comentários sobre economia e política, para os quais também encontrou tempo em Cirey. A resposta que continuava a receber de acadêmicos estrangeiros e pensadores de todo o continente somava-se a essa lista.

Ela foi criada em um mundo aristocrático, em que realizar um trabalho elegante era tudo o que importava. Contudo, foi atraída por Voltaire e seu mundo burguês, mais prático, em que o resultado sólido e real era o que importava. Era disso que ela se orgulhava e que se dispunha a fazer mais, mesmo que por conta própria. Os anos difíceis chegaram ao fim. Agora ela tomava o controle. A ciência europeia avançaria — assim como ela.

Voltaire sabia que estava encurralado, mas achou impossível escapar. A srta. Poisson subira até o ponto pelo qual ele e Richelieu esperavam, mas isso simplesmente a tornou mais independente. Com efeito, ela era cada vez mais conhecida pelo nome que o apaixonado Luís lhe dera, e tornou-se a famosa madame de Pompadour. Como Voltaire e Richelieu a conheciam desde o início, quando era vista com suspeita, ela era ainda mais distante com eles do que com os outros cortesãos, que, sendo seus inimigos desde o começo, ela agora precisava converter em aliados.

A invasão da Inglaterra também fracassou por uma combinação do excesso de cautela dos seguidores escoceses de Charles Stuart com a confusão de Richelieu nos preparativos para a invasão (para o que não contribuíram suas contínuas brigas com Phélypeaux), desde quando as tropas ainda aguardavam nos portos franceses.

Voltaire de fato ganhou uma fantástica promoção para os padrões de Versalhes, pois lhe foi concedido um conjunto permanente de cômodos para seu uso pessoal — uma honra pela qual as famílias aristocráticas reconhecidamente seriam capazes de trocar suas próprias filhas. Por se localizar no topo de uma escada importante e muito usada, o conjunto contava também, logo abaixo, com um igualmente importante e muito usado banheiro aberto. O odor das grandes ilhas semiflutuantes de excrementos aristocráticos era algo difícil de se mascarar, mesmo com as pesadas velas com perfume de laranja, desesperadamente usadas com esse propósito. Voltaire não teve saída senão escrever aos oficiais da Corte em humilde terceira pessoa: "O sr. de Voltaire [...] implora ao diretor-geral deste edifício para gentilmente ordenar [...] que uma porta seja instalada nos toaletes públicos que se localizam aos pés da sua escada e que, se possível, a água das calhas próximas seja desviada para funcionar-lhes como descarga."

Em breve, chegaram mais honrarias e havia até boatos de que talvez o rei pudesse indicá-lo como cavalheiro dentre os magistrados da Câmara. A honra veio com um alto estipêndio em dinheiro, mas também com a convocação para se apresentar cotidianamente às portas dos aposentos do rei às 8h a fim de se unir aos outros veneráveis cavalheiros e assistir ao despertar formal do rei: a retirada das cobertas reais, a troca da camisa real e, até mesmo, para poucos seletos, a escovação da peruca real. No que talvez tenha sido a maior de todas as indignidades, Voltaire veio a descobrir que Phélypeaux era agora seu amigo: escrevia-lhe notas cordiais e discutia — tal como um companheiro de trabalho — os detalhes dos procedimentos de publicação dos realmente maravilhosos poemas, declarações, dramas, histórias e outros documentos que Voltaire agora produzia copiosamente em seu novo posto.

Isso estava muito distante da aplicação das ideias iluministas que Voltaire buscava. Antes de se enfurnar em Versalhes, ele e Émilie foram o coração da nova "República de Cartas" europeia: uma meritocracia em que as decisões não eram tomadas com base em uma autoridade cega, mas em uma resposta aberta e humana aos fatos.

Em Versalhes, entretanto, a verdade era determinada de um modo diferente. A vontade do rei era a verdade, e o que os seus principais conselheiros desejassem também poderia tornar-se verdadeiro. A ciência não importava. A hierarquia na Corte determinava o que poderia ser pensado e o que poderia ser dito.

Tudo desmoronava. Voltaire começara um caso com a sua — agora viúva — sobrinha Marie-Louise — o incesto entre tio e sobrinha era muito menos abominável nos países católicos naquela época do que é hoje —, mas, por mais que no início aquilo fosse emocionante para ele, ela mantinha uma posição um tanto cética. Quando conseguia se livrar das latrinas na base de sua escada em Versalhes, tirar o seu robe manchado, tomar banho, barbear a cabeça e o queixo, passar o óleo de cravo-da-índia necessário para que suas gengivas não doessem muito, fazer com que seu criado preparasse uma peruca devidamente empoada e percorrer todo o caminho que ia da Corte até o apartamento de Marie-Louise em Paris para um encontro romântico, quase sempre encontrava aquela voluptuosa jovem visivelmente distraída. (A um dos seus amantes mais benquistos naquele momento ela escreveu: "Não posso acreditar, meu querido, que Voltaire venha jantar novamente comigo esta noite [...]. Não consigo me livrar dele.")

E então, depois do flerte e do sexo, quando tinha que conversar com ela, ele percebia o que sempre soubera: era Émilie quem estava certa sobre Frederico;

240 RECUPERAÇAO... E FUGA

assim como tinha razão ao adverti-lo para não ir longe demais em Versalhes. Ela o compreendia. Ninguém jamais a substituiria.

~

O problema era como reconquistá-la. Era tudo muito difícil porque ele tinha orgulho demais para pedir desculpas e ela, certamente, não dormiria com ele após o que lhe fizera passar. Mas ambos sabiam que tinham, em seu passado compartilhado, alegrias suficientes para se contentarem em viver inteiramente separados um do outro: os anos de conversa diária, os sonhos que compartilharam em Cirey e depois.

Em uma primeira tentativa, fizeram algumas viagens que os aproximaram de uma maneira tão intensa como há muitos anos não experimentavam. No verão de 1747, passaram semanas a fio como hóspedes em um castelo a cerca de 100 quilômetros de Paris. Ambos se dedicavam aos seus trabalhos, e os outros hóspedes se decepcionavam por não ver aquele casal misterioso várias horas durante o dia, pois cada um estava ocupado em seu próprio quarto. Ao final da visita, os criados descobriram que Émilie tinha juntado várias mesas de seu quarto para fazer uma grande área de trabalho em que coubessem sua escrivaninha, suas pilhas de páginas manuscritas e as grandes folhas de papel encadernadas de que precisava para cascatas de linhas de cálculo que tinha que desenvolver. Suas forças internas eram fortes o suficiente para fazer renascer sua criatividade. Voltaire, ao contrário, nada fazia além de pequenas alterações em uma peça comercial que vinha floreando havia meses. Depois de todos aqueles anos em Versalhes, ele por fim ficara vazio.

Ele sabia que, se algum dia quisesse recuperar sua habilidade, precisava reconquistar o respeito de Émilie por completo. Mas que evento importante o faria convencê-la de que estava realmente ao seu lado?

Em outubro de 1747, a Corte dedicava-se a sua mudança anual de Versalhes (a 15 quilômetros a oeste de Paris) para o antigo palácio e as casas de campo de Fontainebleau (ao lado de uma floresta, 60 quilômetros a sudeste de Paris). Voltaire tinha que acompanhá-los, pois, embora tentasse cautelosamente reaproximar-se de Émilie, suas ocupações e acomodações principais ainda ficavam na Corte. Émilie, por sua vez, agora decidia também ir junto. Lá tinha amigos e parentes, além dos contatos sociais que ela própria fizera em Paris. Além disso, havia o jogo, pelo que aguardaria com ansiedade, uma vez que sua destreza tinha voltado. E, sem dúvida, havia também o atrativo da intimidade com Voltaire.

Voltaire tinha agora um novo criado-chefe, Sébastien Longchamp, e foi com uma precisão extrema e detalhada que ele supervisionou os preparativos. Longchamp verificava se toda a bagagem havia sido trazida e desfeita, assim como os livros e manuscritos mais importantes, além de penas, tintas e papel branco suficientes. Também era sua tarefa conferir se as lareiras estavam acesas em seus respectivos quartos, se existia um bom estábulo para os cavalos e se os criados subalternos estavam bem instalados. A logística era complicada, mas Longchamp vivia para servir e o fazia sem curiosidade nenhuma, o que o tornava ideal para o cargo. Tudo se passou sem problemas, até que, depois de alguns dias em Fontainebleau, como se lembrou Longchamp:

> Quando terminei minha refeição, voltei aos aposentos e comecei a copiar caprichosamente o manuscrito que Voltaire me deixara. Já era tarde, mas eu não estava preocupado, pois bem sabia que pessoas do status social do senhor ou da madame com frequência chegam tarde.
>
> Eles chegaram à 1h30, e me pareceu que estavam com pressa. Eu me atreveria a dizer que pareciam ansiosos. Madame me comunicou que eles precisavam partir imediatamente. Eu deveria acordar os criados e preparar os cavalos.
>
> Respondi aos seus pedidos com prontidão e optei por despertar primeiro o cocheiro, informando-lhe da necessidade de arrear os cavalos. Depois tentei reunir os outros criados, mas não havia tempo suficiente para essa tarefa. Tão logo os cavalos estavam prontos, madame du Châtelet e o sr. de Voltaire subiram à carruagem, tão somente com uma criada de quarto e duas ou três de suas muitas malas. Logo eles deixaram Fontainebleau. Estava escuro, porque ainda faltava muito para a alvorada.

242 RECUPERAÇÃO... E FUGA

O que aconteceu? Émilie sabia que muitas pessoas da Corte que gostavam de jogar com apostas altas provavelmente estariam lá naquela semana. A fim de estar pronta para aquilo, trouxera consigo de Paris uma grande quantia em dinheiro — 400 luíses — e, ao que parece, tinha desenvolvido uma estratégia que pensava poder usar. No entanto, em seu primeiro dia de jogo, algo deu errado, ela perdeu todos os 400 luíses. Voltaire rapidamente lhe deu mais 200 luíses, e também estes desapareceram.

Ela passou a manhã seguinte analisando o que teria acontecido e, quando o jogo recomeçou, provavelmente no final da tarde ou à noite, já tinha mais recursos em mãos: 380 luíses que encomendara de Paris, a maior parte dos quais teve de pedir emprestados a altos juros.

Era raro que uma apostadora usasse uma estratégia intrincada, menos ainda uma mulher que, como ficou claro, pudesse computar muito rapidamente as probabilidades que mudavam com o passar do jogo. As apostas continuavam e seus ganhos oscilavam; com o cair da noite, surgiram densos maços de velas incandescentes, que serviam tanto para iluminar quanto para aquecer aquele salão. O ar frio penetrava pelas frestas nas paredes; o cheiro de talco e de perfume emanava da multidão que se reunia em torno dos jogadores. Voltaire, bem-vestido como sempre — seu último ataque de disenteria estava curado e seus peruqueiros estavam no auge de sua técnica —, postava-se de pé ao lado de Émilie, sem tirar os olhos dela, das cartas, dos outros jogadores e de todos os cortesãos que conhecia tão bem.

À meia-noite, não se sabe como, ela perdia ainda mais e teve de pedir novos empréstimos, empenhando a sua palavra de honra; por volta de 12h30 da madrugada acontecia algo muito sério: ela estava perdendo uma fortuna; à 1h da manhã, tinha dissipado a imensa soma de 84 mil francos — o equivalente, em poder de compra, a cerca de 1 milhão de dólares hoje. Seria muito difícil que isso acontecesse se todos os outros jogadores estivessem jogando honestamente. Voltaire sabia que não podia interrompê-la enquanto jogava, mas agora, enquanto ela respirava fundo, assumindo aquela dívida enorme, ele se aproximou. Ele precisava de um grande gesto para impressioná-la e apoiá-la, algo que lhe mostrasse que ele estava ao seu lado.

Eles tinham o costume de se comunicar em inglês quando não queriam que os criados compreendessem o que falavam. Possivelmente ele lançou um último e rápido olhar ao redor da sala antes de sussurrar-lhe em inglês: O que mais ela poderia esperar ao jogar com trapaceiros?

Era uma acusação perigosa, mesmo se verdadeira. Ele e Émilie estavam em salões oficiais, onde o jogo havia sido autorizado pela rainha: apenas a mais alta aristocracia tinha permissão de jogar ali. Se alguém estava roubando, era alguém que vivia nos mais altos círculos da sociedade da Corte.

Ao dizer aquelas palavras, ele atrelou seu destino ao dela. Ela tinha perdido uma fortuna, o que era um problema sério, mas ele havia insultado a rainha e os principais cortesãos, o que o colocava em um perigo ainda maior. Ele poderia ser preso ou exilado por aquilo.

Se ele e Émilie tivessem sorte, ninguém teria ouvido, ou, se ouvisse, não teria entendido as palavras em inglês. Mas Émilie via naquele instante que um dos cortesãos tinha entendido o que Voltaire dissera. Começou um murmúrio, que se espalhava de mesa para mesa. Ela olhou para ele rapidamente. Eles não fizeram nenhum alvoroço, nem disseram uma palavra sequer, apenas se viraram e saíram do salão sem demora.

Foi assim que acabaram correndo para o alojamento principal, onde estava Longchamp, e o fizeram acordar o cocheiro para que pudessem fugir antes que qualquer pessoa com poder de prisão pudesse ser despertada e enviada para interceptá-los. Longchamp ficou para trás, a fim de reunir o restante da bagagem, e só partiria para Paris ao raiar do dia.

A carruagem deixou Fontainebleau em alta velocidade, mas a estrada tinha muitos buracos, e subitamente uma das rodas se quebrou. O coche derrapou em uma curva, não capotou, mas os cavalos não conseguiam mais puxá-lo. A cidade mais próxima ficava quase 2 quilômetros adiante. Para seu alívio, um especialista no conserto apareceu de repente, trazido pelas tochas do condutor. (Essa aparição não foi um acaso tão cego quanto pode aparecer, pois centenas de nobres estavam em Fontainebleau com suas carruagens, o que significava um influxo de carruageiros e outros mecânicos para atender a todos. É provável que alguns profissionais engenhosos se certificassem de que os buracos nas curvas que levavam às cidades vizinhas permanecessem abertos para assegurar uma clientela regular.)

A carruagem, agora consertada, continuou em seu caminho para Paris e lá chegou, arrastando-se por aquelas ruas enlameadas, antes do meio-dia.

20

Para Sceaux

CORTE, FINAL DA DÉCADA DE 1670; PARIS E CASTELO DE
SCEAUX, NOVEMBRO DE 1747

A primeira tarefa de Émilie, ao chegar, foi começar a saldar suas enormes dívidas. Não havia como obter o dinheiro a tempo por meio de investimentos, ou mesmo hipotecando as várias propriedades de sua família. Mas ela sabia como Voltaire tinha feito uma fortuna depois de seu retorno da Inglaterra, ao perceber, astuciosamente, uma falha na loteria de Paris. Émilie inspirou-se naquilo e começou a usar sua imaginação para descobrir outras oportunidades financeiras que ninguém mais tivesse percebido e obter, assim, a quantia de que necessitava.

O que ela percebeu, depois de algumas semanas, foi que existia na França uma grande demanda por um tipo de organização que oferecesse fluxos de capital decentes por uma taxa de juros razoável. Grandes oficinas e companhias de comércio precisavam disso, mas não havia um mercado de ações, nem um mercado de títulos bem desenvolvido que suprissem essa demanda.

Ela agora pensava de um outro modo. Os impostos na França não eram cobrados diretamente pelo governo — como vimos, não havia um serviço civil capaz de realizar essa tarefa. Em seu lugar, o rei permitia que alguns indivíduos privados cobrassem os impostos desde que pagassem uma alta taxa. Depois que tivessem recolhido o suficiente para pagar essa taxa, essas pessoas poderiam ficar com o resto.

Ela não poderia assumir esse papel, pois os homens que tinham esses direitos não abririam mão deles. Mas os próprios coletores de impostos com frequência precisavam de dinheiro para organizar as grandes burocracias privadas necessárias para arrecadar os impostos de toda a nação. Que tal se ela oferecesse pagamento pelo direito de ter parte da quantia que receberiam no futuro? Como quase ninguém tinha percebido essa oportunidade, ela poderia comprar seus ganhos futuros a um baixo preço. Se tivesse a assinatura dos coletores de impostos, ela poderia então dizer aos jogadores da Corte (cujo dinheiro ela havia "perdido") que lhes pagaria com uma parte do futuro dinheiro, quando este chegasse.

Era uma forma moderna de resseguro, e ela não precisaria mais operá-lo depois que alcançasse os 84 mil francos que devia. Os trapaceiros de Fontainebleau sabiam que tinham ido longe demais, já que obviamente também haviam violado a honra real ao roubar nos jogos disputados na mesa da rainha. Em troca de um acordo que aceitava o pagamento parcial, Émilie discretamente prometia não usar seus relacionamentos familiares para dar início a uma constrangedora investigação sobre como tinham arquitetado sua trapaça. Toda a manobra não custou nada a Émilie, pois os arrecadadores de impostos eram tão ignorantes que aceitaram a promessa de uma quantia bem baixa em troca de seus ganhos futuros. Quando esses ganhos finalmente começaram a surgir, meses ou anos depois, Émilie teve um bom lucro.

Seria necessário um mês ou mais para que ela completasse todos os contratos e, durante esse período, Voltaire permaneceria sob risco de prisão. Para evitar isso, os dois foram cúmplices em mais um segredo. Voltaire estava na carruagem quando ela partiu de Fontainebleau, e também enquanto a sua roda era consertada. Mas, ao chegar a Paris, na manhã seguinte, ele não seria mais visto em lugar algum — para todos, com exceção de Émilie e alguns amigos fiéis, era como se ele tivesse desaparecido da face da Terra.

Émilie du Châtelet, em retrato de Largillière.
La Marquise de Châtelet, Gabrielle Emilie Le Tonnelier de Breteuil (1706-1749).
Nicholas de Largillière (1656-1746), sem data. BETTMANN/CORBIS.

Voltaire, também por Largillière. *Retrato de Voltaire (François Marie Arouet de Voltaire, 1694-1778)*. Nicholas de Largillière (1656-1746), óleo sobre tela, 1718. MUSÉE DE LA VILLE DE PARIS; MUSÉE CARNAVALET, PARIS, FRANÇA; LAUROS/GIRAUDON/BRIDGEMAN ART LIBRARY.

Luís XV, aos 5 anos. *Luís XV, rei da França (1715-1774)*. Retrato em trajes de coroamento. Hyacinthe Rigaud (1659-1743), óleo sobre tela, 208 x 154 cm. VERSAILLES, 15.2.1710; VERSAILLES, 10.5.1774; CHÂTEAU ET TRIANONS/AKG-IMAGES.

A Bastilha, 1789. *A Tomada da Bastilha, 14 de julho de 1789*. Escola Francesa, óleo sobre tela, séc. XVIII. CHÂTEAU DE VERSAILLES, FRANÇA; GIRAUDON/BRIDGEMAN ART LIBRARY.

A Comédie Française, onde estrearam muitas das peças de Voltaire. *Vista do Teatro da Comédie Française em 1790, a partir de um original de Gaudet e Prudent*. Escola Francesa, gravura colorida, séc. XIX. BIBLIOTHÈQUE DE LA COMÉDIE FRANÇAISE, PARIS, FRANÇA. ARCHIVES CHARMET/BRIDGEMAN ART LIBRARY.

Frederico, o Grande. *Retrato de Frederick II, Rei da Prússia, após Vanloo.* MICHAEL NICHOLSON/CORBIS.

Richelieu em idade avançada. *Louis-François Armand de Vignerot du Plessis, Duc de Richelieu (1696-1788), por Alexander Roslin (1718-1798), pintor sueco.* TOPFOTO.

Madame de Pompadour, retratada por De la Tour. *Jeanne Poisson, la Marquise de Pompadour (1721-1764). Maurice Quentin de la Tour (1704-1788), pastel sobre papel sobreposto à tela,* 1755. LOUVRE, PARIS, FRANÇA. GIRAUDON/BRIDGEMAN ART LIBRARY.

Isaac Newton, pouco depois de terminar de escrever *Principia Mathematica,* em retrato de Kneller. *Retrato de sir Isaac Newton.* Godfrey Kneller, 1689. BETTMANN/CORBIS.

Jogo de cartas em Versalhes, em imagem do final de fevereiro de 1745. É provável que Émilie tenha estado presente ao evento. *Litografia francesa do século XVIII representando os Jogos Reais*, publicada por Firmin Didot/Gianni Dagli Orti. CORBIS.

Castelo de Sceaux, onde Voltaire começou a escrever suas fábulas filosóficas enquanto ficou escondido.
Vista do Château de Sceaux. Escola Francesa, fotografia, séc. XIX.
GIRAUDON/BRIDGEMAN ART LIBRARY.

Voltaire e sua sobrinha, Marie-Louise.
Voltaire com Madame Denis (Marie-Louise Mignot Denis, 1712-1790). Charles Nicolas Cochin II (1715-1790), crayon sobre papel, c. 1758-1770. © NEW YORK HISTORICAL SOCIETY, NOVA YORK, EUA/BRIDGEMAN ART LIBRARY.

Castelo de Cirey. A porta de entrada de Voltaire é a da frente. Os aposentos de Émilie ficam à direita.
Cartão-postal do Château de Cirey-sur-Blaise, antiga residência de Madame du Châtelet e residência temporária de Voltaire entre 1733 e 1740, antes de 1914. Escola Francesa, fotografia PB, séc. XX. BIBLIOTHÈQUE DES ARTS DÉCORATIFS, PARIS, FRANÇA; ARCHIVES CHARMET/BRIDGEMAN ART LIBRARY.

Jardins de Stanislas em Lunéville, por volta de 1740, onde Émilie encontrou Saint-Lambert.
Le métamorphose de la Place Stanislas de Nancy. GAMMA/CAMERA PRESS.

Saint-Lambert.
Le Marquis de Saint-Lambert (1763-1803), por artista desconhecido.
CORTESIA DO VISCONDE DE FOY/BRITISH LIBRARY.

Catherine, marquesa de Boufflers. Suposta amiga de Émilie, que se viraria contra ela.
La Marquise de Boufflers, née Beauvan (1711-1787), por J. M. Nattier.
CORTESIA DE M. KNOEDLER & CO./BRITISH LIBRARY.

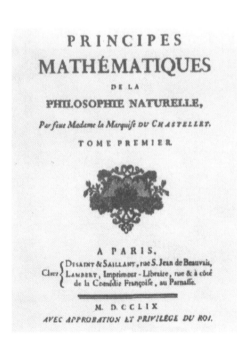

Página de rosto da obra final de Émilie, concluída poucos dias antes de sua morte.
CORTESIA DA BRITISH LIBRARY.

O acordo a que chegaram, durante aquela viagem noturna, era de que a carruagem pararia em uma estrada deserta fora de Paris. Ali Voltaire desceria, com a intenção de se esconder até que Émilie tivesse pagado todas as suas dívidas de jogo. Não havia discussão sobre o local a que se dirigiria, pois sabia com quem podia contar para abrigá-lo durante alguma rixa com a Corte.

Voltando no tempo até o reinado de Luís XIV, a amante mais reverenciada pelo rei teve um filho tão divertido e agradável que o rei veio a gostar mais dele que de seus filhos legítimos, mimados e petulantes. Luís XIV manteve o rapaz sempre próximo de si e o reconheceu como o duque de Maine.

Aos 21 anos de idade, Maine se casou com a única pessoa da Corte que sentia tão fortemente quanto ele que os filhos oficiais do rei não mereciam dar continuidade à linhagem real. Era a jovem neta do grande príncipe de Condé, o guerreiro que quase assumiu o trono durante as guerras civis de meados do século XVII e que acabou inofensivo, remando pelos espelhos d'água do palácio. Mas ele não estava tão contente quanto parecia; ao contrário, simplesmente aguardava o momento certo, transmitindo à sua neta a crença de que, um dia, ela deveria redimir a sua linhagem.

Quando a menina se casou com o filho favorito, conquanto ilegítimo, do rei Sol, criou-se um centro de oposição à Corte oficial. O casal Maine esperava o seu momento, mas, em 1717, o regente, que assumira o poder depois da morte de Luís XIV, começou a tomar suas providências contra eles. O duque de Maine não tinha segurança de como contra-atacar, mas sua esposa era diferente. Nenhum descendente de Condé aceitaria mais uma usurpação de seus direitos de herdeiro. A duquesa — mesmo sendo uma mulher pequena, loura e delicada — explicava ao seu marido que eles iriam tomar o poder.

Para tal tarefa, seria útil ter uma base de comando segura, e isso era o que não faltava ao jovem casal Maine, que herdara um magnífico castelo em Sceaux, poucos quilômetros a sudoeste de Paris. Existiam lagos e florestas ao redor, torres, arcadas e passagens secretas por dentro. A duquesa de Maine organizava reuniões clandestinas e mantinha uma oficina de prensas para impressão. Havia mensagens em tinta invisível que circulavam entre os conspiradores, agentes duplos e triplos, além de intensa comunicação codificada com a Corte espanhola (cujas forças militares ajudariam no golpe).

A conspiração, no entanto, foi desmascarada, e os Maine passaram vários anos presos — uma condenação que incluiu uma cela solitária para a duquesa na fortaleza penitenciária de Dijon. Quando foi solta, ela retornou a Sceaux, onde, pouco tempo depois, o marido veio encontrá-la. Antes da conspiração, enquanto formavam o casal oficiosamente abençoado da França, eles passavam semanas a fio em festas, com fogos de artifício, orquestras e peças de teatro completas, contratadas para entreter suas dúzias de convidados esfuziantes. Agora, depois do colapso de seu plano, ninguém com interesse em prosperar na Corte podia ser visto visitando-os.

O casal esperava em seu palácio isolado, e, quando o tempo levou o duque, a pequena duquesa esperou um pouco mais. Mudaram as estações; passaram-se décadas e décadas. Havia um grupo de visitantes fiéis dos velhos tempos, que passavam meses em quartos dispersos aqui e ali, mas, com o passar dos anos, também eles morreram, e eram cada vez mais raras as ocasiões em que o outrora grandioso palácio se iluminava como antes.

Quando Voltaire desceu da carruagem em que ele e Émilie escaparam de Fontainebleau, ele esperou até o nascer do sol, e então, tranquilamente, caminhou até o isolado vilarejo de Villejuif. Ele tinha idade suficiente para se lembrar da esquecida duquesa de Maine em seus dias de glória, e mantivera um contato ocasional durante anos. Ele sabia que, se ela ainda tivesse algo da rebelde que fora décadas antes, ficaria ao lado de qualquer pessoa perseguida pela Corte.

Em Villejuif, ele pagou a um camponês para que fosse até ela e, em pouco tempo, conseguiu a resposta que queria, incluindo instruções detalhadas. Voltaire alugou um cavalo no vilarejo e, como já se fazia tarde, pôs-se a caminho de Sceaux.

Ao anoitecer, fazia muito frio, mas a duquesa tinha sido rigorosa em relação às regras que ele teria que seguir. Sob nenhuma circunstância, deveria ser visto durante o dia. A última parte do caminho, por entre as florestas e lagos que circundavam o castelo, era especialmente difícil de ser percorrida na grande escuridão, ainda mais com a espessa neve sobre o chão. Quando ele por fim surgiu das florestas em frente ao castelo, morria de frio, estava exausto e extremamente faminto (pois não ousou mostrar seu rosto em nenhuma hospedaria ou taverna de Villejuif).

O castelo tinha uma imensa sala de banquete, mas, quando Voltaire encontrou a velha e fiel criada que o esperava junto a uma portinhola gradeada perto da entrada, ficou claro que os planos da duquesa tinham apenas começado. Embora não houvesse quase ninguém no castelo, *poderia* haver algum hóspede em um lugar ou outro, que perceberia qualquer sinal de uma chegada tarde da noite. Sob nenhuma circunstância, ela permitiria que aquele "personagem" tão importante — pois o nome de Voltaire não podia ser mencionado — corresse aquele risco.

Nos velhos tempos, quando Sceaux era usado para missões importantes, a duquesa construiu uma escada secreta. A criada agora conduzia Voltaire por ela, contornando os quartos vazios. Só no último andar a silenciosa empregada saiu da passagem oculta e lhe mostrou o quarto que a duquesa lhe havia preparado. A vista não era para bosques ou lagos — pois qualquer espião enviado pelo rei poderia vê-lo de lá com um telescópio — e, sim, para o jardim interno do castelo. Mas, além disso, as venezianas daquela janela voltada para dentro estavam fechadas, a fim de garantir o sigilo perante algum hóspede perdido no andar de baixo. A criada mostrava o caminho com uma vela.

A duquesa deveria receber seu hóspede — era a única lei inviolada da recepção nas casas do interior —, mas, se subir as escadas secretas de fortalezas de pedra já era algo cansativo para poetas esguios de meia-idade, que dirá para uma senhora de 70 anos com uma saúde debilitada. Nada, no entanto, deteria uma orgulhosa Condé. Voltaire ouviu um estalo, um som de rangido que quebrava o silêncio da noite. Há muito tempo, a duquesa tinha uma engenhoca semelhante a um elevador instalada no castelo, que funcionava por meio de uma combinação dos contrapesos nos cabos de içamento com os fortes criados que o puxavam no andar térreo. Era naquele engenhoso aparelho que a duquesa chegava agora ao andar do distinto hóspede e percorria os frios corredores até seu quarto.

Voltaire estava prestes a se deitar naquela cama maravilhosamente convidativa, faltava-lhe apenas tirar a peruca e o casaco, aninhar-se sob aquelas grossas e almofadadas cobertas e cair no sono com que ele, sem dúvida, sonhava (pois não dormia desde a noite anterior ao escândalo da trapaça no jogo de cartas). Mas a duquesa conhecia as convenções de se receber bem um hóspede, e também havia mais instruções — que ela preparara durante décadas — sobre como o fugitivo deveria ser protegido. Ele podia ter certeza de que palavra nenhuma sairia de seus lábios, mas era preciso estabelecer codinomes — a duquesa sempre gostou de ser chamada de diretora da Sociedade das Abelhas Melíferas —, montar um cronograma e elaborar estratégias de alimentação, pois seu pobre visitante deveria estar morrendo de fome — apesar disso, Voltaire, ouvindo-a detalhar sua visão complexa e conhecendo as regras estabelecidas pela etiqueta do interior, deveria responder que a sua fome era algo distante da realidade.

21

Zadig

CASTELO DE SCEAUX, NOVEMBRO E DEZEMBRO DE 1747

Quando Voltaire acordou no dia seguinte, seus infortúnios mal tinham começado. Sob circunstâncias normais, um criado estaria ao seu lado e esperaria as ordens para abrir as venezianas. A duquesa de Maine, entretanto, decidira que mesmo a luz natural do sol seria perigosa demais. O seu hóspede se escondia do rei, e ela sabia o que isso significava.

Voltaire viveria no escuro, pois de outro modo havia um grande risco de ser visto. O que poderia acontecer se um hóspede ou um dos criados ainda não aprovados do castelo visse movimentos naquela janela, mesmo durante o dia?

A duquesa compreendia, obviamente, que era inverno e que ele tinha certas necessidades. Deve ter sido por isso que "Museo" (pois os nomes próprios ainda deveriam ser evitados, e esse parece ter sido o codinome atribuído a Voltaire) tinha visto tantas velas empilhadas no quarto. Ele poderia aproveitar esse período de reclusão para escrever uma história para ela.

Aquilo deve ter feito com que os aposentos acima dos banheiros que ele abandonara em Versalhes parecessem o paraíso. Mesmo que a maioria dos

252 ZADIG

cortesãos e dos embaixadores em visita fosse superficial, sempre houve muitas pessoas à sua volta — como Richelieu e a rápida srta. Poisson — com quem ele desfrutava boas conversas. Mas, ali, o rangido do elevador em ruínas que descia indicava que a duquesa estava chegando e que podia ficar durante dias. Ele não podia trazer sua sobrinha Marie-Louise, de Paris, porque ela não conseguiria manter um segredo por mais tempo do que o próprio Voltaire e, de todo modo, era acostumada demais ao luxo para aceitar aquele quarto único. Émilie também era uma hipótese descartada, pois aquele quarto simplório tornaria evidente que suas nobres palavras de apoio à mesa de jogo não tinham tido todo o sucesso que ele pretendia. Em vez disso, conta Longchamp:

> No dia seguinte, recebi instruções para encontrar o sr. de Voltaire na nova residência que ele ocupava, o castelo de Sceaux. Chamaram-me a atenção para o estrito sigilo que deveria ser reservado em relação a isso. Eu deveria levar-lhe a pequena escrivaninha portátil em que ele sempre guardava os seus manuscritos inconclusos.
> As instruções diziam que eu deveria chegar pontualmente às 23h e lá eu estava, permita-me dizer, rigorosamente na hora. O guarda de madame de Maine encontrou-me ao portão e levou-me a um pequeno aposento escondido no segundo piso [...].

Mas ele não teria permissão para voltar para casa. Os criados eram praticamente invisíveis e sua ausência raramente notada. Ele obteve mais informações: "era ali, descobri, que passaria quase dois meses com o sr. de Voltaire."

É possível que tenha havido dois homens menos indicados para compartilhar o mesmo quarto — pode-se pensar em Caim e Abel —, mas os registros históricos não trazem nada sobre eles. Longchamp se empoleirava na beira da cama ou em uma cadeira naquele quarto escuro, iluminado por velas, e esperava que Voltaire lhe desse os rascunhos de manuscritos borrados para que ele passasse a limpo. Voltaire, sem conseguir escrever nada com ele ali, andava de um lado para o outro, espiava por entre as frestas das venezianas, ou, de vez em quando, escapava até os corredores do andar de cima, quando o

MENTES APAIXONADAS 253

porteiro de Maine se distraía, mas não demorava muito para voltar ao quarto, onde o sempre gentil Longchamp o aguardava imóvel, um anjo da morte da criatividade por entre as velas.

Nos momentos em que a paciência de Voltaire chegava ao limite, provavelmente dizia a Longchamp que ele não precisava se sentar à escrivaninha esperando, mas, como não há registros de que Longchamp jamais tinha lido alguma coisa, ou que se entretivesse de outro modo, isso apenas piorava a situação. "Eu dormia durante a maior parte daqueles dias", registrou Longchamp, "pois é verdade que a falta de atividade às quais se dedicar era uma dificuldade para alguém como eu. Envergonho-me de admitir que, para aliviar meu tédio, eu às vezes [ingeria a minha única refeição do dia bem lentamente], continuando até 1h ou 2h [...]". Não havia outra saída para aqueles homens; eles tinham de esperar em Sceaux pelo tempo que fosse necessário a Émilie para organizar os instrumentos financeiros que elaborava para pagar as dívidas de jogo.

Vez por outra, Voltaire conseguia enviar Longchamp a Paris em missões secretas — para as quais, segundo as regras da duquesa, o criado deveria partir antes do amanhecer e retornar apenas tarde da noite. Mas isso só piorava o isolamento de Voltaire ("Eu via que as minhas ausências também o incomodavam", observou Longchamp).

Por fim, não havia outra alternativa. Voltaire tinha que começar a escrever, mesmo que isso o matasse. Mas o quê? O castelo era o lugar ideal para pensar sobre o fracasso de sua vida. Em mais de 30 anos de trabalho, ele havia escrito sobre Édipo, o governo inglês, amantes incas, as leis da gravitação de Newton, a natureza da inveja e batalhas militares; tinha recebido ovações da Comédie Française, galopado pela Vestfália e animado muitos, muitos jantares. Se estivesse desalentado, diria que suas conquistas não tinham levado a nada. Se estivesse ainda mais desalentado, diria que toda a sua experiência de vida era a única coisa que realmente conhecia.

O que... levantou uma interessante possibilidade. Por que não pegar alguns dos antigos manuscritos guardados na escrivaninha portátil que o cadavérico Longchamp tinha trazido e trabalhar neles, reescrevendo-os totalmente, se

254   ZADIG

necessário? Mas, dessa vez, escreveria não em métrica formal ou para uma audiência na Corte, nem para a Academia de Ciências ou mesmo em Cirey. Por que não escrever apenas para si mesmo — e apenas *sobre* si mesmo?

E assim ele começou. Havia um antigo conto que começara certa vez sobre as aventuras de um jovem nobre do Oriente Médio. Em si, aquele manuscrito era caótico demais: apenas uma série de episódios desconexos. Agora Voltaire tomava-o para si. Ele pegou um novo maço de papéis. O censor real que o atormentara durante anos, sob os auspícios de Phélypeaux, era um velho e medíocre escritor chamado Crébillon. O novo conto, que Voltaire escreveria sem nenhuma preocupação com sua recepção — pois ele seria privado, escrito apenas para quebrar o tédio sufocante daquele quarto à luz de velas —, começaria com uma provocação direta ao aparato de censura de Phélypeaux. Com sua pena mergulhada na tinta, ele imitava com precisão o modo pomposo com que Crébillon e outros aduladores elaboravam as suas declarações — mas com uma diferença:

Aprovação

Eu, abaixo assinado, que me fiz passar por um homem erudito e até mesmo um irônico, li este manuscrito, que, a contragosto, achei curioso, divertido, edificante... e capaz de agradar mesmo aqueles que odeiam a literatura. Então eu o depreciei e assegurei às autoridades que se trata de uma obra detestável.

Agora ele estava de volta. Ele havia repassado a odisseia da sua própria vida de Cirey em diante! O conto começaria tranquilamente, com o herói vivendo em um reino isolado e perfeito. Ele não poderia chamar o reino de Cirey — o codinome seria Babilônia — e chamaria o herói de "Zadig" (em hebraico, o "homem justo"). Havia uma mulher dos mais altos níveis sociais que Zadig amava — o personagem de Émilie —, e ela também o amara por algum tempo. Mas, quando ele cometesse um erro, ela seria rigorosa demais e o deixaria. Apenas muito depois, quando percebesse que ele não tinha errado, ela o aceitaria de volta. Também haveria o personagem de Marie-Louise, de origem ainda mais humilde, que, de algum modo, acaba noivando com Voltaire/Zadig no meio do caminho.

Essas reviravoltas eram boas, mas ele queria algo mais elaborado agora. Voltaire sempre se encantou com a casualidade da vida real de qualquer pessoa. Que tal então se a saga de Zadig incorporasse o problema de os acontecimentos de nossa vida perfazerem ou não um sentido coerente? Desse modo, o personagem fictício de Voltaire tentaria compreender sua vida em seu lugar.

Os dias de Longchamp mudaram. Havia muitas velas agora, e muito para copiar, pois "todo o tempo em que o sr. Voltaire não estava dormindo — e eu afirmo que ele dormia no máximo apenas cinco ou seis horas — ele agora passava escrevendo". Existia tanto trabalho — pois, quando a imaginação de Voltaire voava, sua pena mergulhava em uma grande mancha de palavras rabiscadas —, que eles trouxeram um outro criado para viver naquele minúsculo quarto, a fim de cuidar dos afazeres para os quais Longchamp, copiando freneticamente, agora não tinha mais tempo: a manutenção das lareiras, o transporte cuidadoso dos penicos usados e as viagens ocasionais à cidade.

Voltaire fazia com que Zadig se enredasse na sequência de reviravoltas aparentemente arbitrárias que o próprio Voltaire tinha vivenciado. Nunca ficava claro se as reviravoltas eram para o bem ou para o mal. Depois de ser forçado a fugir da Babilônia, por exemplo — e aparentemente deixando na fuga uma mulher inocente em perigo —, Zadig mergulha em desespero ao viajar para o exílio no Egito. Nesse ponto, Voltaire, com muita destreza, muda de perspectiva, voltando-se para todo o interesse pela astronomia que ele e Émilie compartilharam em seus primeiros anos juntos:

> *Zadig definia o seu rumo pelas estrelas. A constelação de Órion e a estrela brilhante de Sírius o guiavam em direção ao polo de Canopus. Ele se maravilhava com aqueles grandes globos de luz, que, aos nossos olhos, pareciam ser apenas pálidas faíscas, enquanto a Terra, não mais que um ponto imperceptível na natureza, aparecia à nossa ambição como algo tão grande e tão nobre. Ele então visualizou os homens tal como realmente são,*

256   ZADIG

insetos que devoram uns aos outros em um pequeno átomo de lama. Aquela
imagem verdadeira parecia aniquilar os seus infortúnios, ao reconstituir a
nulidade de seu próprio ser e da Babilônia. A sua alma voava no infinito
e, agora separada dos seus sentidos, contemplava a ordem imutável do
universo. Mas quando, mais tarde, ao voltar a si e olhar novamente em
seu coração, ele pensou em como a mulher que deixara para trás [Astarté]
talvez tivesse morrido por ele, o universo desapareceu diante de seus olhos e
ele não viu mais nada [...] a não ser Astarté morrendo e a miséria de Zadig.

Não há resposta para os problemas da vida, pois, antes que consigamos
chegar a uma conclusão, outros acontecimentos surgem no caminho. "Enquanto Zadig se perdia nesse ir e vir — da sublime filosofia e do remorso
aterrador —, ele avançava em direção às fronteiras do Egito. Seu fiel servo
estivera no primeiro vilarejo em busca de alojamento [...]." O crítico britânico
William Empson gostava de descrever o poder da ambiguidade na literatura.
Se um autor insiste em que apenas um ponto de vista é verdadeiro, não há
muito a fazer senão aceitar ou rejeitar essa visão. Isso se torna facilmente
tedioso, como um artigo em prosa que se lê apenas uma vez. Mas, quando
o autor sustenta dois pontos de vista contrastantes e tece uma narrativa em
que ambos são de certo modo verdadeiros, então somos mais atraídos por ela.
(Algo semelhante acontece na boa música, ao ser tanto forte quanto evasiva,
de modo que podemos ouvi-la várias vezes, pois, a cada uma delas, nossa
mente a aborda de uma nova maneira.)

Havia um grande consolo em Zadig, pois, embora seus acontecimentos
parecessem casuais, Voltaire, rabiscando-o em seu quarto isolado em Sceaux,
conseguia garantir um sentido para tudo aquilo. Nessas fábulas, ele não era
apenas o herói sujeito a reviravoltas caóticas lá embaixo, era também o Deus
que, lá de cima, controlava tudo o que acontecia.

Mais uma vez, sua escrita captava e dava continuidade a algo muito
oportuno naquele momento ao redor do mundo. Ele e Émilie, fazia muito
tempo, se interessavam pela arquitetura contemporânea, em que acontecia
uma transformação da exuberância do rococó para as linhas mais simples

do neoclássico. Ela ajudou a criar uma mistura desses dois estilos em Cirey. Nessas histórias, as peripécias casuais do personagem principal eram como detalhes em rococó, enquanto a voz do narrador, que conduzia todas essas reviravoltas calmamente, era como as colunas neoclássicas que sustentavam um edifício moderno.

~

A duquesa em geral deixava Voltaire sozinho até a meia-noite ou 1h, antes de chamar "Museo" para vê-la. Voltaire então descia cambaleando a escada secreta — ou usava o elevador estalante —, até chegar aos seus aposentos no andar térreo. Ali a diretora da Sociedade das Abelhas Melíferas ("seu rosto envelhecido como um pergaminho transparente"), sentada à cama, lhe fazia um gesto indicando a pequena mesa ao seu lado, onde ela fizera acender as velas e servir mais uma refeição. Voltaire jantava e conversava com ela; depois, pegando os manuscritos nos quais estivera trabalhando, representava a homenagem que ela sempre quis que, um dia, pudesse ser apresentada em seu castelo.

Ele lia para ela, página a página, aquelas novas histórias que escrevia à mão. Outrora, na década de 1710, ela organizara uma série de competições noturnas para os jovens e animados hóspedes de Sceaux: havia adivinhações, músicas e passos de balé, que eram arriscados durante passeios noturnos ao redor dos lagos. A pena para quem perdesse era contar-lhe uma história. O jovem Voltaire certa vez improvisou uma história semelhante àquela para o deleite de todos naquele parque, que falava sobre uma princesa e um admirador secreto que lhe escrevia. A princesa tinha o dom divino de alcançar orgasmos múltiplos à vontade; ele, o humilde escriba, nada podia fazer a não ser observar com fascínio.

A extravagância do tema agradou à plateia reunida naquela noite, e agora, tantas décadas depois — ele com 50 anos, ela com mais de 70 —, ele sentava ao lado dela com as pernas recolhidas sob a pequena mesa de jantar. Os dois eram velhos demais para se envergonhar daquilo que a idade lhes trouxera:

ambos estavam enrugados e cada vez mais frágeis; ele precisava vestir uma grossa touca de dormir, porque a almofada de feltro que normalmente usava sob sua peruca não esquentava o suficiente para aquelas noites de inverno; ela, ao que parece, também estava sem peruca; os dois, pelo visto, trajavam camisolas. Nada daquilo importava. Nas histórias que ele contava, ele era de novo jovem e ela, ao ouvir aquelas palavras, também rejuvenescia.

Ao falar para ela — e porque ele sempre prestou muita atenção aos anseios da sua plateia —, Voltaire começou a mudar o modo como escrevia. Ele era um escritor famoso, mas, aos nossos ouvidos, boa parte do que tinha escrito para o teatro dificilmente causaria prazer. Isso porque ele aceitava, assim como todos os outros na França, que havia uma hierarquia nos estilos de escrita e que próximo do topo ficava a forma conhecida como alexandrina, em que cada verso tinha 12 sílabas e uma pausa obrigatória depois da sexta sílaba. Às vezes, a monotonia repetitiva que daí resulta funciona bem, como é capaz de se lembrar qualquer pessoa que já tomou um trem na França. O anúncio padrão de embarque — *"Messieurs, dames les voyageurs, en voiture s'il vous plaît"* (Senhoras e senhores viajantes, por favor, dirijam-se aos vagões) — tem forma próxima à alexandrina. Mas, quando usado por horas a fio, torna-se algo quase insuportável.

> *Uma lei subirá, e de lá cairá*
> *Rápido pode ser, ou tardar ocorrer*
> *Mas há de ser assim, quão cruel seja o fim*

As histórias em prosa de Voltaire até que se livravam desse padrão, mas, mesmo lá, ele se sentia inclinado a epigramas e a frases ritmadas que funcionavam muito bem escritas, mas que, lidas em voz alta e repetidamente, eram tão floreadas que perdiam seu impacto. Contudo, naquelas noites secretas com a frágil duquesa, ele não precisava recair naquilo. Começou até, em seu turbilhão de criatividade, a brincar com aquelas formalidades alexandrinas que outrora considerava sagradas.

Para conseguir isso, Voltaire fez com que Zadig escrevesse um verso de quatro linhas sobre o rei. Quando seus amigos lhe pedem que os leia, Zadig diz a eles que um verdadeiro nobre escreve apenas para a sua amada, quebrando o tablete de cerâmica no qual havia escrito em duas metades e jogando-as em um espesso roseiral. Um personagem inescrupuloso recupera uma das metades que aparentemente trazia o poema completo de Zadig, porque dizia:

> *Pelos graves danos*
> *Em seu trono a se impor*
> *da paz nesses anos*
>   *É ermo opositor*

O rei naturalmente iria condenar o pobre Zadig à morte, quando, no último minuto, um pássaro voa até o roseiral e de lá traz a segunda metade, que dizia:

> *a terra aflige em dor*
> *guia o rei o setor*
> *de guerra só de amor*
> *que ora causa temor*

A princípio, parece inútil, mas a amada de Zadig e o rei veem a forma perfeitamente alexandrina dos versos quando reunidos:

> *Pelos graves danos, a terra aflige em dor.*
> *Em seu trono a se impor guia o rei o setor*
> *da paz nesses anos de guerra só de amor.*
> *É ermo opositor, que ora causa temor.*

O conto revisado ganhou o nome de *Zadig*. A diretora da Sociedade das Abelhas Melíferas estava contente — os seus planos para o castelo tinham se tornado realidade, tal como ela imaginara — e Voltaire estava mais do que contente. Ele escrevera muito desde o seu fracasso com as experiências sobre o fogo no verão de 1737, quase uma década antes. Mas, à exceção de seu *Discurso em verso sobre o homem*, de 1738, ele esteve em uma crise de criatividade, ultrapassando os limites do ridículo durante os anos passados na Corte, depois de seu fracasso com Frederico. Mas agora — ao ganhar impulso naquele quarto isolado, com o sombrio Longchamp e a alegria segura da duquesa — ele chegava à mais perfeita e nova forma literária de sua vida: as fábulas filosóficas, que — tal como ele previra com precisão — seriam as obras que lhe assegurariam a imortalidade.

Voltaire, quando seu trabalho não progredia, podia ser mais preguiçoso e lento do que toleram os mortais — todo o seu interlúdio em Versalhes tinha sido um atraso desse tipo, em seu desconsolo por perder o respeito de Émilie. Mas ali, em meio às velas daquele quarto fechado e escuro, ele ganhava fôlego.

Longchamp estava mais preocupado do que nunca, pois "agora o meu sr. de Voltaire dorme por pouquíssimo tempo, algo que nunca fez antes. Apesar de minhas admoestações, ele não faz exercícios e consome a totalidade de suas horas insones em uma escrita quase contínua". Surge uma fábula depois da outra — *Zadig* e partes de texto que levariam a *Micromegas*. Essas obras, junto com os escritos posteriores de Voltaire no mesmo gênero — notadamente o *Cândido* —, continuaram a ser editadas por quase dois séculos, proporcionando uma doce e triste consolação a gerações de leitores. E então, conta Longchamp:

> Aproximadamente dois meses se passaram dessa existência um tanto repetitiva em sceaux até que, um belo dia, chegou madame du Châtelet. Imagino que ela estivesse tão emocionada que, em vez de se dirigir à nossa distinta anfitriã, a duquesa de Maine, ela quis informar pessoalmente ao Sr. de Voltaire sobre algumas novidades que trazia.
>
> Ela subiu as escadarias que conhecíamos tão bem até o nosso aposento solitário e ali informou ao senhor — e também à minha humilde pessoa — que as dívidas de jogo de Fontainebleau tinham sido pagas a contento. Rapidamente percebi que isso significava que aquelas pessoas que estavam dispostas a prejudicar o meu senhor e a senhora tinham

MENTES APAIXONADAS

percebido o erro que cometiam. Em outras palavras, o sr. de Voltaire tinha agora liberdade para deixar o nosso castelo.

Estava tão contente com essa informação que, de fato — se posso dizer —, experimentei por alguns instantes uma sensação de grande felicidade. Mas nem tudo seria como eu esperava.

Émilie pensou que ela viria resgatá-lo, mas Voltaire não queria partir. Seu trabalho se desenvolvia ali como havia muitos anos não acontecia; ele não conseguia imaginar nenhum outro cenário em Versalhes, Paris ou mesmo de volta a Cirey que o inspirasse do mesmo modo. Contudo, ele não pediria a Émilie que partisse, até porque sabia o quanto ela gostava de representar e cantar (a sua voz ainda era excelente). Não seria uma gentileza à sua anfitriã — além de uma lembrança dos velhos tempos em Cirey — criar uma peça improvisada em Sceaux? Havia vários manuscritos seus que Émilie poderia trazer de Paris e que seriam ideais.

E foi o que eles fizeram. Novos criados foram convocados, e o castelo recuperou a sua elegância, há tempos perdida. Era preciso contratar atores e bailarinos de Paris, enviar cartas para os amigos mais antigos da duquesa, que talvez quisessem participar, copiar páginas de texto e de música — para os atores mais profissionais que também estariam envolvidos —, tirar a poeira dos instrumentos musicais, redecorar o grande vestíbulo, além de dúzias de outras tarefas.

Voltaire tentou manter-se afastado de tudo aquilo e continuar seu trabalho, mas, depois de algumas semanas, acabou desistindo. Todo aquele alvoroço e algazarra eram sedutores demais. Ele deixou os manuscritos como estavam e passou a participar da produção, dirigindo, reescrevendo e dando conselhos a todos que lhe prestassem atenção. Émilie estava feliz. Era delicioso estar com Voltaire quando ele estava com aquele humor e ela adorava provocá-lo com tiradas rápidas quando as suas instruções de diretor — como acontecia com frequência — eram irrelevantes, contraditórias ou ambas as coisas.

Depois de alguns esforços preliminares, eles estavam prontos para o grande espetáculo. Seria no dia 15 de dezembro e, como aquilo significava muito — e agora que ele finalmente estava livre do seu quarto no andar de cima —, Voltaire decidiu que eles não deveriam economizar nos convites. Pediu que Émilie providenciasse a impressão de várias centenas, que os criados distribuíram para todos os conhecidos de Paris, depois do que Voltaire mandou imprimir ainda mais unidades, que também foram oferecidas para todas aquelas pessoas interessantes que eles *não* conheciam. Um dos convidados anotou o texto do convite:

> *Uma nova companhia de atores apresentará uma comédia inédita na sexta-feira, dia 15 de dezembro, no teatro de Sceaux. Todos serão bem-vindos. Cheguem pontualmente às 18h. Agende sua carruagem [de retorno] para que esteja no pátio entre 19h30 e 20h. Depois das 18h, as portas estarão fechadas ao público.*

A noite caiu cedo naquela tarde de inverno, mas, de todo modo, as carruagens começaram a chegar. Dúzias, mais dúzias e, em pouco tempo, eram centenas. No momento do fechamento das portas, precisamente às 18h — com Longchamp sem dúvida alegre por fazer valer as regras —, cerca de 500 pessoas se aglomeravam no não mais esquecido castelo da diretora da Sociedade das Abelhas Melíferas. Foi a maior reunião que Sceaux jamais vira — e o maior dos agradecimentos de um agora recuperado escritor à sua fiel e velha amiga.

VII

LUNÉVILLE

22

A corte de Estanislau e Catherine

LUNÉVILLE, 1748

Nenhum dos dois queria voltar àquela frieza de alguns anos antes. Mas Paris e a Corte de Versalhes, nas redondezas, tinham muitos vestígios do que havia dado errado. Era hora de partir.

Sem dizer o porquê — e explicando com cuidado aos amigos de Paris que estavam apenas fazendo uma tentativa temporária —, Émilie e Voltaire alugaram uma carruagem, encheram baús de livros e roupas, atolaram a criada de Émilie de tarefas e enviaram Longchamp 12 horas à sua frente — para que ele pudesse assegurar que refeições quentes estivessem à sua espera nas estalagens em que parariam durante o caminho. Eles voltariam, mais uma vez, a Cirey.

Fazia muito frio quando chegaram, e nem sequer houve tempo de avisar à madame Champbonin, de modo que não havia o comitê de boas-vindas, tão comum nas outras vezes. Mas a pequena equipe constante do castelo tinha sido avisada por Longchamp e, assim, muitas das lareiras estavam acesas e uma porção extra de comida também tinha sido encomendada a tempo.

Depois de poucos dias em Cirey, uma carruagem com uma insígnia surpreendente assomou no pátio de cascalhos. Era o brasão de Estanislau, o rei deposto da Polônia. Sua filha se casara com Luís XV, e a Estanislau foi concedido o controle sobre o rico ducado de Lorraine, a leste de Cirey. (O sucesso francês em Philippsburg anos antes tinha dado a Versalhes o poder de instalá-lo ali.) Mas quem desceu do carro não foi nem o grande rei em pessoa, nem um de seus ministros, mas um homem de médio porte e meia-idade, que vestia a longa batina preta e o distintivo crucifixo da Sociedade de Jesus: padre Joseph de Menou.

Ele conhecia Émilie e Voltaire de outras ocasiões e, naquele frio dia de janeiro, aceitava o cordial convite deles para desfrutar o aconchego do castelo. Seguiu-se uma conversa amena sobre o que acontecia em Lunéville, onde se localizava a Corte de Lorraine, sob o comando de Estanislau, além de perguntas interessadas a respeito das intrigas de Versalhes. Somente ao final do dia, Menou mencionou seu propósito. Será que, por acaso, aquele casal daria a honra de uma visita ao grande rei Estanislau em Lunéville? Eles seriam recebidos em grande estilo e, devido ao relevo de Voltaire como poeta e de Émilie como pesquisadora científica de renome, isso seria uma honra; exatamente o que Estanislau, havia muito, sonhava para os seus leais súditos de Lorraine.

Era tentador: poderia ser outra aventura, mas também seria menos opressivo do que talvez fossem as semanas ininterruptas em que tinham de olhar um para o outro em Cirey. Depois de uma breve discussão em particular, Émilie e Voltaire disseram ao padre Menou que aceitariam.

Imediatamente depois de sua chegada a Lunéville — e mesmo tendo sido instalados em grandes aposentos no palácio principal —, eles perceberam que Menou não havia sido de fato tão altruísta quanto aparentara. Estanislau tinha uma amante, a despreocupadamente sedutora Catherine de Boufflers, e Menou não suportava nem ela nem sua influência sobre o bom rei.

Por mais de um ano, Menou tentou livrar-se dela, dizendo ao sexagenário e casado Estanislau que a fornicação com a belíssima Catherine condenaria sua alma ao inferno por toda a eternidade. Só para se certificar de que a advertência ganhava atenção — pois Menou, embora celibatário, compreendia que a humanidade falível, e particularmente a humanidade masculina, é sujeita a lapsos —, Menou fez com que o rei financiasse uma grande casa de retiro, aonde levava Estanislau para passar dias de reflexão no escuro e no frio.

Todas as vezes, Estanislau saía de lá abalado, com a alma endurecida: nada, ele concluía — e esse conhecimento estava agora em seu corpo, não apenas na sua mente —, nada valia o risco da danação que esperava por ele em poucos dias. Era por isso que Catherine, a amante, sabia que nunca podia aproximar-se dele nas primeiras horas que se seguiam à liberação do padre Menou. Ela esperava, quase sempre até a manhã seguinte — mesmo os homens mais velhos e moralmente castos estão sujeitos a encontrar um ressurgimento do interesse corporal ao acordar —, antes de se sentar à beira da cama real, de casualmente segurar o braço real e talvez deixar que um jovem e firme dedo indicador traçasse círculos nos ombros reais.

O lógico medieval Jean Buridan descreveu uma situação que veio a ser chamada de Burro de Buridan: um animal era colocado à mesma distância de dois tentadores montes de feno saboroso e, consequentemente, morria de fome, incapaz de decidir para que lado se virar. Estanislau tinha mais sensatez ao tomar decisões. Ele não podia arriscar sua alma imortal ao não se apresentar regularmente às confissões, ou ainda faltar aos profundos retiros espirituais, mais ocasionais, com o padre Menou. Porém, como o seu corpo físico era, como apontava Menou, uma coisa tão frágil, insignificante e decrépita, seria uma grave falta de consideração impedir que a dedicada Catherine de Boufflers também oferecesse seus préstimos regularmente. Em seu dilema, tanto o corpo quanto a alma deveriam submeter-se a esses remédios contínuos.

Era esse o impasse que o frustrado Menou tinha decidido quebrar. Uma amante mais discreta poderia ser aceitável, mas aquela vivia em Lunéville fazia muitos anos, tendo construído toda uma facção de cortesãos e oficiais desejosos de menosprezar a autoridade jesuíta, e isso era demais. Menou não podia forçar Estanislau a deixar Catherine, por mais que isso fosse tentador, pois ela tinha contatos familiares em Versalhes (e Estanislau, embora fosse despreocupado em relação a quase tudo, resguardava certas regalias). Mas, se Menou pudesse distrair o rei, oferecendo-lhe alguém mais atraente, então

268   A CORTE DE ESTANISLAU E CATHERINE

talvez ele abandonasse Boufllers. Uma pensadora famosa como madame du
Châtelet seria ideal — daí o convite em Cirey. Menou ouvira sobre a sua
separação de Voltaire em Paris, e pensou que ela poderia deixar-se seduzir
pelo rico e distinto monarca.

Foi um erro total daquele jesuíta celibatário. É verdade que eles não eram
mais o casal intimamente ligado dos primeiros anos em Cirey. Mas isso não
significava que Émilie teria algum interesse em Estanislau.

Ao contrário, para o martírio de Menou, Catherine e Émilie tornaram-se
rapidamente amigas. Embora Émilie fosse renomada nos círculos científicos
e tivesse recebido prêmios de academias estrangeiras, sempre tivera um interesse saudável pelos prazeres mundanos e, em Catherine, ela reconheceu um
espírito semelhante. Havia um versinho popular que Catherine modificou e
propôs como epitáfio para o seu próprio túmulo:

> *Aqui em paz profunda jaz*
> *mulher das mais elegantes*
> *que a vida dedicou ao prazer*
> *como provam seus mil amantes*

As duas mulheres começaram a tagarelar sobre conhecidos comuns e ves-
tiram-se uma de sultão e outra de turco para um baile de máscaras; enfim,
não mostraram nenhum sinal de estarem competindo pelo mesmo amante.

O rei estava contente, pois, em sua idade, ele só conseguia sentir medo ao
pensar que teria de satisfazer uma segunda amante (pois ninguém que tivesse
conhecido a maravilhosa Catherine a deixaria pela primeira que aparecesse).
O que ele queria de seus novos hóspedes era algo diferente. Ouvira falar de
uma nova peça, incrivelmente popular, que tinha sido encenada em Sceaux
— assim como todos nas pequenas cortes das províncias que compunham a
França, ele acompanhava desesperadamente as intrigas parisienses —, e agora
ele tinha a chance de ter seus criadores assumindo, ali, os mesmos papéis.

Voltaire adorou a ideia. Poderia o próprio Zadig ter uma reviravolta maior
do que escapar da desolação da torre das Abelhas Melíferas para a glória da

MENTES APAIXONADAS 269

luxuosa Corte de Estanislau? Eles encenaram as peças de Sceaux em Lunéville, que foram tão bem recebidas que acabaram sendo reencenadas; Voltaire chegou a se convencer e a mandar trazer seus outros manuscritos antigos para que aquela Corte também os encenasse.

Em meio a tudo isso, Émilie florescia. Ela estrelava uma encenação depois da outra, e cantava a ária da ópera *Issé*, de Destouches e La Motte, melhor do que nunca. Ela e Voltaire perceberam que seu relacionamento físico não iria recomeçar — a mágoa dos anos em Versalhes era demais para ser superada —, mas a exuberância de Émilie ali lembrava Voltaire daquilo que ele sempre amara nela. Na sua amizade, ele começou a novamente lhe escrever pequenas odes.

Todos admiravam a ambos. Havia muitas oportunidades, pois Estanislau se deitava por volta das 22h e, depois que ele dormia, Catherine abria seus aposentos para a reunião de um grupo mais animado. A impossível madame de Graffigny mudara para Paris havia muito tempo, mas muitos de seus amigos, que esperavam com ansiedade cada palavra de suas cartas durante sua ofegante visita a Cirey, em 1738, ainda estavam na Corte de Lunéville. Agora tinham a chance de paparicar Voltaire e Émilie pessoalmente, e se amontoavam ao seu redor.

Um jovem poeta presente a esses encontros, Jean-François, o marquês de Saint-Lambert, era particularmente interessante a Voltaire. Os bens de sua família ficavam em um povoado isolado e, desde sua adolescência, ele pensava em ser poeta, mesmo admitindo — em uma nota a um admirador mais velho, escrita quando ele tinha 18 anos — que "sim, apesar da minha juventude e da certeza de meus poucos talentos, libertarei a minha Musa. Sei que é uma insolência, mas essa é a beleza do meu projeto!".

Voltaire conhecia-o de outros encontros fortuitos, e já tinha ficado espantado com a poesia do rapaz. Agora, ao ver o quanto seu trabalho tinha amadurecido e, ao mesmo tempo, ao ver a segurança e o sarcasmo preciso que aquele saudável jovem desenvolvera, passou a gostar ainda mais dele. O fato de haver rumores de que Saint-Lambert conseguira se deitar com a própria Catherine — com nada mais a oferecer além de seu charme e de sua sagacidade

— era uma outra marca de seu privilégio. Saint-Lambert, em contrapartida, venerava Voltaire como o herói que sempre quisera ser.

Apesar da atenção e dos admiradores, depois de quase um mês Voltaire estava disposto a voltar para casa. Ele alcançara seu objetivo em relação a qualquer um que o observasse de Versalhes, pois o próprio pai da rainha estava feliz em tê-lo como um honorável visitante, mas mesmo Voltaire tinha um ponto, por mais elevado que fosse, além do qual a atenção infinda começava a entediar. No entanto, quando ele sugeriu a Émilie que deixassem Lunéville e voltassem para Cirey ou para Paris, ela praticamente não deu atenção. Certamente, sugeriu ela, eles poderiam ficar um pouco mais.

Voltaire ficou perturbado e escreveu, em sigilo absoluto como sempre, a Marie-Louise em Paris, com quem continuava seu caso intermitente: "Minha querida criança, não sei quando estarei de volta. Estou aqui sem os meus confortáveis chinelos e — o que é pior — sem os meus livros. Talvez eu parta em três ou quatro dias, talvez em duas semanas... A vida em Lunéville ainda é encantadora — mas, ah, nada é tão encantador como a vida com você, V."

O atraso implicou mais peças e, depois, quando mesmo isso ficou cansativo, mais passeios guiados por Estanislau ao redor de seu minúsculo reino, apresentando com orgulho suas novas grutas artificiais, chafarizes e canais. Isso em geral era tremendamente excitante para os visitantes rurais de Lorraine, pois eram réplicas quase perfeitas do que poderia ser visto na Versalhes de Luís XV. Contudo, como Voltaire acabara de padecer vários anos preso naquela realidade infecta da Corte, ele não via nenhum atrativo naquela cópia em escala menor. Ele fazia gestos educados, mas, na verdade, queria ir embora, e insistia com Émilie, que parecia concordar. No entanto, voltou a escrever a Marie-Louise:

> *Lunéville, 3 de abril de 1748*
> *Minha querida criança, já enviei a minha bagagem; acredito que ela já esteja em Paris neste momento. Mas tivemos mais um atraso, pois a madame de Boufflers [Catherine] parece sofrer de uma indisposição feminina. Não podemos abandoná-la com essa temperatura alta. Não faço absolutamente ideia de quando poderemos partir...*

V

A única consolação era que Émilie estava ainda mais radiante do que antes. Ela quase sempre ficava tensa em relação a ter tempo suficiente para seu trabalho, mas agora, quando Voltaire perambulava pelos seus aposentos, ele via seus artigos sobre Newton empilhados em um canto e não caoticamente espalhados como quando trabalhava a pleno vapor. Algo naquela vida tranquila de Lunéville a relaxava. Era de fato instigante. Por que ela não estava trabalhando na física que tanto amava, perguntava-se Voltaire, agora que tinha tanto tempo?

23

Saint-Lambert

Lunéville, 1748

Ela estava apaixonada: louca, maravilhosa e inescapavelmente. É claro que por Saint-Lambert — ela reparara nele desde o início e achou aquela sua avidez confiante irresistível. Contribuiu o fato de ele haver se tornado um homem robusto, que acabava de voltar a Lunéville depois de muitos anos na cavalaria e, bem parecido com Maupertuis uma década atrás, tinha a gentileza que muitas das vezes advém da confiança física.

O romance entre eles começou em uma festa oferecida por um dos amigos de Catherine ("Se eu não tivesse ido até você e falado primeiro, nunca teríamos começado", escreveu Émilie), depois continuou com conversas, cavalgadas e, em pouco tempo, as primeiras noites juntos às ocultas. No início, foi difícil preparar a situação — tudo tinha que ser mantido em sigilo, pois Lunéville estava cheia de cortesãos loucos por uma intriga —, mas Émilie notara uma grande harpa, mantida em um dos cômodos públicos do rei, pela qual qualquer um passaria despercebido. Ela era usada apenas para concertos esporádicos, mas era tão bem entalhada que seria natural que visitantes interessados parassem à sua frente, como que examinando o trabalho em madeira ou as cordas. Foi ali que ela e Saint-Lambert deixaram os primeiros bilhetes. Émilie escrevia um pequeno cartão com bordas de renda, enrolava-o com uma fita azul ou rosa e então, sempre casualmente, enquanto passeava pelo palácio — embora sempre observando se não havia alguém muito próximo —, deixava-o na harpa. Saint-Lambert, passeando um pouco depois, passava pela harpa e o recolhia, deixando outro bilhete seu em resposta.

Todos os cartões dele se perderam, mas muitos de Émilie sobreviveram, esfacelados e amarelados, aos dois séculos que se passaram:

Está um belo dia lá fora, mas não consigo fazer nada sem você! Vamos dar pão aos cisnes. Podemos partir a cavalo.

Você me sussurrou coisas tão belas ontem à noite. Você conquistou meu coração e sabe disso.

Sou tão preguiçosa. Quando acordo, tudo o que faço é pensar em você. Venha assim que puder, sim? Eu... creio que podemos ficar em casa hoje.

Alguns anos antes, no manuscrito sobre a "Felicidade" em que trabalhava quando tudo ruía com Voltaire, ela escrevera, com calma lógica, que era ridículo pensar que uma mulher inteligente precisava de um homem para ser feliz; que, mesmo se houvesse prazeres que tal relação pudesse proporcionar, ninguém já maduro — ela propunha a idade de 30 anos como o limite — poderia senti-los com toda a intensidade dos jovens. Mas isso foi escrito antes de Saint-Lambert — e ele era o mais dedicado dos amantes. Era assim que descrevia o despertar pela manhã:

É maravilhoso senti-la ao meu lado
Simples, descoberta,
Nua ao frescor do alvorecer

MENTES APAIXONADAS 275

Abro as cortinas
e me envolve com seus braços
Busco seus belos olhos
Pressiono meus lábios contra os seus.

Você respira ofegante

E, quando grita,
quase não me ouve
a sussurrar o que sinto

Quando sussurro o quanto a adoro

Eles ajudavam um ao outro, como deve ser com todos os amantes. Ela sentia a confiança de ser alguém que merece ser amada; ele descobria que aquela mulher famosa, internacionalmente respeitada, pensava que ele também merecia ser amado. Eles trocaram relicários e descobriram ter lido muitos livros em comum — Montaigne e Virgílio, Dryden e Hutcheson. À noite, quando era mais seguro, às vezes se davam as mãos ao passear por pátios escuros; certa vez, isso fez com que ela caísse em uma vala e arranhasse a perna, o que exigiu a elaboração de uma rápida justificativa ao voltarem — em consequência do que seus laços se estreitaram.

Ela não podia partilhar com ele os aspectos técnicos da sua física, mas ele sempre amara o céu noturno e ela, sem dúvida, lhe contava o que sabia sobre como as estrelas se moviam. Com cuidado — pois era algo que mantinha em segredo durante anos —, ele confidenciou-lhe que sonhava escrever um grande poema sobre a natureza, com uma série de versos a respeito de cada estação. Era um tema comum, como as *Quatro estações*, de Vivaldi, compostas apenas 20 anos antes (e se tornaria ainda mais popular com a obra de Jean-Jacques Rousseau, alguns anos mais tarde). Ela já tinha conhecido Rousseau em Paris, onde ele ainda era apenas um irritante e medíocre compositor musical, e ela provavelmente percebia que um novo tom, mais pessoal e emotivo, estava se desenvolvendo. Isso a ajudava a aproximar-lhe de seu jovem poeta, com suas ousadas leituras das últimas tendências culturais.

Saint-Lambert pode ter pensado que teriam todo o tempo do mundo, mas ela era mais velha e sabia que não seria assim. Mesmo que Saint-Lambert tivesse garantido a ela, seu caso com Catherine tinha terminado, Émilie sabia que Catherine era um tipo de mulher que dependia inteiramente da beleza e da atração sexual para sobreviver. Ela sempre veria os homens atraentes da Corte como seus amantes em potencial, desde que tivesse permissão.

> *Meu querido, não é o bastante amar e dizê-lo cem vezes ao dia. Temos de ser os mais discretos possíveis. Voltaire ficará apenas um pouco enciumado quando souber sobre nós, mas Catherine ficará furiosa. E ela saberá, é só uma questão de tempo.*

Émilie tentou evitar o pior dos transtornos futuros ao decidir contar a novidade a Estanislau antes que ele a ouvisse de outra pessoa. Certa vez, chegou a lhe dizer, antes do jantar, que tinha algo muito importante sobre o que queria lhe falar e, quando ele disse (como narrou ela em uma carta daquela noite) "Continue, minha querida", ela disse ser pessoal demais e que precisava estar a sós com ele depois. Mas, quando acabou a refeição, ela não conseguiu abordar o assunto e adiou o encontro.

Em pouco tempo, Catherine de fato percebeu o que estava acontecendo, mas, em vez de se irritar, como temia Émilie, ela parecia apenas feliz em ajudar (Voltaire estava tão ocupado em dirigir as peças que não suspeitou de nada), pois Estanislau sabia que Catherine havia se envolvido com Saint-Lambert no ano anterior. Quando Catherine permitiu que Émilie fosse adiante, aquele era um sinal claro para Estanislau de que ele não teria mais que se preocupar com a ameaça de o belo e jovem Saint-Lambert roubar a afeição de sua principal amante.

Em consequência, Catherine deu a Émilie e Saint-Lambert as chaves de um quarto escondido, nas proximidades do palácio principal, onde os dois amantes tiveram um lugar ainda mais seguro para se encontrar. Émilie ainda

MENTES APAIXONADAS   277

suspeitava de que o humor estimulante de Catherine não duraria muito, mas teve de admitir que tudo tinha sido mais fácil do que previa até agora.

Em meados de maio, as desculpas a Voltaire se tornavam, entretanto, tão implausíveis que Émilie teve de ceder e disse-lhe que já era hora de irem para Paris. (Todos esperavam que ela estivesse lá para supervisionar o caso judicial que se estendia em Bruxelas.) Mesmo então, a leal Catherine parecia mais do que disposta a ajudar sua nova amiga, certificando-se de que Voltaire fosse mantido em Lunéville por importantes "questões teatrais" durante um tempo, de modo que Émilie poderia passar vários dias a sós com Saint-Lambert na cidade vizinha de Nancy.

Foi o melhor momento deles. A mãe e a irmã de Saint-Lambert estavam na cidade, e ele as ofendeu gravemente quando não se deu ao trabalho de ir visitá-las, mas isso não lhe importava: ele só tinha olhos e coração para Émilie. Ela não podia resistir. "Eu costumava tomar decisões de jamais me apaixonar", escreveu-lhe ela imediatamente depois. "Mas isso finalmente passou... eu não tinha ideia de que pudesse amar tanto alguém..."

De Nancy ela foi encontrar Voltaire em Paris, mas como poderia ficar longe de Saint-Lambert agora? Apenas 8 dias depois da chegada a Paris, o sempre sereno Longchamp escreveu:

> Madame du Châtelet convenceu o sr. de Voltaire a voltar imediatamente para Lunéville (onde, devo dizer, ela parecia excepcionalmente feliz durante a nossa anterior estada um tanto prolongada). Fui encarregado de fazer com que os cavalos andassem com tanta rapidez que não devo poder parar em ponto algum durante o caminho. Em consequência dessa decisão, recairá sobre mim a responsabilidade por guarnecer a carruagem com todos os mantimentos de que podemos precisar nessa viagem inesperada.

Voltaire não se importou em partir de novo tão repentinamente, pois estava vivendo momentos difíceis com Marie-Louise. "Irei", ele foi forçado a escrever a ela, depois de uma noite bem constrangedora, "levar-lhe o meu membro, mesmo que um pouco flácido... sei que não se importará". Ele precisava de um tempo de descanso para evitar mais embaraços.

Houve aventuras pelo caminho e, em certo momento, quando eles finalmente pararam para tomar um prato de sopa em uma estalagem à beira da estrada, a recepcionista trouxe-lhes uma elegante bandeja e travessas de porcelana, sob uma tampa de prata. Tudo parecia sinal de grande cortesia, até que Longchamp fosse pagar e ouvisse, abruptamente, que a refeição custava 1 luís de puro ouro — o equivalente a várias centenas de dólares hoje. Voltaire desceu da carruagem e começou a argumentar com a senhoria, explicando que seria um erro tentar aquilo, pois ele obviamente contaria a todos os que passassem por aquela estrada e ela acabaria por perder tantas vendas que o seu vil lucro daquela única visita não valeria a pena. Como uma boa estalajadeira, ela respondeu àquela argumentação forense fazendo um gesto a todos os outros comerciantes da vila de Châlons-sur-Marne para que saíssem de suas lojas e cercassem os visitantes. Longchamp recordou:

> Em menos de 5 ou 6 minutos, um grupo considerável e grosseiro estava em volta de nós, levantando gritos de reivindicação que, em vez do discurso razoável, dedicavam-se — se posso resumir o assunto — a declarar que a senhoria estava certa. O sr. de Voltaire viu que seria impossível prevalecer pelo discurso, expressando-me a sua opinião de que seria sábio se "voltássemos atrás" e, de fato, sem um atraso excessivo, abandonássemos a nossa posição. Coube a mim pagar a intolerável estalajadeira antes que nos puséssemos de novo a caminho.

Quando chegaram a Lunéville, Saint-Lambert estava muito resfriado. Émilie passara mais de uma década lidando com as falsas doenças de Voltaire, de modo que aquilo era o nirvana: um homem saudável que em breve estaria curado. Ela lhe mandava chá e sopas para tomar ("tome bem quente, mas, de início, apenas porções pequenas"), conseguiu-lhe asas de frango para comer e reuniu vários de seus livros preferidos para ler. Ela se sentava em seu quarto — tendo outras pessoas à sua volta garantido o decoro — e verificava se os travesseiros estavam fofos, a ventilação suficiente e se os médicos não lhe estavam sangrando demais. Como não poderia pegar as cartas dela na harpa, ele revelou seu segredo ao fiel criado Antoine, que transportava bilhetes lacrados.

Em uma das primeiras missões de Antoine, ela respondeu: "Você sabe que eu quase poderia me apaixonar por Antoine por me trazer as suas palavras. Não posso lhe responder agora — há pessoas demais por perto —, mas você nunca foi tão terno, meu amor. Nos falaremos mais à noite." Enquanto Saint-Lambert esteve doente, ela por diversas vezes ficou em seu quarto vendo-o dormir; mas, quando ele se recuperou, eles voltaram à constante e regular prática sexual ("Em nosso amor", escreveu ela, "não há a palavra 'demais'"). Ela já lhe contara calmamente, em uma carta, seus planos — "Queria passar o resto de minha vida com você, em Lunéville ou em Cirey" —, ao que ele respondia com o afeto por que ambos ansiavam.

Em agosto, Voltaire realmente teve de voltar para os ensaios de sua nova peça, *Sémiramis*. Émilie estava no balneário de Plombière, acompanhando uma Catherine de péssimo humor por alguns dias. Quando chegou uma carta endereçada a Catherine — mas claramente com a caligrafia de Saint-Lambert —, ela a abriu, leu e rasgou-a em pequenos pedaços. Ela nada disse sobre o conteúdo, e Émilie não iria perguntar — seria obviamente inútil e Catherine tentava deixá-la com ciúmes. Mas, um dia depois, uma quinta-feira ao final de agosto, chegava outra carta de Saint-Lambert para Catherine. Essa, no entanto, não vinha em um envelope próprio; estava dentro de uma carta que Saint-Lambert enviara a Émilie.

Por si só, não era algo tão estranho, pois o serviço postal era tão caro que os amigos frequentemente compartilhavam envelopes ou pediam uns aos outros para repassar as cartas. Mas o bilhete para Catherine não estava lacrado. Émilie não resistiu e o abriu.

24

Colapso

LUNÉVILLE, 1748

Era uma carta de amor. Saint-Lambert escrevia a Catherine que sentia a falta dela, que a amava loucamente, que "nunca deixaria de adorá-la".

Émilie não se conteve. "O que você quer dizer com isso?", escreveu-lhe imediatamente em resposta.

> Você conquistou minha confiança e, no entanto, escreveu a Catherine de modo que eu pudesse ver. Você me enganou.
>
> Não me deixarei crer que você a ama. Se acreditar nisso, terei que acreditar que você é um monstro do embuste e da duplicidade. Provavelmente, pensou que precisasse escrever assim a Catherine para adulá-la e manter sua amizade. Bem, seja bravo o bastante para perder essa amizade. Amantes não saem por aí dizendo a outras pessoas que as "amam loucamente"; que as "adoram". Ou, pelo menos, os meus amantes não fazem isso.
>
> Talvez eu não seja capaz de dizer tudo isso quando nos encontrarmos.

Mas, se você quer ameaçar a nossa vida assim, essa escolha é sua. Ainda o quero — mas não serei a pessoa em que você tenta me transformar.

Depende de você mudar esse meu ponto de vista. Meus sentimentos estão paralisados, mas há, ao menos, uma vantagem em me sentir assim. Eu sentia desesperadamente a sua falta antes.

Sinto-a menos agora.

Enquanto Émilie decidia o que fazer, Voltaire estava tão preocupado com seus ensaios em Paris que praticamente não notou que nem ela, nem Saint-Lambert demonstravam interesse em ir à sua estreia. Como parte de seus esforços para voltar aos braços de Marie-Louise, ele lhe pediu um conselho sobre um trecho importante da montagem, mas depois, como um bobo, de fato escutou o que ela disse. Era uma questão delicada, pois sua nova peça, *Sémiramis*, tratava da descoberta do verdadeiro assassino de um grande rei, e, tendo visto *Hamlet* em Londres, Voltaire estava tentado a trazer um fantasma para o palco de Paris.

Era audacioso, pois as regras dramáticas na França eram muito mais rígidas que as da Inglaterra e ninguém fora bem-sucedido em investidas assim antes. A pergunta que Voltaire fizera a Marie-Louise era se o fantasma deveria aparecer vestido em roupas comuns ou com uma grande mortalha negra. Marie-Louise decidiu que os mantos negros eram melhores.

Na noite de estreia, mais de mil pessoas estavam na plateia, e o teatro estava tão cheio — como de costume — que muitas delas se apertavam no próprio palco. Crébillon e outros, a quem Voltaire insultara constantemente ao longo dos anos — e que formavam uma grande porcentagem dos escritores em Paris —, reuniram um grupo de jovens aristocratas para vaiar e gritar insultos durante a peça. Voltaire sabia muito bem que Crébillon tentaria aquilo e, por isso, pagou uma boa quantia para conseguir um grupo ainda maior que o aplaudisse.

A peça ia bem, com os dois grupos bem equilibrados, até que o fantasma apareceu.

MENTES APAIXONADAS 283

Fosse um fantasma mais atlético, talvez Voltaire tivesse uma chance de vitória. Mas era um ator velho e imponente que agora estava perdido sob os panos volumosos escolhidos por Marie-Louise. Não havia uma tradição de luzes de cena para conduzir essas entradas, de modo que em determinado trecho era preciso andar cambaleando desajeitadamente para se conseguir entrar em cena. A claque de Crébillon riu. O fantasma se irritou e tentou com mais veemência seguir em frente. Mas o palco estava lotado e os partidários de Voltaire fizeram pior, pois eles agora se empurravam tentando ao menos ver quem era aquele que vinha em sua direção, a quem deveriam demonstrar apoio. Dúzias de jovens se comprimiam para a frente e para trás; os outros espectadores no palco não conseguiam ver o que acontecia, e então também tiveram que se aproximar.

Todas as instituições reais precisavam de uma guarda oficial, e a Comédie Française não era exceção. Quando aquele funcionário, de caráter mais cerimonial, viu como o pobre fantasma perdido lutava para chegar ao palco, percebeu que tinha uma importante tarefa a cumprir e gritou em tom militar: "Andem! Andem! Abram espaço para o fantasma!" Daí por diante, tudo piorou. No dia seguinte, Voltaire vestiu um grosso sobretudo e um grande chapéu que lhe encobria a cabeça para ouvir, incógnito, as intrigas nas redondezas do Café Procope. O que ficou sabendo era tão irritante, que decidiu deixar Paris quase imediatamente.

Ele precisava do alento de Émilie naquele momento difícil e pediu a Longchamp que o levasse para Lunéville. Sua saúde sempre fora frágil, segredava ele a Longchamp, e, com efeito, durante a viagem de carruagem teve um colapso físico quase total; incapaz de comer, perdia ainda mais peso de seu corpo já magro.

Longchamp estava tão preocupado que, em uma das paradas, em que Voltaire parecia quase incapacitado de andar, chamou um padre e o supervisor oficial do governo daquela região. Voltaire dispensou o padre e ditou algumas notas finais a Longchamp, que ele conseguiu assinar com apenas uma fraca e tremida letra "V". Afundado nas profundezas da autocomiseração e desolado com a ideia de que sua vida acabaria naquela cidade perdida, olhou o criado

284   COLAPSO

e disse que seu único consolo era que, ao menos, o leal Longchamp estaria ali para jogar um punhado de terra em sua sepultura.

Émilie se condoeu muito pouco ao ouvir aquilo, e não há indícios de que tenha sequer se preocupado em responder. Ela deixou o balneário de Plombières — sofrendo o constrangimento de perceber o quanto contara sobre Saint-Lambert a Catherine — para tratar de um assunto muito mais sério. Será que ela queria Saint-Lambert de volta?

Ele se mostrara capaz de mentir. Mas seria isso algo fundamental em sua natureza ou apenas algo que pudesse fazer sob a pressão da reconhecidamente habilidosa Catherine? Pois talvez Saint-Lambert estivesse simplesmente tão apaixonado por Émilie que Catherine tivera de demonstrar que ainda o mantinha sob controle. Mas, então, será que ela os deixaria em paz depois disso?

Na segunda semana de setembro, todos chegaram a Lorraine. (A Corte se mudara para a sua residência de outono em Commercy, não muito distante de Lunéville.) Voltaire, naturalmente, recuperou-se depois que Longchamp lhe serviu deliciosas e gordurentas aves grelhadas, seguidas de vinho aguado em abundância e uma longa noite de sono. Catherine andava novamente amigável, embora Émilie soubesse que não podia confiar nela.

Émilie tomou sua decisão. Ela precisava de amor, e Saint-Lambert podia lhe dar. Tudo o que tinha a fazer era persuadi-lo a manter-se concentrado nela. Isso não deveria ser tão difícil, pois, afinal, ela conseguira que até mesmo Richelieu se tornasse um amante fiel. E, mesmo que agora estivesse mais velha, ainda assim podia oferecer um mundo em Paris que estava além de qualquer coisa que Catherine conhecia. Ela conversou longamente com Saint-Lambert, imaginaram como encontrariam os amigos literatos dela e, em pouco tempo, ele estava mais envolvido do que nunca, levando-a para caminhadas, passeios de bote nos lagos e mais cavalgadas em conjunto. Pediu a ela que lhe enviasse o seu retrato para colocá-lo em um relógio de pulso, especificando que Émilie deveria estar vestida tal como cantara na opera *Issé*, naqueles primeiros dias em que a conhecera na Corte de Estanislau.

Cinco anos antes, depois dos meses e meses que Voltaire passara na Corte de Frederico, Émilie escreveu que algo se perde em um relacionamento quando os parceiros se separam por muito tempo. Ela não queria que isso acontecesse com Saint-Lambert. Eles voltaram a fazer sexo regularmente, às vezes no quarto dele e, agora, cada vez mais frequentemente, no quarto dela. Não era o amor total que ela queria, mas se forçava a acreditar que ele poderia voltar.

Agora Voltaire reconhecia que algo estava acontecendo e, em uma noite daquele mês de outubro, desceu de seu apartamento no andar de cima um pouco antes do horário normal do jantar para investigar um pouco. Longchamp contou mais tarde:

> Não encontrando nenhum criado à porta de Émilie, sentiu-se à vontade para entrar sem o procedimento usual de ser formalmente anunciado. Meu senhor então adentrou o apartamento dela, ainda sem encontrar ninguém mais, até chegar a um pequeno quarto nos fundos, de onde podia ser vista uma luz difusa. Ali ele passou a crer ter visto a madame em estreita proximidade com o sr. de Saint-Lambert, em um sofá de seus aposentos, ocupados, se posso falar assim, com conversas que não tratavam nem de poesia, nem de filosofia.

Prosseguia Longchamp:

> Diante dessa surpreendente reviravolta dos acontecimentos, o sr. de Voltaire foi acometido de tamanha surpresa e indignação que não conseguiu conter totalmente seu ímpeto. Comentou, com palavras um tanto violentas, sobre o que acabara de ver. O sr. de Saint-Lambert, preservando um admirável sangue-frio, observou que lhe parecia inapropriado ao de sr. Voltaire censurar a *sua* conduta e que, se o cavalheiro estava infeliz, deveria simplesmente sair do aposento e encontrar-se com ele do lado de fora do castelo para encerrar a questão.

Voltaire sabia que a pena era mais forte do que a espada, mas também entendia a diferença entre uma metáfora forte e um passo em direção à morte iminente. Com tato, esquivou-se da ameaça daquele jovem soldado no apogeu de sua forma e deu ordens a Longchamp para preparar a carruagem: ele partia, e partia agora.

Émilie chamou Longchamp à parte e lhe disse para protelar as ordens. Embora ela e Voltaire não fossem mais amantes, ela percebeu que qualquer homem se irritaria ao ver de modo tão inequívoco como ela havia superado o fim do seu relacionamento. Foi até o quarto de Voltaire, sentou-se aos pés de sua cama e então disse — enquanto Longchamp prolongava o máximo possível o ato de acender as velas — algumas palavras em inglês, que pareceram, aos ouvidos do criado, apaixonadas, mas isso ele não podia assegurar. Apenas quando ele os deixou a sós, voltaram ao francês, mas, como àquele humilde servo fora dado um quarto separado apenas por uma fina divisória do quarto do senhor, ele pôde — ou pelo menos assim disse — ouvir muito do que se seguiu.

O primeiro movimento de Émilie não foi muito feliz. (Ela ainda não sabia dos detalhes do caso do próprio Voltaire, de modo que não podia contra-argumentar com isso.) Voltaire tinha a vista fraca — ele sempre dizia isso, não é? —, então será que cogitou a possibilidade de ter se enganado sobre o que pensou ver, dada a pouca luz no quarto? Isso deixou Voltaire novamente exasperado — o que ele tinha visto não passaria despercebido nem a um cego —, então Émilie logo mudou de rumo e usou a sua última arma: a saúde de Voltaire.

Ele estava doente, não é? Ele suportava, de um modo que dificilmente outro mortal suportaria, um corpo frágil, delicado. Voltaire concordou, quase com tristeza. Era uma vergonha que fosse necessária uma ocasião como aquela para que a compaixão dela fosse despertada, mas, sim, ele tinha de admitir que ela estava certa.

Estabelecida essa premissa maior, a sua conclusão silogística foi rápida. Será que ele não percebia que ela estava fazendo tudo aquilo — aqueles esforços que ele vira com Saint-Lambert — para *proteger* a saúde de Voltaire? Certamente, ele se lembrava de como o seu ânimo na cama era excitante. Um amigo de coração frio poderia ignorar tudo aquilo e insistir que um inválido preenchesse essas exigências sem nenhuma atenção a sua saúde. Mas Émilie se preocupava com ele. E, dado que ela lhe tinha tamanha consideração, não seria melhor que o novo parceiro fosse um amigo comum, a quem ambos admirassem?

A resistência de Voltaire amainou. Ele sempre amara a extraordinária rapidez de Émilie, a sua imediata segurança; ele também tinha motivos — embora isso fosse algo que não contaria a ela — para acreditar, depois de uma visita de sucesso a Marie-Louise durante a sua última estada em Paris, que aquela outra relação também continuaria. Uma aceitação delicada da lógica de Émilie seria boa.

No dia seguinte, ele encontrou Saint-Lambert. Mas, em vez de exigir a realização do duelo — que teria marcado o pobre Saint-Lambert com a desonra de ser o homem que matara o maior poeta da Europa —, Voltaire tomou a mão do jovem escritor entre as suas e, quase às lágrimas, recusou-se a aceitar até as suas mais sinceras desculpas. "Meu jovem", Longchamp relata os dizeres de Voltaire, "eu perdoei tudo". Explicou que era ele, Voltaire, quem estava errado, ao passo que "você, no entanto, está na feliz idade em que o homem ainda pode ser um amante". Ele disse a Saint-Lambert para desfrutar aqueles prazeres, tão breves em nossa vida, e explicou que um homem velho, um inválido como ele, não era mais feito para essas delícias.

Era uma proposta tão atraente que Émilie não se importou, embora ambos tenham compreendido que não era bem a verdade. Ela sabia que ele tinha algum tipo de relacionamento em Paris (embora suas suspeitas recaíssem sobre uma atriz renomada); ele tinha suas suspeitas sobre ela, mesmo antes de Saint-Lambert, quando passava porções desmedidas de tempo com um dos mais atenciosos advogados de Bruxelas. Mas isso não importava. Pelo menos sua simulação compartilhada de que ele era velho demais para o romance fortaleceu de certa forma sua verdadeira amizade. Nos seus piores momentos, quando ele ia e vinha da Prússia de Frederico, ele escreveu para ela um poema que captou o modo como ambos imaginavam ser a sua relação. Em tradução livre:

Se ainda hei de ser um amante,
deves levar-me de volta
à idade de meu primeiro amor,
ao início de meus dias.

Estou morrendo, podes ver.
Não posso ser seu amante.
Estou velho.

(É a pior morte
É uma morte pior que a morte)

Posso porém dar-te amizade
posso de coração;
juro que posso...

Ele obviamente não estava velho demais para o sexo, como mostravam os seus momentos com Marie-Louise. O que dizia era que não estava mais completamente apaixonado por Émilie, mas que os seus anos foram tão importantes para ambos que ainda precisava do calor dela. Émilie entendia isso agora, ela e Voltaire estavam ainda mais à vontade um com o outro naquele outono.

O ano de Voltaire terminava bem. Ele podia escrever com segurança para Marie-Louise depois do sucesso de suas apresentações em Paris ("Como está, minha amada?... pensar em você me dá ereções frequentes... Ardo de vontade de vê-la a cada hora."). Ele reescrevia a desfigurada *Sémiramis* e tinha certeza de que, mantendo os espectadores fora do palco e elaborando um pouco mais o crucial último ato, estaria à frente de um outro grande sucesso.

Mesmo a insistentemente independente madame de Pompadour de Versalhes agia agora de um modo que ele aprovava. A Igreja ainda quase não pagava impostos, embora sustentasse muitos milhares de homens sem inclinação religiosa constatável: o governo pagava por quase todas as suas necessidades,

MENTES APAIXONADAS   289

apesar das suas enormes propriedades fundiárias. Um novo ministro das Finanças, Jean-Baptiste de Machault, propunha um imposto mínimo de cinco por cento para ao menos começar a retificar essa injustiça.

Se o rei dava apoio a Machault, então a Igreja seria seu inimigo — e era isso o que Pompadour estava desesperada por assegurar. (Pois se, ao contrário, o rei *de fato* se ligasse emocionalmente à Igreja, poderia deixá-la como um sinal do recebimento da graça divina, assim como havia deixado sua antecessora Châteauroux naqueles fervorosos momentos de insolação em Metz, alguns anos antes.) Em consequência disso, o rei realmente parecia estar a ponto de, sob a influência de Pompadour, estabelecer as finanças do país de modo racional e equitativo.

Voltaire também encontrou um modo engenhoso de publicar *Zadig*. Os tipógrafos tinham, repetidas vezes, pirateado cópias de seus livros anteriores, preparando milhares de cópias extras, quando ele lhes fornecia o manuscrito, e vendendo essas cópias por baixo do balcão. Um dos piores infratores era a família Prault, em Paris. Voltaire agora os contratara, explicando que o passado era passado, e — aparentemente sob extremo sigilo — fez com que preparassem algumas centenas de cópias da primeira metade de *Zadig*.

Ele pediu que lhe enviassem essas cópias iniciais para manter em segurança até que pudesse mandar-lhes a segunda metade do texto. (Eles naturalmente imprimiram milhares de cópias adicionais da primeira metade e apenas aguardavam pelo resto do texto para prosseguir, tal como antes, com as suas edições piratas e com as trapaças nos pagamentos.) O que ele não lhes contou foi que, sob sigilo semelhante, fez com que outro impressor — de igual mentalidade —, de Lorraine, preparasse algumas centenas de cópias da segunda metade. Agora bastava reunir os dois grupos de páginas soltas, para o que contratou algumas mulheres de dedos ágeis da região e lhes fez executar a costura e a encadernação. Os fraudadores de Paris e Lorraine foram fraudados: ele agora distribuía, por meio de associações comerciais confiáveis de Paris, os poucos números de uma edição exatamente como ele queria.

A história de *Zadig* foi aclamada como uma obra-prima, e Voltaire acertou o seu passo. Ele sabia que era bom. Por várias vezes em sua vida, ele pareceu

290 COLAPSO

ser um bobo — a fanfarra que lhe fez ser mandado para a Bastilha; o fracasso de suas experiências sobre o fogo; as espetadas aparentemente inúteis nas autoridades de Versalhes durante anos. No entanto, ele também conseguia transformar a derrota em vitória. Sua estada na Bastilha lhe levara ao triunfo de seu *Édipo*; o ataque de Rohan levou às suas *Cartas da Inglaterra*; as experiências com o fogo, ao seu *Discurso em verso sobre o homem*. Ele precisava da energia que adquiria com essas aparentes derrotas. As semanas passadas em isolamento em Sceaux com Longchamp também não foram um constrangimento, mas, sim, levaram-no a conquistar esse sucesso com *Zadig*. Mais uma vez, ele podia mostrar que havia chegado ao topo.

Para Émilie, o resto do outono foi muito pior. Por certo tempo, Saint-Lambert continuou se empenhando em seu romance, com a sua mistura de elegância e ocasionais entusiasmos de obediência. Mas ele estava saindo das profundezas. Com muito trabalho, concluía uma peça para ela, sobre dois índios iroqueses que compartilhavam uma mulher. Émilie, quase certamente, evitou apontar o óbvio — que aquilo era muito pior do que os textos que Voltaire rascunhava em segundos —, mas outras pessoas em Lunéville, sem dúvida, lhe fizeram comentários desse tipo.

Esse é o problema que todos os jovens amantes enfrentam. Saint-Lambert não tinha 30 anos, enquanto Émilie já estava com 42. Quando um casal se encontra pela primeira vez, sua relação pode ser apenas dois corpos em transe em um espaço atemporal, e o mais jovem tem naturalmente a vantagem. No entanto, com o passar do tempo, a vida mais dura entra no meio.

Seria diferente se Saint-Lambert cortejasse uma companhia possivelmente mais usual para um homem da sua idade, que seria uma jovem com seus 19 ou 20 anos. Ela ficaria impressionada com ele ser o comandante ocasional da guarnição de um verdadeiro grupo da infantaria, mesmo que no exército pouco relevante de Lorraine. No entanto, o marido de Émilie, Florent-Claude, passara desse nível havia 30 anos e era hoje um dos oficiais da cavalaria mais distintos de seu país, tendo comandado grandes grupos de batalha no exército mais poderoso da Europa. Saint-Lambert também poderia se jactar diante de alguém mais jovem da posição que conquistara na Corte de Lunéville — mas isso não era nada em face de Versalhes, que Voltaire e Émilie conheciam tão bem.

Não ajudava muito o fato de Émilie não se importar com essas diferenças e de até incentivar sua carreira. Para um velho amigo, ela escreveu que estava mandando "alguns versos escritos por um jovem que [...] conheci aqui. Tenho certeza de que vai gostar deles. Ele morre de vontade de conhecê-lo — e é digno disso. Gostaria de levá-lo a Cirey. Vamos combinar para que você o encontre lá".

Saint-Lambert estava humilhado. Ele sabia que fracassava — na destreza, no charme, na capacidade de se manter no nível social de Émilie e mais ainda de suportá-la. Mesmo o poema romântico com que presenteara Émilie, que falava em acordar com ela pela manhã, não foi escrito tão sem esforço como demonstrara. Trabalhou nele por um longo tempo — pois o tinha iniciado durante seu romance com Catherine um ano antes. Mas que jovem ficaria feliz em admitir que é incapaz de rivalizar com uma mulher? O problema piorava pelo fato de ele sempre ter sido atraente sem fazer esforço: charmoso, no entanto tímido o suficiente em sua conduta para que as mulheres quisessem cuidar dele. Nunca antes teve que enfrentar um problema realmente difícil — e entrou em pânico. Em vez de ter a decência de dizer que não conseguia mais continuar aquele relacionamento, ele começou a esquivar-se dela.

Émilie teve de fingir para os outros que tudo estava certo. Para um outro antigo amigo de Paris, escreveu em seu costumeiro tom jovial: "Envio-lhe mil saudações, meu caro senhor, assim como o sr. de Voltaire, que está aqui comigo. Espero que nos vejamos neste inverno — estarei em Paris no início do Novo Ano."

Mas com Saint-Lambert era diferente. No princípio, ela tentou elogiá-lo amigavelmente:

> *Queria acordar com você, mas eram apenas 23 horas quando a primeira festa acabou — e você tinha sumido. Por favor, escreva-me dizendo o porquê. Não poderia amá-lo mais, meu querido. Agora terei que escovar os dentes sozinha.*

> *Meu querido, será que você não poderia ao menos tentar vir me ver esta noite?*

A frieza dele piorou:

Você chegou às 4 horas — mas nós tínhamos combinado de nos encontrar à 1 hora! Você sabe que estou partindo para Paris em breve. Por favor, por favor, não me trate assim.

Você nem sequer olhou em minha direção hoje. Por quê? Por que de repente passou a me tratar tão friamente?

Você está tentando nos separar para sempre?

O relacionamento estava no fim, mas eles ainda passariam alguns momentos a mais na cama. Não havia mais amor. Saint-Lambert apenas a usava — e é possível que ele tenha tentado insistir em seu desempenho nesse único âmbito em que tanto a satisfizera antes. De repente, aconteceu a única coisa que ela não podia controlar. Ela sempre fora cuidadosa na contracepção com os seus parceiros. Mas agora estava grávida, e em uma época em que já era impressionante chegar aos 40 anos; não poderia dizer se sobreviveria ao futuro parto.

VIII

FINAL

25

Gravidez

CIREY E PARIS, VÉSPERA DE NATAL DE 1748 A ABRIL DE 1749

No início, ela não contou nada a Voltaire, disse apenas que deveriam parar em Cirey por um breve período. Saint-Lambert ficou para trás, ele praticamente não falava com Émilie agora.

Ela estava inquieta na carruagem ao lado de Voltaire e, em uma parada que fizeram na metade do caminho para Cirey, para que os cavalos comessem e bebessem água, desceu para ver o vilarejo. Quando encontrou vários habitantes e um padre local receptivos a um pouco de apostas, sentou-se com eles para jogar cartas. Não deixou que aquilo terminasse rápido, tão logo os cavalos estivessem prontos; ao contrário, insistiu em jogar mais e mais, quase como se precisasse da intensidade daquela concentração, daquela distração do que viria a seguir.

Eles partiram tarde, quando a noite já estava alta e uma chuva fria começava. Era quase impossível ver adiante. Longchamp estava do lado de fora, à frente, quando seu cavalo pisou em falso no escuro, arremessando-o em uma

296 GRAVIDEZ

vala cheia de água. Depois, o animal se deitou parcialmente sobre ele — e não fez nenhum esforço para se levantar. Longchamp narrava:

> Essa nova posição parecia ao meu corcel cômoda para dormir, e as minhas forças para me livrar de nada funcionavam contra o seu peso substancial. Foi apenas quando a carruagem com a madame e o senhor se aproximou que o meu exausto animal acordou, com o que ele se aprumou desajeitadamente — uma manobra que, pelo seu ímpeto, me deixou, devo dizer, com muito medo.

Eles chegaram tarde da noite de 24 de dezembro. Quando criança, Émilie ia à Missa do Galo com seus pais nessa data; aos 26 anos, combinou encontrar Maupertuis para uma madrugada ilícita juntos em Paris; um pouco mais velha, ela e Voltaire tiveram anos de noites aquecidas pelas lareiras em Cirey. Agora, na véspera de Natal de 1748, as paredes de pedra e tijolo de Cirey ainda estavam geladas e as lareiras acesas levavam horas para aquecer os cômodos principais. Longchamp indicava aos criados onde colocar as bagagens, enquanto Émilie e Voltaire se acomodavam.

Ela ainda não tinha contado a Voltaire que estava grávida e, por muitos dias, eles continuaram a rotina de desfazer as malas e se instalar em seus velhos aposentos. No entanto, "em vez do costumeiro bom humor e da vivacidade da madame", notou Longchamp, "ela parecia, aos meus humildes olhos, estar extraordinariamente aérea. Eu poderia até dizer triste".

Quando finalmente contou a Voltaire, por volta de 1º de janeiro, ele compreendeu por que ela insistira em vir para Cirey. Mesmo que a intriga sobre Saint-Lambert ser seu amante estivesse se espalhando, ela e Florent-Claude precisavam ao menos fazer parecer plausível que ele era o pai de qualquer criança que ela tivesse. Esse era o único modo de garantir que as heranças dos Châtelet e dos Breteuil permanecessem em uma só família. (O aborto só seria considerado um recurso desesperado, pois o fungo de centeio ou outras poções usadas com esse propósito eram muito sensíveis à dosagem: pouco demais não faria efeito e altas doses resultariam em hemorragia uterina fatal.)

MENTES APAIXONADAS

Enviaram um comunicado a Florent-Claude em sua base militar em Dijon e, quando ele chegou, Voltaire deixou-os a sós. O seu filho Louis não estava mais em casa — ele servia em um regimento sob o comando de Richelieu — e, embora a madame de Champbonin e a condessa de la Neuville ainda estivessem na área e ansiosas para visitá-los, elas também respeitavam o que precisava acontecer.

Émilie e Florent-Claude passaram vários dias juntos: inspecionando sua propriedade a cavalo e a pé. Havia as ferrarias, onde aconteceram as experiências sobre o fogo para a competição da Academia Real de 1737, e as extensas florestas, cuja manutenção e colheita eles supervisionaram por muito tempo. Fizeram questão de jantar bem à frente dos criados: Émilie em seus melhores trajes, com mais joias do que nunca; Florent-Claude também em suas roupas cerimoniais; velas, pratarias e bons vinhos por toda parte. Depois do jantar, havia o café, com Voltaire participando brevemente da conversa entre eles, mas, depois, Florent-Claude e Émilie iam para o quarto e continuavam a manter as tão importantes aparências para os criados.

"Creio", lembrou-se Longchamp, "que se passaram três semanas desde a visita tão apreciada do senhor marquês até o anúncio da madame de que tinha motivos para acreditar que estava grávida... Certamente todos nós a cumprimentamos". Em pouco tempo, por meio das cartas da criadagem aos seus amigos e conhecidos que serviam nas melhores casas de Paris — assim como para intriga "confidencial" que Champbonin e Neuville em pouco tempo espalharam —, era de conhecimento geral em Paris e Versalhes que Émilie du Châtelet estava grávida aos 42 anos. Seu marido, é de se notar, estava esfuziante e também ela — o que não era mais estranho do que o modo como conduzia todo o resto de sua vida.

～

A única coisa que faltava era tentar terminar seu trabalho científico. Desde que estivera em Cirey tão rapidamente depois das apostas em Fontainebleau, para ali deixar parte da sua bagagem de livros e papéis, precisava voltar a

Paris, onde ainda estavam os melhores recursos. Ela e Voltaire partiram no começo de fevereiro, quando o tempo estava frio e a neve densa em todos os lugares. Tomaram a maior carruagem, mas ela ficou tão carregada do lado de fora, com baús extras de livros e papéis, que os cavalos tiveram dificuldade em ganhar velocidade. Para aquecer a carruagem, as portas de madeira eram vedadas e os ocupantes — Voltaire, Émilie e a criada dela — se cobriam com peles e pequenos cobertores. Um Longchamp machucado cavalgava mais uma vez à frente, em seu cavalo não tão confiável. A noite caiu cedo e, mais uma vez, estava escuro quando partiram.

Muitas horas depois da partida de Cirey, o eixo traseiro do lado de Voltaire subitamente quebrou, soltando uma das rodas. A carruagem derrapou e capotou, o poeta ficou por baixo.

Fazia um silêncio mortal do lado de fora, naquele frio isolado, mas, do coche, um grito fraco podia ser ouvido. Era Voltaire, informando a todos que estava vivo, embora estivesse sendo pressionado. Os criados que se empoleiravam do lado de fora da carruagem em movimento foram arremessados longe, mas não se machucaram devido à neve espessa. Subiram na carruagem virada, alcançaram a porta que agora estava na parte de cima e, "como se puxa um balde do fundo de um poço", começaram a puxar os ocupantes: primeiro as malas, depois a criada, então Émilie — e, por fim, um assustado, desorientado, mas notavelmente ileso Voltaire.

O acidente ocorreu tão longe de qualquer vilarejo, que demoraria horas até que os criados pudessem chegar de volta com ajuda. Mas havia muitos cobertores, de modo que, embora a temperatura estivesse muito abaixo de zero, não seria tão perigoso aguardar. Émilie e Voltaire colocaram almofadas sobre a neve espessa, ao lado da estrada, meteram-se embaixo de suas peles preferidas e se deitaram sob as estrelas. Longchamp nunca elogiou sua própria poesia, mas, mesmo ele, transcendeu a si mesmo por alguns momentos ao descrever sua espera naquela noite:

Apesar do frio extremo, [a senhora e o senhor] admiravam a beleza do céu. Estava sereno, as estrelas queimavam com o mais vívido brilho. Não divisei nenhuma casa ou árvore que atrapalhasse sequer uma parte da sua visão.

Sabíamos que a astronomia tinha sido um dos seus estudos favoritos. Encantados por aquele magnífico espetáculo, espalhado acima e ao redor deles, eles discorriam — enquanto tremiam, devo notar — sobre a natureza e o caminho das estrelas e sobre o destino de tantos imensos globos espalhados no espaço.

Creio que apenas o fato de que lhes faltava um telescópio não permitiu que estivessem perfeitamente felizes. Os seus espíritos estavam perdidos nas profundezas dos céus, não viam mais a sua situação na terra — ou, para ser exato, a sua situação sobre a neve e em meio a tanto gelo.

Foi o último momento realmente tranquilo que passaram juntos. A noite era longa; a vila mais próxima era distante. Émilie dedicara muito tempo para conquistar as habilidades que lhe permitissem descobrir como aquele vasto universo funcionava. Se estivesse certa em seu artigo para a Academia sobre a natureza da luz, havia ainda mais estrelas do que podiam agora ver, brilhando invisíveis ao seu olhar.

Permaneceram lá durante quatro horas, sós e imobilizados sob a fria luz das estrelas. Finalmente chegou o grupo de socorro: quatro homens locais, cordas para içamento, ferramentas e um novo eixo. Émilie e Voltaire se levantaram lentamente: havia trabalho a fazer, uma viagem para prosseguir.

Em Paris, instalaram-se em seus antigos aposentos na *rue* Transversière St. Honoré. Embora Émilie tentasse isolar-se das multidões que queriam convidá-la a sair, o alvoroço era demais para que se concentrasse. Voltaire queria ser útil, mas já se fragilizava com a tensão da situação dela. Embora às vezes tentasse brincar sobre como acabaria sendo muito fácil ("o novo bebê deve ser classificado como mais uma das variadas obras [de Émilie]"), também se lembrava de como Elisabeth, a esposa ainda mais jovem de Richelieu, morrera quando as complicações de sua gravidez levaram a uma hemorragia que nenhum médico pôde estancar.

300   GRAVIDEZ

Ele brigava com Émilie quando ela se atrasava para uma refeição, mesmo quando tentava ganhar um pouco mais de tempo para o seu trabalho. Certa manhã, depois de ter sido particularmente irritante na noite anterior, ele arrancou uma das suas caríssimas xícaras preferidas da mão dela ao pular de modo abrupto do sofá com a sua chegada. Pediu desculpas e enviou Longchamp imediatamente para obter uma outra em substituição — com instruções para pagar o quanto custasse —, mas não era esse o humor de que ela precisava.

Saint-Lambert tornava as coisas ainda mais difíceis. "Disse-lhe que estou grávida", escreveu-lhe ela de Paris, "e que preciso tomar providências para o meu parto. No entanto, você não disse nada!" Ela estava mais do que irritada. "Essa é uma crueldade que vai além de qualquer descrição — assim como a lástima que sinto vai além de qualquer expressão."

A suave e insincera Catherine veio da Corte de Lunéville para Paris e convidou Émilie para jantares, supostamente como sua amiga. Mas, a seguir, de propósito deixava escapar observações sobre Saint-Lambert e seus planos de viajar para a Inglaterra no outono, acrescentando que, aparentemente — e ela de fato não deveria estar contando aquilo para Émilie —, ele contava a todos que nada de importante acontecia com o que precisasse se ocupar.

Apesar da tranquilidade da gravidez, Émilie tinha premonições cada vez mais fortes de que seu parto seria difícil. Não tinha sido apenas a sua boa amiga Elisabeth que morrera de complicações depois de dar à luz. A nora do rei também morrera de modo terrível durante o trabalho de parto (depois disso, houve mais uma indignidade, com seu corpo sendo imediatamente decepado em uma dissecação pública).

Émilie era informada o suficiente para conhecer a maioria dos recursos médicos, mas aceitava o consenso de que a sangria moderada dos cirurgiões era, às vezes, uma precaução sensata a ser tomada. Ela foi para Versalhes, onde os médicos efetuavam o procedimento. Em primeiro lugar, amarravam um torniquete em volta de seu braço até que as veias do antebraço se dilatassem. Depois, traziam a maravilha mecânica conhecida como "escarificador": uma pequena caixa de bronze com cerca de uma dúzia de lâminas que saíam de seu interior. As lâminas eram extremamente afiadas e acionadas em grupos para cortar.

MENTES APAIXONADAS   301

Enquanto isso acontecia, um assistente aquecia as ventosas de vidro que seriam aplicadas sobre os cortes abertos. Quando as ventosas esfriavam, o vácuo em seu interior ajudava a puxar ainda mais sangue para fora. (Se o cirurgião fosse particularmente avançado, as ventosas teriam válvulas no topo e ele usaria uma bomba a vácuo para fazer com que o sangue de seu paciente saísse ainda mais rapidamente.) Todo o processo a deixava com uma dor de cabeça aguda, mas, depois de algumas horas, já estava recuperada para aproveitar um pouco de Versalhes.

Em pouco tempo, encontrou Estanislau, que estava muito à vontade. Como sua filha era casada com Luís XV, ele visitava Versalhes com regularidade. Contudo, a relação entre eles estava diferente agora. Em Lunéville, Estanislau sempre parecera um pouco distraído, o que era exatamente o apropriado a um rei em sua própria Corte. Além disso, Émilie deixava-o tímido, pois ele nunca tinha encontrado alguém que falasse tão rápido quanto ela e era raro ver um casal — ela e Voltaire — em que o ponto de vista da mulher fosse tão respeitado. Mas ele tinha prestado atenção no que ela dizia, talvez mais do que tivesse dado a entender e, com isso, havia concluído o seu próprio livro!

Isso era tudo o que Émilie precisava ouvir. Novos autores necessitavam de comentários editoriais favoráveis, e a fama do livro de Émilie sobre Leibniz se espalhara até Lunéville. Ela e Estanislau tiveram um jantar, depois outro, então um terceiro. Ele tentava mesclar as tradições católicas com a ciência racional e tinha várias perguntas para ela. Era sincero em sua religião, um bom católico polonês, e, entretanto, não acreditava exatamente nas vívidas histórias sobre a danação com que o padre Menou tentava assustá-lo. Ele tinha captado alguns fragmentos de Émilie e Voltaire sobre uma visão diferente. Era disso que queria saber mais agora.

Era um precedente importante, pois, nas décadas seguintes, muitas outras pessoas aparentemente convencionais se inspirariam em Voltaire e Émilie — por suas obras e pelo exemplo da sua vida conjunta não convencional — para questionar as tradições ao seu redor, que se supunha serem aceitas desde tempos imemoriais. Com essa atitude, a autoridade não tinha mais que vir daquilo que dizia o padre, o oficial real ou todo o sistema da Igreja e do Estado que os sustentava. Ela poderia vir, perigosamente, de pequenos livros de bolso — ou mesmo de ideias a que se chega por si só.

A filha de Estanislau, a rainha da França, ficou furiosa ao saber dos novos interesses de seu pai, acusando aqueles visitantes de Lunéville de o terem corrompido. Mas Estanislau já se acostumara a ignorá-la. Por ser sogro de Luís XV, seus aposentos agora não eram os quartos miseráveis do tipo outrora concedido a Voltaire. Ao contrário, ele tinha quartos no magnífico Palácio Trianon em Versalhes — onde cordialmente convidava Émilie para se instalar, se quisesse.

Ela planejava finalizar sua obra científica em seu apartamento de Paris, mas assim seria melhor: o refúgio ideal se quisesse dar ao seu trabalho uma abordagem mais profunda. Muito rapidamente, fez com que viessem os seus principais livros e manuscritos do apartamento da *rue* Transversière. Muito parecido com o pai dela, Estanislau não era o velho desengonçado que parecia. Catherine não passava de um brinquedo para ele. Em sua juventude, ele tivera casos de amor mais sérios e compreendia o quanto Émilie sentia falta de seus sonhos de amor. "Não quero que ninguém saiba o que estou sentindo", escreveu Émilie a Saint-Lambert, ainda frio como uma pedra, "então silencio. Mas choro pelo lugar a que me trouxe meu coração".

Estanislau também reconhecia — mais uma vez, quase certamente, sem dizer — a situação médica em que Émilie se encontrava. A sua gravidez ainda quase não era notada ("além dos meus seios inchados e do cansaço que sinto, estou ainda tão magra que antes"), mas ele lhe assegurava que, quando chegasse o momento, ela teria ao seu dispor os melhores aposentos no palácio principal de Lunéville para o seu parto. Lá seria mais tranquilo do que Paris ou Versalhes, e também mais seguro; ela podia ter certeza de que os montes de excrementos que ela vira por lá — e do tipo que era onipresente em Versalhes — seriam retirados de todos os locais próximos aos seus quartos.

Ele era um homem velho, e havia mais um ponto em que estavam de acordo. Em sua idade — perto dos 70 anos — podia-se contar com a morte próxima. Ele queria aprender com Émilie o que aconteceria com Deus quando a ciência substituísse as crenças literais segundo as quais fomos educados. Voltaire nunca foi capaz de responder a isso. Mas qualquer um que se deparasse com a proximidade da morte, como acontecia tanto com ele quanto com Émilie, precisava de uma resposta. E então Émilie pôde consolar aquele velho homem, pois estava convencida de que, nas obras de Newton, que ela agora explorava mais profundamente do que nunca, poderia encontrar a resposta.

26

Um portal para as estrelas

Lincolnshire, século XVII e França, 1749

Isaac Newton foi um jovem ressentido e desconfiado: indignado por não ter conhecido seu pai (que morrera dois meses antes de seu nascimento, no dia de Natal de 1642); pelo fato de sua mãe ter rapidamente casado de novo e tê-lo enviado para um internato, onde foi maltratado; porque ela, mesmo quando ele conseguiu entrar em Cambridge, deu pouco dinheiro a ele (mesmo sendo razoavelmente rica devido ao seu segundo casamento) e Newton se viu forçado a trabalhar como criado, servindo as mesas e fazendo a limpeza depois das refeições dos outros estudantes, engraxando suas botas se eles assim lhe acenassem, penteando seus cabelos e preparando suas perucas. Mas ele aprendia bem, com uma velocidade que ninguém mais tinha, quase como se já compreendesse o conteúdo dos livros e das conferências. Em 6 meses, suas primeiras anotações sobre a matemática disponível começaram a se tornar questões originais; com mais seis meses, já deixara para trás tudo o que se sabia de matemática no século XVII.

306   UM PORTAL PARA AS ESTRELAS

Então, no quente e úmido verão de 1665, algo doentio começou a se espalhar pela Inglaterra. "Quis Deus Todo-poderoso, em sua justa severidade,
presentear essa cidade de Cambridge com a praga da peste." A universidade
fechou imediatamente, os estudantes, professores e todos os habitantes que
podiam pagar por isso conseguiram fugir. O jovem voltou para a fazenda
isolada de sua mãe em Wollsthorpe, Lincolnshire, e ali uma tempestade explodiu na mente indignada e misteriosa de Isaac Newton. Como ele próprio
narrou muito tempo depois:

> No início do ano de 1665, descobri o Método das séries aproximadas
> [...] em maio do mesmo ano, descobri o método das Tangentes [...] em
> novembro, o método direto do [cálculo] e, em janeiro do ano seguinte,
> já tinha a Teoria das Cores [...] No mesmo ano, comecei a pensar na
> gravidade se estendendo do nosso planeta até a Lua e [...] deduzi [o que]
> deveriam ser as forças que mantêm os planetas em sua órbita [...] e a
> partir daí comparei a força necessária para manter a Lua em sua órbita
> com a força da gravidade na superfície da terra e encontrei para isso
> respostas bem aproximadas.
> Tudo isso nos dois anos da peste de 1665 a 1666. Pois nesses dias eu
> estava na plenitude de minha idade para invenção e me importava com
> a Matemática e a Filosofia mais do que em qualquer momento posterior.

Era o tipo de gênio que surge apenas em poucos momentos da história
humana — mas Newton não publicou o que descobriu. Ele sabia que aquilo
que mantinha em segredo nunca poderia ser criticado por mais ninguém.
Quando a peste acabou e ele voltou para Cambridge, parece não ter contado
a quase ninguém o que havia descoberto. Passou décadas imerso em mundos
secretos: alquimia, interpretação da Bíblia e busca da verdade sobre o antigo
templo de Salomão, anotando seus resultados em volumes e volumes de notas
codificadas.

O que o inspirou a finalmente publicar seus primeiros resultados científicos
foi a constatação, quase 2 décadas mais tarde, de que outros pesquisadores começavam a alcançar alguns dos resultados a que ele chegara na fazenda da mãe.

Ele amava o sigilo, mas também amava a glória: não a banal glória acadêmica, mas a reverência que provocaria ao se tornar famoso por ter se aproximado mais do que qualquer outro mortal da descoberta do propósito de Deus. Em um rápido rompante de 2 anos, começou a escrever tudo o que sabia nos enormes e impressionantes volumes de papel que chamou de os seus *Principia*.

Para Voltaire e a maioria dos outros, os *Principia* eram um grande depósito de onde se extraíam resultados úteis: que as maçãs caem no chão a determinadas velocidades, que os planetas gravitam segundo certas regras. Mas *por que* isso acontecia? Era essa a questão pela qual Émilie ficara fascinada a partir da sua excursão de vários anos à obra de Leibniz, e ela acreditava que Newton havia escondido intencionalmente as respostas no fundo de seu texto labiríntico. Pois qual era a verdadeira razão — o que o intrigava tanto? — para sentir-se obrigado a esperar 20 anos antes de escrever o que tinha constatado? Além disso, por que ele apresentou tudo aquilo naquela forma rebuscada e antiquada da geometria, quando tinha claramente a capacidade para apresentar de maneira mais direta, usando a moderna ferramenta do cálculo (que ele mesmo havia inventado)?

Émilie sabia, a partir das suas leituras de comentários bíblicos, que havia uma grande tradição de escrita oculta: em que místicos, profetas e outros, que percebiam ter acesso a um conhecimento poderoso, apresentavam suas descobertas para serem lidas de dois modos. Havia uma interpretação superficial, que os leitores ou ouvintes comuns poderiam compreender, mas também um nível mais profundo, oculto.

Newton ansiava pela imortalidade — ou ao menos a compreensão de como o universo de Deus poderia ser imortal. Ao longo de 70 anos, as pessoas leram os seus *Principia*, mas não entendiam essas descobertas mais profundas. Émilie estava convencida de que podia desenterrá-las do meio daquela imensa série de teoremas nos grossos volumes do *Principia*. Ao revelar os pontos certos, seria como se pudesse ver através de um portal.

Ela poderia, no que talvez fossem os últimos meses de sua vida, vislumbrar como seria viver para sempre.

Era isso o que fazia em Paris, ao reunir os livros que tinha deixado para trás e retomar o contato com pesquisadores essenciais que conhecia na Academia de Ciências. Suas primeiras conquistas não eram suficientes: os ensaios, os livros, a fama, as habilidades em línguas, matemática e tudo mais. Ela precisava desse trabalho mais profundo — mas não havia muito tempo. "Eu perdi um ano em Lorraine", escreveu a seus colegas matemáticos padre Jacquier e Johann Bernoulli, "onde era impossível trabalhar [...] estou aqui para terminar meu Newton. Não partirei até que esteja pronto".

A maior parte da tradução direta já estava completa — ela conseguira fazer antes da peripécia de Sceaux e das viagens a Lunéville. Mas não era isso o que importava. Agora, em seu tempo limitado, ela se certificava de não perder de vista os dois grupos centrais de teoremas da obra de Newton.

Voltaire simplesmente aceitou que maçãs, luas e tudo mais se moviam *para baixo*, caindo segundo uma velocidade previsível. Émilie, contudo, procurava por todo o vasto texto de Newton encontrar os teoremas aparentemente casuais nos quais ele tentou formular o modo como a gravidade puxava *para cima*, partindo do centro da Terra e indo para fora.

A resposta estava nos teoremas numerados por Newton de 70 a 75. Na complexa forma geométrica na qual Newton os apresentara, era difícil ver o seu significado. Émilie traduziu as ideias subjacentes em uma linguagem mais moderna e transparente, mostrando como a Terra, o Sol ou qualquer corpo podia ser pensado tal como uma cebola, dividida em finas camadas internas, uma em torno da outra. Ela examinava as análises de como cada uma dessas camadas afetaria as outras — todas as pedras, ou magma, ou o que quer que possa existir nos milhares de quilômetros abaixo de nossos pés —, e confirmava a espantosa conclusão de que todo o volume de um planeta ou estrela se comportava como se a sua enorme massa não estivesse absolutamente espalhada.

Consequentemente, era possível tratar todo o planeta como um único ponto matemático, suspenso em uma gaiola vazia bem no centro do nosso

MENTES APAIXONADAS

globo. Foi desse ponto único que o comandante do universo organizou a matéria para que surgisse o fluxo da força gravitacional.

O outro grupo de teoremas que ela fez questão de ressaltar era — para usar a moderna terminologia — o que tratava da conservação da energia. Já tinha defrontado com aquilo em seu próprio trabalho resultante das experiências com o fogo; também participava de extensos debates públicos com pesquisadores veteranos da Academia de Ciências sobre o seu significado. Mas a resposta mais profunda já estava em Newton — bastava apenas saber olhar.

Era no aparentemente insignificante corolário 40, anexo ao teorema 13, que ela se escondia. Havia pistas dela também na obra de Leibniz, mas Émilie queria ir além e mostrar exatamente o que significava a ideia, para, com isso, guiar os sucessores em suas pesquisas futuras. Em algum lugar ali, também devia estar a resposta para todas as suas questões sobre o livre-arbítrio: sobre por que ela tinha que ir a Lunéville e se envolver com Saint-Lambert; sobre o que aconteceria a Cirey, séculos mais tarde, depois que ela e todos os que conhecia tivessem partido.

Desde menina, ao lado da mesa do pai, ela se perguntava sobre o que o futuro nos traria. Com esse trabalho, poderia ter um vislumbre. Estava confiante agora. Seu trabalho era importante e sua vida podia ser um sucesso.

Tudo que precisava era de tempo.

Émilie se aproximava do quarto mês de gestação quando aceitou a oferta de Estanislau para se instalar no Palácio Trianon. Naqueles cômodos silenciosos, começou a trabalhar com mais afinco do que nunca. Parou de ver outros amigos e, à exceção de uma interrupção para o café por volta das 15h, trabalhava o dia inteiro, parando apenas para uma única refeição às 22h. Ela conversava com Estanislau durante o jantar, ou com Voltaire, quando ele vinha de Paris para visitá-la, mas, quando um ia se deitar ou o outro partia para maquinações políticas, ela voltava, à luz de velas, a escrever durante horas.

George Bernard Shaw disse certa vez que, para alguém que não a compreenda, a música de Bach soa tão tediosa quanto o vazio estalar de uma máquina de costura industrial sem tecido. Mas, uma vez compreendida, vê-se que bela tapeçaria multicolorida está sendo tecida. Voltaire não conseguia acompanhar

310   UM PORTAL PARA AS ESTRELAS

os símbolos matemáticos de Émilie e lhe implorava que passasse a dormir mais cedo. Dizia a Émilie que lhe faria mal ficar acordada até tão tarde — cada dia mais, até 3h ou 4h —, mas ela dava de ombros. De que importava sua saúde, se sua intuição de que não sobreviveria ao parto se realizasse? Em seu antigo manuscrito sobre a "Felicidade", ela escreveu: "É raro admitir, mas todos nós gostamos da ideia de sermos tema de conversas depois da nossa morte. Na verdade, essa é uma crença de que precisamos." Era isso que ela agora se desesperava para conquistar.

Manteve seu ritmo de trabalho naquele singular verão parisiense. O clima estava estranho, às vezes intempestivamente frio, com chuva forte sob céu cinzento; depois, de modo abrupto, o ar se fazia espesso e úmido. Seu filho estava irritado com ela, constrangido com sua gravidez naquela idade. Voltaire ficava cada dia mais tenso. O ministro reformista Machault, que tentava fazer com que o rei forçasse um imposto mínimo geral aos grupos mais ricos da sociedade, era interceptado. Em certo momento, quando Voltaire assistia a uma peça sua na Comédie Française, começou a gritar para a multidão. Não havia uma claque profissional atuando contra ele. Eram apenas alguns frequentadores comuns do teatro que riam mais alto do que ele desejava. Sua fúria era tão extrema que eles se calaram.

Em junho, Estanislau teve que partir para Lunéville, e seria muito difícil para Émilie ficar no Trianon sem ele. Ela voltou para Paris, mas ficar ali também se tornara desconfortável demais. A polícia estava alarmada, pois o recente tratado de paz com a Áustria levava ao surgimento de um grande número de veteranos desempregados nas ruas da cidade; havia multidões religiosas que se apinhavam em número preocupante. Foram decretadas as prisões de vários líderes religiosos populares e pensadores radicais. Era hora de aceitar a oferta de Estanislau e encontrá-lo em Lorraine. Saint-Lambert ainda se mantinha isolado e apenas ocasionalmente as suas cartas eram amáveis. Émilie continuou a lhe escrever, desesperada por companhia ("Sinto um vazio que adoraria preencher"), muito embora soubesse que não podia de fato confiar nele.

Voltaire a acompanharia. Ele sabia que ninguém nunca o tinha compreendido como ela; se o pior acontecesse, ninguém jamais o compreenderia

MENTES APAIXONADAS

daquele modo novamente. "Esses elos duraram toda uma vida", escreveu ele. "Como poderia quebrá-los?"

Ao final de junho, todos estavam de novo na carruagem: Voltaire, Émilie e sua criada — e dessa vez todos os manuscritos em que ela trabalhava vinham com eles, muito bem embrulhados. Longchamp mais uma vez cavalgava a uma certa distância à frente e, embora certamente não se importasse de viajar na segurança da luz do dia, "era o desejo da madame que viajássemos nesse horário noturno. O motivo, informou-me ela, era que, como sempre se perde tempo com a viagem, é melhor que seja uma parte do sono do que um tempo em que se pode trabalhar".

Eles pararam em Cirey por algumas semanas, e ali ela trabalhou ainda mais intensamente, dedicando-se a sessões de trabalho depois do jantar e do café, continuando-as até o sol nascer, tal como fizera durante suas experiências sobre o fogo, alguns anos antes. Voltaire não conseguia fazer com que fosse mais devagar: "Ela acreditava que a morte estava próxima", escreveu ele, e "tudo o que pensava era em como usar o pouco tempo que tinha para impedir que a morte levasse o que lhe parecia ser a melhor parte de si mesma."

Em Lunéville, Estanislau preparou-lhe uma casa de verão, pintando-a de azul-claro por dentro. (Charles Stuart era um outro hóspede daquele verão em Lunéville, pois, depois de seu fracasso na Escócia, acabou expulso da França — e Estanislau tinha conhecimento de causa da dificuldade dos monarcas que perdiam seu país.)

Saint-Lambert a princípio foi gentil com Émilie, acompanhando-a em suas caminhadas pelo pátio, mas isso não durou muito. Depois de um jantar terrível, ela logo lhe escreveu: "Meu Deus, você me tratou cruelmente, não olhou em minha direção uma vez sequer. Eu costumava olhar em seus olhos e ver o quanto se importava comigo, o quanto você me amava. Hoje eu os olhei e não vi nada... arrependo-me amargamente de ter sido seduzida por seu amor, de ter uma vez acreditado que os seus sentimentos combinavam com os meus."

Ainda havia cálculos para o projeto de Newton a concluir, mas ela também começava a conversar confidencialmente com Longchamp, pedindo-lhe que a ajudasse a pôr seus papéis pessoais em ordem. "Lunéville tem os mais excelentes recursos para a saúde da madame [...] no entanto ela me abordou com vários envelopes selados e me fez prometer que, se não sobrevivesse aos perigos que em breve enfrentaria, eu deveria executar as suas instruções com perfeita precisão."

Saint-Lambert, agora em um ato de total covardia, encontrou motivos para deixar Lunéville e servir em sua guarnição em Nancy. Ao final de agosto, ela lhe escreveu pedindo que a visse mais uma vez. Voltaire nunca a deixou e, embora nunca desmerecendo os temores dela, assegurava-lhe — afinal quem mais do que ele sabia o quanto é possível se surpreender quando as maiores preocupações com a saúde se revelam falsas? — que havia boas chances de sobrevivência. Tinha uma boa compleição física e a gravidez se desenvolvera sem complicações; Lunéville era limpa e o ar estava fresco.

Ele podia estar certo. Na parte da tradução direta de sua obra, ela escreveu as seguintes palavras de Newton: "A admirável organização do Sol, dos planetas e dos cometas só pode ser obra de um ser todo-poderoso e sábio [...]." Não foram todas que, na sua idade, sucumbiram ao parto. Se havia uma justiça, não poderia ser a da sorte?

Às vezes, a incerteza era grande demais ("Fico aterrorizada quando penso que as minhas premonições podem se tornar verdade"). Mas ela continuava com seu intenso cronograma de trabalho e conseguiu terminar o manuscrito no dia 30 de agosto. Escreveu para o diretor da Livraria do Rei, dizendo que suas páginas estavam a caminho: "Seria muito gentil [...] se elas fossem registradas de modo a não se perderem. O sr. de Voltaire, que está aqui ao meu lado, envia-lhe os seus mais ternos cumprimentos." Em sua última carta, de 31 de agosto de 1749, revelou-se cansada, mas ainda tinha esperanças:

Andei até a minha pequena casa de veraneio hoje. Minha barriga está tão dilatada e minhas costas doem tanto que não me surpreenderia se eu tivesse o bebê esta noite.

Émilie du Châtelet deu à luz na noite de 3 de setembro. Ela morreu de infecção causada pelo parto em 10 de setembro; a criança — uma menina — morreu logo em seguida. Sua tradução e seu comentário sobre os *Principia* de Newton se tornaram fundamentais para os desenvolvimentos da física teórica no século XVIII, estabeleceram uma base para boa parte da ciência contemporânea.

Voltaire ficou consternado: "Perdi a metade de mim — uma alma para a qual a minha foi feita." Meses mais tarde, depois de Voltaire abandonar Cirey e se mudar novamente para Paris, Longchamp encontrou-o várias vezes andando à noite nos aposentos que compartilhara com Émilie, chamando, em um lamento, por seu nome no escuro.

Sereno hei de te
esperar
No meu meridiano
nos campos de Cirey
Uma única estrela a velar
A velar minha Émilie.

— Voltaire, "Ode"

O que veio depois...

A grande obra de Émilie, *Principes mathématiques de la philosophie naturelle de Newton, traduits du latin par Mme du Châtelet*, foi publicada 10 anos após sua morte, quando o retorno do cometa Halley, em 1759, estimulou uma explosão do interesse pela mecânica newtoniana. A noção-chave apontada por ela e elaborada a partir de Newton provou ser tão importante quanto ela esperava. Tratava-se do novo conceito de "energia", que mostrava que há uma quantidade total de movimento no mundo e, embora o modo de sua disposição pudesse ser amplamente alterado — cidades poderiam surgir e dominar outras; civilizações poderiam ruir e causar dispersão de seus habitantes —, apesar de todas essas mudanças, a quantidade total nunca se modificaria. Tal como ela esperava, essa era uma prova de que nada jamais desaparece completamente; de que nada nunca morre.

Outros aspectos técnicos de sua obra desempenharam um papel muito importante na renovação da escola francesa de física teórica, em conjunto com Lagrange e Laplace, cujas conquistas formais (os cálculos de estabilidade lagrangianos e laplacianos) resultaram como ferramentas de trabalho fundamentais para a ciência subsequente, da teoria do campo de Faraday e Maxwell, no século XIX, à teoria quântica e da relatividade, no século XX. Os pesquisadores ingleses, não podendo contar com a vantagem de ver a obra de Newton claramente apresentada na notação mais moderna de Émilie, prenderam-se às suas intrincadas formas originais, o que atrasou seu progresso durante 2 gerações.

O papel de Émilie em apontar e divulgar as ideias políticas do Iluminismo continuou até o fim. Em 1748, ela deu uma atenta contribuição às questões de um obscuro pesquisador parisiense sobre as equações da resistência do ar encontrada por um pêndulo em movimento. No ano seguinte, enviou-lhe, hesitante, um longo ensaio que escrevera sobre as origens da moralidade. Sua resposta minuciosa e estimulante foi considerada pelo autor — Denis Diderot — um dos "dois doces momentos" de sua vida.

Quando Diderot foi preso na fortaleza de Vincennes devido a esse ensaio, em julho de 1749, Émilie, mesmo estando com quase oito meses de gestação, interrompeu seu próprio trabalho para contatar seus parentes e se assegurar de que ele seria bem tratado. Depois de ganhar a liberdade, Diderot acabou se tornando o principal fomentador da grande *Encyclopédie* em 28 volumes, que, a partir da iniciativa de Cirey de compartilhar e analisar todo conhecimento, se estendeu até a geração seguinte.

∿

À época da morte de Émilie, a maior obra de Voltaire — *Candide* — ainda não existia. Seus temas sobre o otimismo *versus* o pessimismo e se Deus intervém em nossa vida formavam o cerne das discussões entre o autor e Émilie. A morte repentina dela fez com que fosse impossível a Voltaire resistir às suas conclusões céticas; mesmo assim, o modelo dos anos que passaram juntos — compartilhando a vida com aquela mulher vigorosa e brilhante — estava por trás de suas constantes reivindicações por autonomia e liberdade de expressão, que foram importantes não apenas nas ideias que levaram à *Bill of Rights* americana, mas também na sua posição intelectual a favor do feminismo, tal como foi desenvolvida por Mary Wollstonecraft e, depois, nas outras gerações futuras.

Voltaire deixou a França um ano depois da morte de Émilie, mudou-se para Berlim, onde se envolveu no fracasso do projeto de Frederico de uma

MENTES APAIXONADAS

Academia Berlinense de Ciência. Em 1758, aos 64 anos, estabeleceu-se no pequeno vilarejo de Ferney, do outro lado de Genebra, mas já dentro do território francês. Viveu ali por 20 anos: publicou o *Candide* e outras obras; liderou intervenções públicas contra casos de perseguição religiosa; estimulou Diderot e outros participantes ao vasto e progressivo projeto da *Encyclopédie*.

Quando Voltaire já estava muito velho, pessoas vinham visitá-lo:

[...] Entrei para perguntar se um estranho teria permissão de ver a casa de Voltaire e recebi uma resposta afirmativa. O criado me conduziu ao gabinete... onde o seu mestre escrevia. Eu deveria ter dito que, perto da capela... há o teatro que [Voltaire] construíra alguns anos atrás, mas que usa apenas como um depósito de lenha e móveis velhos, que não foi apresentada nenhuma peça ali nos últimos 4 anos.

[...] Quando o tempo favorece, ele toma ar em seu coche, com sua sobrinha ou com alguns de seus convidados. Às vezes, passeia a pé pelo jardim, ou, se o tempo não lhe permite, dedica suas horas de lazer a jogar xadrez com o padre Adam, a ditar ou a ler cartas, pois ele ainda mantém correspondentes em todos os países da Europa, que lhe informam sobre todos os acontecimentos importantes e lhe enviam, o mais rápido possível, todas as novas produções literárias.

[...] Ao me ver [...] [Voltaire] se aproximou do local em que eu estava. Não é fácil pensar que seja possível uma vida subsistir em uma forma tão próxima a meros ossos e pele, como aquela do sr. de Voltaire. Ele se queixou de sua decrepitude e disse supor que eu estivesse curioso em ter uma ideia do aspecto de alguém que caminha depois da morte.

No entanto, embora empalidecidos, seus olhos ainda eram cheios de brilho e não se pode imaginar uma expressão mais vivaz. Perguntou-me sobre as novidades da Inglaterra e quais eram os poetas que tínhamos agora... Disse ele: vocês parecem não ter [mais] ninguém que se sobreponha aos outros, tal como Dryden, Pope e Swift.

Durante essa conversa, aproximamo-nos das construções que erguia perto da estrada que levava ao seu castelo. Essas, disse ele apontando para elas, são as mais inocentes e, talvez, as mais úteis de todas as minhas obras. Observei que ele tinha outras obras, que seriam muito mais duráveis do que aquelas...

Depois do jantar, ao passarmos por uma pequena sala de estar, onde havia um busto de Locke, outro da condessa de Coventry e muitos mais, ele me tomou pelo braço e me deteve — Você conhece esse busto [de Newton]? É o maior gênio que já existiu: se todos os gênios do universo se reunissem, ele comandaria o grupo.

Foi de Newton e de suas próprias obras que ele falou com o maior entusiasmo.

Voltaire morreu em Paris aos 84 anos, uma década antes da Revolução Francesa, celebrado por multidões de admiradores. Em seu elogio final a Émilie, escreveu:

> Sua memória está guardada por todos os que a conheceram intimamente e que foram capazes de perceber a amplitude de sua mente.
>
> Ela lamentou deixar a vida, mas... a imagem de um homem que tristemente se separa de sua família em desespero e prepara calmamente uma longa viagem descreveria, de modo tênue, sua dor e, ainda, sua firmeza.

A casa da família de Émilie, de frente para os jardins de Tuileries, em Paris, ainda sobrevive, embora o seu interior tenha sido dividido em muitos aposentos menores. Com o fechamento das argileiras e a área ao redor dos teixos não sendo mais usada como latrina pública, os jardins são hoje salubres o suficiente para os muitos turistas e moradores que andam por eles em seu caminho até o Louvre.

Renée-Caroline, a esnobe prima adolescente que esteve na casa de Émilie em 1715, tornou-se ainda mais reacionária quando adulta. Detida e presa durante a Revolução, foi salva da execução pela queda de Robespierre.

MENTES APAIXONADAS

O velho astrônomo que visitava a família de Émilie quando ela era criança, **Bernard Le Bovier de Fontenelle**, costumava dizer que ficaria feliz se vivesse o bastante para ver "só mais uma estação de morangos". Seus desejos foram realizados, pois viveu até os 99 anos, morreu apenas em 1757, quase uma década depois de Émilie.

O **Castelo de Semur**, em que Émilie e Florent-Claude moraram logo depois do casamento, é hoje um hospital.

O infeliz **inspetor Ysabeau**, a quem Voltaire enganou, fazendo-o caçar os seus textos inexistentes pelos esgotos de Paris, tornou-se um curioso da obra de Voltaire. Quando o executor público queimou suas *Cartas da Inglaterra*, ele conseguiu guardar consigo uma cópia ilegalmente impressa.

A sombria prisão da torre da **Bastilha** teve, com o passar dos anos, cada vez menos presos políticos. Em 1789, quando foi invadida pelos cidadãos de Paris, havia ali apenas sete internos: quatro falsificadores, dois loucos e um aristocrata (que foi mandado para a prisão por sua família). Um café ocupa o lugar hoje.

Suzanne de Livry, que tanto encantara Voltaire quando ele era jovem, vivia em Paris alguns anos depois do exílio dele na Inglaterra. Quando ele bateu ao seu portão para visitá-la, ela deu ordens aos seus criados para não deixá-lo entrar: ela se casara com um aristocrata e não queria nenhuma lembrança de seu passado menos nobre. No entanto, manteve o retrato dele que recebeu de presente, tendo, ao que consta, lhe atribuído um local de destaque em sua sala de estar.

Adrienne Lecouvreur nunca se casou, porém teve uma filha ilegítima que veio a ser avó de Amandine Dupin, uma jovem fascinada pelas histórias das ligações de suas ancestrais com homens famosos. Dupin manteve relacionamentos com Musset e Chopin, tornou-se escritora por mérito próprio, e publicou sob o pseudônimo de George Sand.

320 O QUE VEIO DEPOIS..

A casa de campo do **duque de Sully** permanece como uma mansão imponente no bairro parisiense de Marais. O aristocrata perdulário **Auguste de Rohan-Chabot**, que fez com que Voltaire apanhasse por despudor, viveu uma longa vida, protegido, de início, por seu tio cardeal e, depois, por outros membros da família.

As tentativas de reforma tributária de **Jean-Baptiste de Machault** fracassaram.

O inimigo de Voltaire **Jean-Frédéric Phélypeaux, conde de Maurepas**, permaneceu durante muitos anos em Versalhes, até responder à acusação de Pompadour, de que deveria ser mais respeitoso, afirmando, com ironia, que era respeitoso em relação a *todas* as amantes do rei. Em uma semana foi expulso.

Trazido de volta na velhice por Luís XVI, ele insistiu na construção de uma frota marítima francesa de casco fino, que foi facilmente destruída pelos navios britânicos, de madeirame mais forte, contra os quais lutou. Também continuou incentivando o rei a resistir às exigências de uma maior taxação da velha nobreza e da Igreja, com o que se destruíram as finanças nacionais, o que tornou por fim necessária a convocação dos Estados Gerais — o que levou diretamente à Revolução e à deposição da monarquia.

O amável inglês **Everard Fawkener** continuou, por toda a vida, sendo amigo e correspondente de Voltaire. Tornou-se emissário britânico na Turquia e também serviu ao comandante inglês durante a batalha de Fontenoy. Sua filha se casou com um membro da família do grande líder militar Marlborough, o que a situa, assim, na mesma árvore genealógica de Winston Churchill.

Embora seja hoje cercada por Londres, a bucólica ilha da fantasia de **Wandsworth Village** mudou muito pouco desde que Voltaire se hospedou na casa de Fawkener. O teatro de **Drury Lane**, onde Voltaire aperfeiçoou seu inglês — e onde o sr. Bond, o entusiástico ator amador, morreu durante uma apresentação da peça de Voltaire *Zaïre* —, é ainda um centro do West End de Londres.

MENTES APAIXONADAS   321

O matemático **La Condamine**, que trabalhou com Voltaire na manipulação da loteria de Paris para seus mútuos benefícios, tornou-se líder da expedição oficial francesa à América do Sul. O objetivo da missão era medir a curvatura da Terra nas proximidades do Equador para comparação com as medidas feitas pela expedição de Maupertuis ao extremo norte. Faltando-lhes a natureza calma de Maupertuis, os exploradores franceses se irritaram tanto uns com os outros que, por meses a fio, circularam pela floresta recusando-se a trocar uma palavra entre si. La Condamine voltou à França apenas uma década após sua partida, tendo, nesse ínterim, realizado a primeira expedição científica da Amazônia.

Depois da morte de Elisabeth, duquesa de Richelieu, a sempre volúvel **Madame de Graffigny** não teve mais com quem ficar em Paris. Ela viveu em extrema pobreza por muitos anos, mas depois, já em idade avançada, escreveu um romance — *Cartas de uma peruana* — que se tornou recordista de vendas. Renomada como uma referência de sabedoria e anfitriã de um importante salão, ela ainda escreveu dúzias de peças.

Embora Émilie e Voltaire tenham desistido de seu preguiçoso preceptor **Michel Linant** ("talvez em mais uns 14 anos ele terminará o quinto ato de sua peça"), ele de fato inscreveu um ensaio no concurso do prêmio real de 1740, com o tema de "O Avanço da Eloquência no Reinado de Luís XIV". Quando os resultados foram anunciados, houve uma surpresa ainda maior: ele venceu.

O militarismo incessante de **Frederico, o Grande**, levou à catástrofe da Guerra dos Sete Anos, que viu seu país, de aproximadamente 5 milhões de pessoas, travar batalhas, por vezes simultâneas, contra uma série de inimigos — Rússia, França, Áustria, Suécia e outros —, cuja população, combinada, chegava a 100 milhões. Os cidadãos prussianos foram assassinados e violentados de uma maneira que não se via fazia séculos na Europa. O resultado foi uma população aterrorizada, de uma obediência cega, e um corpo militar impiedosamente eficiente.

322   O QUE VEIO DEPOIS...

A enorme dívida que a Grã-Bretanha contraiu ao apoiar Frederico fez com que o Parlamento exigisse que as distantes colônias americanas pagassem sua parte cabível — uma exigência recebida com uma clara falta de entusiasmo pelas 13 colônias e que se tornou uma das causas da Revolução Americana.

A outrora reverentemente bela **Marie-Louise**, sobrinha de Voltaire, sempre gostou de comer e, ao passar a cuidar da saúde do tio ("Dei-lhe a minha casa em Paris, minha prataria, meus cavalos, e aumentei a sua fortuna"), pôde ser indulgente o quanto quis com essa paixão. Tornou-se muito gorda e, com o tempo, foi morar com Voltaire, como uma suposta governanta. Apesar das brigas e dos aborrecimentos, eles viveram juntos os últimos 20 anos da vida dele.

O belo jovem de bochechas rosadas, **Charles Stuart** — de onde o apelido "Príncipe Charlie, o galante" —, nunca se recuperou da destruição das suas forças escocesas em Culloden e terminou, desconsolado e bêbado, viajando incessantemente pela Europa. Converteu-se ao protestantismo em mais uma tentativa vã de retomar o seu trono. Morreu em Roma.

Apesar das queixas constantes das mulheres mais bem-nascidas da Corte, e da interrupção bem precoce de suas relações sexuais com o rei ("Ele me acha muito fria"), **Madame de Pompadour** (a outrora **Jeanne Poisson**) tornou-se uma amiga tão próxima de Luís XV que permaneceu como sua amante oficial por 70 anos, dominando o governo francês por boa parte desse período. As magníficas peças de porcelana de Sèvres surgiram graças ao seu patrocínio.

No início do reinado de **Luís XV**, a França era a potência dominante na Europa, América e Índia. Ao final, 60 anos depois — e devido, em grande parte, às suas decisões impressionantemente incompetentes sobre diplomacia, estratégia militar, decretos judiciais e impostos —, teve fim o domínio francês e começou o britânico.

O eficiente criado de Émilie e Voltaire, **Sébastien Longchamp**, manteve-se discreto em relação aos seus serviços até muitos anos depois da morte de Émilie, quando finalmente publicou suas memórias, para as quais fez inúmeras notas enquanto esteve a serviço deles. Além disso, preparou-se para a aposentadoria ao roubar as cópias sobressalentes dos manuscritos de Voltaire, que vendeu com grande lucro anos depois.

O jovem **Jean-François, marquês de Saint-Lambert**, criou o hábito de roubar as amantes de escritores famosos. Depois de deixar a Corte de Estanislau e se mudar para Paris, ele também teve um romance com a Madame d'Houdetot, de Jean-Jacques Rousseau. Tentou manter uma correspondência amistosa com Voltaire por muitos anos e escreveu um artigo sobre o "gênio" para a grande *Encyclopédie*. Mais tarde, ficou famoso por escrever um popular catecismo para crianças da fé católica.

Embora os indícios não sejam claros, parece que Émilie lhe confiou os oito volumes com encadernação de couro, nos quais reunia todas as muitas centenas de cartas que ela e Voltaire trocaram entre si. Muito provavelmente, Saint-Lambert queimou-as, pouco depois da morte dela.

Louis-François Armand du Plessis, duque de Richelieu, continuou com seus inúmeros casos de modo tão notável e impressionante que o jovem Pierre Choderlos de Laclos, uma geração mais tarde, obviamente o usou como modelo do personagem Valmont de seu romance *As ligações perigosas*.

O sucesso do ataque de Richelieu à base britânica de Port Mahon, em Minorca, em 1756, foi comemorado com a criação de uma oportuna mistura de ovos e azeite que foi primeiramente chamada de "*mahonese*" e que hoje é conhecida como "maionese". Ele se casou pela última vez em 1780, aos 86 anos.

Com um senso de oportunidade admirável — como sempre —, Richelieu morreu em 1788, um ano antes da Revolução.

324 O QUE VEIO DEPOIS...

Depois que cessaram as aclamações por sua expedição ao Ártico, **Pierre-Louis de Maupertuis** se casou e mudou-se para a corte de Frederico, na Prússia, onde desenvolveu o trabalho científico fundamental que começara quando estava com Émilie, particularmente sobre o princípio da "menor ação", que é central para a física posterior, em especial para a mecânica quântica. Depois da morte de Émilie, Voltaire se juntou a ele na Corte de Frederico e começou a escrever folhetos sarcásticos, ironizando o seu outrora rival no afeto de Émilie.

Em sua velhice, Maupertuis voltou à França, passando seus últimos meses na sua antiga cidade natal, St. Malo, na Bretanha.

Florent-Claude du Châtelet viveu até os 70 anos. Nunca mais se casou depois da morte de Émilie.

Nada mais há sobre o registro histórico de **Michelle**, a meia-irmã mais velha de Émilie; assim como nada se sabe sobre como sua mãe, **Anne Bellinzani**, reagiu à notícia de sua descoberta, pois Bellinzani era jovem quando Michelle nasceu e ainda estava viva, 50 anos depois, quando se espalhou a novidade de que a filha que tivera com Louis-Nicolas tinha sido encontrada. Ela morreu em 1740, aos 82 anos.

A filha de Émilie, **Françoise Gabrielle Pauline**, herdou a inteligência rápida da mãe; ao que parece ela teria, certa vez, memorizado todas as falas da personagem de uma longa peça em meia hora de viagem de carruagem. Depois de se casar com um nobre italiano e mudar-se para Nápoles, ela nunca mais viu seus pais, embora tenha mantido uma correspondência regular com a mãe.

O filho de Émilie, **Louis Marie Florent**, ascendeu na administração real até se tornar embaixador de Luís XVI na Corte da Inglaterra. Durante a Revolução, foi guilhotinado na Place de la Révolution, a metros de distância do rio Sena. Também seu filho morreu na prisão, dando, assim, fim à linhagem dos Châtelet.

Parcialmente saqueado durante a Revolução, o **Castelo de Cirey** é hoje ocupado por uma família que investiu somas consideráveis em sua restauração. Aberto ao público todas as tardes, de julho a meados de setembro, é de fácil acesso a partir da Gare de l'Est de Paris.

Notas

14 *Um abade homossexual apavorado:* Esse era o abade Desfontaines, que nunca perdoou Voltaire por tê-lo salvado, e acabou atacando-o com artigos sarcásticos e intrigas maliciosas durante anos. O seu papel na divulgação do poema sobre Adão e Eva é central nos acontecimentos do capítulo 10.

14 *Na França, se o rei decidisse:* Aparentemente, as isenções de impostos começaram nos tempos medievais, quando se supunha que os nobres prestavam serviços em espécie ao rei durante as guerras e que, portanto, já teriam "pago" sua contribuição. Tais exceções se tornaram menos justificáveis com o fim do feudalismo. Isso foi, em certa medida, reconhecido pela lei, pois, embora no período em questão os nobres fossem isentos dos impostos básicos da *taille*, deveriam pagar taxas posteriores conhecidas como a *capitation* e o *dixième*. Mas — e esse "mas" é com letra maiúscula — havia um enorme número de exceções que foram sendo obtidas ao longo dos anos, seja por fontes de renda isentas, por privilégios "tradicionais" obscuros, ou simplesmente por acordos corruptos com os oficiais locais (que costumavam manter relações com os indivíduos de que eles deveriam recolher os impostos).

14 *Trabalhar em troca de pagamento era algo menosprezado:* O problema era a ameaçadora *dérogeance* — a perda do título de nobreza pela prática de ocupações proibidas. As cláusulas eram de uma complexidade talmúdica. Artes manuais, como a carpintaria ou a serralheria, eram proibidas, embora a vidraria não o fosse. O comércio era proibido se fosse a varejo, mas o atacado era permitido, embora o comércio marítimo fosse permitido tanto no atacado quanto no varejo (o que o livrava das questões muito polêmicas sobre qual montante de vendas distinguia o atacado do varejo). Cultivar sua própria terra era aceitável, mas cultivar a terra alheia era rigorosamente intolerável, mesmo se fosse pago aluguel. Possuir uma mina era permitido, desde que sua renda viesse diretamente

328   NOTAS

de seus produtos, mas não caso se ganhasse dinheiro com a venda da propriedade. Se é que havia uma lógica subjacente, era de que: a) só Deus poderia criar algo do nada (esse era o motivo por que se eliminava o comércio no varejo), e b) os aristocratas eram guerreiros e não pertenciam à casta dos trabalhadores (esse era o motivo por que se eliminava a carpintaria).

17   *Ao final do século XVIII:* KANT. Observações sobre o sentimento do belo e do sublime. Tradução de Vinícius Figueiredo. Campinas: Papirus, 1993, p. 49. A atitude continuou por muito tempo. No artigo de 1833 em que o acadêmico inglês William Whewell cunhou o termo "cientista", ele prosseguiu dizendo que, "apesar de todos os sonhos dos teóricos, há um sexo da mente". Mesmo em 1911, Marie Curie, vencedora de dois prêmios Nobel, não conseguiu se tornar membro efetivo da Academia de Ciências da França. A Royal Society, em Londres, só aceitou a filiação de mulheres em 1945 e a Academia Francesa, em 1979.

19   *O papel de Châtelet:* O abre-alas foi WADE, Ira O. Voltaire e Mme du Châtelet. Princeton, 1941, comentado no Guia de Leitura.

19   *Como a vida de Châtelet girava em torno da ciência:* No mundo de Mitford, as mulheres na França acabavam como amantes e podiam ser tratadas com humor; já as mulheres inglesas se tornavam adúlteras e tinham que ser tratadas tragicamente. Confira HEPBURN, Allan. "The Fate of Modern Mistress: Nancy Mitford and the Comedy of Marriage". *Modern Fiction Studies*, vol. 45, nº 2, verão de 1999, pp. 340-368.

21   *As traduções apresentam ainda mais dificuldades:* Quando Denis Connor usou um catamarã para vencer a eliminatória da Copa América contra um iate da Nova Zelândia, ele se defendeu dizendo à imprensa mundial: "We have a cat, not a dog" ("Temos um gato, não um cão" ou "Temos um catamarã, não um gancho"). Em línguas em que "cão" significa apenas um animal peludo de quatro patas, pode-se traduzir ou o significado, ou a síntese, mas não ambos — pois os múltiplos registros em que as palavras se encaixam raramente coincidem entre as línguas. Para uma discussão eloquente, confira HOFSTADTER, Douglas. *Le Ton Beau de Marot: in Praise of the Music of Language.* Nova York, 1997.

25   *"a ilusão não é algo que se possa ter":* CHÂTELET, Émilie. *Discours sur le bonheur.* Edição de Robert Mauzi. Paris, 1961, p. 79.

26   *O luar que passava por ela:* A lua cheia aconteceu em 29 de junho (bem no dia em que Émilie parou em Cirey), como gentilmente calculou o Escritório do Almanaque Náutico Britânico, e aquele mês de junho foi especialmente seco, como confirmam os registros de colheita. Qualquer luar que entrasse no quarto teria que incidir sobre a

MENTES APAIXONADAS   329

cabeceira de sua cama, como podem observar os visitantes do castelo (só há um local natural para a cama, se não se quiser que ela bloqueie a porta).

29   *Gabrielle-Émilie Le Tonnelier de Breteuil:* Sua mãe era muito formal e teria insistido em seguir a moda infantil de prender o cabelo dessa maneira.

29   *"Nada é tão belo":* FONTENELLE, Bernard. "Fifth Evening". In: *Conversations on the Plurality of Inhabited Worlds.* Berkeley, 1990, p. 64. A interpolação "sistemas solares" substitui "vórtices", isto é, estou omitindo a suposição do autor da física cartesiana em vez de newtoniana. As frases anteriores também parafraseiam Fontenelle.

29   *Estava escuro lá fora:* Até vinte convidados estavam regularmente presentes, de modo que essa é uma estimativa conservadora do número de velas.

30   *"Não creio que ninguém jamais tenha visto o seu sorriso":* Modificado de CRÉQUY. *Souvenirs de la Marquise de Créquy,* 7 vols. Paris, 1834. p. 104.

30   *"Jamais assoe o nariz em seu guardanapo":* A fonte é um guia popular muito antigo e muitas vezes reeditado. *La Civilité Puerile et honnête.* No início do capítulo 4 das memórias de Créquy, ela descreve as menções de Gabrielle-Anne à obra. Modifiquei a paráfrase presente na obra de MITFORD, Nancy. *Voltaire in love.* Londres, 1834, depois de uma comparação com o texto original.

31   *Passava horas de alegria fofocando:* Os nobres da espada, que tinham sido nobilitados muitos séculos antes e acreditavam — quer tivessem motivos, quer não — que isso se devia à bravura do serviço militar, eram superiores aos nobres do manto, que, em geral, haviam conquistado os seus postos nos séculos mais recentes por meio do serviço administrativo. A mãe de Émilie era uma Froulay, encaixando-se na primeira categoria; muitos familiares do pai de Émilie pertenciam à segunda.

Havia muitas distinções internas em cada categoria que se baseavam na região, na duração do enobrecimento e assim por diante. A dinâmica-padrão era sempre desprezar aqueles que estão abaixo de você; sempre agir como se você estivesse inteiramente à vontade onde quer que estivesse e sempre tentar subir mais alto. Daí as conversas de Renée-Caroline com Gabrielle-Anne; daí também a compra por Louis-Nicolas de uma propriedade em Preuilly-sur-Claise, em Touraine, tão logo teve bastante dinheiro para se tornar barão (com o que se explica também por que Émilie era às vezes conhecida, antes de seu casamento, como *Mademoiselle* de Preuilly).

31   *Sua mãe e sua prima:* Renée-Caroline — amiga de Gabrielle-Anne! — descrevia os suspiros e os olhares perdidos da mãe. CRÉQUY. *Souvenirs de la Marquise de Créquy,* p. 96.

31   *Émilie foi relegada:* Para ser justo com Renée-Caroline, ela sentia uma tremenda inveja de Émilie. Sua própria infância traz semelhanças com um terrível conto de fadas:

330 NOTAS

foi criada em grande parte na torre de um castelo isolado, sem saber se seus pais estavam vivos. Apenas pouco tempo antes dos acontecimentos deste capítulo, ela veio a saber que seu pai ainda estava vivo e morava em Versalhes. Foi para Paris, mas lá descobriu que ele não queria que ela vivesse ali — depois disso, foi encaminhada a parentes e, particularmente, a Gabrielle-Anne.

31 *"Não creio"*: CHÂTELET. *Discours sur le Bonheur*, p. 13. Ela escrevia depois de seu rompimento com Voltaire, mas antes de conhecer Saint-Lambert.

31 *Fontenelle contava a uma Émilie:* O pai de Émilie dava esses jantares todas as quintas-feiras, e Fontenelle era um convidado frequente. Ele gostava de falar com as mulheres, especialmente sobre o seu *Conversations on the Plurality of Inhabited Worlds*, pois era esse o livro que tinha feito a sua reputação e de cujas numerosas edições durante anos cuidou com carinho. Émilie seria a única presente capaz de acompanhar os seus argumentos técnicos. Terral mostra por que era tão importante para Fontenelle divulgar suas ideias entre a geração seguinte de mulheres aristocratas. (TERRALL, M. "Gendered Spaces, Gendered Audiences: Inside and outside the Paris Academy of Sciences". *Configurations*, vol. 3, nº 2, primavera de 1995, p. 207-232.)

32 *"Vocês em breve verão"*: FONTENELLE. "Fifth Evening". In: *Conversations,* p. 70.

32 *A maioria dos pensadores europeus:* Essa era uma visão comum. A sátira de Molière, *As mulheres sábias*, por exemplo, que ridiculariza as mulheres que tentaram pensar por si mesmas, foi um grande sucesso tanto entre os homens quanto entre as mulheres. Algumas décadas mais tarde, uma *mulher* anatomista na França, Thiroux d'Arconville, sustentou esse argumento esboçando esqueletos femininos como se tivessem crânios muito menores que os masculinos. Confira SCHIEBINGER, Londa. *The Mind Has no Sex?*, Cambridge, Mass., 1989, p. 197.

Por outro lado, havia uma porção significativa de intelectuais que realmente apoiava os direitos das mulheres. John Locke escreveu em seu *Ideias sobre Educação*, de 1693: "como não reconheço nenhuma diferença de sexo [...] em relação [...] à verdade, à virtude e à obediência, penso que é por bem não alterar nada em [um programa educacional para filhas] diante do que está [descrito para um filho]."

32 *Mesmo quando Émilie era mais nova:* Renée-Caroline: "Minha prima Émilie [...] era extremamente desajeitada [...] e tinha os pés grandes." CRÉQUY. *Souvenirs de la Marquise de Créquy*, p. 96.

32 *"Os homens podem escolher vários modos'*: CHÂTELET. *Discours sur le Bonheur*, extraído das pp. 21, 22.

32 *Mesmo a mais famosa escola para meninas:* Essa era a Maison Royale de St. Louis, da Madame de Maintenon. Confira SPENCER, Samia I. (org.). *French Women and the Age of Enlightenment*. Bloomington, Ind., 1984, pp. 84-85.

MENTES APAIXONADAS

32 *Uma das filhas de Luís XV: Ibid.*, p. 86.

33 *Felizmente, contudo, quando Émilie fez 15 anos:* A puberdade chegava tarde naquela época, já que a nutrição era mais pobre em comparação com outras épocas. Livros de registro dos estudantes de Bach, por exemplo, mostram que era comum aos meninos ter timbre soprano até os 18 anos.

33 *"minha prima era três ou quatro anos mais nova":* CRÉQUY. *Souvenirs de la Marquise de Créquy*, p. 96

34 *Seu rosto tomou uma forma oval sedutora:* Mesmo as mais invejosas mulheres, como a sobrinha de Voltaire, Madame Denis, fizeram observações sobre a beleza física de Émilie. Embora Nancy Mitford seja vaga em relação às ideias de Émilie, foi perspicaz quanto à sua beleza: "Sempre e a cada vez", escreve Mitford, "[Émilie] é descrita, em cartas e memórias de sua época, como bela; lendo nas entrelinhas, pode-se concluir que ela era o que hoje é chamado de uma mulher charmosa [...]. Apesar de um grande amor pelos vestidos, [ela nunca foi] realmente elegante. A elegância, para as mulheres, requer uma atenção exclusiva; Émilie era uma intelectual; ela não tinha horas a fio para perder com cabeleireiros e costureiras". (MITFORD. *Voltaire in love*, p. 15.)

34 *Aos 16 anos, enviaram-na para:* sob a Regência, no intervalo entre a extrema formalidade dos anos finais de Luís XIV e a sombria influência de Madame de Maintenon e seu rigor devocional, a Corte se mudou em grande parte para Paris. Quando Luís XV atingiu idade suficiente, ela voltou para Versalhes.

34 *Não contribuiu muito:* Luís XIV viveu por tanto tempo que tanto o seu filho quanto o seu neto morreram. Seu bisneto era o herdeiro direto, mas ele tinha apenas 5 anos quando assumiu o direito ao trono e, portanto, precisava de um regente.

34 *Como consta em um dos relatos:* EDWARDS, Jonathan. *The divine mistress*. Londres, 1971. Conforme discutido no Guia de Leitura, os erros de Edwards tendem a ser mais uma transposição de eventos do que uma completa invenção.

34 *"Ela... porta a espada como um hussardo":* Richelieu, citado em *ibid.*, p. 10.

35 *"Minha caçula... afugenta os pretendentes": Ibid.*, p. 12

35 *O que ela aprendia:* O que ela aprendia era mais tendencioso do que a realidade, pois os pesquisadores se orgulhavam de enfatizar sua ruptura com os séculos anteriores. Na verdade — embora ela não soubesse disso —, os pesquisadores medievais se dedicaram a profundas análises sobre os fundamentos da mecânica, além de terem desenvolvido aspectos indutivos de Aristóteles, elaborados especialmente a partir de sua *Analítica Posterior.*

36 *Émilie estava ansiosíssima por aprender mais:* Ele tinha uma grande biblioteca, mas não os livros de matemática e ciência que queria.

332   NOTAS

36   *"Minha filha é louca"*: EDWARDS. *Divine Mistress*, p. 11.

36   *Por fim, no final de 1724*: Como ela nasceu no final de 1706 (em 17 de dezembro), muitos biógrafos que usaram subtrações primárias para chegar à sua idade erraram por um ano.

37   *Com a ajuda de seus amigos*: Frequentemente grafado "Chastellet", até que Voltaire optasse por simplificá-lo. A grafia era mais variável naquela época do que é hoje; mesmo muitos dos fundadores da república norte-americana se divertiam em escrever palavras e nomes de modos diferentes a cada vez.

37   *Um aristocrata, por exemplo*: Era o conde d'Évreux, em seu casamento com a filha de um Crozat; das memórias de St. Simon.

41   *Os versos atacavam... o liberal regente*: Orléans deveria governar em conjunto com o amado, embora ilegítimo, filho de Luís XIV, o duque de Maine (pois, apesar de Orléans ser sobrinho do rei, era extremamente libertino). Todavia, ele rompeu o acordo, mesmo o velho rei o tendo disposto por escrito em seu testamento. As consequências — incluindo o esforço de Maine para derrubar o governo — surgem novamente no capítulo 20.

42   *Ele sorriu e perguntou*: Da carta de Beauregard, D45. Ao longo dessas notas, o "D" maiúsculo seguido de um número se refere a cartas da abrangente edição de Besterman. (Gerações de estudiosos ficaram intrigadas sobre o porquê de ele começar sua numeração com essa letra; ela diz, simplesmente, "definitivo".)

42   *A nova Corte, construída em Versalhes*: A famosa afirmação de Luís XIV: "*L'État, c'est moi*" (O Estado sou eu) é, em geral, considerada como uma declaração corajosa, com suporte militar, de que o rei era mais forte do que os nobres e os parlamentares, potencialmente fragmentados. Contudo, ela padece por ser quase certamente apócrifa. A primeira referência conhecida se encontra em uma obra de 1834, *Histoire de Paris*, de Dulaur, quase 200 anos depois da suposta declaração de Luís ao Parlamento, em abril de 1655. Mas como uma síntese tão sucinta de seu extremo poder poderia ter sido ignorada por todos esses anos? É também improvável que Luís, aos 17 anos de idade, tivesse ousado ser tão insistente em 1655, quando as guerras Frondas ainda eram tão recentes. Durante todo o seu reinado, ele foi uma pessoa atormentada, que só mudava de cômodo em seus palácios se os guardas reais estivessem protegendo os corredores e as escadas. O destino de seus familiares enfatizava o risco que corria: seu tio inglês, Carlos I, tinha sido decapitado; seu avô francês, Henrique IV, havia sido assassinado; seu primo inglês, James II, foi deposto.

43   *Não minimizava a gravidade... relações sexuais com sua própria filha*: Parafraseando a crítica elegante de Besterman (BESTERMAN, Theodore. *Voltaire*. Londres, 1969; edição revisada de 1976, p. 62).

MENTES APAIXONADAS   333

43   *Pouco tempo depois..., um plebeu de nome Desforges:* VAILLOT, René. *Avec Madame du Châtelet 1734-1749*, p. 359. Não foi o único caso desse tipo: "Um certo Dubourg, editor de uma revista satírica, foi preso em uma minúscula jaula no Monte Saint-Michel em 1745 e lá morreu, em um acesso de loucura, um ano depois... em 1757, o poeta La Martellière foi condenado a nove anos nas galeras." (GAY, P. *Voltaire's Politics*: The Poet as Realist. New Haven, 1988, p. 78).

44   *Não havia um sistema de esgoto eficiente:* Os muitos quilômetros de tubulação de esgoto que de fato existiam na cidade funcionavam muito mal e frequentemente eram bloqueados, causando enchentes quando chovia.

45   *Daí seguiu-se um jato:* Bem diferente do relato um tanto exagerado escrito por Ysabeau ao seu superior, logo em seguida:

45   *"o sr. Arouet, com a sua ativa imaginação":* D54

45   *Na cela fazia um silêncio mortal:* As frases foram modificadas a partir do texto posterior de Voltaire, *L'ingénu*, que — escrito com o vigor da experiência pessoal — descreve os sentimentos de um jovem preso injustamente na Bastilha depois de uma *lettre de cachet*. Pomeau discute o fato: POMEAU. *D'Arouet à Voltaire*: 1694-1734. Oxford: Voltaire Foundation, 1985, p. 111.

46   *Não contribuía muito... a possibilidade de Arouet ser ilegítimo:* Besterman (BES-TERMAN. *Voltaire*, pp. 20-3) apresenta indícios indiretos de que, certa vez, seu pai, em um ataque de raiva, disse a François que ele não era sequer seu filho de verdade, e que um poeta medíocre chamado Roquebrune era o seu verdadeiro pai. Como a mãe de François morrera quando ele tinha 7 anos, aquela era uma calúnia grave e indemonstrável. Anos mais tarde, quando a acusação lhe foi novamente impingida, ele aparentemente respondeu "que aquilo depunha a favor de sua mãe, que preferira um homem inteligente como Roquebrune, mosqueteiro, oficial e escritor, ao seu pai [legal], que era por natureza um homem muito mediano". A atribuição da citação é apenas de segunda mão, mas parece plausível, especialmente depois das outras evidências apresentadas por Besterman. Contudo, Pomeau (POMEAU, René. *La Religion de Voltaire*, Paris, 1956; 2ª ed., 1969, p. 35) argumenta que Voltaire poderia estar apenas efetuando uma projeção freudiana, tentando criar um pai mais elegante e romântico do que o oficial de espírito limitado que o educara.

47   *Arouet não seria capaz... os livros que circulavam:* Um dos livros que circulavam na Bastilha e que Voltaire viu era um texto de 1690 sobre pseudônimos; um outro interno, anterior (por volta de 1710), rascunhou nele um poema que trazia muitas semelhanças com o épico posterior de Voltaire sobre Henrique IV. Wade (WADE. *Voltaire e Mme du Châtelet*) sugere o plágio parcial de Voltaire, embora eu tenda mais à sugestão de

334 NOTAS

Pomeau (POMEAU. *D'Arouet à Voltaire*, p. 112) de que ambos os autores estivessem usando fontes comuns e que apenas convergiram a resultados semelhantes.

47   *Uma outra teoria:* Houve muitas outras explicações, como a sugestão de Casanova de que seria para evitar a piada infeliz sobre o nome original de Voltaire: Arouet se torna *à rouer* — para se bater. A questão central, no entanto, sobre o *porquê* de ele ter decidido fazer a mudança é fácil de ser respondida: "Eu era tão infeliz com o nome Arouet que escolhi outro", escreveu Voltaire em março de 1719 (D72). Contribuiu para isso o fato de não ter muito a perder: "Eu fui infeliz com o meu nome anterior", disse ele à Mademoiselle de Noyer; "e queria ver se esse me cairia melhor".

47   *Voltaire deveria manter-se afastado de Paris:* Curiosamente, foi o pai de Émilie, Louis-Nicolas, quem acionou contatos influentes para permitir que ele voltasse tão rápido. Voltaire havia jantado na casa dos Breteuil quando Émilie era criança, mas parece não lhe ter dado atenção naquela época. Louis-Nicolas, entretanto, gostava dele, pois reconhecia, na exuberância e perspicácia daquele jovem, a grandeza da França em sua juventude, e provavelmente esperava que Voltaire pudesse ajudar a trazer tudo aquilo de volta. Porém, conhecendo a reputação do poeta, teve o cuidado de evitar que ele novamente encontrasse sua filha depois de mais velha.

47   *"quem não pecaria [por]... aqueles seios de alabastro":* Parafraseando e reordenando os versos da carta que ele, mais tarde, escreveu à charmosa Suzanne; na edição de Moland das obras de Voltaire (VOLTAIRE. *Oeuvres completes*, 1768, vol. 10, p. 270).

47   *Houve algumas mudanças... um jovem chamado Génonville:* "Tranquilo" é a descrição que o próprio Voltaire fez de Génonville; D91.

48   *Do que sentimos nossos reis não são cientes:* VOLTAIRE. *Édipo*, ato II, cena V. Assim como boa parte da poesia neste livro, essa é uma tradução livre. Para uma leitura mais rigorosa, confira BESTERMAN, *Voltaire*, p. 76.

48   *Sim, podemos ter fé:* VOLTAIRE. *Édipo*, ato I, cena V.

49   *"talvez fosse o melhor poeta da França em todos os tempos":* BESTERMAN, *Voltaire*, p. 80.

50   *Um príncipe renomado:* O príncipe de Conti, parente indireto do grande Condé de Fronda. Foi em um jantar com a presença de Conti que Voltaire disse: "Ah, somos todos poetas ou somos todos príncipes?" — uma presunção que poderia ser punida com a prisão, da qual o jovem Voltaire escapou por causa de seu charme e do grande sucesso de *Édipo*.

50   *Mas havia uma outra atriz em ascensão:* Lecouvreur foi popular por muitos anos, desde a adolescência, mas ainda teve dificuldades para ser aceita por muitos dos anciões que controlavam o patrocínio no teatro.

MENTES APAIXONADAS 335

50 *"era comum oferecer uma performance na cama"*: Paráfrase do barão von Grimm (GRIMM, Friedrich Melchior. *Correspondance Littéraire*. Paris, 1829, vol. 9, p. 209).

51 *"sentia-se tão bem que estava espantado"*: D125

51 *Se a conversa recaía em rivalidades entre irmãos:* Essa observação em particular é dos cadernos que escreveu mais tarde, em inglês, durante seu exílio na Inglaterra. Assim como todos os bons escritores, ele usava e reaproveitava seu material; essa é uma típica resposta pronta sua.

51 *Se discutiam... uma ode à posteridade:* Sua famosa observação sobre o desagradável Jean-Baptiste Rousseau e a sua "Ode à posteridade". Mais uma vez, a nota é de um período posterior.

52 *Várias mulheres distintas o visitavam:* Foi aí que Voltaire conheceu Suzanne de Livry.

52 *Havia noites de intriga sob as estrelas:* D92, Voltaire a Fontenelle, 1º de junho de 1721, sobre a confusão e os binóculos de ópera.

52 *"nesse mundo... ou martelo ou bigorna"*: VOLTAIRE, *Dicionário Filosófico*, verbete sobre "tirania".

52 *Agora Rohan gritava:* A melhor avaliação das fontes desse incidente está no apêndice I da coletânea organizada por Lucien Foulet. (VOLTAIRE. *Correspondance de Voltaire*: 1726-1729. Edição de Lucien Foulet. Paris, 1923. pp. 211-232).

53 *O teatro era suntuoso... feixes de velas:* Isso aconteceu muito tempo antes da iluminação a gás ou mesmo da ribalta incandescente; a iluminação do palco era geralmente controlada por criados fortes, que giravam as manivelas que erguiam ou abaixavam uma longa prancha cheia de velas acesas.

53 *Fazia frio ao meio-dia daquele dia de inverno:* Os relatos apresentam o ataque acontecendo na hora da sopa, mas não era ao jantar e, sim, durante a refeição do meio-dia.

54 *A pena por homicídio era a morte:* A pena oficial por matar qualquer pessoa era a morte, mas circunstâncias atenuantes eram facilmente encontradas quando o réu era figura eminente e a vítima, não; isso era ainda mais difícil se a vítima fosse um nobre.

54 *Mas Phélypeaux:* Usualmente referido por seu título, conde de Maurepas; uso Phélypeaux simplesmente para diminuir a confusão com Maupertuis. Voltaire em geral se referia a ele por outros apelidos, argutamente cruéis.

54 *Quando menino lhe fora garantido um posto de alto oficial:* Seu avô era o chanceler Pontchartrain (como o nome do lago na Louisiana), seu pai era chefe da Marinha e, aos 14 anos, esse cargo foi passado a ele.

55 *No entanto, onde estavam eles:* Embora Voltaire não soubesse, alguns deles o apoiavam, particularmente um comandante militar aposentado, o duque de Villars. Outra pessoa poderosa que teria ajudado Voltaire era a madame de Prie — a amante oficial

336   NOTAS

do primeiro-ministro, com quem Voltaire tinha intimidade e, possivelmente, tivera um romance. Mas não apenas Rohan era sobrinho de um cardeal, como tal cardeal também era provavelmente filho ilegítimo de Luís XIV — o que fazia de Rohan sobrinho-neto do antigo Rei Sol. (Richelieu também tentaria ajudar, mas estava muito longe, em uma missão diplomática em Viena.)

57   *Seu pai, a quem ela tanto amava... textos desatualizados de geometria:* O gentil vizinho era o sr. de Mézières, que vivia próximo a Avallon. O futuro grande biólogo Buffon estava de fato em Semur naquela época, mas era ainda um adolescente e, se Émilie não tinha nem como conhecê-lo, menos ainda poderia perceber seu potencial ou interesse.

58   *"garantiria às mulheres":* Do final de seu posterior prefácio à tradução anotada da *Fábula das abelhas*, de Bernard Mandeville.

59   *"nada é mais negligenciado":* FÉNELON, *L'Éducation des filles*, 1687. Conferir LEWIS, Gwynne. *France, 1715-1804: Power and The People.* Londres, 2005, p. 59, e também SPENCER (org.). *French Women*, p. 85. Fénelon pensou que estava sendo útil ao escrever que as mulheres não deveriam ir longe demais. Se lhes fossem ensinadas línguas estrangeiras, escreveu ele, isso simplesmente lhes permitiria exercitar "a fraqueza natural de seu sexo e se dedicar, ainda mais do que antes, à perfídia e à intriga".

59   *"Sentia-me... como se estivesse nadando":* CHATÊLET. *Discours sur le Bonheur*, p. 16.

59   *"Com frequência cedia ao meu grande apetite":* Ibid., p. 10.

59   *Em certa ocasião... um romance com um jovem nobre... muito agradável:* Phélypeaux escreveu mais tarde um relato sobre a tentativa de suicídio de Émilie pela desolação com o rompimento da relação, com Guébriant instantaneamente encontrando, em seus aposentos, o antídoto perfeito para salvá-la. Porém isso não faz sentido, pois um simplório como Guébriant jamais seria capaz de diagnosticar um veneno em particular, menos ainda ter "por acaso" todos os antídotos certos à mão. Além disso, Émilie era mais do que capaz de expressar seus sentimentos pelos homens com quem rompera em cartas, mas ela nunca demonstrou nenhum transtorno por ter terminado com Guébriant. A explicação mais provável é de que Phélypeaux, detestando Émilie por ter traído a sua classe, tenha inventado uma história sobre ela — tal como fez com as várias outras pessoas a quem tentou insultar.

61   *Ele herdara uma fortuna... já tinha sido enviado à Bastilha três vezes:* A segunda vez, quando foi preso por duelo, foi tipicamente complicada. Uma noite, a jovem condessa de Gacé, bêbada, despiu-se e acabou sendo oferecida entre os convidados do jantar. Foi difícil para Richelieu não contar a história em um outro baile, em 17 de fevereiro de 1716, quando, infelizmente, o marido de Gacé estava presente. Como a história era verídica, o marido teve que desafiá-lo para um duelo.

MENTES APAIXONADAS
337

Ninguém se feriu muito — Richelieu teve uma leve ferida na coxa —, mas ambos foram mandados para a Bastilha. Os dois homens, em pouco tempo, tornaram-se amigos lá, especialmente quando Richelieu se compadeceu do conde sobre a esposa caprichosa com quem fora levado a se casar. Quando o tempo esquentou, eles eram vistos caminhando durante horas sobre o muro da Bastilha: conferiam a horta que havia ali e acenavam para os transeuntes lá embaixo. Quando veio um médico para identificar as marcas do duelo, encontrou dois aristocratas a insistir em que se tratava apenas de marcas de nascença, o que possibilitou que ambos fossem rapidamente liberados.

61 *Ele era um soldado renomado:* Justiça seja feita, o sucesso de Richelieu deveu-se muito mais à incompetência britânica que às suas próprias habilidades. Quando o rei, mais tarde, lhe conferiu a insígnia de marechal, isso foi em grande parte para interromper as suas queixas por não ter sido indicado como ministro de Estado.

62 *"Ele era o lorde adorado pelas mulheres":* Observações do amigo de Voltaire, d'Argenson, e de Goncourt, com modificações, *apud* HAMEL, Frank. *An Eighteenth Century Marquise: a Study of Émilie du Châtelet and her times.* Londres, 1910, p. 30-1 e COLE, Hubert. *First Gentleman of the Bedchamber: The Life of Louis-François-Armand, maréchal duc de Richelieu.* Londres, 1965. p. 153.

63 "Não posso crer que alguém tão disputado": CHÂTELET. *Lettres*, vol. 1, p. 64-5, nº 36. (Todas as referências são da edição de Besterman.) A citação é de um estágio um pouco posterior do seu relacionamento.

63 *O casamento era uma questão de ... aliança:* Florent-Claude e seus contemporâneos percebiam que isso era diferente em outros países, mais friamente racionais, onde esse agradável pragmatismo francês não tinha vez. Quando o francês La Rochefoucault visitou Londres, uma geração mais tarde, ficou impressionado ao ver que os ricos casais ingleses realmente saíam juntos, e postulou que era por isso que as mulheres de lá postergavam o casamento até a avançada idade dos 25 ou até 28 anos: podia levar muito tempo até encontrarem um parceiro com quem suportariam passar tanto tempo junto.

64 *Duas riquíssimas jovens da Corte:* Madame de Polignac e a marquesa de Nesle.

64 *Louis-François Armand du Plessis... estava apaixonado:* Alguns cínicos sugerem que, se Richelieu alguma vez se apaixonou na vida, foi pelo rosto que viu em seu espelho de barbear. Certamente, assim como muitos mulherengos, ele, de modo geral, não gostava das mulheres, e falava delas com escárnio (embora também tratasse assim a maioria dos homens). Entretanto, a Émilie ele sempre abriu uma exceção, mantendo uma extraordinária e emocionante correspondência ao longo de uma década. O motivo, acredito, é que ela já não mais dormia com ele; além disso, desde o início do seu relacionamento,

338 NOTAS

ela já tinha percebido boa parte da sua tolice — e confiava o suficiente em sua amizade para contar isso a ele.

64 *Com efeito, uma jovem aristocrata relatou:* A Brantôme, em seu *Les Dames Galantes*; uma obra que sobrepõe os gêneros da biografia e das memórias pessoais. Primeiramente publicado em 1655, sua reputação se estendeu até o século XVIII.

64 *"penetração e o sexo oral": Ibid.*, pp. 38-9.

69 *A maioria dos franceses educados esnobava Faukener:* "Na França [...] um mercador ouve a sua profissão ser tão desdenhada que pode ser tolo o bastante para se ruborizar." (Voltaire, citado em BALLANTYNE, Archibald. *Voltaire's Visit to England*. Londres, 1898, p. 178.)

69 "... Ele curou o tédio de sua esposa": De VOLTAIRE. *Voltaire's Notebooks*. Organizado, em boa parte pela primeira vez, por Theodore Besterman. Genebra: Institut et Musée Voltaire, 1952, pp. 52-3. Para os seus cadernos, Voltaire usava 21 folhas grandes de papel, dobrando-as até formarem 84 páginas.

69 *Quando precisava de ajuda... o responsável pelo ponto lhe emprestava uma cópia:* O responsável pelo ponto em Drury Lane se lembrava de um cavalheiro estrangeiro — "aquele autor renomado" — que começou a frequentar o teatro, onde "eu lhe fornecia todas as noites o texto da peça encenada, que ele levava consigo para o fosso da orquestra [para poder ver as palavras enquanto ouvia os atores pronunciando-as]. Em quatro ou cinco meses, ele não apenas conversava em inglês elegante, como escrevia com exata propriedade".

70 *"Senhor, desejo-lhe boa saúde":* D338.

70 *Ele também descobriu... os criados não precisavam levar água:* A ideia não era muito complexa, mesmo na era anterior à máquina a vapor, mas a execução, sim. Colbert tinha proposto um completo sistema de água encanada em Paris, décadas antes, que nunca foi implementado.

71 *Ele foi... "judeus, muçulmanos e cristãos negociavam entre si":* Compare com Thomas Jefferson, um grande fã de Voltaire, em suas *Notas sobre a Virgínia*, 60 anos mais tarde: "não me causa qualquer mal que meu vizinho diga que há vinte deuses ou nenhum. Isso não rouba meu dinheiro, nem quebra a minha perna..." Essa atitude é central para a separação entre Igreja e Estado na Constituição norte-americana. "É apenas o erro", continuava Jefferson, "que precisa de apoio do governo. A verdade se sustenta por si própria".

71 *Na França... os protestantes eram identificados... torturados:* Muitos padres e administradores católicos romperiam furtivamente esse preconceito, dando a famílias reconhecidamente protestantes o falso título de *cristãos novos*, de modo que os nascimentos,

MENTES APAIXONADAS 339

mortes ou casamentos pudessem ser registrados. Mas isso era raro, e até 1752 os pastores protestantes ainda eram enforcados.

71 *"O motivo pelo qual não empunhamos espadas"*: Reordenei um pouco a citação, que se refere ao começo das *Cartas da Inglaterra,* de Voltaire.

72 *"pare no primeiro [volume]"*: D310 e D318. Voltaire tem uma boa explicação para o motivo de as últimas partes de *Viagens de Gulliver* serem muito menos sedutoras. Na mesma carta (escrita em inglês): "A imaginação do leitor se delicia e se diverte, encantada, com as novas possibilidades de países que Gulliver lhe revela, mas essa série contínua de novas loucuras exageradas, de contos de fadas, de invenções malucas se torna monótona ao nosso gosto. Nada sobrenatural agrada por muito tempo. É por esse motivo que, em geral, as segundas partes de romances são tão insípidas." Ele poderia estar se referindo às sequências de Hollywood.

72 *"Não sei... encomendas a [Bombaim]... do mundo"*: A palavra no texto é "Surat", ao norte de Bombaim, onde a Companhia Inglesa das Índias Ocidentais mantinha os seus diretores. Uso aqui a antiga tradução de BALLANTYNE. *Voltaire's Visit to England,* p. 178.

72 *Havia muito mais para aprender... embora Newton tivesse o azar:* Newton morreu em 1727, cerca de 11 meses depois da chegada de Voltaire, mas o poeta francês não tinha relações suficientes no Reino Unido para conseguir se encontrar com o (adoenta-do) Newton antes. Contudo, foi ao funeral na Abadia de Westminster e realizou uma famosa entrevista com a sra. Conduit — quando a história sobre a maçã (conferir p. 49) veio pela primeira vez à tona.

75 *Em outras palavras, eles compraram:* Os detalhes são um pouco mais complexos, pois a brecha exata era de que a probabilidade de ganhar *não* era proporcional ao custo dos bilhetes necessários para a participação. Isso significava que as chances de vencer seriam, de fato, imensamente multiplicadas se alguém simplesmente comprasse um nú-mero expressivo dos bilhetes mais baratos — o que Voltaire, com a ajuda de um tabelião corrupto, foi rápido em fazer. Conferir DONVEZ, Jacques. *De quoi vivait Voltaire?.* Paris, 1949, esp. pp. 39-55.

75 *Voltaire reuniu uma fortuna:* Muitos nobres não tinham tanto dinheiro, e muitos daqueles que o tinham viam sua grande parte atrelada à terra. Os rendimentos de Voltaire eram extremamente fluentes.

75 *E todos eles foram complacentes... depois do espancamento às portas de Sully:* Em retaliação, Voltaire tirou todas as referências ao ancestral direto de seu amigo Sully de seu épico sobre Henrique IV (o que exigiu alguns esforços, pois o antigo Sully tinha sido o braço direito de Henrique).

340 NOTAS

76 *Por ser uma atriz... excomungada pela Igreja Católica na França:* Um detalhe importante. O catolicismo italiano era em geral mais liberal e, quando atores italianos vinham a Paris, tinham o cuidado de assegurar que permanecessem sob a lei da Igreja italiana e não da francesa.

76 *Mas, embora ele quisesse... suas* Cartas da Inglaterra: Houve vários títulos e edições. A principal distinção é entre a versão em língua inglesa, *Letters concerning the English Nation*, publicada em Londres, e a edição francesa, um pouco posterior, *Lettres philosophiques*, publicada em Rouen. Para simplificar, usei a abreviação *Cartas da Inglaterra*, que é como em geral são referidas.

76 *... a matemática lhe era muito difícil para continuar sozinho:* Parece que foi nesse momento que ele fez o primeiro contato com Pierre-Louis de Maupertuis (conferir p. 51), pedindo-lhe ajuda nos cálculos do quadrado inverso da lei da gravitação de Newton. Voltaire, sempre um excelente divulgador, estava solucionando o quanto a Lua "caía" em direção à Terra em um segundo. Ele queria comparar esse dado com a distância da queda de uma maçã próxima à superfície terrestre no mesmo tempo, para mostrar que ambas seguiam as leis de Newton e que as quantidades exatas eram compatíveis com a verdadeira órbita da Lua.

76 *"Se você deixar de se envolver":* VOLTAIRE. *Select Letters of Voltaire.* Organização e tradução de T. Besterman. Londres, 1963. p. 72. Voltaire aqui se dirige ao futuro escritor Le Fèvre, muitos anos depois, dando-lhe um conselho sobre o que o aguardaria se escolhesse essa carreira: "Se os seus talentos forem infelizmente medíocres (o que eu não creio), seus arrependimentos durarão por toda a sua vida; se tiver sucesso, terá inimigos." Voltaire prossegue descrevendo os críticos literários que terão prazer em fazer gracinhas à custa do autor, acadêmicos que "desprezarão você, ou fingirão que desprezam", armadilhas, um público facilmente enfastiado e muito mais que mudou pouco durante séculos.

77 *Para poupar-se do esforço... ele foi morar com:* Essa era a baronesa de Fontaine-Martel. Idosa e sofrendo de um grave eczema, ela deixou bem claro não apenas que ele não teria feito sexo com ela, mas que também não poderia ter visitas de nenhuma amante. Voltaire, no entanto, ganhava em troca, sem pagar aluguel, um grande conjunto de quartos, com refeições e criados incluídos.

81 *Os amigos e Émilie chegaram:* Segundo outros relatos, seu primeiro encontro foi na Ópera, mas a data é incerta. Besterman sugere a primeira semana de maio, mas a carta D607, que ele atribui a esse período, não tem data. Já em junho, contudo, as cartas não deixam dúvidas.

MENTES APAIXONADAS   341

82   ... *ele e Émilie tornaram-se amantes... ele escrevia um poema para ela:* Essa é a sua "Carta a Urano"; mais uma vez, não tanto uma tradução quanto uma paráfrase.

83   *"Ela nasceu com uma mente muito boa":* BESTERMAN. *Voltaire*, p. 181. Ele compara essa crítica muito citada com a carta original em que Deffand a escreveu.

84   *"Eu lhe juro, ela é uma tirana":* VAILLOT, René. *Madame du Châtelet*. Paris, 1978, p. 78.

84   *Havia uma pequena margem para a mistura:* Voltaire estava situado entre a burguesia média-alta, pois seu pai não passava de um próspero tabelião e ele era simplesmente um escritor. Isso fez com que um casamento entre Voltaire e uma aristocrata fosse absolutamente impossível.

85   *Mas isso tinha apenas ... a duração dos eventos noturnos:* Um pouco moderado pelo fato de que os salões raramente eram comandados por mulheres da mais alta nobreza; em sua maioria, eram organizados por mulheres de famílias de comerciantes recentemente enriquecidas, que tinham se casado com membros de famílias aristocráticas mais estabelecidas que precisavam de dinheiro.

85   *Émilie rompia com tudo isso:* Se uma mulher da sua estirpe inconcebivelmente se casasse com alguém de nível mais baixo, perderia sua concessão de nobreza. (No entanto, se um homem nobre se casasse com uma plebeia, ele manteria a sua posição.)

85   *"Por que ser tão aterrorizado pela nossa existência?":* Da 25ª carta de Voltaire.

85   *Hoje isso pode nos parecer óbvio:* Muitas dessas ideias já circulavam antes, mas respaldadas por pensadores que não eram tão conhecidos quanto se tornaram depois que Émilie e Voltaire ajudaram a evidenciá-los e a reconhecê-los (especialmente por meio de toda a correspondência de Cirey). Sem essa amplificação, os primeiros pensadores, considerados os "pioneiros" de uma tendência intelectual, seriam prontamente esquecidos.

86   *As pessoas comuns foram... postas sobre a Terra para trabalhar:* A nossa expressão comum "fim de semana", por exemplo, quase não era conhecida naquele tempo. O conceito não fazia sentido. As pessoas ricas nunca trabalhavam, de modo que, para elas, não havia uma semana de trabalho que precisava de um fim. As pessoas comuns, ao contrário, trabalhavam todo o tempo — a não ser quando iam à igreja ou em feriados sagrados —, de modo que seu trabalho secular não tinha fim.

87   *Ele já era um hipocondríaco:* "De tempos em tempos em sua longa vida, [Voltaire] queixou-se de apoplexia, catarro, cegueira, cólica crônica, dentes bambos, disenteria, erisipela, escorbuto, febre, gota, gripe, herpes, hidropisia, icterícia, indigestão, infecção urinária, inflamação dos pulmões, neurite, paralisia, perda de voz, reumatismo, surdez e varíola." Modificado a partir de PARKER, Derek. *Voltaire*: The Universal Man. Stroud, 2005, p. 79.

NOTAS

87 *Émilie se aproximava dos 30 anos... um criado que, mais tarde, a viu nua:* Foi Sébastian Longchamp, criado e secretário. Ele é intolerante com ela ao longo de todas as suas *Mémoires*, sempre beirando a depreciação, e não teria motivos para elogiar sua aparência.

87 *"minha máquina está totalmente exaurida":* D691.

87 *A população de Paris chegava a muitas centenas de milhares:* Como os sistemas de esgoto funcionavam tão mal, as casas mais abaixo do Sena não podiam usá-lo de modo algum. Os dejetos eram lançados na rua ou levados em carroças — e, embora uma parte fosse usada como fertilizante, grande parte acabava no próprio Sena.

88 *Ele tinha sido criado na costa da Bretanha:* Os corsários recebiam incentivos da administração real, pois a Marinha francesa funcionava tão mal por volta de 1690 que não havia recursos para pagar os navios e os marinheiros. Oferecer prêmios por navios britânicos era um modo de estimular empreendedores privados dos portos costeiros franceses a atacar Albion, sem custos diretos a Paris. Conferir TERRALL, Mary. *The Man Who Flattened the Earth.* Chicago, 2002, pp. 16, 17.

89 *Quando não estavam na cama:* Parece até que levaram um microscópio para o quarto, para que continuassem ali suas descobertas científicas. Pois, mesmo que a natureza das células do esperma fosse aproximadamente conhecida, ninguém tinha certeza sobre como ou onde as mulheres forneciam as células compatíveis. Maupertuis examinou o fluido que podia ser extraído de uma mulher durante, como disse ele, "os ternos momentos logo após o intercurso". Mas, embora ele e a parceira olhassem atentamente ("Procurei muitas vezes com um excelente microscópio"), as ampliações que conseguiam não eram suficientes para que encontrassem a fonte das células reprodutoras femininas. (Citações de MAUPERTUIS. *Vénus physique.*)

89 *Parecia haver numerosos carros de "deslizes":* Ao final do século XVIII, Joseph Lagrange e especialmente Pierre Laplace pensaram ter demonstrado que não havia tais instabilidades, embora, no início do século XX, Poincaré e, muito depois, os formuladores da teoria do caos evidenciaram o quanto o sistema solar é realmente precário. Para Newton, a questão era ainda mais simples. Por causa da gravitação universal, tudo atraía tudo, de modo que o universo deveria desabar para dentro — de onde as suas crenças naturais de que havia desequilíbrios que Deus precisava consertar.

Note-se que, muito depois de as suposições de estabilidade simples de Laplace terem desaparecido da física, elas continuaram a valer na economia, especialmente tal como elaboradas por Walras e seus seguidores — uma noção sedutora para qualquer pessoa que busque a segurança reconfortante da harmonia divina a guiar nossas vidas.

90 *"O sublime Maupertuis":* VAILLOT. *Madame du Châtelet*, p. 85.

93 Mas os ancestrais da família Guise que enganaram: Autoridades francesas que

MENTES APAIXONADAS

estavam com fundos baixos eram responsáveis por enviar cartas de garantia real, que seriam leiloadas pelos administradores locais: o vencedor recebia o direito de tornar-se um nobre e o rei — após receber o percentual combinado por seus administradores — ficaria mais rico. Essa prática acontecia desde pelo menos o fim do século XIII, enquanto um grande número de compras diretas começou no início do século XVI, sob o reinado de Luís XII, quando o governo estava novamente desesperado por fundos.

93   *A fortuna dos Richelieu, no entanto:*
Embora nobres da espada, os Richelieu eram de um nível bem baixo desse grupo. Pior, o presente duque só era aparentado ao cardeal por muito de sua tia, e era um descendente direto apenas da menos distinta família Plessis.

93   *Essas variações no interior da aristocracia... biologicamente superiores:* Pense na malícia e na mesquinharia que se desenvolvem hoje no seio das famílias ricas depois de apenas uma ou duas gerações. Agora estenda isso durante os séculos, amplie a milhares de famílias e considere que as prerrogativas pelas quais os diferentes indivíduos brigam eram asseguradas por lei. Para tornar a coisa ainda mais complicada, embora todas as pessoas com títulos fossem nobres, nem todos os nobres tinham títulos. (O título não era a qualidade pessoal, pois esse era o status da nobreza; ao contrário, o título era ligado a terras particulares, tal como aconteceu a Émilie se tornar uma princesa devido a propriedades nos Países Baixos.)
O que estava em questão aqui não era propriamente nosso racismo biológico moderno, porém um forte esnobismo em relação a diferentes grupos. Assim, as famílias que eram nobres da espada riam e desprezavam as outras, que eram nobres de manto — mesmo que fossem aparentadas.

95   *De Jean-Frédéric Phélypeaux ao agente da Coroa:* A mensagem era para o *intendant* local, Pierre Arnaud de la Briffe. Os *intendants* eram uma categoria relativamente nova da burocracia, indicada diretamente pelo rei, na esperança de que eles tivessem uma maior probabilidade de cumprir suas ordens do que os tradicionais — e quase sempre irresponsáveis — nobres locais. (Foi algo semelhante à criação do Conselho Nacional de Segurança nos Estados Unidos, sobreposto ao não tão confiável Departamento de Estado.)

95   *"O rei determinou":* D731.

96   *"Meu amigo Voltaire":* CHÂTELET. *Lettres*, vol. 1, p. 40, nº 14.

97   *O tipógrafo foi mandado para a Bastilha:* Eles também encontraram outros títulos intrigantes, e não exatamente apropriados, nos quais o tipógrafo tinha grandes esperanças: um deles era *A freira relutante*, outro era *As 15 delícias do casamento*. A mensagem que Voltaire recebeu foi de seu amigo Argental, um outro colega da escola Louis le Grand,

344 NOTAS

assim como Richelieu, e também, convenientemente, um eventual colega de trabalho de Phélypeaux.

97   *O que Voltaire acabou por decidir:* Voltaire passou períodos curtos em outros locais, inclusive em Cirey; mas os detalhes não são claros, pois ele se certificou de que nenhuma carta de seu próprio punho fosse enviada por correio dos vários lugares; seria melhor para confundir as autoridades de Paris. Alguns historiadores sugerem que ele tenha ido a Philippsburg apenas por acaso, mas isso parece improvável, pois Cirey ainda era praticamente inabitável e Voltaire apreciava seus luxos. Além disso, ele tinha acabado de passar semanas sob a hospitalidade de Richelieu em Montjeu, e visitar o acampamento militar seria apenas a continuação daquilo em um local mais seguro. Talvez o que mais tenha contribuído para essa decisão — para um Voltaire que adorava zombar das autoridades — foi que ele sabia que isso irritaria Phélypeaux além dos limites, quando a verdade finalmente viesse à tona.

99   *Além disso, cada vez mais nobres... sentiam a necessidade de defender seu* status: Para aqueles que não eram nobres, a questão era pior, porque eram bloqueados no nível de oficial não comissionado, por mais habilidosos ou dedicados que fossem. Esse ressentimento significou, em 1789, que esse importante núcleo do exército tomasse prontamente o lado contrário à realeza.

101   *O oficial era filho do príncipe:* O Príncipe de Conti (p. 253), nenhum grande gênio, mas um fã leal de Voltaire.

101   *Voltaire escrevia a uma conhecida:* D766. Para a condessa de la Neuville, que se tornaria uma das suas duas mais importantes vizinhas em Cirey.

102   *O tipógrafo havia sido interrogado:* D760. Ele rapidamente comprometeu Voltaire.

102   *Agora, no dia 10 de junho, o parlamento municipal:* O Parlamento era fortemente jansenista, assim como o odiado irmão mais velho de Voltaire. A burocracia de Versalhes poderia particularmente ficar à vontade com as críticas à religião oficial, mas os fervorosos jansenistas não consideravam aquilo como simples versos ao estilo de Savonarola e detestaram a zombaria de Voltaire.

107   *O cerco tinha terminado... o azar de ter a cabeça decepada:* Parafraseando o eloquente COLE. *First Gentleman of the Bedchamber,* p. 79.

109   *"Ser capaz de manter uma plateia interessada ao longo de cinco atos":* D841. Frank McLynn propôs que essa dificuldade em sustentar uma peça longa poderia explicar por que Voltaire tinha uma inveja tão louca de Shakespeare e tentava, absurdamente, depreciá-lo. Ele é um dos membros do trio de famosos inimigos de Shakespeare — os outros dois são Tolstoi e George Bernard Shaw.

110   *Em um momento importante... Phélypeaux nomeou almirante um jovem parente seu:*

MENTES APAIXONADAS   345

Não apenas o parente — o jovem duque d'Enville — nunca tinha estado no Atlântico, como também nunca estivera a bordo de um navio. Ele conduziu sua frota de 64 navios na vaga direção da fortaleza francesa na ilha de Cabo Breton, mas tinha trazido tão poucos materiais de guerra consigo que o ataque não teve chance de sucesso. Como ele também não fazia a menor ideia da quantidade de comida que deveria trazer para a expedição, o canibalismo irrompeu a bordo da frota francesa derrotada em sua longa viagem de volta para casa.

110 *Mesmo assim, para que justiça seja feita a Phélypeaux*: Reconhecidamente ele nunca conseguiu que Fleury ou — depois da morte de Fleury — o próprio rei investisse dinheiro suficiente na Marinha francesa para permitir-lhe rivalizar-se a sua arqui-inimiga, a marinha real britânica. Mas ele também não fez muito para melhorar a situação: "Na marinha britânica, o teste para se tornar um aspirante a oficial dependia de passar pelo menos 6 anos no mar, e o candidato deveria provar ser capaz de: 'Encaixar, amarrar e rizar uma vela, conduzir a marcha de um navio, deslocá-lo em função das marés, fazer os cálculos de trajetória segundo a Navegação Padrão e a de Mercator, observar o sol e as estrelas, encontrar a variação da bússola e ser qualificado para realizar sua tarefa como marinheiro capaz e profissional de navios de porte médio.' Para os jovens oficiais aristocratas franceses, não havia algo equivalente. Eles não estudavam... nada sobre táticas de batalha ou de navegação. Havia [no entanto] aulas diárias de dança e esgrima." Resumido *apud* NICOLSON, Adam. *Men of honour*. Londres, 2005, pp. 24-6.

110 "*Esse costume causa doenças epidêmicas*": Modificado *apud* LIBBY, Margaret Sherwood. *The Attitude of Voltaire to Magic and Sciences*. Nova York, 1966, p. 254.

111 "*Já é hora...*" *escreveu um dos defensores*: Esse era o amigo de Voltaire, d'Argenson, mais um colega da escola Louis le Grand e, por um período, ministro do Exterior; extraído de seu *Considérations sur le gouvernement de la France*.

112 "*... com toda a probabilidade, "Estarei lá*": D803. Para Thieriot, o original está em inglês.

112 *Observava-a a refutar suas ordens:* Isso é usualmente descrito pelos biógrafos como uma deliciosa exuberância da parte dela. Mas, imediatamente depois de chegar a Cirey, Émilie escreveu a Maupertuis (D797) dizendo que o castelo era horrível sem ele e que esperava organizar a sua vida "na doce expectativa de passar muitos anos filosofando com você". Voltaire tinha o hábito de demonstrar uma máscara de alegria quando as coisas iam mal — tal como em seu elogio a Londres, no início do capítulo 4 —, e aqui também parece estar tentando aparentar uma feição positiva para amigos que já tinham suas dúvidas sobre o envolvimento de Émilie.

112 "*Voltei a ler Locke*": Versão editada de D764.

346 NOTAS

113 *"Há uma mulher em Paris chamada Émilie"*: Ibid.
113 *"Vamos à Missa do Galo juntos"*: CHÂTELET. *Lettres*, vol 1, p. 55, nº 26.
113 *Um oficial de polícia*: D884. O oficial era um certo Dubuisson.
114 *De volta para casa à luz do dia*: Ibid. Conforme o que Dubuisson reuniu das histórias de criados e guardas noturnos, ela passou um tempo com Maupertuis e outros pesquisadores analisando mapas e cartas geográficas para sua expedição polar: "então, à meia-noite, ela subitamente se lembrou de que deixara seu cocheiro esperando. Era tarde demais para supor que ele ainda estivesse lá, então cavalgou até Paris sozinha, mas deslocou seu polegar ao galopar por tanto tempo. Quando chegou em casa, enviou um mensageiro ao sr. de Maupertuis, que partiu imediatamente para consolá-la. Aparentemente sua retórica era bem elaborada, pois ele esteve trancado com ela das 4h até pouco antes do meio-dia, quando um mensageiro veio avisar à família que o sr. du Châtelet estava chegando... Se não fosse por isso, creio que Maupertuis ainda estaria lá".
115 *"Talvez seja uma loucura enclausurar-me em Cirey"*: CHÂTELET. *Lettres*, vol. 1, p. 74, nº 38. A Richelieu.
119 *O que aconteceu... dúzias de cartas e memórias*: O formato desse capítulo me foi sugerido pelo capítulo 18, engenhosamente organizado por Besterman em sua biografia de Voltaire.
119 *A sra. du Châtelet chegou*: HAMEL. *Eighteenth-Century Marquise*, pp. 65-66.
119 *Voltaire diz que estou ocupada*: D903.
120 *A madame gostaria de encomendar*: D1336.
120 *Agora ela coloca janelas onde eu tinha posto portas*: HAMEL. *Eighteenth-Century Marquise*, p. 66. A nota é de outubro de 1734, mas a obra seria interrompida no inverno e recomeçaria no ano seguinte.
120 *Por favor, lembre-se de comprar duas pequenas... pinças*: D1313, D1362.
120 *Passo meus dias com pedreiros*: D943, exceto pela primeira frase sobre pedreiros, que é de outra carta. Émilie usava propositadamente a palavra *amante* para Voltaire e *amigo* para Richelieu, para deixar bem clara a nova ordem das coisas.
121 *Você poderia por gentileza enviar os termômetros*: Colagem de várias cartas a Moussinot, especialmente D1351 e D1306. Nesses excertos de Moussinot, em geral uso as traduções de Besterman.
121 *Parei em Cirey*: D2789.
121 *Você poderia gentilmente enviar-me cem penas de boa qualidade*: D1414.
122 *Por favor, mande fazer duas boas cópias*: D1058. Não é um retrato dela, mas dele. Confira a ilustração 2, do encarte.
122 *Só cheguei lá às 2 horas*: A não ser que esteja especificado, as citações de Graffigny

MENTES APAIXONADAS 347

aqui são de uma longa compilação de cartas do final do volume 5 e início do volume 6 na seção de correspondências de *Complete Works of Voltaire*; ela escrevia para o seu amigo obcecado por intrigas, François-Antoine Devoux, cujo apelido era Panpan. Essa é extraída do volume 5, p. 394.

122 *Você poderia me enviar... pó para peruca:* MAUREL, André. *La Marquise du Châtelet, amie de Voltaire.* Paris, 1930, p. 54.

123 *Sim, Hébert (o ourives) cobra caro:* D1338.

123 *Na manhã seguinte, quando a madame se levantou:* LONGCHAMP, Sébastien & WAGNIÈRE. *Mémoires sur Voltaire.* 2 vols. Paris, 1826. pp. 119-120. Esse relato data de um momento posterior, mas não tenho registro de que ela tenha mudado seus hábitos. Linant também descreve, do primeiro período em Cirey, sua indiferença em relação aos empregados domésticos.

124 *Penso nas vantagens que desfrutamos:* VOLTAIRE. *Dicionário Filosófico,* verbete "Amor".

125 *Por falar nisso, Maupertuis irá mesmo:* CHÂTELET, *Lettres,* vol. 1, p. 75, nº 38 Além das cartas de Émilie e Voltaire, as principais fontes para as citações nessa seção sobre a expedição são de TERRALL. *The Man who Flattened the Earth,* da edição de 1756 das obras reunidas de Maupertuis (MAUPERTUIS. *Oeuvres de mr. De Maupertuis: Avec Approbation & Privilège du Roi.* Lyon, 1756) e a carta que ele mandou da expedição à madame de Vertillac (em *Mélanges publiés par la société des Bibliophiles Français.* Paris, 1829).

126 *Essa viagem dificilmente me seria boa se estivesse feliz:* TERRALL. *The Man who Flattened the Earth,* p. 101. A carta data do final de dezembro de 1735, o ano em que Émilie definitivamente deixou Maupertuis para ficar com Voltaire.

126 *Depois [de muitas aventuras]... como evitar os insetos que nos atacavam:* "No rio, fomos atacados por enormes mosquitos de cabeça verde que sugavam sangue de todos os lugares que mordiam; no Niwa, nos vimos perseguidos por várias outras espécies ainda mais cruéis." (MAUPERTUIS. *Oeuvres,* p. 103.)

127 *Não direi mais nada sobre os rigores da viagem:* "Se você tentar parar uma rena puxando o freio do trenó, isso só fará com que elas se voltem e lhe deem um coice. Os lapônios sabem como virar o trenó, usando-o como escudo. Mas éramos tão pouco acostumados àquilo, que quase morremos antes de aprender. Nossa única defesa era um pequeno bastão, que carregávamos nas mãos e usávamos para guiar o trenó e evitar os troncos de árvore na neve profunda." (MAUPERTUIS. *Oeuvres,* p. 148.)

128 *E, meu bom Moussinot:* LIBBY. *Attitude of Voltaire to Magic,* p. 52.

348 NOTAS

128 *O texto estava escrito em latim*: GRAFFIGNY, Françoise de. *Lettres de Mme de Graffigny*. Edição de Asse. Paris, 1879, p. 50. Confira também MOLLINSON, Jonathan. *Françoise de Graffigny, femme de lettres*: *Écriture et réception*. SVEC, 12/2004.

129 *A punição pelo adultério poderia incluir chicotadas:* A punição espetacular da condessa de la Motte, uma geração mais tarde — como no filme *O Enigma do Colar*, de 2001, com Hilary Swank no papel da condessa —, não foi tanto por adultério, mas muito mais pelo embaraço que causou à família real pelo roubo.

130 *"O adultério é punido na pessoa da esposa"*: LOTTIN, Alain. *La désunion du couple sous l'ancien régime*. Lille, 1975, p. 75.

130 *"Os iogues da Índia"*: WADE, Ira O. *Voltaire and Mme du Châtelet: an essay on the intellectual activity at cirey*. Princeton, 1941, p. 131.

130 *"Eu não chegava a passar duas horas longe dele"*: CHÂTELET. *Lettres*, vol. 1, p. 151, nº 85.

131 *"cada um dos quais presidido... por uma mulher"*: VOLTAIRE. *Select Letters*, p. 72.

132 *Basta uma refutação à Igreja... para toda a cidade se romper:* Uma preocupação semelhante talvez esteja na raiz do literalismo fundamentalista na América do Norte, em particular de modo como se propagou no início do século XX. Nos Estados Unidos que rapidamente se industrializavam, assim como no antigo regime francês, voltar-se para as fontes que outrora sustentaram antigas relações, mantendo-as ainda mais rígidas do que antes, parecia ser o único modo de evitar que tudo se dissolvesse. Para uma recente abordagem das suposições psicológicas subjacentes, conferir STINCHCOMBE, Arthur L. *When Formality Works*: *Authority and Abstraction in Law and Organizations*. Chicago, 2001. Um exemplo mais recente é o grande esforço do governo chinês para bloquear a investigação sobre a carreira de Mao. Se os fundamentos do Partido Comunista Chinês forem questionados, milhões de carreiras podem ter que mudar.

132 *"Não sou cristão, mas isso é apenas para amar-Te"*: VAILLOT. *Avec Madame du Châtelet*, p. 31. Voltaire escrevia em 1722.

133 *Era... "como as regras de um jogo"*: Modificado de EHRMAN, Esther. *Mme Du Châtelet*: *scientist, philosopher and feminist of the Enlightenment*. Leamington Spa, 1986, p. 64. Esse era um lugar-comum de escritores como Montesquieu, em suas *Cartas Persas*. Aqui, no início da sua criatividade intelectual, Émilie estava retomando para si mesma.

133 *"As mulheres em geral não reconhecem os próprios talentos"*: Modificado de EHRMAN. *Mme du Châtelet*, p. 61.

134 *Esse também era um passo fundamental:* Os autores gregos desenvolveram tipologias explícitas de organizações políticas, mas essa abordagem entrou em colapso na era

cristã, quando os atos da humanidade foram tomados como desdobramentos de um plano divino. Somente quando essa divindade sempre ocupada foi colocada de lado, é que Vico e outros mais próximos da época de Émilie puderam reafirmar um padrão significativo para atividades puramente laicas.

135 *Antes desse período, quase ninguém colecionava autógrafos:* Conferir FRAENKEL, Beatrice. *La signature: genèse d'un signe.* Paris, 1992.

135 *"eu quase não conseguia cochichar... pois os aros de nossos vestidos nos faziam ficar muito distantes umas das outras":* CRÉQUY. *Souvenirs de la Marquise de Créquy,* p. 123. A sua amiga embaraçada era Madame d'Egmont.

135 *Eles deveriam consistir... arranjos minuciosos de pintas postiças:* "Era preciso um jeito especial para colocar essas pintas onde elas chamariam ainda mais atenção para o rosto — sobre as têmporas, perto dos olhos, nos cantos da boca, sobre a testa. Uma grande dama sempre tinha sete ou oito e nunca saía sem a sua caixa de pintas, para que pudesse colocar algumas outras, se tivesse vontade, ou substituir as que caíssem. Cada uma dessas pintas tinha um nome específico. A que ficava no canto do olho era a *apaixonada*; a que ficava no centro da bochecha, a *galante*; a do nariz, a *impudente*; perto dos lábios, a *coquete*; e a colocada sobre uma espinha, a *escondedora (receleuse)* etc." (LACROIX, Paul. *The Eighteenth Century: with 21 Chromolithographs and 351 Wood Engravings.* Nova York e Londres, 1876, cap. 19.)

137 *Agora, porém, uma nova forma de publicação:* Conferir GOODMAN, Dena. *Republic of letters: A Cultural History at the French Enlightenment.* Ithaca, Nova York, 1994, pp. 137, 142.

137 *Era algo semelhante a uma internet primitiva:* A frase é extraída da obra de Tom Standage, cujo maravilhoso título é *Victorian Internet*; o conceito é antigo, divulgado por Tocqueville (em seu *Antigo Regime*) e muitos outros. O que, no entanto, os primeiros estudos não trazem é o extraordinário poder que uma porção de "grandes elos" em pontos centrais pode ter para divulgar ideias. Esse poder é demonstrado com uma série de gráficos claros em BARABASI, Albert-Laszlo. *Linked: The New Science of Networks.* Cambridge, Mass., Perseus, 2002.

138 *Mesmo se alguém chegasse aos 30 ou aos 40... vários outros fatores que iam constantemente mal:* O ar menos poluído contrabalançava, até certo ponto, essas doenças respiratórias, assim como o maior exercício físico, especialmente para os homens. Mas a má nutrição e a higiene prejudicavam esse quadro, como mostram os estudos de esqueletos, mesmo das áreas ricas.

140 *"Sou... como aqueles riachos que são transparentes":* LIBBY. *Attitude of Voltaire to Magic,* p. 47.

NOTAS

140 *"Há... poucos grandes gênios como o Senhor de Voltaire":* Do prefácio de Émilie para sua tradução da *Fábula das Abelhas* de Mandeville.

141 *... aquela "luz brilhante, tão perfeita para os amantes":* Modificado de MAUREL. *Marquise du Châtelet*, p. 55.

141 *"Pascal ensinou aos homens a se odiarem":* De um poema um pouco anterior (1732), na edição de Moland das obras de Voltaire (VOLTAIRE. *Oeuvres completes*, vol. 22, pp. 33-4).

142 *"seres culpados que mereciam viver nessas decadentes ruínas":* VOLTAIRE. *Elementos de Newton*, seção 3, cap. 10.

143 *"Meu companheiro de solidão... dedicou-o a mim!"* CHÂTELET. *Lettres*, vol. 1, pp. 125-6, nº 73. Ela havia ficado decepcionada por não receber uma dedicatória do visitante Francesco Algarotti em seu popular *Newtonismo para mulheres*, que se baseia em grande parte no que ela lhe tinha explicado. A atitude de Voltaire fez mais do que remediar aquilo.

143 *"Passo minha vida, meu caro abade... com uma dama":* VOLTAIRE. *Select Letters*, p. 49. A carta data de 9 de dezembro e, se isso for exato, ela teria sido escrita imediatamente antes da fuga forçada.

143 *... Acabamos de deixar Cirey: Ibid.*, p. 49.

145 *Ele tinha enviado transcrições... mas uma delas acabou sendo furtada:* O ladrão foi o nosso colérico ex-jesuíta Desfontaines; o abade homossexual, que tinha sido condenado em 1725 a ser queimado vivo em praça pública por seus atos e por quem Voltaire fez pressão sobre as autoridades para salvar. Com base no princípio de que nenhuma boa ação deve permanecer impune, Desfontaines passou boa parte de sua vida tentando atormentar seu salvador. Voltaire conseguiu minimizar a maioria desses ataques — certa vez, depois de ter que suportar o trabalho de ler e refutar um artigo obsceno, ele observou que, de fato, teria sido melhor ter queimado o monge do que ser agora atormentado por ele. Mas as distorções que Desfontaines acrescentou ao poema sobre Adão e Eva poderiam significar o exílio perpétuo.

146 *Émilie sabia que... um membro da alta nobreza vivia contente:* Apenas uma pequena porcentagem dos cerca de 100 mil nobres podiam viver em Versalhes. A maioria era pobre demais, alguns viviam tão longe que só se podia distingui-los dos camponeses junto aos quais viviam por seu direito de carregar uma espada e pelos seus bancos reservados na igreja. Para estimativas demográficas razoáveis, confira CHAUSSINAND-NOGARET, G. *La Noblesse au dix-huitième siècle.* Paris, 1976.

146 *E disso... dependia a segurança do Estado:* Essa não foi a primeira vez que um rei decidiu salvaguardar sua posição dedicando-se a falir os seus nobres, mas foi aqui que essa ideia chegou ao seu auge.

MENTES APAIXONADAS 351

146 *"Preciso saber"*: CHÂTELET. *Lettres*, vol. 1, p. 144, n⁰ 82.

146 *Foi Richelieu... enviando um rápido mensageiro:* É possível que tenha havido apenas uma dura advertência da Corte, mas também era sensato se preparar para a hipótese de uma prisão, que provavelmente seria executada por forças dirigidas pelo *intendant* local.

148 *Havia embaixadores, escritores, homens de negócios:* DESNOIRESTERRES, Gustave. *Voltaire et la société au XVIIIe siècle.* 8 vols. Paris, 1867-1876, vol. 2, p. 119.

148 *Tratava-se de uma peça que escrevera:* Voltaire fez uma inovação significativa nesse texto, pois o francês tinha sofrido uma mudança na pronúncia nos anos anteriores. O que, por exemplo, era escrito e pronunciado *les bordelois* no século XVII era agora pronunciado *le bordelais...* mas ainda escrito no modo antigo. (Seria como se nós pronunciássemos a palavra "contato" como estamos acostumados, mas o governo insistisse em que ainda escrevêssemos "contacto".) Em sua peça *Zaïre*, Voltaire usou a nova grafia — *ais* — para todas as muitas palavras que tinham dissonância *ois/ais* entre o som e a escrita. Ele foi o primeiro autor a fazer essa mudança, e o importante não era apenas que, com a sua autoridade, a forma se tornou aceita (daí o fato de hoje as manchetes de Paris servem sobre *Les Anglais* ("Os ingleses"); é que esse efeito demonstrava, sobretudo, o quanto as autoridades na França rigidamente hierárquicas tinham razões para se preocupar com que os aspectos mais políticos de suas obras também se tornassem aceitos.

148 *"O papel que mata!"* ORIEUX, Jean. *Voltaire ou la Royauté de l'esprit.* Paris, 1966, p. 225.

149 *Willem:* O estranho "s" à frente de seu nome é o modo holandês de registrar "de", similar ao francês "des" ou ao alemão "von".

149 *O modo... Gravesande a determinava:* Voltaire também viu muitos outros experimentos, pois (como mencionei antes) Gravesande também usou bolas de bronze ocas e sólidas, pêndulos, argila raspada (de uma consistência profundamente elaborada), molduras de suporte e uma variedade de outros aparelhos para sustentar sua controversa tese de que "As propriedades dos corpos não podem ser conhecidas a *priori*; precisamos, portanto, examinar o próprio corpo e considerar com precisão todas as suas propriedades".

150 *Ele passou um bom tempo com outros cientistas... e chegou mesmo a se tornar membro da Royal Society:* Embora isso não fosse uma honra tal como é hoje, pois a associação era, em geral, garantida a patronos ricos e dignitários em visita. (Era ainda mais legítima do que a Universidade de St. Andrews, notória por vender títulos em seus doutorados, de onde surgiu a observação de que ela "enriquecia por seus títulos".)

152 *[A compreensão newtoniana] da gravidade não é o resultado final:* VOLTAIRE. *Elements of Newton*, p. 536.

152 *"Estou a 1.000 quilômetros de distância dele":* CHÂTELET. *Lettres*, vol. 1, p. 151.

352 NOTAS

153 *Pois, veja bem... "meu pai teve uma outra filha"*: Ibid., pp. 145, 147.

157 *Ela o chamou provocativamente*: Da história mal disfarçada de Anne Bellinzani: BELLINZANI, Anne. *Histoire des amours de Cléante et de Bélise*. Paris, 1689, p. 168. In: *Lettres*. Org. de Président Ferrand e prefácio de Eugène Asse. Paris, 1880.

157 *"Sou a amante mais terna"*: Modificado de VAILLOT. *Madame du Châtelet*, p. 26.

159 *Contudo, ela também tinha um primo em primeiro grau, muito desagradável*: François-Victor Le Tonnelier, marquês de Breteuil; ele tinha ocupado o posto entre 1723 e 1726 e retornaria entre 1740 e 1743. Embora não fosse o ministro responsável durante a ousadia de Voltaire em Phillipsburg, teria se sentido ofendido.

160 *Ele conversou... aquela terrível vergonha do passado tinha vindo à tona*: Não fez diferença o fato de que Anne Bellinzani, apesar de já bem idosa, ainda estar viva!

161 *"O marquês du Châtelet... está partindo [para Paris]"*: CHÂTELET. *Lettres*, vol. 1, p. 187, nº 99.

166 *"ele agiu por impulso"*: D894.

166 *Então chegou a irmã de Linant... eficiência*: Mesmo Voltaire se incomodou a ponto de observar: "Uma extrema preguiça de corpo e alma de fato parece ser a característica marcante dessa família."

166 *"Eu não quero que ele me dedique essa tragédia"*: CHÂTELET. *Lettres*, vol. 1, p. 196, nº 107.

167 *Este foi o príncipe herdeiro da Prússia, Frederico*: Ele mesmo usava na época a forma afrancesada *Frédéric*.

167 *Batia regularmente no filho*: Como o próprio Frederico relatava à sua irmã, Margharete; registrado nas memórias dela.

167 *Somente... aos 21 anos, foi-lhe confiada*: Ele não ficou na fortaleza durante todo o tempo, mas suas viagens eram restritas a poucos quilômetros.

168 *"e volta e meia ao mesmo tempo"*: DESNOIRESTERRES. *Voltaire et la société*, vol. 2, p. 128.

168 *A Academia de Ciências... tinha recentemente anunciado a competição para o prêmio do ano*: Ele era oficialmente chamado de prêmio "para" 1738, porque esse seria o ano em que ele seria entregue, mas a data final para inscrição era setembro de 1737.

169 *Era um investimento... alguns milhões de dólares*: Estimar as taxas de inflação durante os séculos é praticamente impossível, mas há algum sentido em se perguntar pela porcentagem de uma população capaz de adquirir um item em particular. O equivalente ao equipamento de laboratório de alta tecnologia que Voltaire comprou estaria fora do alcance de todos hoje, à exceção dos mais ricos empresários do Vale do Silício ou de Wall Street. A era do talentoso amador em física foi breve, sendo Henry Cavendish, no século

MENTES APAIXONADAS 353

XVIII, um dos últimos pesquisadores independentes de alto nível. Oliver Heaviside, no final do século XIX, conseguiu apenas se manter como um teórico independente.

170 *"Comece a puxar conversa"*: DESNOIRESTERRES. *Voltaire et la société*, vol. 2, p. 123.

171 *Os metais de fato ganham peso:* O ferro ganhava peso porque o oxigênio do ar se ligava a ele. Voltaire carecia não apenas de balanças adequadas, mas também da própria ideia de pesar o ar circundante, pois, em sua análise do ferro, ele deixava de lado o importante *sistema* combinado de metal + ar + fumaça. No entanto, chegou perto, e Guyton de Morveau mencionou seu trabalho em artigo de 1722, que finalmente demonstrou que os metais podem ganhar peso quando aquecidos. Pouco depois, Lavoisier se apoiou nessa descoberta para mostrar que era de fato o oxigênio do ar que causava esse efeito.

173 *O efeito é tão sutil:* Voltaire não tinha chances, pois a alteração no peso era trilhões de vezes menor do que as suas balanças eram capazes de medir. Havia mais de 10^{25} átomos nos blocos de ferro e apenas os poucos que estavam na superfície poderiam combinar-se ao oxigênio.

174 *"Eu não queria me envergonhar"*: D1528; VOLTAIRE. *Collected Letters*, vol. 5, p. 165.

174 *Maupertuis precisou... esconder... muitos de seus verdadeiros interesses:* Teve, por exemplo, de fingir que sua viagem às regiões polares era apenas para investigar a "hipótese" de que Newton estivesse certo.

174 *"Eu não podia realizar nenhuma experiência"*: D1528.

175 *Ela ajudara Voltaire exatamente nesse cálculo:* O matemático Aléxis Claude Clairault era amigo de ambos e passou um tempo em Cirey. "Eu tinha dois alunos lá, de valores bem distintos. Um era bem impressionante, enquanto o outro [Voltaire], eu nunca consegui fazer com que realmente compreendesse o que significava a matemática." (BRUNET, P. *La Vie et l'oeuvre de Clairault*. Paris, 1952, p. 14.)

176 *Em outros momentos, levantava e andava para lá e para cá:* VOLTAIRE. *Collected Letters*, vol. 5, p. 469.

178 *"experiências proveitosas poderiam ser realizadas"*: DESNOIRESTERRES. *Voltaire et la société*, vol. 2, p. 157.

178 *Ela chegou a sugerir... na direção de Herschel:* Herschel constantemente tentava olhar além do que era sabido, fosse um novo planeta mais distante do que os até então conhecidos, ou novas dimensões de espaço além das que acreditávamos existir — esforços recompensados pela descoberta do planeta Urano e do vasto espaço em que se situa nosso sistema solar. É possível que esse reflexo tenha vindo de sua própria dinâmica psicológica, pois ele foi criado para ser músico na Alemanha; no entanto, aventurou-se

354 NOTAS

para além dos limites das suposições de sua família e se transformou em um astrônomo na Inglaterra. Émilie também rompeu com o que era considerado certo para ela:
não era mais propriamente uma aristocrata e deixara para trás as atividades femininas
superficiais. Essa fenomenologia banal de "atingir um novo âmbito" pode ter ajudado
Émilie — como talvez também Herschel — a dar esse extraordinário salto intelectual
até a imaginação de matizes suprassensíveis de luz.

179   *Era preciso encontrar um novo preceptor... argumentar com um pintor:* D1677.

179   *"Há tanto a se fazer quando se tem uma família":* CHÂTELET. *Lettres*, vol. 1, p.
267, nº 148.

180   *"a originalidade das minhas ideias... não me deixaria vencer":* DESNOIRESTER-
RES. *Voltaire et la société*, vol. 2, p. 159.

180   *"Ambos [os ensaios]":* LIBBY. *Attitude of Voltaire to Magic*, p. 153.

181   *"Meu Deus, Panpan":* D1686 e D1708.

183   *"Estou curioso", por fim escreveu a... Marain:* Isso foi em 1741, quando Voltaire
enviou a Marain o seu ensaio sobre *force vives*, que giravam em torno da divisão que
fazemos entre momentum e energia cinética.

184   Não seria isso uma prova... de que a luz podia criar magnetismo? Essa não era
uma ideia tão tola quanto foi considerada na época. Um século depois, Michael Faraday
descobriu que um campo magnético mudaria a polarização de um raio de luz que passasse por um vidro com chumbo — um elo crucial entre o que era então tomado como
dois âmbitos totalmente separados. A suposição de Voltaire, no entanto, era apenas um
chute retórico, muito diferente da profunda análise de Émilie sobre a possibilidade da
luz ultravioleta.

185   *Mesmo antes de anunciados os resultados da Academia... um desses amigos:* O amigo
era Formont.

185   *Hei de seguir sua proposta, meu amigo:* D1410, em uma elegante tradução do
século XVIII.

185   *houve peripécias e reviravoltas... guerreiros da Grécia antiga:* Os atores parisienses
se recusavam a ser rebaixados ao representar o coro. Nas vezes em que Voltaire tentou
colocar coros em suas obras anteriores, os papéis eram feitos por criados — que quase
sempre estavam bêbados.

186   *Seria um excelente modo:* D1697.

186   *Voltaire amainou o tom.* Como foi baseado em Desfontaines, o fervor inicial é
compreensível.

187   *O palácio em que vivem foi claramente construído para eles:* O tema de Voltaire de
uma benevolência que age misteriosamente foi interpretado de vários modos, da ironia

MENTES APAIXONADAS

sobre a condição humana — como na história de Kafka sobre cães que não conseguem ver os seres humanos e desenvolvem toda uma teoria sobre aquela força invisível que os carregava e alimentava — até uma ponderação mais séria, como na imagem de Einstein de nossa existência em uma imensa biblioteca, em que os textos já foram escritos.

187   *Voltaire agora escrevia rapidamente:* Como pode ser constatado pelo curto intervalo entre a seção anterior e a parte 6, em comparação com os atrasos que sofreu depois de cada uma das primeiras partes.

188   *A escrita de Voltaire se tornava ainda mais bela... os sonhos de sua Émilie:* Voltaire tinha uma paixão por esses visitantes imaginários — talvez por ter perdido sua amada mãe aos 7 anos. Conferir BARBER, W. H. "Voltaire's Astronauts". *French Studies*, 30, 1976, pp. 28-42.

188   *"ele é um menino de natureza tão doce":* CHÂTELET. *Lettres*, vol. 1, p. 203, nº 112.

188   *Havia ainda mais obras... duas jovens lapônias:* As categorias de identidade geográfica e étnica eram menos claras do que hoje. Embora chamadas lapônias durante toda a sua estada, as mulheres provavelmente eram de etnia sueca.

189   *Sabia que o principal crítico... era Jacques Cassini:* Conhecido como Cassini II, para se diferenciar de seu pai, que também tinha sido um diretor equivocado do Observatório. A sequência de incompetência hereditária continuou até Cassini IV, cuja carreira foi interrompida pela Revolução Francesa.

189   *"Maupertuis tinha achatado... e Cassini":* A ciência de Maupertuis era coerente, mas ele e Voltaire subestimaram o poder de Cassini sobre os cientistas dependentes da Academia Francesa: a postura oficial era de que as medições de Maupertuis deviam ser imprecisas, e um crédito suplementar foi dado a uma expedição precariamente organizada, cuja maior parte foi supervisionada, na França, pelo próprio Cassini. Só alguns anos depois, quando La Condamine voltou da América do Sul, após muitos percalços, as descobertas de Maupertuis foram confirmadas de modo independente, e Cassini, a contragosto, teve que ceder. Ao observar a confusão da distante Suíça, Bernoulli notou sabiamente que os exploradores sempre descobrem o que esperam descobrir.

189   *No dia da apresentação, o filho de Émilie:* Graffigny menciona apenas o filho de Champbonin, mas seria surpreendente se ele não estivesse acompanhado do único jovem do castelo, especialmente porque o filho de Émilie estava sempre presente durante as experiências sobre Newton.

190   *Seus cômodos não eram tão demarcados:* A sua tendência para uma maior privacidade é bem discutida em FLANDRIN. *Families in Former Times: Kinship, Household and Sexuality.* Cambridge, 1979. Uma ou duas gerações mais tarde, a transformação estava quase completa, com Maria Antonieta vestida com uma longa camisola enquanto se

356 NOTAS

banhava e um lençol esticado à sua frente para quando saísse do banho, a fim de que nenhum dos criados a visse.

190 *Quando era preciso trazer mais água quente:* Com base em uma descrição posterior de Longchamp que mencionava que ela fazia o mesmo em Paris.

191 *Mas a sua banheira não ficava... em um espaço puramente público:* Essa era uma significativa mudança cultural, mas não se pode exagerar. Daniel Roche descreve a introdução de latrinas na Holanda no século XVII e sugere que "as secreções do corpo estavam sendo privatizadas, juntamente com as cogitações da mente" (ROCHE, Daniel. *France in the Enlightenment.* Tradução de A. Goldhammer. Cambridge, Mass., 1980).

191 *Ela entendia os cálculos de Maupertuis perfeitamente bem:* Se a Terra fosse achatada, nunca se veriam novas estrelas surgirem no horizonte ao se caminhar para o norte. Se, contudo, ela fosse muito pequena com uma curvatura acentuada, então se veria com regularidade o surgimento de novas estrelas, pois a linha de visão — a tangente com a superfície da Terra — mudaria constantemente ao se percorrer a superfície curva em direção ao polo. O nosso planeta tem uma curva que se encaixa entre esses dois extremos e, ao medir a velocidade com que novas estrelas aparecem em diferentes latitudes, seria possível deduzir a curvatura da Terra nesses variados locais.

192 *"Meu tio está perdido para os amigos":* D1488. Ela confidencia a Thieriot, logo após a sua visita de nove dias. HAMEL. *Eighteenth-Century Marquise* e alguns outros são vagamente gentis em relação a essa sobrinha, mas ORIEUX, *Voltaire ou la Royauté*, p. 230, demonstra com exatidão o quanto ela era tola.

195 *Mas mesmo que Marie-Louise:* As palavras sussurradas e o charme de Voltaire são da carta de Marie-Louise a Thieriot; o "sempre ao seu lado" é uma conjetura, plausível porém para um casal recentemente apaixonado — pois, apesar do que viria a acontecer depois, ao escolher o sr. Denis, ela seguiu seu coração, recusando outras somas muito maiores que teria recebido se casasse com outros pretendentes, como o filho de Champbonin.

196 *Leibniz certamente publicou primeiro... já Newton tinha por hábito:* Se Newton fosse uma pessoa calma e sensível, teria aceitado as justas reivindicações de ambos os lados —, mas, se ele fosse calmo e sensível, não teria transformado a visão de mundo ocidental. Ele protegia a sua glória com ardor e, por anos, usou sua posição de diretor da Royal Society para atormentar Leibniz e seus defensores o quanto pôde. Ou se estava com ele ou contra ele.

196 *Porém... tinha sido traída!* Das cartas de Graffigny, escritas ou naquela noite ou no dia seguinte.

196 *A gritaria continuou, cada vez mais alta:* Houve tentativas de desculpá-la, mas ela amava espalhar intrigas, quanto mais obscenas melhor; as cartas que recebeu de seu namorado "Panpan" deixam bem claro o que ela fez.

MENTES APAIXONADAS

357

199   *Ele precisava do apoio entusiasmado de Émilie, mas ela estava... aprendendo direito:*
Ela sempre gostou de línguas e, quando o jovem italiano Algarotti veio para Cirey, alguns anos antes, passou várias semanas aperfeiçoando seu italiano para deixá-lo à vontade.

202   *Émilie estava fora o bastante:* Se alguém está isolado demais, é impossível ser criativo; mas, se não se tem um espaço isolado para reflexão, também é difícil. Se Kant, por exemplo, estivesse em Berlim, talvez não conseguisse se dedicar diretamente a Hume e elaborar sua nova e singular filosofia: haveria um excesso de pessoas de renome imediatamente acessíveis para serem atacadas. Do mesmo modo, T. S. Eliot precisou deixar os Estados Unidos (onde era paralisado pelo que todos esperavam dele) e se mudar para a Inglaterra a fim de poder ser criativo; Jonathan Ive, o britânico que participou do projeto do iPod, da Apple, teve que deixar o mundo das escolas de design do Reino Unido para criar seu estilo único. Há analogias surpreendentes com o surgimento de espécies em populações biológicas: a pressão seletiva forte demais dificulta a criação de novas formas, enquanto uma total falta de pressão em geral mantém os beneficiários em sua posição.

203   As carreiras... pareciam se transformar: A visão de que aquela época era caracterizada por uma rápida mudança era particularmente forte no início do século XVIII na França, não menos por causa dos esforços dramáticos de Luís XIV para fazer com que o passado parecesse relativamente estático.

203   *Émilie foi uma das primeiras pessoas:* Leibniz tinha usado antes o termo latino *optimum* para designar "o maior bem"; no entanto, a primeira menção a *otimista* é, ao que tudo indica, de uma edição de 1737 da publicação jesuíta *Journal de Trévoux* (que tratava regularmente de questões científicas).

203   *Mas ele não conseguia se conter e, por vezes... dizia a Émilie o quanto lhe parecia vão:*
"Autores metafísicos são como dançarinos de minueto, que, vestidos com a maior das elegâncias, fazem algumas reverências, se movem pelo salão com as mais requintadas atitudes, demonstram toda a sua graça, mantêm-se em movimento contínuo sem adiantar nenhum passo e terminam no mesmo ponto de que partiram." Resposta de Voltaire a um amigo que perguntara sua opinião sobre um pensador particularmente obscuro, citado em BALLANTYNE. *Voltaire's Visit to England*, p. 316.

206   *A seguir havia... uma pequena distância até chegar à sua casa:* A casa ainda está lá, no número 2 da Quai d'Anjou. Madame Curie viveu bem perto, mais tarde, no número 36 da Quai de Béthune.

208   *"é, sem dúvida, a melhor [casa] de Paris":* VOLTAIRE. *Select Letters*, p. 64.

208   *Todavia, o seu filho... Johann Bernoulli:* Os Bernoulli foram para a matemática o que os Bach foram para a música; a diferença é que, no último caso, seu talento foi mais amplamente divulgado. Os historiadores tentam ajudar usando números, por exemplo,

358 NOTAS

Johann I e Johann II, mas também houve muitos Daniels ao longo dos anos e, como todos eles em geral também se queixavam entre si e, em pelo menos uma ocasião, plagiaram a própria família, essa é uma questão confusa.

209 *"Eis você de volta a Paris":* D2076.

209 *"Espero, senhor", escreveu-lhe:* D2117.

210 *Em Paris, nos cinco anos anteriores:* Houve antes um breve período de entusiasmo pela ciência, mas isso foi mais uma moda do que uma demonstração de interesse profundo; além disso, não foi algo especificamente newtoniano.

210 *"Toda Paris ressoa Newton":* Na resenha do *Journal de Trévoux* sobre o livro dela e de Voltaire, *Elementos de Newton,* citado em FEINGOLD, Mordechai. *The Newtonian Moment.* Nova York e Oxford, 2004.

210 *"Paris", escreveu ele como que resignadamente:* D2082. O que fez com que um biógrafo escrevesse: "Para matar Voltaire de elogios, era realmente preciso fazer muitos."

212 *Esses monarcas, por exemplo... mereciam a nossa deferência porque:* Como observou o sábio Nealus O'Stephen sobre esses sistemas que se acumularam durante o tempo: "Assim como a Botânica, eles podiam ser Memorizados, mas não Compreendidos."

215 *"Sua Alteza Real, há uma coisa":* Modificado de D2110.

217 *"Eu sou Dom Quixote!"* D2363.

218 *ele e os outros jovens "perdíamos dinheiro nas cartas, dançávamos até cair":* VAILLOT. *Avec Madame du Châtelet,* p. 204. O que está aqui traduzido como "movimentos deliciosos" é literalmente "carícias sexuais".

218 *Escreveu sobre Émilie... "como viver em um mosteiro":* Modificado de *ibid.,* p. 205 e HAMEL. *Eighteenth-Century Marquise,* p. 225.

219 *Nada do que Frederico havia mostrado... era verdade:* Voltaire deve ter percebido o movimento nessa direção, pois mesmo a sua primeira visita a Frederico, não muito distante de Liège, foi seguida de um ultimato contra a cidade. (As tropas prussianas foram colocadas a postos antes da chegada de Voltaire, e a sua presença foi usada como disfarce para a chegada do rei para a supervisão do possível ataque.) Mas, como Frederico de fato tinha uma reivindicação legal e plausível sobre Liège — e porque Voltaire quis acreditar nele —, esse ultimato agressivo foi tomado como insignificante.

219 *Esse era o característico Paradeschritt prussiano:* Literalmente, "passo de parada". DAVIES, Norma. *Europe: A History.* Oxford, 1996, p. 612 examina essa e outras tradições europeias de marcha.

219 *Não obstante, Frederico havia criado uma verdadeira máquina newtoniana:* Em comparação, por exemplo, com os ataques de Luís XIV à Espanha, uma geração antes, que, como insistia o rei, deveriam restabelecer as formas apropriadas de herança e acordo legal.

MENTES APAIXONADAS 359

220 *Keyserlingk era um emissário fiel:* Isto é, sob o ponto de vista profundamente distorcido de Frederico sobre a natureza humana. Ele maltratava Keyserlingk e chamava-o de medíocre por ser tão incompetente. Isso significava que era mais gentil com ele do que com quase todos os outros.

220 *"Eu fui cruelmente recompensada":* D2365. Ela disse isso a Richelieu, mas seria surpreendente se não tivesse também dito diretamente ao acusado.

220 *Com efeito, será que ela fazia ideia:* A sua visão da física como um tirano opressor está formulada em uma carta a Argenta de 22 de agosto de 1741.

221 *Uma piada dizia que deveria haver uma cláusula:* Charles-Jean-François Hénault, oficial da corte, a madame du Deffand (HAMEL. *Eighteenth Century Marquise*, p. 227).

225 *[O sr. de Voltaire] está com um humor estarrecedor: Archives de la Bastille.* Paris, 1881, vol. 12, pp. 245-246.

226 *"As damas da Corte" notou ele:* Da introdução de Voltaire à obra de (postumamente publicada) de Émilie. CHÂTELET. *Principes mathématiques de la philosophie naturelle de Newton.* Paris, 1759.

226 *Mas agora, com sua concentração arruinada... e o desespero em busca da sensação:* Como ela escreveu em seu "Felicidade", foi então que ela realmente se sentiu viva.

227 "Dear lover, lamento tanto ter que escrever: D2904.

227 *"Eu não sei", escreveu ela a Richelieu:* Essa carta em particular é anterior, mas é coerente quanto ao recurso dela a Richelieu em momentos de estresse, fosse ao confidenciar-lhe os seus sentimentos quando pensava se deixaria Paris por Voltaire, fosse ao se insinuar a ele durante uma de suas visitas a Cirey. (Outras cartas sugerem que ela tenha de fato tido um romance nesse momento com seu leal advogado dos Países Baixos, M. Charlier.)

227 *Quando... alguém da velha guarda... a criticava:* Esse foi o incidente de Marain, em 1741. VAILLOT. *Avec Madame du Châtelet*, p. 146-147 é uma boa referência sobre a cronologia, mas não creio que ele dê crédito suficiente aos argumentos dela e à sua importância em esclarecer o conceito de energia cinética.

228 *Mesmo para os padrões liberais... Luís era famoso:* "Tendo sido sua educação negligente, sua mente ficou mal guarnecida. Ele tinha um caráter gentil e tímido e um desinteresse invencível pelos negócios [públicos], que não tolerava que fossem sequer mencionados em sua presença... [Ele era] apto a amizades... [mas] indolente, odiava e temia o trabalho." Isso foi dito por Antoine Pecquet, um dos oficiais superiores do próprio Luís (DARNTON, Robert. *Mademoiselle Bonafon and the Private Life of Louis XV.* Londres, 2003).

229 *Ela sempre foi odiada pelos plebeus*: Luís foi vítima de uma sutil transformação. No século XVII, as amantes eram vistas como imagens do poder do rei. Mas agora

360 NOTAS

eram cada vez mais vistas como sinais da sua fraqueza, pois as mulheres passaram a ser consideradas como mais fortes do que antes. Isso era bom para Émilie — ajudou a abrir-lhe ao menos algumas portas —, mas era catastrófico para a pobre Châteauroux. O assassinato de uma amante real não inspiraria nenhuma exigência popular de vingança.

230 *"gritava de dor e por pavores desconhecidos":* COLE, Hubert. *First Gentleman of Bedchamber: The Life of Louis-François-Armand, maréchal duc de Richelieu.* Londres, 1965, p. 134.

230 *Voltaire também via nela uma estranha como ele:* A maioria na Corte era, na verdade, de nobres do manto, comparativamente recentes. Uma tal introdução das enérgicas camadas relativamente inferiores nas superiores acontecia por toda a Europa naquele tempo.

231 *Por meio de uma mistura de habilidades na cama com destreza na conversa:* Seu nome oficial na época era madame d'Étioles, pois sua mãe conseguira que ela se casasse com um rico oficial com esse nome. Todavia, naquela Versalhes obcecada por classes, isso não enganava a ninguém e ela era constantemente reprovada por suas baixas origens. O fato de sua mãe ter tentado promover a história de que seu avô havia sido um tecelão (o que era uma profissão um pouco mais aceitável, mas contradizia o nome da família "Poisson") só as tornou mais ridículas.

231 *Na manhã do dia 11 de abril de 1745... começou a batalha:* Há uma história famosa sobre como começou o tiroteio, baseada, substancialmente, nas entrevistas feitas por Voltaire com os sobreviventes. Seu ar tem muito da representação típica de Voltaire, de modo que é difícil tomá-la como inteiramente verdadeira, mas, pelo menos segundo essa versão (e usando algumas formulações de Hubert Cole), a batalha começou com as tropas britânicas avançando em formações estritamente quadradas, até que estivessem a 100 metros das linhas francesas. Os milhares de soldados treinados, com mosquetes apontados uns para os outros, ficaram totalmente imóveis, porque todos sabiam o que tinha que acontecer antes de o fogo começar.

O comandante-geral britânico era o filho de Jorge II, o duque de Cumberland, mas, nesse ponto, era necessária uma ação intensa demais para que ele participasse diretamente. Foi um oficial subordinado, lorde Charles Hay, quem abandonou as linhas e avançou. Ele tirou o chapéu. Os mosquetes das tropas francesas não se mexeram. Ele baixou o seu chapéu. Os mosquetes das tropas inglesas não se mexeram. Ele o ergueu novamente e esperou.

Para seu grande desalento, o oficial francês, o conde d'Auteroche, fazia agora algo muito engenhoso: ele se recusava a baixar o chapéu! O lorde Hay teve que voltar, decepcionado, para as linhas britânicas, onde, sem dúvida, ouviu sussurros de comiseração dos colegas oficiais. O que tinha acontecido era que os britânicos haviam oferecido aos franceses a oportunidade de atirar primeiro. Auteroche recusara, porque, se o tivesse feito

MENTES APAIXONADAS 361

e as balas dos mosquetes de suas tropas errassem os alvos — o que era bem provável, já que os mosquetes não conferem às balas que disparam uma leve rotação giroscópica —, então os britânicos poderiam atacar enquanto eles recarregavam.

Tendo falhado o estratagema de baixar o chapéu, ambos os exércitos agora se aproximavam em silêncio. Quando, a uma distância de cerca de 30 metros, os oficiais britânicos ergueram levemente as suas armas, as duas filas frontais das tropas francesas rapidamente se ajoelharam. As armas tinham sido erguidas porque as tropas britânicas se preparavam para também ajoelhar. Os soldados desesperados miravam ao alto e os oficiais britânicos agora começavam a andar pelas linhas, baixando gentilmente os mosquetes apontados. Não se ouvia nada, a não ser os pés se atolando na lama e o roçar das coronhas dos mosquetes nos uniformes. Só então, com todos a postos, eles imediatamente começaram o tiroteio mortal.

231 *O rei estava apavorado e os seus generais tremiam:* O normalmente competente Saxe era o oficial no comando geral, mas, por problemas de saúde, não controlou diretamente essa parte da campanha.

232 *"tão precisamente encaixados... quanto uma tarraxa em uma porca":* COLE. *First Gentleman of the Bedchamber*, p. 147.

232 *Richelieu voltou até o rei e:* A vitória tem muitos pais, e todos queriam levar os créditos pelo indubitável sucesso em Fontenoy. Saxe verificara que todos os homens e equipamentos estavam a postos; o papel de Richelieu ali — talvez o mais equilibrado de sua carreira militar, em geral preocupada com a autopromoção — foi tal como descrito no texto; mas crédito maior deveria ser atribuído a lorde Clare, um irlandês jacobita, que comandou os regimentos irlandeses que, ao final, decidiram a batalha.

232 *Entretanto, os generais do rei... uma ótima ponte.* Eles também planejavam deixar para trás seu próprio exército (composto em grande parte de camponeses).

232 *Havia pelo menos quatro canhões franceses disponíveis:* Saxe era um esplêndido comandante — possivelmente o melhor daquela era de todos os lados —, mas nesse dia cometeu um deslize. Ele deixara ordens para que o canhão não fosse removido do local em que tinha sido colocado, e eram essas as ordens que Richelieu precisava fazer que o rei anulasse.

234 *Em julho, o pretendente católico... com promessas de um futuro apoio francês:* O qualificador "promessas" é importante, pois o apoio francês era a contragosto e só veio depois que Carlos Eduardo tinha aportado com sucesso, recrutado os clãs e conquistado sua primeira importante vitória (em Prestonpans). Se o apoio viesse antes ou publicamente, seus seguidores escoceses, mais cautelosos, provavelmente teriam tido mais coragem para continuar avançando.

234 *Era preciso preparar panfletos:* O que Voltaire escreveu começava assim:

MANIFESTO

*Do rei da França em favor do
príncipe Carlos Eduardo*

*... O duque de Richelieu, comandante do exército de sua Majestade
o rei dos Francos, envia essa declaração ao leal povo dos três reinos
da Grã-Bretanha e lhes assegura as proteções constantes do rei, seu
senhor. Ele vem se juntar ao herdeiro de seus antigos reis...*

236 *"... o que me preocupa agora é o livre-arbítrio":* D1486; também D1496. O termo "energia" em seu sentido moderno ainda demoraria um século para surgir; ela escreveu sobre "essa quantidade de força".

236 *Em vários aspectos ele... era o último dos medievais:* A questão foi compreendida em seu tempo, mas posteriormente esquecida, pois as ideias de Newton foram tomadas por reformistas antirreligiosos, que não podiam aceitar que o cientista inglês tivesse essas crenças. O conceito moderno é de Keyne, obtido depois da análise de uma coletânea, há muito esquecida, de textos de alquimia que Newton deixara no Kings College, em Cambridge.

236 *Poucos conseguiam usá-la diretamente:* Voltando-se para o passado, em 1731, Johann Bernoulli (pai) escreveu: "Tentei compreendê-lo. Li e reli o que [Newton] tinha a dizer sobre o tema, mas... não consegui entender nada." (FEINGOLD. *Newtonian Moment*, p. 67).

236 *Em si só, isso já seria um empreendimento imenso:* Ela já tinha dado início ao projeto antes, mas de modo desconexo, agora poderia executá-lo adequadamente.

238 *Com efeito, ela era cada vez mais conhecida:* Embora o delfim — quando não estava na presença de seu pai — evitasse dizer "Madame de Pompadour", preferindo "Madame Prostituta".

238 *A invasão da Inglaterra também fracassou... para o que não contribuiu as suas contínuas brigas:* Eles não foram os únicos a ter tais disputas. O Conselho de Estado, responsável pela invasão e pelo levante, tinha seis ministros dessa vez. No feliz resumo de Frank McLynn, "O chefe imediato [de Richelieu] era o ministro da Guerra, o conde d'Argenson, que estava a ponto de romper com o irmão, o marquês d'Argenson, que, por sua vez, tinha desavenças com o favorito pessoal do rei, o duque de Noailles, que, de sua parte, desprezava o cardeal Tencin, o patrono jacobita". O espantoso é que o plano de invasão tenha chegado até onde chegou.

MENTES APAIXONADAS

238 *"O sr. de Voltaire... implora ao diretor-geral":* VOLTAIRE. *Select Letters*, p. 90.

238 *Em breve chegaram mais honrarias:* Incluindo, depois de várias tentativas, um título de membro da Academia Francesa. "Esse [...] é o objeto dos desejos secretos de todos os homens de literatura, é uma amante a quem dedicam canções e epigramas até obterem as suas graças, e que negligenciam tão logo tenham assumido a sua propriedade [...]. Após 40 anos de trabalho, você [tem que] apresentar em voz rouca, no dia da sua recepção, um discurso que, no dia seguinte, será esquecido para sempre." Síntese posterior de Voltaire para o aspirante a escritor Le Fèvre. *Ibid.*, p. 72.

239 *Voltaire começara um caso... incesto... era muito menos abominável:* Não era incomum no meio da realeza, como testemunha Filipe II; assim como Lamartine e o colega de loteria de Voltaire, La Condamine.

239 *"Não posso acreditar, meu querido":* VAILLOT. *Avec Madame du Châtelet*, p. 290.

239 *Voltaire, ao contrário... uma peça comercial:* Uma acusação dura contra a famosa *Sémiramis*, mas experimente lê-la.

241 *"Quando terminei a minha refeição":* LONGCHAMP & WAGNIÈRE. *Mémoires sur Voltaire*, pp. 136-137. Traduzi de maneira livre, tentando captar o seu tom extraordinariamente subserviente, de tempos em tempos permeado com traços de hipocrisia e ressentimento.

241 *Para estar pronta... trouxera... uma grande quantia em dinheiro:* Ela pode ter trazido tudo isso apenas por uma confiança de jogador, mas é difícil aceitar que Voltaire lhe emprestasse quantias extras vultosas sem estar bem certo de que seriam bem aplicadas.

242 *Voltaire sabia que não podia interrompê-la... respirava fundo:* Não foi apenas em seu texto "Felicidade" que ela narrou sua emoção ao jogar; em outros relatos, ela aparece jogando horas a fio, enquanto Voltaire — e às vezes o cocheiro — ficava esperando.

246 *Os trapaceiros de Fontainebleau sabiam que tinham ido longe demais:* Havia um certo patamar de trapaça "permitida" na vida aristocrática, pois os proprietários de casas de veraneio frequentemente usavam cartas marcadas ou jogos de roleta como um modo educado de fazer com que seus hóspedes ricos lhes pagassem, evitando, com isso, a grosseria de fazer com que os hóspedes exibissem um monte de moedas e, sem exagero, as derramassem nas mãos dos anfitriões. O que aconteceu em Fontainebleau ultrapassou esses limites.

246 *Quando esses ganhos finalmente começaram a surgir:* Em jargão moderno, ela estava assegurando a expectativa de ganhos futuros dos arrecadadores de impostos, com o que obtivera um desconto. (E, como ela conseguira o capital inicial por meio de empréstimo, não tirou um centavo do bolso.)

NOTAS

247 *A duquesa — mesmo sendo uma mulher pequena, loura e delicada:* Ela sempre foi a força motriz. Quando, de fato, foi longe demais, fazendo com que ela e o marido fossem presos por seu plano de derrubar o governo, ela foi corajosa o suficiente para perjurar, na tentativa de libertá-lo em primeiro lugar.

247 *Para tal tarefa seria útil... um magnífico castelo:* A mãe do duque havia percebido a importância do grande ministro das Finanças, Colbert, e o encantara enquanto seu parceiro real estava em viagem. Em agradecimento, Colbert deixou para seu filho o castelo de Sceaux.

247 *Havia mensagens em tinta invisível... com a Corte espanhola:* O que não era tão antipatriótico quanto parece, pois as famílias reais eram intimamente inter-relacionadas. (Assim, dos netos de Luís XIV, um se tornou Filipe V da Espanha e outro pai de Luís XV.) Em vez de uma invasão, haveria apenas um golpe rápido e uma mudança dos que detinham o poder na Corte francesa.

248 *Ele tinha idade o bastante... e mantivera um contato ocasional:* Mais notadamente por meio de uma visita recente a sua casa de veraneio em Anet. Madame de Staal registrou uma nota malvada, demonstrou sua incompreensão pelo fato de Émilie ter insistido em permanecer em seus aposentos durante o dia para elaborar seu trabalho sobre Newton, e reuniu as mesas para abrir um espaço de trabalho grande o bastante.

250 *Ele podia ter certeza... gostou de ser chamada "diretora da Sociedade das Abelhas Melíferas":* Seu lema era *Piccola si, ma fa pur gravi le ferite* (pequena sim, mas causa feridas graves) — pois ambas eram pequenas, mas com ferrão afiado. Sua fama era então tão difundida que Couperin escreveu seu passatempo para harpa *Les Abeilles* [As Abelhas] para ela.

251 *Ele poderia aproveitar esse período... para escrever uma história para ela:* Em parte, essa era sua prerrogativa como uma aristocrata e sua anfitriã; em parte, era uma constante da relação deles no passado, quando ali se divertiam em festas que duravam a noite toda. Voltaire também sabia que ela sofria de insônia e estaria acordada de todo modo.

254 *Ele pegou um novo maço de papéis:* Até que ponto a história que escreveu era nova? Vaillot acredita que quase nada; Longchamp e o extremamente cuidadoso Besterman pensam que tudo era novo. A explicação, creio eu, vem do modo como Voltaire elaborava e reelaborava as suas melhores ideias. Assim, o longo e eloquente rascunho sobre o rato que pensava ser deus, que ele mandou a Frederico em uma carta, tornou-se uma parte ainda maior de seu *Discurso em verso sobre o homem* (como vimos no capítulo 14). O mesmo aconteceu aqui. A história *"Memnon"*, da qual escrevera um bom rascunho antes, naturalmente conduziu à história mais profunda que ele desenvolvia em Sceax, muito embora não tenha chegado ao que seria a sua forma final para publicação como *Zadig* (como são chamadas, por razões de clareza, as suas várias versões ao longo deste texto).

MENTES APAIXONADAS   365

Longchamp precisava lidar, então, com uma mistura de escritos anteriores (o que explica por que Voltaire insistiu tanto em que ele trouxesse a velha escrivaninha de Paris, com os manuscritos-chave dentro), mas também uma boa porção de reformulações e novos textos (o que explica por que mesmo um copista tão incansável quanto Longchamp ficava exausto com as horas de transcrição). O número total de palavras nos contos, que Besterman sugere terem sido escritos em Sceaux, seria facilmente lido em voz alta nas horas que Voltaire passava com a duquesa (ele chegava de volta ao seu quarto, como relata Longchamp, quase sempre pouco antes do amanhecer). Dada a época do ano — final do outono e começo do inverno —, isso seria de fato bem tarde. Conferir também o ponto de vista de Van den Heuvel, na introdução de DELOFFRE, Frédéric & HEUVEL, Jacques Van den. (org.) *Romans et contes*. Paris: Pléiade, 1979.

256   *O crítico britânico William Empson:* EMPSON, William. *Seven Types of Ambiguity.* Londres, 1984; um ponto muito desenvolvido por Sartre e, mais tarde, especialmente pela antropóloga cognitiva Mary Douglas (em seus textos sobre nosso fascínio por todos os objetos que alternam de categoria, sejam eles o mel, a lava ou as minorias sociais). Voltaire havia muito tempo tinha entendido o princípio: "Parece-me", escreveu ele em 1739, "que a escultura e a pintura são como a música; elas não expressam ideias. Uma canção engenhosa não pode ser executada [...] e uma alegoria inteligente, dirigida apenas ao intelecto, também não pode ser expressa nem pelo escultor, nem pelo pintor." Ao conde de Caylus (Voltaire. *Select Letters*, p. 59).

257   *Os dois eram velhos demais... trajavam camisolas:* Na penúltima página de *Zadig*, o herói, ao vencer o espadachim, está vestido com touca de dormir e camisola — o tipo de inserção da vida real na história que Voltaire amava.

259   *"Pelos graves crimes":* Esses alexandrinos elegantemente divididos são da tradução de Donald Frame em sua edição: VOLTAIRE. *Candide, Zadig and selected stories.* Londres, 1962.

260   *Mas agora — ao ganhar impulso... a mais perfeita e nova forma literária de sua vida:* Existiram numerosos precedentes, mas era algo novo para Voltaire e, eu diria, novo mesmo quando comparado a outros do gênero: menos ridículo que o *Pantagruel*, de Rabelais, mais sincero e intenso que o *Gulliver*, de Swift.

260   *"agora o meu sr. de Voltaire dorme por pouquíssimo tempo":* LONGCHAMP & WAGNIÈRE. *Mémoires*, p. 148.

262   *Um dos convidados anotou o texto:* O sempre presente duque de Luyne em seu periódico, citado em VAILLOT. *Avec Madame du Châtelet*, p. 302.

262   *"Agende sua carruagem [de retorno]... entre 7h30 e 8h":* Note-se que a duquesa se certifica de que ninguém vai incomodá-la permanecendo no local depois do evento, nem ao menos para uma rápida bebida.

NOTAS

268   *Ele ouvira falar de... nas pequenas cortes das províncias:* Mesmo Lorraine era um ducado independente que voltaria à Coroa francesa depois da morte de Estanislau.

269   *"sim, apesar da minha juventude e da certeza de meus poucos talentos":* MAUGRAS, Gaston. *La Court de Lunéville au XVIIIe siècle.* Paris, 1904, p. 82.

270   *"Minha querida criança, não sei quando estarei de volta":* D3632.

273   *O romance entre eles começou... um dos amigos de Catherine:* O amigo era o chanceler de la Galaizière. Ele era a verdadeira autoridade no ducado, pois controlava o estipêndio de Estanislau que vinha de Versalhes.

273   *"Se eu não tivesse ido até você":* CHÂTELET. *Lettres,* vol. 2, p. 172, nº 374.

274   *"Sou tão preguiçosa":* As citações de MAUGRAS: *La Cour de Lunéville,* pp. 292, 293.

276   *"Meu querido, não é o bastante amar":* Ibid., p. 293.

277   *A mãe e a irmã de Saint-Lambert estavam... e ele as ofendeu:* MANGEOT, Georges. *Autour d'un Foyer Lorraine: La Família de Saint-Lambert, 1596-1795.* Paris, 1913, p. 66.

277   *"Eu costumava tomar decisões de jamais me apaixonar":* De sua longa carta de 9 de maio de 1748, D3648.

277   *"Irei... levar-lhe o meu membro":* Modificado da tradução um tanto arcaica de VOLTAIRE. *Voltaire's Love Letters to His Niece.* Org. de Besterman. Londres, 1958, p. 27. A carta é um pouco anterior aos eventos de Lunéville, mas, dadas a saúde e a distração de Voltaire, esses problemas provavelmente eram recorrentes.

278   *"Em menos de 5 ou 6 minutos:* LONGCHAMP & WAGNIÈRE. *Mémoires,* pp. 195-197.

278   *"beba bem quente, mas, de início, apenas porções pequenas":* MAUGRAS. *La cour de Lunéville,* p. 310.

279   *"Em nosso amor... não há a palavra 'bastante'"* Ibid., p. 326.

279   *"Queria passar o resto de minha vida com você":* D3652.

281   *"Você conquistou minha confiança e, no entanto... Você me enganou":* D3753.

282   *Voltaire sabia muito bem:* A peça de Voltaire foi elaborada para suplantar a própria versão de Crébillon escrita 30 anos antes. Além disso, o jovem Crébillon era muito mais radical do que seu pai (que a chamou de "minha pior produção") e quase sempre tomava o partido de Voltaire em questões públicas.

282   *... um grupo ainda maior que o aplaudisse:* Conduzidos pelo cavaleiro de La Morlière, um mestre nessas matérias. Em troca de um bom dinheiro, ele reunia um grupo de mais de cem defensores seguramente barulhentos. Em geral se encontravam no Café Procope, adjacente ao teatro (que ainda existe), para elaborar suas estratégias.

283   *"Andem! Andem! Abram espaço para o fantasma!"* VAILLOT. *Avec Madame du Châtelet,* pp. 233, 236, tem os detalhes.

MENTES APAIXONADAS

283 *Sua saúde sempre foi frágil, segredava ele:* LONGCHAMP & WAGNIÈRE. *Mémoires*, p. 218-221.

283 *Afundado nas profundezas da autocomiseração... o seu único consolo: Ibid.*, pp. 215-219.

283 *Émilie teve pouca condolência:* Embora ela tenha provavelmente enviado um criado, apenas para o caso de Voltaire não estar fingindo dessa vez.

285 *Agora Voltaire reconhecia que algo estava acontecendo:* Ele percebeu ao menos em uma ocasião, quando a lareira de Émilie não foi usada por toda a noite, mesmo fazendo muito frio — o que tornou patente que ela tinha dormido em outro local.

285 *"Não encontrando nenhum criado à porta de Émilie":* LONGCHAMP & WAGNIÈRE. *Mémoires*, pp. 200-203.

286 *Apenas quando ele os deixou a sós... ou pelo menos assim disse:* Eu confiaria nele quanto a esse ponto, pois a geometria era tal como ele descrevera; além disso, é bem semelhante ao estilo de discussões e brigas que Émilie e Voltaire tinham e se encaixa com o poema que Voltaire escreveu pouco depois para Saint-Lambert.

287 *Ele disse a Saint-Lambert para desfrutar aqueles prazeres:* LONGCHAMP & WAGNIÈRE. *Mémoires*, p. 204.

288 *"Como está minha amada?... pensando em você":* VOLTAIRE. *Voltaire's Love Letters to His Niece*, p. 87, 103.

289 *Um dos piores infratores era:* VAILLOT. *Avec Madame du Châtelet*, p. 350 corrige Longchamp sobre esse ponto.

289 *Os fraudadores... foram fraudados:* Tal sutileza é crucial em qualquer atividade ilegal, a ponto de tornar impossível recurso aos tribunais em caso de desacordo. Como o tráfico de drogas hoje, a pergunta "O que você vai fazer, me processar?" requer um hábil planejamento para ser evitada.

291 *"alguns versos escritos por um jovem":* HAMEL. *Eighteenth-Century Marquise*, p. 334.

291 *Ele sabia que fracassava:* Em suas histórias, Saint-Lambert gostava de se descrever como um viajante que, ao conhecer todo o mundo, ganhava segurança e sabedoria — e isso fazia a sua incapacidade de ser assim tornar-se ainda mais exasperadora, quando afinal lhe era dada a oportunidade na vida real. Considere o tom de seu conto sobre o orgulhoso marujo que aporta na rural Escócia. SAINT-LAMBERT. *Contes de Saint-Lambert*. Paris, 1883, pp. 5-12.

291 *"Envio-lhe mil saudações, meu caro senhor":* CHÂTELET. *Lettres*, vol. 2, p. 234.

292 *Saint-Lambert a usava apenas... tenha tentado insistir:* É provável que sua contracepção anterior dependesse de o homem respeitá-la quando dizia que era um período perigoso do mês ou do exercício de controle no coito interrompido. Talvez Saint-Lambert tenha violado uma dessas hipóteses.

368 NOTAS

296 *O aborto só seria considerado como um recurso desesperado:* Conferir WIESNER, Merry E. *Women and Gender in Early Modern Europe.* Cambridge, 2000, pp. 62 ss.

297 *"Creio", lembrou-se Longchamp:* Longchamp fazia ironias quanto a isso, supondo que Florent-Claude tinha sido enganado e levado a acreditar que a criança era dele. Mas o marquês du Châtelet não era apenas um homem atencioso, preocupado com os sentimentos de Émilie, ele também sabia do entra-e-sai de intrigas em Lunéville, pois lá mantinha contatos fiéis em seus esforços por influenciar as decisões militares de Estanislau. É impossível que não soubesse daquele romance público. Além disso, nem Émilie, nem Voltaire lhe tinham faltado com o respeito em todos aqueles anos em que estiveram juntos; iria contra o seu caráter se ela agora o fizesse abruptamente. Longchamp por fim se trai ao mudar abruptamente para um tom forçado e ainda mais hipócrita do que o normal nesse ponto.

298 *Era Voltaire, informando a todos que estava vivo:* De volta a Paris depois disso, ele se queixava a todos de dor nas pernas e nas costas.

299 *"o novo bebê deve... variadas obras [de Émilie]":* A frase parece ser originalmente de Frederico, embora tenha sido usada várias vezes por ambos.

300 *As lâminas eram... acionadas em grupos:* Informação gentilmente concedida por Michael Stephens, assistente de arquivo do Royal College of Physicians and Surgeons, em Glasgow.

301 *Mas ele tinha prestado atenção... tinha concluído o seu próprio livro!* Émilie sabia parcialmente disso, pois Estanislau pedira a Voltaire uma ajuda na redação de partes do manuscrito no ano anterior.

302 *A filha de Estanislau... ficou furiosa... acusando aqueles visitantes:* Um fato que o padre Menou, que começou com tudo aquilo, descobriu ser constrangedoramente procedente.

305 *Isaac Newton foi um jovem ressentido... por sua mãe:* Em uma breve confissão que escreveu em Cambridge, Newton lista o pecado de ter pensamentos ruins em relação à mãe.

305 *onde foi maltratado:* Newton revidou quando foi importunado na infância, escolhendo o pior agressor, um certo Arthur Storer. De acordo com depoimentos contemporâneos, apesar de ser menor, Newton "estava tão [...] decidido que bateu [em Storer] até que ele declarasse que não lutaria mais". Em vez de parar, o furioso Newton começou então a tratar Storer "como um Covarde e esfregou o nariz dele na parede". Em um ataque brutal, continuou a puxar Storer "pelas orelhas... empurrando seu rosto contra a lateral da igreja". (WESTFALL, Richard. *Never at Rest: A Biography of Isaac Newton.* Cambridge, 1980, pp. 62-63.)

MENTES APAIXONADAS 369

305 *tão pouco dinheiro... forçado a trabalhar como criado:* É possível que tenha conseguido evitar as piores tarefas, principalmente a custosa limpeza dos penicos dos quartos. Conferir a discussão em HALL, Rupert. *Isaac Newton:* Adventurer in Thought. Cambridge, 1992, p. 12.

305 *Em seis meses:* Minha formulação aqui é devida em grande parte a WESTFALL. *Never at Rest*, p. 106.

306 *"quis Deus Todo-Poderoso, em sua justa severidade":* SCHUCKBURGH, E. S. *Emmanuel College*, Londres, 1904, p. 114 citado em WESTFALL. *Never at Rest*, p. 141.

306 *"No início do ano de 1665":* Talvez a mais famosa citação de Newton (ao lado da sua observação em ser como uma criança catando conchas). Foi muito criticada (conferir, por exemplo, WHITESIDE, D. T. "Newton's Marvellous Year: 1666 and all that". *Notes and Records of the Royal Society*, 21, 1966, pp. 32-41), mas há que se ter cuidado com o revisionismo, pelo bem da própria revisão. Na verdadeira criatividade, há muita preparação para — em um fluxo incompreensível para quem está de fora — que tudo venha à tona ao mesmo tempo.

308 *Agora, em seu tempo limitado, ela se certificava de não perder de vista:* Eles eram centrais na sua antiga controvérsia com Marain e constituíam o cerne do interesse dela pela física.

308 *Consequentemente, era possível tratar todo o planeta:* Ela estava certa sobre a importância desses teoremas. Em uma carta de que ela não teve conhecimento, Newton escreveu a Halley em 1686 que a principal razão do atraso na publicação de seu *Principia* era, na verdade, que ele não tinha estendido sua obra "mais abaixo das superfícies da Terra e, [até] uma certa demonstração que encontrei no ano passado [o teorema-chave de número 75], suspeitava de que ela não alcançava, com precisão suficiente, níveis tão baixos e, portanto... nunca o usei, nem considerei os movimentos dos céus" (conferir CHANDRASEKHAR, S. *Newtons Principia for the Common Reader*. Oxford, 1995, p. 12).

309 *Havia pistas... mas Émilie queria ir além:* O conceito fundamental é o que hoje se chama de "menor ação": o modo como um sistema parece "assegurar" que certas quantidades gerais, como a quantidade de tempo necessária para que um objeto realize determinado percurso, são mantidas em um mínimo. Maupertuis, Fermat e outros foram importantes ao aplicar e esclarecer as primeiras indicações. O significado do conceito para o nascimento da conservação de energia é o modo como ele muda nosso enfoque das "simples" forças para, em vez disso, se concentrar nessas quantidades maiores unitárias. (Novamente há de se notar a semelhança com o trabalho de Émilie para o prêmio sobre o fogo, em 1737: enquanto Voltaire se prendeu a uma pequena parte do sistema — o

370 NOTAS

bloco de ferro aquecido —, ela ampliou seu horizonte, imaginando todo um espectro de luzes possíveis, até então impensadas.)

310   *De que importava sua saúde de qualquer maneira?* "Ela acreditava, muito antes de partir, que a morte estava próxima. Dali em diante, sua única ideia era usar o pouco tempo que pensava restar para completar a obra que se propusera realizar e, assim, evitar que a morte lhe roubasse o que considerava ser parte de si mesma. O trabalho pesado e ininterrupto e a falta contínua de sono, quando o descanso poderia ter salvado sua vida, levaram-na à morte que tinha previsto." Da posterior introdução de Voltaire a CHÂTELET. *Principes mathématiques de la philosophie naturelle de Newton,* p. 175.

310   *"É raro admitir":* CHÂTELET. *Discours sur le bonheur,* p. 22.

310   *"Sinto um vazio":* D3876.

311   *"era o desejo da madame... nesse horário noturno":* LONGCHAMP & WAGNIÈRE. *Mémoires,* pp. 240-241.

311   *"Ela acreditava que a morte estava próxima":* Introdução de Voltaire a CHÂTELET. *Principes mathématiques de la philosophie naturelle,* p. 175.

311   *"Meu Deus, você me tratou cruelmente":* Combinação de CHÂTELET. *Lettres,* vol. 2, p. 300, nº 479 e uma carta um pouco anterior a Saint-Lambert, D3879.

312   *"Lunéville tem os mais excelentes recursos":* LONGCHAMP & WAGNIÈRE. *Mémoires,* pp. 245, 248.

312   *Saint-Lambert, agora em um ato de total covardia:* Ele chegou a sugerir que ficaria mais perto dela — isto é, se ela o pagasse (supostamente para compensar pelo serviço militar remunerado de que ele abriria mão em Nancy).

312   *"A admirável organização do Sol":* Introdução de Voltaire a CHÂTELET. *Principes mathématiques de la philosophie naturelle,* p. 175.

312   *"Fico aterrorizada...";* *"Seria muito gentil":* CHÂTELET. *Lettres,* vol. 2, p. 306, nº 485; p. 306-307, nº 486.

312   *Andei até a minha pequena casa de veraneio hoje":* Ibid., p. 306, nº 485.

313   *"Perdi a metade de mim":* HAMEL. *Eighteenth-Century Marquise,* p. 370.

313   *Meses mais tarde... chamando, em um lamento, pelo seu nome no escuro:* LONG-CHAMP & WAGNIÈRE. *Mémoires,* p. 262.

316   *No ano seguinte... um longo ensaio:* O seu *Cartas sobre os cegos: para o uso dos que veem.*

317   *Pessoas vinham visitá-lo:* A maioria do que se segue foi extraída de relatos de Charles Burney e John Moore em BESTERMAN. *Voltaire,* pp. 500, 506. Os dois últimos parágrafos sobre Newton são do depoimento de Martin Sherlock em BALLANTYNE, *Voltaire's Visit to England.*

MENTES APAIXONADAS 371

317 *"Quando o tempo favorece, ele toma ar em seu coche:* Voltaire em 1775: "O rigor do clima em que vivo, a 300 quilômetros das montanhas geladas [...] obriga-me a tomar precauções que não se tomaria na Sibéria. Privo-me de comunicação com o ar exterior durante 6 meses do ano. Queimo incensos em meus aposentos."
"Crio meu próprio clima particular, e foi assim que alcancei uma idade bem avançada apesar do temperamento delicado..." (LIBBY. *The Attitude of Voltaire to Magic and the Sciences*, p. 253).

319 *Quando o executor público queimou... ele conseguiu uma cópia ilegalmente impressa:* POMEAU. *D'Arouet à Voltaire*, p. 329, apresenta índices de que as *Cartas da Inglaterra* nunca foram queimadas. Ao contrário, ele sugere que — com base em uma nota à margem de um velho texto —, como as cópias das obras de Voltaire eram muito difíceis de serem obtidas, Ysabeau tenha mantido os originais que supostamente seriam queimados e os substituiu por volumes inócuos sobre a história da Espanha.

320 *Trazido de volta na velhice... frota marítima francesa de casco fino:* A estratégia era de que navios rápidos, que pudessem atirar alto e destruir velas, se rivalizariam com a mobilidade inimiga. Era uma escolha tática plausível, mas em geral fracassava contra os navios britânicos, sólidos como buldogues. (As exceções foram batalhas como Yorktown, em que a pura manobra e a velocidade foram de central importância. Foi nesses casos que os fundos investidos na marinha francesa mostraram o seu valor.)

320 *Tornou-se emissário britânico... e também serviu ao comandante inglês:* Filho de Jorge II, o duque de Cumberland; mas conhecido posteriormente como o Açougueiro de Culloden.

320 *A sua filha se casou... mesma árvore genealógica de Winston Churchil:* O elo é distante, mas bem registrado. A filha de Fawkener, Henrietta, se casou com o terceiro filho do terceiro duque de Marlborough. O nome desse filho era Robert e seu irmão foi o quarto duque. O título continua normalmente por meio das gerações até o sétimo duque, que teve dois filhos: o mais velho se tornou o oitavo duque e o mais jovem era Randolph, pai de Winston Churchill. Agradecimentos são devidos a John Forster, arquivista no Palácio de Blenheim.

321 *"talvez com mais uns 14 anos":* D1410. Voltaire, *Collected Letters*, vol. 4, pp. 430-431.

321 *Quando os resultados foram anunciados:* D2015 e 2016.

322 *"Dei-lhe a minha casa em Paris, minha prataria":* Um velho Voltaire se lamentando a um igualmente velho Richelieu (VOLTAIRE. *Select Letters*, p. 112).

322 *Converteu-se ao protestantismo:* Foi durante sua viagem secreta a Londres, alguns anos depois da catástrofe de Culloden. Charles nunca respeitou o catolicismo — mantendo uma visão semelhante à de Voltaire sobre os excessos do clero — e pensou que

372 NOTAS

sua conversão removeria os obstáculos a defensores ingleses da dinastia Stuart. Para uma excelente referência, conferir MCLYNN, Frank. *Bonnie Prince Charlie*. Londres, 2003.

322   *Apesar das queixas constantes... "Ele me acha muito fria"*: Pompadour a madame du Hausset. In: ALGRANT, C. P. *Madame de Pompadour*. Nova York, 2002, p. 97.

323   *O sucesso do ataque de Richelieu à base britânica... em Minorca:* Foi depois dessa batalha que o infeliz almirante britânico Byng foi preso por covardia e morto no tombadilho de seu próprio navio. Foi o que levou Voltaire à cena do *Candide* em que descreve os ingleses "assassinando um almirante de tempos em tempos para dar coragem aos outros". Infelizmente, ele e Richelieu foram em parte culpados, pois, mesmo quando a nova administração de Pitt tentava fazer com que Byng fosse libertado, Voltaire persuadiu Richelieu a escrever uma carta atestando a bravura do almirante. Essa carta foi interceptada e as facções inglesas opostas a Pitt a usaram para simular que Byng também estivesse comprometido por traição.

Quanto ao nome "maionese", há também uma sugestão de que seja em homenagem a Charles de Lorraine, duque de Mayenne, famoso por insistir em terminar sua galinha com molho frio antes de ir para o campo da batalha de Arques (que ele perdeu para Henrique IV), em 1589.

324   *pois Bellinzani era jovem... e ainda estava viva:* Conferir a introdução em BELLINZANI, Anne. *Lettres*. Org. de Présidente Ferrand e prefácio de Eugène Asse. Paris, 1880, além de BELLINZANI, Anne. *Histoire des amours de Cléante e Bélise*. Paris, 1689, p. xxvi.

324   *Durante a Revolução, foi guilhotinado na* Place de la Révolution*:* A troca de nomes da praça resume um século de comoção: em primeiro lugar, era *Place du Roi* (Praça do Rei); depois, *Place de la Révolution* (Praça da Revolução); e, com a embaixada norte-americana no seu lado norte, é hoje *Place de la Concorde* (Praça da Concórdia).

Guia de leitura

Voltaire

O *Candide* é a mais famosa das obras de Voltaire, mas é tão rebuscada que, em geral, os leitores modernos o abandonam depois de algumas páginas. Eu recomendaria, em seu lugar, que se começasse pela sua breve fábula *Micrômegas* (em muitas edições por exemplo, VOLTAIRE, *Micromegas and other short stories*. Edição de Haydn Mason e tradução de Theo Cuffe. Londres, 2002), que trata de um gigante inocentemente sábio que veio à Terra.

A criatura de Voltaire percebe uma pequena lasca de madeira se sacudindo em uma rasa poça salgada — esse é o poderoso navio de Maupertuis, que, na realidade, quase naufragou em uma tempestade no Báltico, em julho de 1737. O gigante se impressiona que aquele minúsculo bípede, naquela nau de madeira, saiba geometria e matemática, e se espanta ainda mais quando, ao viajar por aquele mínimo globo, fica sabendo das crenças daquela espécie. Esse tema teve muita ressonância, desde o filme hollywoodiano *O dia em que a Terra parou* até *O homem de ferro*, de Ted Hughes.

Depois disso, eu divagaria por uma das muitas coleções em volume único das obras de Voltaire, buscando, em particular, excertos de seu *Dicionário filosófico* ou de *O século de Luís XIV*. Para acompanhar, tente encontrar uma cópia de VOLTAIRE. *Select Letters of Voltaire*. Organização e tradução de Theodore Besterman. Londres, 1963 — que é o modo ideal para um leitor da língua inglesa visualizar o homem sempre encantador, por vezes petulante, por trás da pena brilhante.

374 GUIA DE LEITURA

Uma das maiores descobertas de Besterman foi uma coleção de cartas que a já idosa Marie-Louise cuidadosamente separou quando vendeu o resto dos manuscritos de seu tio para a imperatriz russa Catarina. Essas cartas ficaram ocultas por quase 2 séculos; a seleção publicada em VOLTAIRE. *Voltaire's Love Letters to his Niece*. Organização e tradução de Theodore Besterman. Londres, 1958 evidencia que a habilidade literária de Voltaire nem sempre corresponde a um juízo sábio. O desenho em pastel aí incluído, que mostra uma bela Marie-Louise, embora desapaixonada, ao lado de um Voltaire, por acaso, ainda receptivo, é uma obra-prima da observação psicológica (e está reproduzido na seção de ilustrações). VOLTAIRE. *The complete works of Voltaire*. Oxford: Voltaire Foundation, 1968 inclui mais de cinquenta volumes de cartas e é perfeito para um leitor que queira explorar mais a fundo determinado episódio.

A vida de Voltaire era tão emocionante que vários escritores famosos produziram rápidos bestsellers sobre ele, reciclando histórias infundadas. A biografia de Maurois não passa de aceitável; quanto à de A. J. Ajer, é mais educado que não a mencionemos. O número de biografias satisfatórias é de fato bem pequeno. Em francês, além de relatos contemporâneos, como o de Condorcet, o melhor por um século foi DESNOIRESTERRES, Gustave. *Voltaire et la Societé au XVIIIe Siècle*, 8 vols., Paris, 1867-1876, elaborado com rigor a partir de fontes originais e, sobretudo, dos relatos deliciosamente reveladores de dois assistentes fundamentais, o primeiro dos quais conhecemos aqui, que é LONGCHAMP & WAGNIÈRE. *Mémoires sur Voltaire*. 2 vols. Paris, 1826. Vários biógrafos — particularmente Mitford — usaram Longchamp de modo bastante acrítico; senões importantes podem ser encontrados nas notas de rodapé da obra de Vaillot mencionada adiante, assim como em BARBER, William H. "Penny plain, two-pence coloured: Longchamp's memoires of Voltaire". *Studies in the french Eighteenth century presented to John Lough*. Durham, 1978.

Depois dos oito volumes de estudos de Desnoiresterres, houve uma grande lacuna até que as pesquisas sobre Voltaire se renovassem na França com as obras de René Pomeau. Elas começaram com POMEAU, René. *La Religion de Voltaire*. Paris, 1956 (2ª ed. de 1969) e depois, quando o autor conseguiu financiamento governamental, levaram à série POMEAU, René. *Voltaire en son temps*. 5 vols. Oxford: Voltaire Foundation, 1985-1994 (reedição revisada em 2 vols., 1995). Pomeau elaborou o primeiro volume, POMEAU, René. *D'Arouet à Voltaire: 1694-1734*. Oxford: Voltaire Foundation, 1985, ao passo que o segundo é de René Vaillot (VAILLOT,

MENTES APAIXONADAS   375

René. *Avec Madame du Châtelet: 1734-1749.* Oxford: Voltaire Foundation, 1988).
O volume de Vaillot se baseia em seu trabalho anterior: VAILLOT, René. *Madame
du Châtelet.* Paris, 1978.

Pomeau e Vaillot são pesquisadores conscientes e tinham toda a correspondência reunida por Besterman para trabalhar. Mas o meu biógrafo francês preferido é
ORIEUX, Jean. *Voltaire ou la Royauté de l'Esprit.* Paris, 1966. Orieux escreve como
uma mistura de Voltaire e Falstaff. O resultado é uma obra sólida e deliciosa.

Em inglês, a melhor biografia do século XX é BESTERMAN, Theodore. *Voltaire*, Londres, 1969, edição revisada de 1976, que se baseia em seu imenso esforço
de reunir e anotar não apenas todas as cartas de Voltaire, como também relatos
importantes de hóspedes, espiões, amigos, criados e outros. WADE, Ira O. *The
Intellectual Development of Voltaire.* Princeton, 1969 também é uma fonte excelente,
embora escrita em seu estilo peculiar — a ponto de Wade conseguir transformar o
incidente de Rohan em algo chato, o que requer algum trabalho.

Para o período posterior a esse livro — quando muitas das melhores obras sobre
Voltaire ainda estavam por vir —, DAVIDSON, Ian. *Voltaire in Exile.* Londres,
2004 é um excelente começo. O acadêmico de Oxford, Roger Pearson, foi um bom
comentador da obra de Voltaire, como em seu cuidadoso PEARSON, Roger. *The
fables of reason: A Study of Voltaire's "Contes Philosophiques".* Oxford, 1993 e, embora
a sua biografia (PEARSON, Roger. *Voltaire Almighty.* Bloomsberry, 2005) tenha
surgido tarde demais para ser incluída neste livro, é um trabalho bom e abrangente.

Há muitas publicações sobre os vários aspectos da vida de Voltaire, as obras
que se sobressaem nesse grupo incluem LIBBY, Margaret Sherwood. *The Attitude
of Voltaire to Magic and the Sciences.* Nova York, 1966, e quase tudo de Peter Gay,
como GAY, Peter. *Voltaire's Politics: The Poet as Realist.* New Haven e Londres, 1988
ou GAY, Peter. *The Party of Humanity: Studies in the French Enlightenment.* Londres, 1964; há também a antiga obra BALLANTYNE, Archibald. *Voltaire's Visit to
England.* Londres, 1898, que vai muito além de seu título, incluindo os cativantes
depoimentos em primeira mão de muitos visitantes estrangeiros do velho Voltaire.
HEUVEL, Jacques van den. *Voltaire dans ses contes: de Micromégas a L'Ingenu.* Paris,
1967 começa com o que parece ser o resumo de histórias simples e depois as abre
para revelar uma envolvente antropologia cognitiva do pensamento de Voltaire. Um
outro ângulo desse tema, que teve uma relevância especial para o nosso livro, é o
artigo RAAPHORST, Madeleine. *"Voltaire et le féminisme: um examen du théâtre et*

376 GUIA DE LEITURA

des contes". *Studies in Voltaire and the Eighteenth century* (daqui em diante referido como SVEC), v. 39.

Émilie

O leitor que domina um pouco de francês tem um presente às mãos, porque o santo acadêmico Theodore Besterman, além de descobrir tudo sobre Voltaire, também passou anos reunindo CHÂTELET, Émilie du. *Les Lettres de la Marquise du Châtelet*, 2 vols. Organizado por Theodore Besterman. Genebra, 1958. Explorar esses volumes é o melhor caminho para conhecer a vida dela.

Mesmo o pequeno texto de Châtelet, "Felicidade"* é incrivelmente sincero, escrito quando ela se sentia isolada de Voltaire, tinha poucos progressos na sua obra sobre Newton — e ainda não havia conhecido Saint-Lambert. A edição de Robert Mauzi (CHÂTELET, Émilie du. *Discours sur le Bonheur*. Organização de Robert Mauzi. Paris, 1961) tem uma longa introdução do organizador, concentrada na textura emocional e física do seu pensamento, mas a edição menos elaborada de Badinter (CHÂTELET, Émilie du. *Discours sur le bonheur*. Organização de Élisabeth Badinter. Paris, 1997) é de mais fácil acesso. (Vários parágrafos de excertos podem ser encontrados em inglês na obra de Esther Ehrman, mencionada na página 304.)

A introdução de *Institutions de physique*, de Émilie, é particularmente emocionante por suas observações a seu filho, já não mais um adolescente: "Você está, meu caro filho, na feliz idade em que a sua mente começa a pensar, conquanto seu coração ainda não esteja forte para derrubá-la." Ela recomenda que ele comece a estudar a sério agora, pois prossegue com a nota de que ele, em breve, se distrairá com as mulheres e, depois, com a busca pela glória e, se esperar que tudo isso passe para começar a trabalhar a sério, descobrirá — como ela bem sabe por experiência própria — que ficará frustrado pelo quanto a sua mente se tornou menos maleável do que quando era jovem.

Sua principal biografia em francês é VAILLOT, René. *Madame du Châtelet*. Paris, 1978, seguida da contribuição do autor à biografia em vários volumes de Voltaire organizada por Pomeau. No entanto, embora seus livros sejam impecáveis quanto à

---

*Disponível em português na edição CHÂTELET, Émilie du. *Discurso sobre a felicidade*. São Paulo: Martins Fontes, 2002. [*N. da T.*]

MENTES APAIXONADAS 377

precisão e honestos quanto ao tom, ele, de certo modo, se mantém à margem da vida de Émilie, observando-a de fora (embora a obra de 1978 tenha sido escrita em um momento melhor da vida de Vaillot e apresente um vigor ausente do texto posterior). Émilie encontrou sua biógrafa ideal em BADINTER, Élisabeth. *Émilie, Émilie*: *L'ambition feminine au XVIIIe siècle*. Paris, 1983.* Badinter sabe, por experiência própria, o que significa nascer em grande riqueza, viver com um homem brilhante... e, ainda assim, sentir que a vida não é sempre tão satisfatória quanto se esperava.

A querida prima Renée-Caroline usou centenas de páginas (CRÉQUY. *Souvenirs de la Marquise de Créquy*. 7 vol. Paris, 1834) para relatar as desfeitas e a ingratidão que sofreu em sua longa e próspera vida, que pode não ter sido agradável para o marido rico que conquistou, mas é uma dádiva para o historiador: o tempo que passou na casa da infância de Émilie se encaixa em nossa história. Muitas das anedotas sobre Luís XVI e Napoleão em suas memórias são apócrifas e inseridas muito depois de sua morte; as primeiras seções, entretanto, parecem mais proximamente embasadas em suas notas reais. O amável criado Longchamp passou anos preparando o material para suas memórias e, se ele exagera um pouco quando vê a sua senhora desnuda, ou no banho, é sempre de modo muito digno.

Dentre as biografias em língua inglesa, a mais influente deve ser MITFORD, Nancy. *Voltaire in love*. Londres, 1957, quase sempre maliciosa e, em geral, desinformada, além de ser uma brincadeira para se ler. A pior falha é que, embora Mitford admita que a ciência não é o seu forte, insinua aos leitores ter um acesso interno às atitudes da aristocracia europeia. Mas ela escreve na década de 1950 — quando movimentos social-democratas de sucesso atacavam as crenças daquele mundo — e se insinua um tom irritado e defensivo. Os ritmos de um mundo genuinamente aristocrático são muito mais bem captados em HAMEL, Frank. *An Eighteenth-Century Marquise*: *A study of Émilie du Châtelet and her times*. Londres, 1910 — o fato de ter concluído seu livro pouco antes da Primeira Guerra Mundial foi importante.

EHRMAN, Esther. *Mme du Châtelet*: *Scientist, Philosopher and Feminist of the Enlightenment*. Leamington Spa, 1986, é muito breve, mas bom ao tratar da paixão pelo jogo, e tem excertos úteis dos textos de Émilie em inglês — além das orgulhosas memórias de Voltaire sobre a vida dela, extraídas da sua introdução à tradução que

---

*Disponível em português na edição BADINTER, Élisabeth. *Émilie, Émilie: a ambição feminina no Século XVIII*. Tradução de Celeste Marcondes. São Paulo: Discurso Editorial, 2003. [*N. da T.*]

378 GUIA DE LEITURA

Émilie fez de Newton, publicada postumamente (CHÂTELET, Émilie du. *Principes mathématiques de la philosophie naturelle*. Paris, 1759). A obra de Jonathan Edwards (pseudônimo de Noel Gerson) — EDWARDS, Jonathan. *The Divine Mistress*. Londres, 1971 — é pouco confiável, para não falar do hábito do autor de transpor acontecimentos (como, por exemplo, apresentar Émilie entrando disfarçada em um café, quando, na verdade, foi Voltaire quem o fez). Se usada com cuidado, todavia, esclarece de fato algumas áreas de que uma pesquisa mais detalhada pode se aproveitar.

Uma excelente biografia promete ser a que está atualmente sendo preparada por Judith Zinsser, uma das principais pesquisadoras da vida de Émilie. De seus vários artigos, o breve ZINSSER, Judith. "Entrepreneur of the 'Republic of Letters': Émilie de Breteuil, Marquise du Châtelet, and Bernard Mandeville's *Fable of the Bees*". *French Historical Studies*, 25, 4, outono de 2002, pp. 595-624 é particularmente feliz em relação aos primeiros esforços criativos de Émilie em Cirey, ao passo que ZINSSER, Judith. "*Émilie du Châtelet: genius, gender and intellectual authority*". In: SMITH, Hilda (org.). *Women Writers and the Early Modern British Political Tradition*. Cambridge, 1998, pp. 168-190 é um excelente levantamento mais abrangente. HAYES, Julie Candler & ZINSSER, Judith (orgs.). *Émilie du Châtelet: rewriting Enlightenment philosophy and science*. SVEC, 2006 é um panorama que reúne especialistas em história da arte, filosofia e história das publicações para uma investigação ainda maior nessas e em outras disciplinas.

Para as atitudes advindas da comunidade científica masculina, com que Émilie se defrontou durante toda sua vida, gosto particularmente de TERRALL, Mary. "Émilie du Châtelet and the gendering of science". *History of Science,* vol. 33, 1995, pp. 283-310. DAVIES, Natalie Zemon e FARGE, Arlette (orgs.) *A history of Women in the West*, vol. 3: *Renaissance and Enlightenment Paradoxes*. Cambridge, Mass., 1993, é uma obra que amplia ainda mais essa perspectiva.

Há informações em SPENCER, Samia (org.) *French Women and the age of Enlightenment*. Bloomington, Ind., 1984; assim como — embora com um tom mais seco — em HARTH, Erica. *Cartesian Women: versions and subversions of Rational Discourse in the Old Regime*. Ithaca e Londres: Cornell University Press, 1992. Mas o meu livro preferido sobre as mulheres nesse período é GOODMAN, Dena. *Republic of Letters: a cultural history of the French Enlightenment*. Ithaca, Nova York, 1994, que observa, por exemplo, que, do mesmo modo como muitos pensadores homens extraíam argumentos dos "primitivos" que estavam sendo descobertos no exterior,

MENTES APAIXONADAS   379

outros "colonizavam" o novo domínio das mulheres nas metrópoles, e usavam observações sobre mulheres como Émilie para as suas próprias finalidades políticas.
SCHIEBINGER, Londa. *The Mind Has No Sex?: Women in the Origins of Modern
Science*. Cambridge, Mass., 1989, vai mais longe em relação ao misto de atitudes
favoráveis e contrárias com as quais Émilie teve que lidar.

Dos muitos livros sobre temas especializados, não se pode perder KAVANAGH,
Thomas. *Dice, Cards, Wheels: A Different History of French Culture*. Filadélfia, 2005,
com suas sutis sugestões sobre pontos de vista que diferentes grupos passaram a
sustentar sobre algumas das mais sedutoras atividades para passar o tempo.

Cirey

A principal fonte para o dia a dia em Cirey é o relato deixado pela hóspede mais
desembaraçada da história: madame de Graffigny. As suas efusivas cartas — e surpreendentemente comoventes — tomam mais de cem páginas no quinto e no sexto
volumes de correspondência da *Complete Works of Voltaire* da Voltaire Foundation;
elas também estão disponíveis (com algum material espúrio) em GRAFFIGNY.
Vie Privée et de Mme du Châtelet. Paris, 1820. Graffigny tinha uma relação muito
longínqua com a realidade numérica, de modo que não se pode confiar em seu depoimento sobre o número de lareiras no castelo ou a proximidade das montanhas, mas
tudo o que envolve emoções e invejas é espantosamente preciso — suas descrições
desapaixonadas sobre a mobília de sua anfitriã são bem compatíveis com o que foi
registrado no inventário dos pertences de Émilie, uma década depois. Usei alguns
excertos em meu capítulo 9, mas o que ela escreveu é tão vívido que apresento outros
trechos traduzidos para o inglês em <http:www.davidbodanis.com>

Ira O. Wade é o autor moderno que primeiro enfatizou o trabalho científico de
Émilie. WADE, Ira O. *Voltaire and Mme du Châtelet: an Essay on the Intelleectual
Activity at Cirey*. Princeton, 1941, é uma fonte básica — conquanto as dificuldades
do autor em relação a uma exposição não ofuscante já tivessem alcançado seu pleno
desenvolvimento. Um panorama equilibrado sobre os primeiros anos está na edição
especial de 2001 da SVER, intitulada *Cirey dans la vie intellectuelle: la réception de
Newton en France*; ao passo que o estudo anterior WALTERS, Robert. "Chemistry
at Cirey". SVEC, vol. 58, 1967, parte do episódio central de uma tentativa de criatividade. BARBER, William H. *"Mme du Châtelet and Leibnizianism: the genesis of the*

380 GUIA DE LEiTURA

Instituitions de physique" In: BARBER, W. H. *et al.* (org). *The Age of Enlightenment: Studies presented to Theodore Besterman.* Edimburgo e Londres, 1967, pp. 200-222 é claro sobre o estágio seguinte do trabalho dela (contudo, conferir a reavaliação do trabalho dele na edição de 2006 do SVEC, no item Émilie). Os atuais proprietários do castelo têm uma boa página na internet, <http:www.visitvoltaire.com>, com links úteis na rede, assim como detalhes sobre a reconstrução do teatro no sótão.

Outros Personagens

Há biografias e notas biográficas disponíveis sobre todos os outros personagens. As especialmente boas incluem COLE, Hubert. *First Gentleman of the Bedchamber: the life of Louis-François-Armand*, Maréchal Duc de Richelieu. Londres, 1965; BADINTER, Élisabeth. *Les Passions Intellectuelles.* vol. 1: *Désirs de gloire (1735-1751).* Paris, 1999, que faz uma narração informal sobre Maupertuis e a sua tripulação; CRAIG, Gordon. *The Politics of the Prussian Army*: 1640-1945. Nova York, 1964, excelente sobre o lugar de Frederico na tradição militar prussiana; o próprio *Testamento político* de Frederico, grosseiramente autorreferente, mas psicologicamente astuto, assim como o seu *Forma de Governo* (excertos disponíveis em WEBER, Eugen. *The Western Tradition.* vol. II. Lexington, Mass., 1995) e CROSLAND, Margaret. *Madame de Pompadour: Sex, Culture and Power.* Strand, 2000, que é mais abrangente do que muitos dos relatos anteriores — embora, para uma boa intriga, nada se compare a GONCOURT, Edmond & GONCOURT, Jules. *Madame de Pompadour: revue et augmentée de lettres et de documents inédits.* Paris, 1878.

MAUGRAS, Gaston. *La Cour de Lunéville au XVIIIe siècle.* Paris, 1904 é a introdução ideal para Saint-Lambert e o mundo que o fez prosperar. MCLYNN, Frank. *France and the Jacobite Rising of 1745.* Edimburgo, 1981 e MCLYNN, Frank. *Bonnie Prince Charlie.* Londres, 2003, originalmente publicado em 1988 como *Charles Edward Stuart*, são bastante recomendados. A pesquisa de McLynn é abrangente, sua escrita é clara e sua observação psicológica, astuta — seja sobre o modo como o desânimo se abateu sobre as forças de Stuart depois de voltarem a Derby deixando uma Londres indefesa, a uma mera distância de 200 quilômetros, seja no tumulto da confusão que fez com que os conflitos entre Phélypeaux e Richelieu retivessem a força de invasão francesa que, caso contrário, faria, sem dúvidas, com que os cidadãos de Sua Majestade britânica se tornassem servos de Sua Majestade de Bourbon.

MENTES APAIXONADAS

Leitores que têm acesso a uma boa biblioteca universitária ficarão comovidos com BELLINZANI, Anne. *Histoire des amours de Cléante et de Bélise*. Paris, 1689, o romance escrito pela jovem Anne, baseado em grande parte em seu romance com o pai de Émilie, Louis-Nicolas, quando ele começava a ter consciência do quanto uma jovem poderia sonhar com a felicidade nas estrelas.

A França de Luís XV

O ponto de partida ideal é TOCQUEVILLE, Alexis de. *The Old Regime and the Revolution*. Edição de François Furet e Françoise Mélonis. Tradução de Alan S. Kahan. Chicago, 1998,[*] que é merecidamente uma obra famosa há quase dois séculos. Tocqueville não apenas teve uma visão mais abrangente de nuanças que Marx, como mudava engenhosamente de perspectiva quando necessário, chegando a, por exemplo, mudar-se para o Canadá, já que — sem uma tradição feudal para bloquear a autoridade central — "todas as deformidade do governo de Luís XIV são encontradas ali, como se vistas por um microscópio".

LEWIS, Gwynne. *France, 1715-1804: Power and the People*. Londres, 2005, e JONES, Colin. *The Great Nation: France from Louis XV to Napoleon*. Londres, 2002, são duas boas obras sobre pesquisas iniciadas com as ideias de Tocqueville. DOYLE, William (org.) *Old Regime France*. Oxford, 2001, é, às vezes, um pouco apático, mas mostra o estágio da pesquisa acadêmica. BRIGG, Robin. *Early modern France: 1560-1715*. Oxford, 2ª edição de 1998, delineia o mundo com que Luís XV teve que lidar e é escrito em um tom não muito absurdo, o que faz com que os visitantes de All Souls, Oxford, se perguntem por que deveria haver mais de um membro, já que cada um deles é claramente sábio o suficiente para ser um mundo para si mesmo.

FURBANK, P. N. *Diderot: a Critical Biography*. Londres, 1992, é uma outra obra muito mais abrangente do que sugere o título, e desenha o cenário mais amplo com aprumo. Alistair Horne tem um talento para títulos, e seu HORNE, Alistair. *Seven Ages of Paris*. Londres, 2002, é uma bela homenagem à cidade sobre a qual escreveu sob muitos ângulos, por muitos anos.

---

[*]Edição em português: TOCQUEVILLE, Alexis de. *O Antigo Regime e a revolução*. Tradução de Yvonne Jean. Brasília: UNB, 1997. [*N. da T.*]

382   GUIA DE LEITURA

A impressionante incompetência de Phélypeaux e outros na administração de Luís XV — que faz parecer alguns dos atuais residentes da Casa Branca paradigmas da eficiência livre do nepotismo — é um tema recorrente no bastante recomendado RODGER, N. A. M. *The Command of the Ocean: A Naval History of Britain, 1649-1815*. Londres, 2004; conferir em particular os seus capítulos intermediários.

Um dos primeiro livros do século XX a mostrar que reuniões tácitas de nobres eram uma força *subversiva* nos anos que antecederam à Revolução Francesa, lutando para reconquistar os privilégios que estavam perdendo, foi FORD, Franklin. *Robe and Sword: The Regrouping of the French Aristocracy after Louis XV*. Cambridge, Mass., 1953. CHAUSSINAND-NOGARET, G. *La Noblesse au Dix-huitième Siècle*. Paris, 1976, tem mais do que uma construção detalhada; ele mostra o quanto a ideia de "honra" é capaz de moldar a vida de toda uma classe, e sugere que defendê-la diante de ideias de competência e compaixão foi o cerne da posterior explosão social na França. Para se divertir, ELIAS, Norbert. *The Civilizing Process*. Tradução de Edmund Jephcott. Oxford, 1978; original alemão de 1939,* toma algumas curiosidades aparentemente bizarras dos modos à mesa, para nós grosseiros, desses nobres e de seus antecessores, e os usa para revelar as pressões sociais e políticas que criaram os nossos hábitos "naturais" de hoje.

PARDAILHE-GALABRUN, Annik. *The Birth of Intimacy*. Tradução de Jocelyn Phelps. Oxford, 1991, e FLANDRIN, Jean-Louis. *Families in Former Times: Kinship, Household and Sexuality*. Tradução de Richard Southern. Cambridge, 1976,** são abordagens serenas e bem analíticas de seus temas. Por sua vez, RANKE-HEINEMANN, Uta. *Eunuchs for the Kingdom of Heaven: Women, Sexuality and the Catholic Church*. Tradução de Peter Heinegg. Nova York, 1990,*** assim como a coleção ROUSSEAU, G. S. & PORTER, Roy (org.). *Sexual Underworlds of the Enlightenment*. Chapel Hill, 1988**** nos contam mais sobre a ejaculação no século XVIII do que qualquer pessoa normal desejaria saber. FEHER, Michel (org.) *The*

---

*Edição em português: ELIAS, Norbert. *O processo civilizador*. 2 vols. Tradução de Ruy Jungman; revisão e apresentação de Renato Janine Ribeiro. Rio de Janeiro: Jorge Zahar, 2000. [*N. da T.*]

**Edição em português: FLANDRIN, Jean-Louis. *Famílias: parentesco, casa e sexualidade na sociedade antiga*. Tradução de M. F. Gonçalves de Azevedo. Lisboa: Estampa, 1995. [*N. da T.*]

***Edição em português : RANKE-HEINEMANN, Uta. *Eunucos pelo reino de Deus*. Tradução de Paulo Fróes. Rio de Janeiro: Record/Rosa dos Ventos, 1996. [*N. da T.*]

****Edição em português: ROUSSEAU, G. S. & PORTER, Roy (orgs.). *Submundos do sexo no Iluminismo*. Tradução de Talita M. Rodrigues. Rio de Janeiro: Rocco, 1999. [*N. da T.*]

MENTES APAIXONADAS   383

Libertine Reader: Eroticism and Enlightenment in Eighteenth-Century France. Nova York e Cambridge, Mass., 1997, apresenta ainda outros relatos primários.

O Iluminismo

Uma exposição direta aos principais autores do Iluminismo é um deleite, pois a maioria deles é de escritores de primeira grandeza. Ensaios de Hume, Diderot e quase todos os outros formam um ponto de partida ideal. KRAMNICK, Isaac (org.) *The Portable Enlightenment Reader.* Nova York, 1995 é uma coletânea conveniente de excertos de pequena extensão. O volume WILLIAMS, David (org.). "The Enlightenment". *Cambridge Readings in the History of Political Thought.* Cambridge, 1999 reúne um número menor de pensadores, mas com textos de maior extensão.

CASSIRER, Ernst. *The Philosophy of the Enlightenment.* Tradução de Fritz Koelln e James P. Pettegrove. Princeton, 1951; edição original de 1932* é uma obra profunda de história das ideias, refute com sucesso a crítica romântica do "Iluminismo raso". O clássico BECKER, Carl. *The Heavenly City of the Eighteenth Century Philosophers.* New Haven, 1932, toma essas críticas em uma direção precisamente original. Como o seu livro é bem próximo da transcrição de suas conferências orais, é escrito em um tom informal e extravagante, embora a correção ROCKWOOD, Raymond O. *Carl Becker's Heavenly City Revisited.* Cornell, 1968, seja um bom acompanhamento. A coleção BAKER, Keith & REILL, Peter (org.) *What's left of Enlightenment?: A Postmodern Question.* Stanford, 2001, é útil em relação a pontos de vista mais recentes da academia, embora a presunção de alguns ensaios teria, sem dúvidas, feito os residentes de Cirey suspirar.

Robert Darnton sempre será lembrado por seu clássico — DARNTON, Robert. *The Great Cat Massacre and Other Episodes in French Cultural History.* Nova York, 1984** —, com sua leitura profunda de curiosidades aparentemente insignificantes da França pré-revolucionária. Ele é um escritor por natureza, cujas ideias foram enriquecidas pela proximidade com Clifford Geertz em Princeton, o que também pode ser visto no seu livro mais abrangente, DARNTON, Robert. *The Forbidden*

---

*Edição em português: CASSIRER, Ernst. *A Filosofia do Iluminismo.* Tradução de Álvaro Cabral. Campinas: Unicamp, 1992. [*N. da T.*]
**Edição em português: DARNTON, Robert. *O grande massacre dos gatos e outros episódios da história cultural francesa.* Tradução de Sônia Coutinho. Rio de Janeiro: Graal, 1986. [*N. da T.*]

384 GUIA DE LEITURA

Best-Sellers of Pre-Revolutionary France. Londres, 1996,* embora a correção MA-SON, Haydn T. (org.) *The Darnton Debate: Books and Revolution in the Eighteenth Century*. Oxford: Voltaire Foundation, 1998; originalmente o volume 359 de *Studies on Voltaire and the Eighteenth Century* é um bom instrumento para se ter à mão, não menos pelo artigo deliciosamente injusto de Daniel Gordon, "*The Great Enlightenment Massacre*", que mostra Darnton dando possivelmente mais importância do que mereciam aos escribas da Rua Grub.

Para livros de interpretação geral, COBBAN, Alfred. *In Search of Humanity*: The Role of Enlightenment in Modern History. Londres, 1960 é sensato e claro enquanto OUTRAM, Dorinda. *The Enlightenment*. Cambridge, 1995** é muito mais consciencioso do que seu pequeno formato sugere. A melhor introdução para as abordagens francesas é ROCHE, Daniel. *France in the Enlightenment*. Tradução de Arthur Goldhammer. Cambridge, Mass., 1980, em que os títulos dos capítulos, como "Tempo", "Espaços" e "Poderes", tornam imediatamente evidente que o mundo anglo-saxônico foi deixado para trás.

O entusiasmado Roy Porter contesta a importância francesa frente à Inglaterra em seu texto não muito conciliador — PORTER, Roy. *Enlightenment: Britain and the Making of the Modern World*. Londres, 2000, ao passo que Gertrude Himmelfarb aceita a relevância dos franceses, embora lamente o modo como tudo deu errado, especialmente por não serem tão indutivos e práticos como os britânicos. O seu HIMMELFARB, Gertrude. *The Roads to Modernity: The British, French and American Enlightenments*. Nova York, 2004 é fluente e não tão reacionário quanto seu casamento com Irving Kristol pode sugerir. Uma serena visão intermediária, alcançada de cantões mais neutros, é a do especialista suíço Ulrich Im Hof, que mistura o melhor das abordagens inglesas e continentais em seu texto (HOF, Ulrich Im. *The Enlightenment: An Historical Introduction*. Tradução de William E. Yuill. Oxford: Blackwell, 1994).

Os autores americanos em geral tratam todo o assunto como um prelúdio para os acontecimentos de 1776 na Filadélfia: de maneira mais cautelosa no caso de LERNER, Ralph. *Revolutions Revisited: Two Faces of the Politics of Enlightenment*.

---

*Edição em português: DARNTON, Robert. *Os best-sellers proibidos da França pré-revolucionária*. Tradução de Hildegard Feist. São Paulo: Companhia das Letras, 1998. [*N. da T.*]
**Edição em português: OUTRAM, Dorinda. *O Iluminismo*. Tradução de Joaquim C. Machado da Silva. Lisboa: Temas e Debates, 2001. [*N. da T.*]

MENTES APAIXONADAS 385

Chapel Hill e Londres, 1994, e mais nacionalista — mas com bom fundamento — por um coerente historiador de uma geração anterior: COMMAGER, Henry Steele. *The Empire of Reason*: How Europe Imagined and America Realized the Enlightenment. Nova York, 1977.

Ciência

O diálogo de Fontenelle, que teve muitas edições desde sua publicação original no século XVII, por exemplo, FONTENELLE, Bernard le Bovier de. *On the Plurality of Inhabited Worlds*. Berkeley, 1990, é escrito com graça e imagina o autor passeando em encontros à luz da lua com uma bela jovem marquesa, que nunca aprendera a nova astronomia que Galileu tinha recentemente descoberto, mas está ansiosa para ver os seus horizontes serem ampliados. NOBLE, David F. *A World Without Women*: *The Christian Clerical Culture of Western Science*. Nova York, 1992, oferece uma nova visão do mundo intelectual de que Émilie tentava participar; HANKIN, Thomas L. *Science and the Enlightenment*. Cambridge, 1985, é um relato claro e laborioso dos temas e abordagens usados no período em que ela trabalhava.

As ideias centrais aqui são as de Newton, que — de modo bem apropriado ao estilo sigiloso de sua própria vida —, é o protagonista oculto e, mesmo assim, mais influente deste livro. A obra de Richard Westfall (WESTFALL, Richard. *Never at Rest*: *A Biography of Isaac Newton*. Cambridge, 1980)* é abrangente, mas serve mais como referência do que como uma leitura continuada. A biografia de James Gleick (GLEICK, James. *Isaac Newton*. Nova York, 2003) é uma leitura mais agradável e cheia de inspiração. WESTFALL, Richard & COHEN, I. Bernard. (org.) *Newton: Texts, Backgrounds, Commentaries*. Nova York, 1995,** é uma obra que enriquece ainda mais a ciência e a teologia, cruciais para uma boa compreensão.

O melhor de tudo, para compreender o sentido da vida de Émilie, é CHANDRA-SEKHAR, S. *Newton's Principia for the Common Reader*. Oxford, 1995, a melhor biografia de uma ideia que eu já li.

---

*Edição em português: WESTFALL, Richard. *A vida de Isaac Newton*. Tradução de Vera Ribeiro. Rio de Janeiro: Nova Fronteira, 1995.
**Edição em português: COHEN, I. Bernard & WESTFALL, Richard S. *Newton: textos, antecedentes, comentários*. Tradução de Vera Ribeiro. Rio de Janeiro: Contraponto/UERJ, 2002. [*N. da T.*]

Agradecimentos

Este livro não teria sido concebido se Sam Bodanis e Florence Passell, conquanto amassem meninas — tanto que tiveram cinco delas —, não quisessem ter também um menino e dessem continuidade à família até que um filho nascesse. Isso fez com que eu crescesse em uma casa com muitas mulheres, com cinco irmãs adolescentes — o que é bem impressionante para qualquer um, que dirá para um irmão caçula que adorava conversar — e vislumbrava, assim, seus desejos, brigas, namoros e sonhos. Qualquer noção que possa ter tido da vida de Émilie começou aí.

O significado do amor me veio de forma ainda mais surpreendente: cegava-me, de início, na adolescência e algumas outras vezes depois, a mais notável ao longo de uma década na França, onde viver na bela e isolada *rue* de la Vanade também me ensinou um pouco sobre como deve ter sido a vida em Cirey. Mais tarde, alguns anos em Oxford e depois em Londres me deram alguma experiência das viagens entre a vida prática e acadêmica que Émilie e Voltaire faziam regularmente. Nada disso foi planejado como eixo central deste livro, mas, olhando para trás, vejo que — assim como a família em que cresci — nada do que escrevi teria ganhado forma sem isso.

O planejamento do livro foi fácil, tão logo fiz um primeiro levantamento de cartas e outras fontes, mas, quando comecei a escrever, ainda não tinha certeza se a mistura de romance, ciência e história que tinha em mente de fato funcionaria. Foi por isso — o que recomendo a todos os escritores, embora suspeite de que ela esteja ocupada demais, de modo que vocês terão que encontrar os seus próprios equivalentes — que enviei os primeiros capítulos a minha amiga Julia Bindman,

388 AGRADECIMENTOS

que reúne uma sensível mente analítica com a característica extraordinária de ser incapaz de não dizer a verdade.

Quando ela me disse que aqueles primeiros capítulos eram bons, fiquei feliz, agradeci e disse que mandaria o resto do livro quando acabasse; ao que ela respondeu "Não vou aguentar esperar tanto", e me pediu para ler cada novo capítulo assim que eu terminasse. Eu então, de modo bem independente, quando Sue Liburd, Larissa Thomas, Julia Stuart, Rebecca Abrams e Digby Lidstone disseram o mesmo, soube que o meu trabalho estava funcionando. Ao prosseguir com o livro e ampliar o número de leitores de cada capítulo concluído, comecei a enviar o que escrevia, a intervalos quase semanais, a amigos, colegas de trabalho, amigos dos colegas de trabalho e outros, de relações ainda mais distantes. Esse interesse comum foi a maior das inspirações.

Mesmo assim, a primeira versão completa ainda não ficou boa, porque ainda tinha quase o dobro da extensão do presente livro. Houve muitas idas e vindas; muitas análises de texto, do cenário histórico, elucubrações sobre ciência e provas biográficas. Eu estava saindo da história. Suzanne Levy e Rhonda Goldstein fizeram maravilhas ao me conduzir de volta ao caminho certo; assim como Gabrielle Walker, a melhor das amigas, que sabe muito sobre ser uma mulher brilhante e ousada. Nas longas caminhadas à beira do canal e durante muitos chás, ela me ajudou a ver as questões centrais; em certo momento, perto do fim do projeto, também me ajudou no passo fundamental de concentrar o primeiro capítulo mais diretamente em Émilie.

Os outros amigos que comentaram o livro todo ou parte dele incluem Sunny Bates, Robert Cassen, Michael Goldman, Tim Harford, Frank McLynn, Leanne Savill e Simon Singh (que encontrou tempo antes de uma viagem ao redor do mundo). Colette Blair contribuiu, em uma manhã de domingo, com uma graciosa tradução do epitáfio proposto por Bouffler; Mary Park mostrou o que o estilo pode significar para um casal influente em qualquer época. Larry Bodanis foi como uma lufada de ar fresco durante todo o processo. A pesquisa facilitou a aproximação com Sarah Dickinson Morris e Iona Hamilton; Tim Whiting e Sarah Rustin, em Londres, e Rachel Klayman, em Nova York, foram maravilhosos na edição. Os subeditores têm a reputação de se preocuparem estritamente com a gramática, mas isso está muito distante da descrição de Sue Phillpott e Steve Cox. Steve ajudou a dar forma ao texto como um todo; Sue fez um grande número de mudanças nas formulações e seleções editoriais que melhoraram muito as notas finais. Katinka Matson e John Brockman apoiaram este projeto desde o começo. Para todos, muito obrigado.

MENTES APAIXONADAS

Enquanto trabalhava na revisão de meus rascunhos, Gary Johnstone filmava um livro anterior meu, que incluía uma tomada no Castelo de Cirey. Foi por sua gentileza, assim como a dos atuais proprietários, que pude explorar o prédio por horas a fio: observava antigas cartas de Émilie, batia nas paredes chumbadas e nas fundações das chaminés; examinava as vigas do telhado e as camadas de tintas arranhadas no teatro do sótão. Depois de passear por parte das florestas adjacentes, em um gelado mês de fevereiro, e ver as marcas das antigas ferrarias e dos caminhos, descobri-me, ao fim do dia, tomando café em copos de plástico com personagens vestidos de Émilie, Voltaire e Maupertuis, e isso me pareceu totalmente apropriado.

Não sei como meus filhos lidaram, de início, com a presença de tantas pessoas do livro em nossa casa por tantos meses, mas, em pouco tempo, tornou-se natural a inclusão de histórias sobre cercos, duelos e como Deus faz deslizar esferas em pontes suspensas no nosso repertório cotidiano de conversas ao andarmos, nos apressarmos e — quando um rápido olhar para o relógio mostrava que estávamos muito atrasados — corrermos para a escola.

Quando chegou o momento do último capítulo, tinha em mente a informação-chave e a história, mas sabia que precisava de muitas horas ininterruptas para conseguir escrevê-lo. Devido a planos de viagem, ele teve que ser escrito em um dia; por causa das férias escolares de inverno, aquele era um dia em que as crianças esperavam sair e, de fato, passeamos durante a manhã pelo centro de Londres. Normalmente tomaríamos chocolate quente, montaríamos quebra-cabeças e desenharíamos ao voltar para casa, mas, naquela tarde, eu precisava escrever. Expliquei a situação e pus o meu destino nas mãos deles.

Quando chegamos em casa e descongelamos, Sam e Sophie, muito bem subornados, ficaram felizes em me proporcionar algumas horas de silêncio, dedicando-se aos seus livros, videogames e blocos de desenho; apoiei os travesseiros na cabeceira da cama, peguei o meu caderno e então — pela última vez em total frescor — me lancei de novo ao mundo que passei a amar: sentindo aquilo por que Émilie viveu e acreditando no que ela desejou. Sabendo a tragédia a que o capítulo levaria, não creio que o teria escrito, para não dizer terminado, sem saber que meus dois amados filhos estavam perto de mim em casa: desfrutando a sua juventude.

À espera da sua vida.

Índice

aborto, 296, 368

Academia de Ciências (Berlim), 317

Academia de Ciências (Paris):
 admissão de Bernoulli na, 209
 como fonte de pesquisa para Émilie, 307, 308-309
 e Descartes, 183
 e Maupertuis, 112-114, 125, 126, 174
 e Newton, 139, 174
 influência de Cassini na, 355
 mulheres como membros, 58, 83, 328, 330
 prêmio concedido pela, 168-172, 173-80, 183-84, 185, 186, 299, 353, 354, 354

Academia Francesa, 363

acidente de carruagem, 16, 298-99, 368

adultério, 129, 348. *Veja também* romances

Alembert, Jean le Rond d', 15, 135

Algarotti, Francesca, 350, 356-57

Arconville, Thiroux d', 330

Argenson, conde d', 337, 345-46, 363

Argental (amigo de Voltaire), 143, 146, 147, 152, 160, 161, 165, 344

aristocracia:
 criação da francesa, 343
 e a categoria de profissionais, 109-110
 e a compra de títulos, 343

 e casamento, 36, 37
 e impostos, 14
 e religião, 48
 mulheres como parte da, 58-59
 nas forças armadas, 98-99, 344
 no interior, 146
 opinião de Voltaire sobre a, 95, 212
 pobreza da, 351
 poder da, 212
 posição/títulos entre a, 84-85, 93-94, 329, 343, 360
 profissões da, 327-28
 relações com a monarquia, 42-43, 145, 189, 228, 332, 351
 Veja também por família ou nome específico

Arouet, François (pai de Voltaire), 45-47, 49, 51, 102, 212, 220, 333, 341

Arouet, François-Marie. *Veja* Voltaire

arquitetura, interesse de Émilie e Voltaire por, 256

As Ligações Perigosas (Laclos), 16, 61, 323

assinaturas, 134

astronomia:
 e como Émilie entendia o trabalho de Maupertuis, 356
 estudos de Émilie e Voltaire sobre, 127-128

ÍNDICE

interesse de Bellinzani em, 156
interesse de Émilie em, 29-40, 31-32, 35, 159, 354
interesse de Voltaire em, 211-213
no início do século XVIII, 83-84, 88-89, 342
Veja também gravidade; Newton, Isaac
autoridade, questionamento da, 35, 71, 129-44, 175, 301

banheiros, 189, 238
Bastilha:
e a Revolução Francesa, 319
e o tipógrafo que imprimiu trabalhos de Voltaire, 97, 102, 344
Richelieu na, 61, 337
Voltaire na 41-42, 43-47, 51, 55, 289, 333, 335
Beauregard (hóspede interiorano), 42, 68, 332
Becker, Carl, 17-18
Bellinzani, Anne, 156-58, 324, 352
Berlim, Voltaire em, 316-17
Bernières, marquês de, 50, 74-76
Bernoulli, Johann, 12, 125, 208-09, 308, 355, 357, 362
Besterman, Theodore, 332, 333, 340, 341, 365
Bíblia, estudos de Émilie e Voltaire sobre a, 130-34, 200, 209, 237, 307
Bolingbroke, Henry St. John, 12, 68, 70, 71, 76
Bond, sr., 148, 321
Boufflers, Catherine de, 266-70, 273, 275-76, 279, 281-82, 284, 290, 299-300, 301
Brantôme, Pierre de Bourdeille, 64, 338
Breteuil, François-Victor le Tonnelier, marquês de (primo de Émilie), 352
Breteuil, Gabrielle Émilie Le Tonnelier de. *Veja* Châtelet, Émilie du
Breteuil, Gabrielle-Anne (mãe de Émilie), 30-32, 34, 36, 37, 58, 138, 158, 159, 160

Breteuil, Louis-Nicolas de (pai de Émilie), 29, 31-33, 35-37, 57-58, 62, 114, 138, 153-58, 161, 324, 329, 330, 334
Bruxelas:
Émilie e Voltaire em, 203, 205, 211, 216, 220
processo judicial por herança em, 198-99, 218, 220, 276, 277

Cartas de uma peruana (Graffigny), 321
cartas:
e as "novas gazetas", 136
papel no Iluminismo, 15
Veja também por pessoa específica
casamento:
e adultério, 129, 348
e romances, 62, 63
entre a aristocracia, 36, 37, 341
na Europa do século XVIII, 129, 348
Cassini, Jacques, 188, 190, 355
censura, 14, 62, 152, 187-88, 197, 216, 220, 254
Champbonin, madame de, 108, 111-112, 119, 124, 165, 189, 210, 265, 296, 297, 355, 356
Châtelet, Émilie du, relacionamento com Voltaire:
aspectos sexuais, 16, 87, 124, 221, 268-69, 287
como amizade, 286-88, 310
consequências sobre Émilie, 133
consequências sobre Voltaire, 85
contribuição para o Iluminismo, 13-5
desapontando/magoando um ao outro, 87, 203, 268-69
diferenças de classes sociais, 84-85, 237, 341
e a adoração de Voltaire por Émilie, 13, 143
e a autoconfiança de Émilie, 165, 166, 170, 173-74, 286
e a autoimagem de Voltaire, 220-21

MENTES APAIXONADAS   393

e a capacidade intelectual de Émilie, 86, 286

e a gravidez de Émilie, 296, 299, 309, 310, 368-69

e a independência de Émilie, 196, 203

e a influência de um sobre o outro, 13, 85-86, 220

e a necessidade de Émilie de respeito por parte de Voltaire, 237

e a necessidade de Voltaire de aprovação/ respeito por parte de Émilie, 199, 220, 240, 259, 283, 356-57

e a reputação de Émilie na área científica, 190-92

e acaba o amor de Voltaire por Émilie, 16

e as cartas trocadas entre Émilie e Voltaire, 323

e as consequências de longas separações, 284

e as críticas de Voltaire a Émilie, 203, 218

e discussões entre Émilie e Voltaire, 86, 87, 204, 216, 346

e Florent-Claude, 129, 160-61, 368

e Frederick, 219, 220-1, 239

e Maupertuis, 87, 90, 111, 188, 190, 346

e o respeito de Émilie por Voltaire, 196

e os textos de Voltaire para/sobre Émilie, 81-82, 115, 142, 221, 254, 269, 287, 299, 341

e quando Émilie e Voltaire se conheceram, 76, 81, 341

e questões financeiras, 12, 260, 363

e Saint-Lambert, 276, 277-79, 284-86, 367

Émilie como o grande amor de Voltaire, 26

Émilie e Voltaire voltam a ficar juntos, 239-43

franqueza, 83, 88

inseguranças, 137-38, 139

mudando um ao outro, 85-87

não convencionalismo, 14, 210, 301

opinião de Émilie sobre Voltaire, 139, 346

opinião de Émilie sobre, 120, 346

tensão, 11-2, 16, 25-26, 87, 196-97, 310, 346

Veja também por pessoa ou tópico específico

vista por Voltaire, 203, 239

Voltaire rejeita Émilie, 221

Châtelet, Émilie du, textos de:

conservados até hoje, 15

e seu estilo de escrita, 133

"Felicidade", 235, 274, 309, 363

sobre Newton, 12, 13, 26, 134, 312, 315-16

tradução de *Fábula das abelhas*, de Mandeville, 350

Châtelet, Émilie du:

aparência de, 16, 26, 33, 331

autoconfiança, 165, 170, 173-74, 286, 309

como atriz, 268

como inspiração para outras pessoas, 301

críticas a, 17

decisão de mudar sua própria vida, 114-115, 202

depressão, 16

diário, 235

dote, 33, 36, 161

e mandados de prisão para Voltaire, 145-46

e o hábito de escrever cartas, 134

educação, 13, 32, 34-35, 202, 332

gravidez, 26, 292, 295-302, 309, 316, 368, 371

habilidades intelectuais de, 12, 35-36, 83-84, 86, 128, 139, 150, 170, 174-75, 286, 308, 309, 354, 356

habilidades linguísticas, 209, 356-57

hábitos em relação a comida e bebida, 16, 59, 114

herança aristocrática de, 84-85, 237, 241, 329, 343

infância e juventude, 29, 202, 296, 329, 330, 331, 334

início da vida de casada, 57-58

ÍNDICE

isolamento de, 58, 59, 65, 88, 201-03, 357
morte, 16-7, 299, 316, 371
nascimento, 332
noivado e casamento, 33-38
pensamentos sobre morte, 26, 309, 311, 312, 370, 371
personalidade e características, 31, 63, 64, 368
prêmios e reputação, 268
realizações, 12, 17, 209-10, 307-8, 312, , 315
reputação/fama, 15, 18-9, 180, 190-91, 209-10, 266, 267-68, 269, 300-01
romances, 12, 25, 59, 87-88, 94, 112-114, 138, 144, 273-74, 281-82, 283-84, 289-90, 336, 359, 367-68
roupas, 134-35, 137
saúde, 309
tentativa de suicídio, 336
textos e documentos sobre, 17-8
tributo final de Voltaire a, 318
tutores, 208-9
Veja também Châtelet, Émilie du, textos de; Châtelet, Émilie du, relacionamento com Voltaire; *pessoa ou tópico específico*
Châtelet, Florent-Claude, marquês du:
casamento com Émilie, 36-38
como oficial militar, 161, 290
e a gravidez de Émilie, 296-97, 368
e o casamento na Europa do século XVIII, 337
e o interesse de Voltaire na ciência, 183
e o relacionamento entre Émilie e Voltaire, 82, 129, 137, 160-61, 368
e o retorno de Voltaire da Holanda, 161
e o trabalho de Émilie para o prêmio da Academia, 176, 178
e Palais Lambert, 197, 198
e Voltaire no acampamento militar de Richelieu, 100-101

família, 36, 38
morte, 324
poder de, 36-37
primeiros anos da vida de casado, 319
relacionamento com Émilie, 37-38, 57, 58, 65, 160, 296-97, 368
relacionamento com Voltaire, 137, 160-61
romances, 62, 129, 160
Châtelet, Françoise Gabrielle Pauline (filha de Émilie), 324
Châtelet, Louis-Marie Florent du (filho de Émilie), 165-66, 171, 188, 189, 296, 310, 324-25, 355
Cideville (amigo de Voltaire), 109, 120
ciência:
e a criação do termo *cientista*, 328
e a reputação científica de Émilie, 190-91
e a reputação/fama de Voltaire, 210, 211
e as diferenças entre a França e a Inglaterra, 76
e o relacionamento de Émilie e Voltaire, 127-28, 168-72
e o romance entre Richelieu e Émilie, 64
e religião, 88-89, 132-33, 141-42, 199-200, 210-11, 301, 302, 306-07
Émilie decide terminar seu trabalho, 297, 299
Émilie renova seu interesse pela, 235-36
Émilie se afasta dos temas mais explorados, 201-02
experimental, 151-52, 169-70
interesse de Émilie pela, 12, 29-30, 31-32, 35, 57, 59, 83, 159, 199-200, 332
interesse de Voltaire pela, 19, 151, 169-70, 183, 184, 185, 211
mulheres e, 58, 83, 179, 186, 328, 330, 331
revolução na, 14, 203-04
talentos de Voltaire na, 12, 87
Veja também pessoa ou organização específica
Voltaire volta-se para a, 148, 179

MENTES APAIXONADAS   395

Cirey, França:
 arquitetura, 256
 banheiros, 189-90, 355-56
 capela, 132
 chegada de Émilie a, 111-112
 como centro intelectual, 12, 130-32, 136-38, 209
 durante a Revolução Francesa, 325
 Émilie e Voltaire vivendo em, 25-26, 82, 119-128, 161, 165, 178-79, 329
 Émilie e Voltaire voltam para, 265-66
 Émilie grávida em, 295-97
 família Châtelet como donos de, 107
 isolamento, 106
 mobília, 135, 137, 188
 prazeres sensuais em, 211
 privacidade, 355-56
 reforma, 105-112, 119-121, 122, 161, 178, 188-90
 restauração, 325
 teatro em, 188-90
 última visita de Émilie e Voltaire a, 311
 Voltaire abandona, 221
 Voltaire foge de, 143-44, 146-47
 Voltaire refugia-se em, 102, 105-112, 344
classe profissional francesa, 48, 84, 110, 338
Comédie Française, 47-48, 50, 52, 283, 310
Condé, Luís II, quarto príncipe de, 146, 247
Conduitt, sra., 86, 339
Conti, François Louis, príncipe de, 334, 344
Crébillon, Prosper Jolyot de, 254, 282-83, 367
cultura, opinião de Émilie sobre, 133
Curie, Marie, 328, 357

Denis, Marie-Louise:
 cartas de Voltaire para, 270, 288
 casamento, 191, 356
 e a idade avançada de Voltaire, 317, 322
 e as peças de Voltaire, 254, 282

 e o relacionamento de Émilie e Voltaire, 191, 195
 e Voltaire em Sceaux, 252
 inveja de Émilie, 191, 331
 romance com Voltaire, 239, 252, 270, 277, 282, 286-87
 visita a Cirey, 121, 191
Descartes René, 83, 89, 112, 139, 149, 179, 183
Desfontaines, Abbé, 327, 350-51, 354
Diderot, Denis, 15, 135, 316, 317
Drury Lane (Londres), 69, 148, 321, 338
duelos:
 aumento no número de, 99
 de Brun e Émilie, 34
 de mulheres por Richelieu, 63
 envolvendo Richelieu, 61, 98-99, 106, 129, 336-37
 Lixin e Richelieu, 98-99, 106

Édipo (Sófocles), 45-46, 199
Édipo (Voltaire), 46, 47-48, 76, 100, 174, 289, 335
Empson, William, 256, 365
Encyclopédie, projeto, 316, 317, 323
energia, 11, 12, 26, 236-37, 315, 362, 370. *Veja também* fogo/luz, experimentos com
escrita oculta, tradição da, 307
esgrima, 32, 34, 14. *Veja também* duelos
Estado e religião, 14, 15, 210-11, 338-39
Estanislas (rei da Polônia), 265-66, 276, 284, 300-02, 309-11, 366, 368, 369
Exército francês:
 aristocracia no, 98-99, 344
 em Philippsburg, 96, 97-101, 106-107, 111, 344
 Veja também por batalha ou pessoa específica
 Voltaire em Philippsburg com o, 97-101, 106-107, 111, 344

396 ÍNDICE

expedição polar realizada por Maupertuis, 114, 125-28, 129, 132, 138, 139, 180, 195, 201, 321, 324, 346, 347-48, 354, 355

família Breteuil:
como aristocracia, 329, 341
e a gravidez de Émilie, 296
e a vida parisiense, 32-33
lar da, 318
processo judicial movido por Michelle contra a, 159-60, 198-99, 218, 220, 276, 287
renda da, 33
família Châtelet:
como donos de Cirey, 107
e a gravidez de Émilie, 296
fim da, 325
família Guise, 93-94, 98, 106, 139, 343. *Veja também* Richelieu, Elisabeth de Guise
Faraday, Michael, 316, 354
Fawkener, Everard, 68-69, 70, 208, 320, 372
felicidade, 137, 187, 235, 274, 309, 363
feminismo, 19, 316
Ferney, França, Voltaire em, 317-6
física:
e o relacionamento de Émilie e Saint-Lambert, 275
estudos de Maupertuis, 324
interesse de Émilie pela, 270, 312, 370
opinião de Voltaire sobre, 359
Veja também gravidade
Flanders:
Émilie e Voltaire em, 198-99
Veja também Bruxelas
Fleury, Claude, Cardeal, 159, 161, 218, 345
fogo/luz, experimentos com:
feitos por Émilie, 12, 173-80, 237, 299, 308, 370
feitos por Voltaire, 168-69, 173, 178-79

Fontainebleau, França:
Émilie e Voltaire fogem de, 241-43, 246-50
jogos, 240-43, 246, 363-64
mudança da Corte para, 240-41
Fontenelle, Bernard le Bovier de, 29-32, 63, 114-115, 125, 142, 149, 319, 329, 330
forma alexandrina, 257-58, 365-66
França:
casamento, 341
classe de trabalhadores, 327-31, 48, 84, 110, 338
como potência internacional, 42
críticas de Voltaire à, 95-96, 130
declínio, 42-43
democracia, 212
e os estudos de Émilie e Voltaire sobre a Bíblia, 130-34
expulsão de Voltaire da, 55
impostos, 14, 110, 245-46, 288, 310, 320, 327
Inglaterra comparada à, 70-71, 75-76, 95, 131
invade a Inglaterra, 238, 362-63
monarquia, 42-43, 75, 145-46, 211, 212, 320, 327
papel das mulheres na, 108, 160, 173-74, 328, 330
profissões, 327-28, 341
Regência, 331, 332
relações com a Espanha, 247, 364
relações com a Inglaterra, 109, 320, 323, 372-73
religião e Estado, 210-11
Veja também por pessoa ou tópico específico
vida rural na, 108, 146
Voltaire retorna à, 73-77
Frederico, o Grande (rei da Prússia):
como príncipe herdeiro, 167-68
e a Academia de Ciências de Berlim, 317
e a gravidez de Émilie, 368-69

MENTES APAIXONADAS — 397

e Maupertuis, 324
e o relacionamento de Émilie e Voltaire, 218, 219, 221, 284
e Voltaire na Prússia 215, 216-21, 259, 284, 324, 358
guerras de, 218-19, 321-22, 358
homossexualidade, 217
opinião de Émilie sobre, 167, 168, 174, 175-6, 220, 239
reformas feitas por, 216
relacionamento com o pai, 167, 212, 215, 216
relacionamento com Voltaire, 12, 167-68, 186, 212, 217-18, 358, 365
textos de, 212, 216
Frederico Guilherme (rei da Prússia), 167-68, 212, 215, 216

Gacé, condessa de, 337
Gay, Peter, 18
Génonville (um jovem), 47, 49, 334
Graffigny, madame de, 122, 123-24, 127-28, 180, 196, 321, 347, 355, 356
Gravesande, Willem Jakob's, 149-50, 169, 236, 352
gravidade, estudos de Newton, 83, 88-89, 306-07
Guébriant (amante de Émilie), 59, 336

Halley, Edmond, 315, 370
Hamlet (Shakespeare), 282
Henrique IV (rei da França), 46, 50-51, 333, 334, 340, 462
Herschel, Caroline Lucretia, 177-78, 354
Holanda:
fuga de Voltaire para a, 147-48
latrinas, 355
retorno de Voltaire da, 161
homem:
opinião de Voltaire sobre, 203

percepção de si mesmo, 186-87
Veja também sociedade
homossexualidade, 14, 217, 327
Hume, David, 357

Iluminismo:
consequências sobre o relacionamento de Émilie e Voltaire, 13-5
disseminação, 15, 350
e a ideia de uma ciência social universal, 134
e os questionamentos de Voltaire quanto à monarquia, 212
estilos históricos relacionados, 17-8
importância do, 15, 19
papel de Émilie, 316
questionamento das bases das crenças tradicionais, 130-32
segundo estágio, 210
impostos, 14, 110, 245-46, 288, 310, 320, 327
Inglaterra:
dissidentes na, 70, 131
França comparada à, 70-71, 75-76, 95, 131
invasão francesa da, 238, 362-63
monarquia na, 71, 75
opinião de Voltaire sobre a, 67-68, 69-70, 71-72, 76
relações da Alemanha com a, 322
relações da França com a, 109, 320, 323, 372-73
religião na, 70, 95
Veja também Voltaire, textos de: Cartas escritas na Inglaterra
Voltaire na, 67-73, 86, 321

Jacquier, Francesco, 236, 308
jansenistas, 85, 101, 344-45
jogos:
e o relacionamento de Émilie e Voltaire, 240-43, 253, 260, 363

ÍNDICE

Émilie e, 12, 36, 240-43, 245-48, 253, 260, 295, 363-64
popularidade, 36
trapaças, 16, 242-43, 246, 363-64

Kant, Immanuel, 17, 18, 328, 357
Keyserlingk, conde, 168, 219, 359

La Condamine, Charles Marie de, 74, 321, 355, 363
Laclos, Pierre Choderlos de, 16, 61, 323
Lagrange, Joseph, 315-16, 342
Laplace, Pierre, 315-16, 342
Lapland. *Veja* moças lapônias; expedição polar
Lecouvreur, Adrienne, 50, 52, 75, 320, 335
Leibniz, Gottfried von:
  e Newton, 195-96, 199-201, 356
  e o otimismo, 202, 357
  Émilie estuda, 195, 199-201, 204-05, 301, 307, 309
  interesse de Bernoulli em, 208
  opinião de Voltaire sobre, 201
lettre de cachet, 95-97, 101, 333
Linant, Michel, 165-66, 174, 208, 321, 347, 353
livre-arbítrio, 236, 309
livros:
  de Voltaire, queimados, 12, 102, 111, 207, 319, 371-72
  e questionamento da autoridade, 136
Livry, Suzanne de, 43, 47, 49-50, 72, 75, 319, 334, 335
Lixin, príncipe de, 98-99, 106
Locke, John, 57-58, 59-60, 63, 111, 112, 176, 189, 318, 330
Longchamp, Sébastien:
  e a fuga de Fontainebleau, 240-41, 243
  e a gravidez de Émilie, 296, 297, 368
  e as consequências da morte de Émilie sobre Voltaire, 312

e o acidente a cavalo, 295-96
e o acidente com a carruagem, 297-99
e o desejo de Émilie de trabalhar, 310, 311
e papéis pessoais de Émilie, 311
em Cirey, 123, 342
em Lunéville, 265, 277, 278, 283-87, 311
em Sceaux, 251-54, 255, 259-64, 289
Émilie se despe na frente de, 123, 342
publicação das memórias de, 323
roubo dos papéis de Voltaire, 323
Lorraine (ducado). *Veja* Lunéville
loteria, Paris, 73-74, 106, 245, 321, 339
Louis le Grand (escola), 73, 94, 344, 345
Louis XII (rei da França), 343
Luís XIII (rei da França), 42, 93
Luís XIV (rei da França):
  amantes de, 62, 230, 247
  Breteuil na corte de, 33, 43, 153, 157
  duração do reinado de, 331
  e a França dominando a Europa, 233
  filhos, 247, 332, 336
  formalidade da corte de, 331
  guerras de, 110, 332, 359
  morte, 33, 34, 41, 43, 247
  opinião de Voltaire sobre, 50, 138, 196, 207, 220
  postura religiosa, 42, 50, 62
  relações com a aristocracia, 189-90, 228, 332-33
  Richelieu como afilhado de, 61
  tentativas de conservar o passado, 357
  texto de Linant sobre, 321
Luís XV (rei da França):
  amantes de, 237-38, 288, 322, 360
  Breteuil (primo) como membro da corte de, 159
  casamento, 265-66
  críticas de Voltaire a, 43
  e mandado de prisão para Voltaire, 46

MENTES APAIXONADAS 399

filhos de, 32, 59
opinião de Pecquet sobre, 359-60
papel da França no mundo durante o reinado de, 323
parentesco com famílias da Espanha, 364
relações com a aristocracia, 42, 43
Versalhes como centro da Corte de, 331
visitas de Estanislas a, 300-02
Lunéville:
  e a reputação/fama de Émilie, 301
  Émilie e Voltaire em, 266-67, 273-74, 283-84, 309, 310-12, 366
  Estanislas convida Émilie para, 302
  Estanislas em, 265-66, 310, 311

Machault, Jean-Baptiste de, 288, 310, 320
Maine, duque de, 247-48, 332, 364
Maine, duquesa de, 247-50, 251-52, 256-57, 364, 365, 366
Marain, Jean-Jacques de, 183, 354, 359, 370
Marinha francesa, 109, 320, 345, 372-73
matemática:
  aptidão de Émilie para a, 12, 35-36, 86, 128, 139, 150, 170, 174-75, 308, 309, 354, 356
  aptidão de Voltaire para a, 86, 139, 150, 170, 309, 340, 354
  de Newton, 139, 306, 307, 308, 309, 370
  e como Émilie entendia as técnicas matemáticas usadas por Newton, 83-84
  otimismo na, 202-03
Maupertuis, Pierre-Louis de:
  autoconfiança, 174
  casamento, 324
  como Émilie entendia o trabalho de, 356
  como matemático, 87, 88, 89
  e a dedicatória para Émilie feita por Voltaire em seu trabalho sobre Newton, 142
  e a fuga de Voltaire da França, 97

e a tentativa de Émilie de ter Bernoulli como tutor, 209
e as moças lapônias, 188, 354
e ciência e religião, 201
e o casamento de Richelieu e de Guise, 94, 96
e o relacionamento de Émilie e Voltaire, 89-90, 111, 188, 190, 346
e o trabalho científico de Émilie, 178, 180, 190
e o trabalho de Newton, 88, 89, 138, 139, 174, 188, 195, 196, 354, 370
estudos sobre a reprodução, 342
expedição polar, 114, 125-26, 129, 132, 138, 139, 180, 195, 196, 201, 321, 324, 346, 347-48, 354, 355
histórico familiar, 88
relacionamento com Émilie, 87-88, 97, 112-114, 115, 138, 144, 209, 273, 296, 324, 346
relacionamento com Voltaire, 87, 188
reputação, 180
textos de Voltaire sobre, 115, 324
visita a Cirey, 188
Voltaire comparado a, 139
Voltaire conhece, 340
Maurepas, conde de. *Veja* Phélypeaux, Jean-Frédéric, conde de Maurepas
Mayenne, Charles of Lorraine, duque de, 373
McLynn, Frank, 345, 363, 372
Menou, Joseph de, 266-67, 301, 369
metafísica, concepções de Voltaire sobre, 357
Mézières, Senhor de, 336
Michelle, trama de, 152, 158-61, 188, 324
Mitford, Nancy, 19, 328, 329, 331
moças lapônias, 188, 354
Molière (Jean Baptiste Poquelin), 46, 72, 330
monarquia:
  deposição da, na França, 320

400 ÍNDICE

e as amantes dos reis, 237-38, 320
e diferenças entre a França e a Inglaterra, 75
hereditária, 135-36
na Inglaterra, 71, 75
opinião de Voltaire sobre a, 105, 211, 212
poder da, 71, 75
questionamento da, 35, 135-36
relações com a aristocracia, 42-43, 145-46,
332-33, 351
Veja também Versalhes; *monarca específico*
Montesquieu, Charles de Secondat, Barão de,
110, 349
Moussinot, Abade, 119-120, 121, 122, 123,
128, 169-70, 171, 176, 177, 184, 197
mulheres:
como amantes de reis, 237-38, 360
demora em se casar, 337
e adultério, 129, 348
e ciência, 58, 83, 179, 186, 328, 330
educação de, 14, 58-59, 60, 330, 331
influência do Iluminismo sobre as, 15
na França do início do século XVIII, 13,
14, 32-33, 36, 58-59, 60, 160, 173-74,
328, 330
na Royal Society, 328
opinião de Émilie sobre, 133
opinião de Richelieu sobre, 337-38
pintas, 349
predominância de, na França rural, 108
"quadro em branco", 60
questionamento das regras sobre, 130
salões de, 341
sátira de Molière sobre, 330

Neuville, condessa de la, 108, 111-112, 120,
165-66, 189, 296, 297, 344
Newton, Isaac:
como medieval, 362

como Voltaire compreendia o trabalho de,
83, 340
críticos franceses, 188
descobertas, 83, 86, 88-89, 305-06, 342-
43, 369
desenvolvimento na era moderna das ideias
de, 315-16
e a fama de Voltaire, 169
e as diferenças entre a França e a Inglaterra,
75, 76
e ciência e religião, 88-89, 132, 302, 306-07
e Leibniz, 195-96, 199-200, 356
e Maupertuis, 88, 89, 138, 139, 174, 188,
195, 196, 354
e o prêmio da Academia de Ciências, 179
em Cambridge, 58, 305-06
Émilie abandona o estudo de, 137-38, 168-
69, 209
Émilie e Voltaire estudam, 137-38, 168-
69, 209
experimento da maçã, 86, 307, 308, 339,
340
histórico familiar, 305, 369
infância e juventude, 305, 369-70
interesse de Émilie em, e seus estudos sobre,
83-84, 176, 196, 236-37, 270, 302,
307-12, 364, 370
interesse de Voltaire por, 13, 195-96, 201,
211, 307, 308, 318, 340
matemática de, 83-84, 306, 307, 308, 309,
370
morte, 72, 339
opinião de Keynes sobre, 362
Ótica, 141
personalidade e características de, 306-07
popularidade na França, 210, 358
Principia Mathematica, 139, 236-37, 307, 312
publicação do trabalho de, 306-07
questão central sobre o trabalho de, 149

MENTES APAIXONADAS   401

tentativa de encontrar os universais, 134

textos de Voltaire sobre, 95, 147-48, 175, 183, 190

trabalho de Gravesande baseado em, 149-50

tradução e comentários feitos por Émilie, 12, 13, 26, 134, 236-37, 312, 315-16

túmulo de, 75

Voltaire no funeral de, 339

"novas gazetas", 136

Orléans, Philippe d', 41, 43, 46, 68, 332

otimismo, 202-03, 316, 357

Palácio da Justiça (Paris), queima dos trabalhos de Voltaire, 12, 102, 111, 207, 319, 371-72

Palácio Lambert (Paris), casa de Émilie e Voltaire no, 197-98, 207-08, 220

Paris, França:

água e esgoto em, 75, 87, 204, 333, 338, 342

e a decisão de Émilie de terminar o trabalho científico, 297, 299

Émilie e Voltaire compram casa em, 197-98

Émilie e Voltaire se mudam para, 205, 207-12

loteria de, 73-74, 84, 245, 321, 339

Parlamento de, 110, 212, 332-33, 344

peças de Voltaire em, 276, 277, 278-79, 282-83, 288, 310, 367

população de, 342

tumultos de religiosos em, 310

vida cotidiana em, 32-33

Pascal, Blaise, 85, 95-96, 141, 142

Phélypeaux, Jean-Frédéric, conde de Maurepas:

amizade com Voltaire, 238

autoimagem, 95

e a invasão da Inglaterra pela França, 238

e a Marinha, 109, 320, 345

e a tentativa de suicídio de Émilie, 336

e a trama de Michelle, 159, 160, 161

e as amantes dos reis, 320

e mandados de prisão e a caçada a Voltaire, 95-100, 101-102, 152, 159, 160, 161, 343-44, 345

e o ataque de Rohan a Voltaire, 54

e Richelieu, 238

Enville nomeado por, 345

ódio por Voltaire, 146

programa de censura, 254

reputação, 335

Phillippsburg:

na peça de Voltaire, 109

vitória da França em, 266

Voltaire com o Exército em, 96, 97-101, 106-107, 111, 344

plano divino, 35, 89, 203-04, 316, 343, 349

Pomeau, René, 333, 334, 371

Pompadour, madame de (Jeanne Poisson), 237-38, 251, 288, 320, 322, 360, 362

Pope, Alexander, 69-70, 186, 317

privacidade, 189-90, 355-56

protestantes, 42, 46, 70, 210-11, 212, 322, 339, 372

Prússia, 167-68, 215-20, 284, 322, 324, 358

Racine, Jean, 52, 72

religião:

autoridade, 35

e a perseguição a não católicos, 50-51, 70-71, 210, 211, 339

e aristocracia, 48

e artistas e pensadores na França, 75

e ciência, 88-89, 132-33, 141-42, 199-200, 210-11, 301, 302, 306-07

e Estado, 14, 15, 210-11, 338, 348-49

e o declínio da França, 42

ideias iluministas sobre, 15

interesse de Émilie por, 132, 199-200

na Inglaterra, 70, 95

402 ÍNDICE

na Itália, 340
opinião de Jefferson sobre, 338-39
opinião de Voltaire sobre, 50-51, 71, 85, 95-
96, 102, 105, 109, 132, 372
tumultos relacionados a, 310
Veja também jansenistas; protestantes
Renée-Caroline (prima de Émilie), 30-31, 33,
58, 134, 319, 329, 330
retratos, 135, 137
Revolução Americana, 15, 322
Revolução Francesa, 319, 320, 324-25, 373
Richelieu, Elisabeth de Guise, 93-94, 96, 98,
127, 139, 207, 209, 299, 300, 321
Richelieu, Louis-François Armand du Plessis,
duque de:
acampamento militar em Philippsburg, 97-
101
casamentos, 94-95, 96, 323
como diplomata, 62, 337
como oficial militar, 61, 161, 296, 323, 337,
372-73
como via as mulheres, 337-38
disputas de mulheres por, 63
duelos envolvendo, 61, 98-99, 106, 129,
336-37
e a expedição polar de Maupertuis, 125
e a fuga de Voltaire de Phélypeaux, 97-101
e a história de Gacé, 336-37
e a invasão da Inglaterra pela França, 238,
362-63
e amantes de Luís XV, 237-38
e Lixin, 98-99, 106
e mandados de prisão para Voltaire, 96, 146
e o relacionamento de Émilie e Voltaire,
94, 120, 359
e Phélypeaux, 99-100, 238
histórico familiar, 61, 93-94
Luís XIV como padrinho de, 61
morte, 324

na Bastilha, 61, 337
noivado e casamento, 90, 93-94, 96, 98,
106, 139
personalidade e características de, 61, 62
posição social, 98-99, 343
recebe a visita de Émilie e Voltaire em Paris,
207, 209
relacionamento com Émilie, 61, 62, 63-64,
88, 94, 284, 337-38, 359
relacionamento com Voltaire, 94, 106, 138,
251, 344
riqueza de, 61, 343
romances, 61, 73-74, 137, 147, 323, 337-38
romances:
e adultério, 129
e amantes dos reis, 237-38, 360
"regras" para, 62, 63-64
Veja também por nome específico
Ronan-Chabot, Auguste de, 52-53, 72, 74, 75,
84, 289, 320, 335, 336
Roquebrune (poeta), 333
Rousseau, Jean-Jacques, 275, 323, 335
Royal Society (Londres), 115, 150, 180, 196,
328, 352, 356

Sade, Donatien Alphonse François, conde de,
84, 96-97, 101, 105-106
Saint-Lambert, Jean-François, marquês de,
283-84
autoimagem de, 368
Boufflers como amante de, 269, 275-76, 279,
281-82, 284
como oficial militar, 311, 371
como poeta, 269
e a gravidez de Émilie, 295, 296, 299-300,
302, 311, 368, 371
e cartas entre Émilie e Voltaire, 323
em Lunéville, 269, 273-74, 281-82, 283-
84, 289-90

MENTES APAIXONADAS 403

relacionamento com Voltaire, 269, 286-87, 323, 367

romance com Émilie, 273-80, 281-82, 283-87, 289-90, 309, 368

textos de, 289, 323, 368

Sceaux:

Émilie em, 260-61

peças em, 260-61, 268

textos escritos por Voltaire em, 252-53, 289

Voltaire escondido em, 247-50, 251-61, 364-65

Semur (Burgundia), França, 38, 57, 82, 319

Shakespeare, William, 69, 72, 95, 282, 345

Silésia, Prússia invade a, 218-19

Sociedade das Abelhas Melíferas, 250, 256, 259, 261, 364

sociedade:

estudos de Émilie e Voltaire sobre, 21-22

tradicional, questionamento da, 129-44, 175, 301

Veja também homem

Sófocles, 45-46, 199

Spinoza, Baruch, 130

Staal, Marguerite Jeanne, Baronesa de, 364

Stuart, Charles, 238, 311, 322, 372

Sully, duque de, 51, 52, 54, 74, 75, 320, 340

Swift, Jonathan, 12, 70, 71, 72, 186, 317, 339, 366

Thieriot, Nicolas, 68, 71-72, 137

tipógrafo que imprimiu trabalhos de Voltaire, 97, 102, 111, 344

tortura, 102, 203, 210-11, 216, 339

universais, tentativa de Émilie e Voltaire de encontrar, 133-34

universo:

concepção de Émilie do, 204-05, 216

concepção de Voltaire do, 203-04, 211-12, 216

Veja também astronomia

Versalhes:

como centro da Corte de Luís XV, 331

Émilie em, 300-01, 309

hierarquia em, 239

jogos em, 16

mudança da Corte, 240

procedimentos de parto em, 300

Voltaire em, 230-33, 237-38, 259, 270

Voltaire:

aparência, 41

apoio de Breteuil a, 334

aprende inglês, 69-70, 72

Arouet muda seu nome para, 46-47, 334

aspirações, 211

ataque de Rohan a, 52-53, 75, 84, 289, 320, 335

autoconfiança, 174, 183-84

autoimagem de, 220-21

derrotas e vitórias, 289

e a morte de Émilie, 16-7, 315, 316

e o sentido de sua própria vida, 187

educação, 73

em idade avançada, 317-18, 322, 371

expulso da França, 55

histórico familiar, 51, 333, 341

infância e juventude, 46

início de carreira, 41-55

mandados de prisão, 16, 41-47, 54-55, 95-97, 143-44, 145-46, 152, 159-60, 343-44, 351

modelo de vida para, 61

morte, 318

"Museu" como seu codinome, 251, 256

nascimento, 333

opinião de Émilie sobre, 120, 346, 350

ÍNDICE

personalidade e características, 42, 44-45, 46, 50, 54, 68, 108, 160, 183-84, 218
posição social, 51, 54, 84-85
prêmios e glória, 49, 238, 363
questões financeiras, 68, 73-74, 106-107, 169, 321, 340
realizações, 137-38, 253, 316
reputação/fama, 15, 45, 49, 69, 76, 109, 136, 147-48, 151, 169, 184-85, 210, 212, 266, 269, 301, 334
retrato, 49, 319
romances, 26, 43, 49-50, 72, 74-75, 221, 239, 270, 277, 286, 287-88, 336
saúde, 76, 86-87, 97, 137, 171, 184, 189, 197, 220, 242, 278, 283, 286, 342, 367, 368
textos sobre, 17-8, 19, 49
Veja também Châtelet, Émilie du, relacionamento com Voltaire; Voltaire, textos de; *pessoa ou tópico específico*
Voltaire, textos de:
Alzira, 108-110, 112, 147
Cândido, 16-7, 203, 259, 316, 317, 373
"Carta a Urano", 341
"Carta sobre a calúnia", 25
cartas escritas da Inglaterra, 67-72, 76, 85, 86, 95, 99, 102, 108, 141, 186, 207, 289, 319, 340, 371
conservados até hoje, 15
diária durante estada na Inglaterra, 69
Discurso em verso sobre o homem, 186-87, 203, 259, 365
e a fama de Voltaire, 151, 184-85
e aspirações de Voltaire, 26
e ciência, 133-34, 139-40, 147-48, 175, 183, 185, 190
Édipo, 46, 47-48, 76, 100, 107, 174, 289, 335
em Sceaux, 252-61, 289, 364-65

estilo de escrita, 257-58, 365-66
História de Luís XIV, 138, 196, 207, 220
L'Ingénu, 333
Longchamp rouba, 323
"Memnon", 365
Mérope, 185-86
"Micromegas", 259
"Ode", 315
Os elementos de Newton, 139-42, 147-52, 175, 183, 190
para Émilie, 25, 81-82, 115, 142, 221, 254, 269, 287, 341
paródia de Adão e Eva, 145, 159, 327, 351
peça sobre os incas, 185
peças/dramas, 185-86, 189, 354
plágio em, 334
poema sobre Joana D'Arc, 168, 174
poemas sobre Ulrica, 221
poesia, 71, 138, 148, 151, 185, 186-87, 221
publicação, 288-89
respeito de Émilie pelos, 196
Sémiramis, 279, 282-83, 288, 367
sobre *forces vives*, 354
sobre Henrique IV, 46, 50-51, 334, 340
sobre Lecouvreur, 75
sobre Maupertuis, 115, 324
sobre Orléans, 41-42, 43, 44-45, 68
Tratado sobre metafísica, 133-34
Zadig, 253-56, 258-59, 268, 289, 365
Zaïre, 148, 321, 351

Wade, Ira O., 18-9, 334
Wandsworth, Inglaterra, 69, 321
Watteau, (Jean) Antoine, 25, 178, 217

Ysabeau, inspetor, 43-45, 319, 333, 372

Este livro foi composto na tipologia Adobe
Garamond Pro, em corpo 11,5/16, e impresso
em papel off-white 80g/m² no Sistema Cameron
da Divisão Gráfica da Distribuidora Record.